U0611550

# 当代应用人类学丛书编委会

## 学术顾问(以姓氏拼音顺序排列)

Russell Belk 陈中民 Ken Erickson 李亦园

Alf Walle 杨圣敏 杨庭硕 周大鸣

## 编辑顾问(以姓氏拼音顺序排列)

陈 刚 关 键 李德宽 林晓华 麻国庆 龙远蔚 潘 蛟

David Smith 王建民 王天津 王远新 张继焦 赵旭东

## 主编

田 广 罗康隆

## 执行主编

罗康隆

## 编委会成员

游 俊 肖湘愚 龙先琼 李汉林 暨爱民

赵树冈 瞿州莲 吴 晓 刘世彪 刘志宵

邵 侃 覃娜娜 朱晴晴 李玲霞 袁 理

田广 冯蛟 王颖 编著

国家自然科学基金项目（71462028、71662025）
宁夏高等学校科研基金项目（NGY2015057）
宁夏科技支撑计划基金项目（2015BY165）
宁夏大学开放战略与区域经济人文社科重点研究基地项目
理论经济学西部一流学科建设资金项目
市场营销西部一流专业建设资金项目

# 市场营销人类学

## MARKETING ANTHROPOLOGY

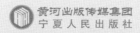
黄河出版传媒集团
宁夏人民出版社

**图书在版编目（CIP）数据**

市场营销人类学／田广，冯蛟，王颖编著. — 银川：
宁夏人民出版社，2017.4
（当代应用人类学丛书／田广，罗康龙主编）
ISBN 978-7-227-06641-5

Ⅰ.①市… Ⅱ.①田… ②冯… ③王… Ⅲ.①市场营
销学—人类学 Ⅳ.①F713.50

中国版本图书馆CIP数据核字（2017）第092592号

## 市场营销人类学　　　　　　　　　　　　　田广　冯蛟　王颖　编著

责任编辑　王　艳
封面设计　晨　皓
责任印制　肖　艳

**黄河出版传媒集团** 出版发行
宁 夏 人 民 出 版 社

出 版 人　王杨宝
地　　址　宁夏银川市北京东路139号出版大厦（750001）
网　　址　http://www.nxpph.com　　　　http://www.yrpubm.com
网上书店　http://shop126547358.taobao.com　　http://www.hh-book.com
电子信箱　nxrmcbs@126.com　　　　renminshe@yrpubm.com
邮购电话　0951-5019391　5052104
经　　销　全国新华书店
印刷装订　宁夏精捷彩色印务有限公司
印刷委托书号　（宁）0005037

开　　本　720 mm×980 mm　　1／16
印　　张　28.5　　字　　数　455千字
印　　数　1700册
版　　次　2017年5月第1版
印　　次　2017年5月第1次印刷
书　　号　ISBN 978-7-227-06641-5
定　　价　65.00元

版权所有　侵权必究

# 前言

　　如何有效地将人类学的理论和方法应用于市场营销的实践当中去,是我们最近几年一直思考的一个问题。这个问题既涉及理论的构建和分析,又涉及对营销实践的总结和分析,对此我们尚不具备完全的把握,特别是在我国经济转型时期,我们不仅缺乏必要的成体系的理论指导,还缺乏鲜活的案例解析升华。因此,要完成这样一部教科书,对我们而言无疑面临着一定的风险和挑战。

　　在西方市场经济发达的国家,人类学知识很早即已成为市场营销理论和实践工作者的基础性工具。市场营销学是一门建立在社会科学、行为科学及现代管理科学理论基础之上的应用学科;而人类学则是以人类为研究对象的一门专业学科,是跨越自然科学、社会科学和行为科学的交叉学科。

　　市场营销学的形成与发展,同人类学有着密切的渊源,我们甚至可以毫不夸大地说,人类学是市场营销学科重要的理论来源之一。当下,在全球经济发展一体化的态势下,营销环境与营销行为变得日趋复杂。与之相对应的消费文化与消费行为,也发生了巨大的变化。这种巨大的变化,要求市场营销人员必须调整对市场环境的既有认识,应用新的理论和方法,研究解决在市场营销中出现的新问题。市场营销人类学就是在这种背景下形成的。

　　近年来,无论是在我国还是在西方,人类学因其研究方法的独特性而成为发展比较快的一门学科,特别是以应用为导向的人类学研究,即应用人类学的发展,更是引人注目。美国的人类学家已经将应用人类学当作除体质人类学、考古人类学、语言人类学和文化人类学之外的第五个分支学科。当然,应用人类学是一种泛称,比如,当我们将人类学的理论和方法应用于都市问题研究时,就有了都市人类学;同理,当我们应用人类学方法研究解决营销领域的问题时,就形成了市场营销人类学,侧重研究与市场营销及消费行为相关的问题。

从人类学视角研究和解读营销问题的理论和现实意义在于丰富市场营销学的知识体系,弥补传统营销研究方法的不足。因此,市场营销人类学的实质特征,就是要把人类学家对人类本质的关怀以及对人类行为的文化洞见和解读,纳入市场营销的研究与实践之中。而市场营销人类学在技术层面所要解决的问题,主要是帮助市场营销理论工作者和实践者,学会广泛深入地借鉴人类学的基本理论和方法,包括概念、术语和具体的田野调查技术,科学准确地在市场营销过程中分析评估营销行为及其效果。因此,市场营销人类学对未来中国的营销理论与实践,必将产生一定的促进作用。

在本书的构思与写作过程中,我们力图将人类学与市场营销学的相关理论与方法进行有机地组合。我们认为,有关市场营销问题的人类学分析,其研究内容应当以对市场和市场营销过程的文化要素分析为主。在文化这条主线下,分别对消费者行为、产品设计和发展、产品价格、销售渠道、促销策略、企业营销文化、民族地区经济发展与市场营销、国际营销中的跨文化适应等内容进行专项研究。

在写作过程中,我们参考了大量的中外学者的研究成果,并得到了来自我们许多同事的鼓励和帮助,在此一并鸣谢。当然,如同编写任何一部教材一样,我们这部教科书如果不是挂一漏万,至少也是不够完善的。我们将之付诸出版,目的在于抛砖引玉,以便引起更多的学者关注市场营销人类学。我们坚信,市场营销人类学作为工商人类学的一门新兴的亚分支学科,必将在我国人类学理论与实践以及市场营销学理论与实践的发展过程中得以成长壮大。

田广　冯蛟　王颖

2016 年 12 月 20 日

# 序

## 一

　　人类学，特别是文化人类学，是一门以人及其行为和文化关系为研究内容的专门学科，是一门综合性的社会文化与行为科学，其研究方法可以广泛地应用于社会与行为科学的各个领域之中。正因为如此，田广博士一直以来就将人类学作为一种方法论，长期致力于我国管理学科的发展与推进。他所参与创建并倡导的工商人类学，近年来已经在我国学术界取得了很好的进展。

　　同样，市场营销学也是一门综合性很强的应用学科。由于企业的营销活动受到多种因素的影响，如自然因素、人口结构因素、经济因素、社会文化因素、政治法律因素以及社会心理因素等，因此，市场营销学在其形成和发展过程中，需要不断综合吸收应用多学科的研究成果与研究方法。自20世纪初产生以来，市场营销学就充分吸收了人类学、经济学、心理学和社会学等学科的研究成果，在博采众家之长的基础上，逐步发展成为一门具有特定研究对象和研究方法的独立学科。时至今日，市场营销学理论已经更趋成熟而且具多元化实质特征。

　　市场营销学的产生和研究范围的拓展，是在与其他学科的交叉与融合中实现的。如何有效地将比较成熟的人类学理论和方法应用于市场营销领域，并使之升华成为一门分支学科，不仅是田广博士近年来努力探索和思考的问题，也是许多人类学家和市场营销理论研究者近年来努力思考的。这是一个理论和实践并重的问题。事实上，人类学是市场营销学的重要理论来源之一，在市场营销研究中占有举足轻重的地位。在美国，经济学出身的市场营销学家与文化人类学出身的市场营销学家交相辉映，许多市场营销学系的学科带头人都是人类学家，例如，美国圣母大学商学院前院长姜·雪梨(John Sherry)博士就是人类学家，他曾经多年担任西北大学市场营销系主任。

就其本质而言，人类学与市场营销学都以个人行为及价值观念为主要研究对象，而人们的价值观念则深受其所处文化系统的影响，因此两者之间有着极其相似的研究目标和广泛而深入的学术关联。人类学对市场营销学而言，是一个理论体系较为完整的、方法论比较严密的学科。因此，市场营销学可以通过人类学这个可以借鉴的体系，通过新知识植入的渠道来补充完善其研究对象、内容及范畴。尽管人类学的理论及研究方法不可能完美无缺，但人类学对人的各个方面进行全面研究的倡导，对于市场营销理论的创新有着多方面的启示。正是在这样的理念与学术背景之下，田广博士、冯蛟博士和汕头大学商学院研究生王颖一起，历时两年，学习参考了600多部（篇）文献资料，编写了《市场营销人类学》这部教科书，为我国人类学和市场营销学的教学和科研发展，增添了新的单元和内容。

市场营销学自20世纪70年代末引入我国以来，历经了学习引进期（1978—1990年）、消化吸收期（1991—2000年）和模仿创新期（2001—2016年）三个发展阶段，用短短30多年的时间，走完了西方发达国家近百年的历程。这30多年，中国经历了从卖方市场到买方市场、从短缺到过剩、从垄断到竞争、从封闭到开放、从完全计划到市场调节、从无选择到眼花缭乱、从无广告到广告无所不在、从限量购买到促销泛滥……随着中国经济和企业的转型，中国营销也在发生着翻天覆地的变化。但是，一个时期以来，我国的市场营销学者未能很好地关注人类学在消费者行为学、市场营销学以及企业营销管理中的地位与作用；而中国的人类学界更是忽视了本学科在上述领域中的地位与作用。这不能不说是一种缺失和遗憾。

在市场营销的理论研究和具体实践中，充分借鉴并灵活应用人类学理论和方法，在我看来，对我国改革开放后所形成的多元化生活方式、价值观念以及由此而产生的营销行为和消费行为多元化等问题，进行深入调查研究和细致阐述归纳,创新发展并不断完善经验性研究路径,进而形成一系列独特的应用原则,具有重要的学术价值和现实意义。可以说,田广博士及其同事的新著为我们开了先河,对促进我国人类学与市场营销学学科的融合发展,开拓和发展跨学科组合研究,做出了重要贡献。

田广博士在美国教书生活期间,就以帮助提高祖国市场营销学科的教学科研水平为己任。由他和李宝库教授于 2010 年创办主编,并由市场营销学之父菲利普·科特勒(Philip Kotler)教授亲自撰写发刊词的学术刊物《中国营销国际期刊》(International Journal of China Marketing),为我国市场营销学理论工作者提供了一个与国际学术界进行交流的平台。回国任教后,田广博士又撰写出版了《计量营销学》教科书及其配套教学参考书《计量营销学问答与案例分析》,填补了我国市场营销学教学发展中的一项空白。而《市场营销人类学》的公开出版,是他和他的同事为我国市场营销学发展做出的又一贡献。通读下来,我们不难体会到他们严谨的学风,并能深切地感觉到他们对跨学科学习者的关注。相信所有愿意了解和学习市场营销人类学的朋友,都能从这部著作中受益。

当然,作为一部跨学科的新型分支学科的教科书,这部《市场营销人类学》并非完美无缺,其理论框架有待进一步完善,在论述方面也有一些不够成熟的地方。但瑕不掩瑜,作为国内首部有关市场营销学与人类学跨学科综合性教科书,这部著作的地位还是应该得到肯定的。希望我国人类学界和市场营销学界的同仁们,能够以此书的研究话题和思考为参考,更加深入细致地对市场营销人类学进行系统全面的研究,从而促进我国人类学和市场营销学的更大发展。

王永贵

2016 年 12 月 31 日

于北京

# 序

## 二

传统管理学的发展近年来不断面临理论研究与实践相脱节的严重问题,这可能与传统管理学的研究问题、研究方法等诸方面有关。管理学的顶级期刊AMJ 和 ASQ 在 2001 年、2002 年和 2007 年,分别以专辑的形式对管理理论与实践相脱节的问题展开了讨论,但时至今日,管理理论与实践相脱节的问题不仅未得到缓解,反而更趋严重。市场营销学属于工商管理的一个分支,传统管理学中存在的理论研究与实践脱节的问题在市场营销管理领域同样存在。

与"理论实践相脱节"问题并存的还有"本土管理研究"问题,一些学者认为,管理学应追求普适和通用的理论,而另一些学者认为管理与文化密切相关,不存在绝对普适的管理理论,BARNEY 甚至提出存在一种"管理的中国理论"的可能性。事实上,所谓普适性与特殊性问题在人类学研究中由来已久,而工商管理领域借鉴人类学的方法也由来已久。

在管理思想史上占据重要位置的埃尔顿·梅奥,原籍澳大利亚,后来移居英国,他实际上是一个精神病学家。在梅奥所主持的霍桑实验中,人类学起了关键的作用。劳埃德·华纳被公认是实施该实验的最重要的研究员之一,在会见梅奥时他还是哈佛大学人类学系的初级工作人员。当时华纳刚刚从澳大利亚做完关于当地土著居民的田野调查研究,与霍桑实验研究人员商量实验设计和实施的下一阶段工作。也正是由于这次行动,华纳成为工业或组织人类学之父,而华纳对霍桑实验中"继电器小组"的观察也正如人类学家研究一个小乐队或部落等小型社会中所做的那样,应用了人类学的研究方法。

1959 年美国福特基金会和卡耐基基金会发布有关"管理研究和教学应着重

于科学化和学术化"的报告,在此之后,管理学研究迅速向科学化范式方向发展。几乎同时,美国管理学会会刊 AMJ 创刊,到 20 世纪 80 年代,AMJ 宣称其全部版面只接受所谓严谨的实证科学研究论文。正是这一改变,导致了当前管理学者在借鉴其他各门学科理论时出现了"严重的心理障碍":一方面,管理学盲目追求比社会学、心理学、人类学更高程度的普适性;另一方面,管理学自身缺乏体系化理论,因此管理学研究必须建立在其他各门学科理论基础上,然而又必须在此基础上有所发展,以获取"管理学的合法性",如此一来,管理学者所能做的就是不断强调"实证严谨性",而愈是强调实证严谨性,其自身理论体系愈难建立。

传统上,管理学研究主要借鉴经济学、心理学与社会学理论,而人类学理论和方法常常被拒之门外。从另一角度来说,经济学、社会学、心理学等主要学科也仅仅是把管理领域中的经济、社会和心理问题作为其中一个次要的分支领域来看。人类学中的工业人类学领域在 20 世纪 50 年代之后进入了衰退和停滞阶段,而这一时期正是管理学作为一门独立学科进行合法化演变的关键阶段,正是这一"双重的偶然",导致管理学与人类学在学术发展道路上愈行愈远。

然而,这一现象在 20 世纪 90 年代发生了很大的改变,应用人类学研究中有关工商人类学的研究愈来愈多。根据田广教授的研究,20 世纪 90 年代以来,工商人类学已成为应用人类学中增长最为迅速的分支,统计数据表明,有大约 40% 的应用文化人类学家在企业界工作。人类学悠久的传统使得人类学家在企业现场更善于捕捉到那些有关任务、协调、文化、组织学习的细节。在管理学日益希望依靠所谓普适性、科学性"顶天"的同时,人类学家却在做着扎扎实实的"立地"工作——事实证明,扎实的"立地"不仅可以更好地将理论和实践结合起来,而且产生的理论并不一定就是特殊的、情境化的、没有外部效度和无法推广的——霍桑实验的成功就是明证。

至于作为工商管理分支之一的市场营销学,也与消费者行为和文化有密切关系。尤其是在后现代与生产力高度发达的今天,消费者的个性化需求日益强烈,消费观念受社会文化的影响日益显著,亚文化群体的消费行为与大众消费之间的分化日趋严重,此时人类学更有其用武之地。田广教授及其同事在本书中主要探讨了三个方面的内容:消费文化的人类学解释、特定人群的消费行为研究和民族品牌及其价值的研究,上述内容应该说极具理论与实践价值。在笔者看来,某些领域的营销活动,例如动漫、娱乐、时尚品以及新近发展起来的微商、社群营销等依靠传统的市场营销研究很难贴近现实,而借鉴人类学的方法则可能是正确的路径。

因此,这部《市场营销人类学》的出版可谓正逢其时,希望本书的出版能给与实践日益脱节的企业管理学界带来一股新的"立地"的思潮和观察市场营销及管理现象的新视角;希望更多的学者通过本书开始尝试使用人类学方法来进行研究;希望更多的市场营销实务工作者也能从本书中获得宝贵的启迪。

吕 力

2017 年 4 月 6 日

于武汉

# 目 录

CONTENTS

## 目 录
CONTENTS

# 目 录
CONTENTS

# 第一章  人类学视角下的市场与市场营销

**本章摘要**  在主流经济学中,市场是买卖双方为盈利而进行的货物或服务交易与信息交流的机制或场所。市场类型虽然各种各样,但其功能都是为不同参与者从交易的对手中获得商品或货币。效率是市场体系的关键词。与经济学不同,本章从人类学的视角研究市场的社会成本因素以及市场和形成市场的社会与文化背景。同时,本章还梳理了人类学应用于市场营销的逻辑关系:人类学研究各种层次中的人类活动,而营销涉及商业公司如何推销其产品或服务给消费者,人类学通过研究个体消费者如何使用产品来达到研究营销之目的。

## 学习目标

1. 学习和了解有关市场理论的主流经济学知识。
2. 认识并理解人类学视角下的市场概念及界定。
3. 学习和理解人类学家在市场营销领域的研究内容与方法。
4. 学习如何运用人类学的方法对选定的市场进行田野调查。
5. 学习和理解现代市场营销理论知识及营销技术,并认识人类学家所能做出的贡献。

## 引　言

在大多数商学教科书里,市场被定义为一种与众不同的系统机构、程序、社会关系和相关基础设施的总和。它通过各种不同的资源、商品和服务,与个人、家庭、公司和政府机构之间进行着贸易和交换。针对不同居民社区的需求和不同商品服务交易对象,市场在大小、范围、地理条件、位置、类型上具有不同特点。

市场是买卖双方为盈利而进行的货物或服务交易和信息交流的机制或场所。虽然有各种类型的市场,但其功能都是给不同参与者从交易对手中获取商品或货币创造机会。在无限多个交易双方和无限多个细分市场的情况下,市场机制的作用和帕累托最优结果之间的关系,就是市场体系的关键——效率。

学者们一般将市场看作一种不同的系统机构、程序、社会关系与相关基础设施的总和。人类学家研究的重点在于市场的社会成本因素以及形成市场的文化与社会背景。现实中的市场形式划分,反映了社会中人的分类,如性别、阶级、种族、职业和教育。人类学关注市场的文化和社会方面的内容,对于人类学家而言,世界上不存在缺乏社会文化背景的市场。工商人类学家特别关注和研究人类社会所存在的不同分配商品的模式,他们也因此而著名。经济学家解释了资源的稀缺性以及商品为什么和怎样流入那些确实需要它们的人手中。

本章侧重阐述人类学与市场营销的逻辑关系。人类学研究人们在社会不同层次中的所有活动,而营销涉及商业公司销售其产品或服务给消费者的方式;人类学家通过研究个体消费者如何使用产品,而达到研究营销过程之目的。人类学在市场营销研究中的应用范围很广,方法灵活多样,例如:民族志研究所强调的参与式观察法、深入访谈方法等。人类学在市场营销领域已经形成一定的发展规模,且在继续不断深入地发展,其研究内容主要包括三个方面:消费文化的人类学解释、特定人群的消费行为研究、民族品牌及其经济价值的研究。

## 第一节　市场理论的主流经济学诠释

市场营销学是一门新兴的应用学科,以市场营销活动及其规律为研究对象。同时,它也是一门交叉学科,与管理学、预测学、心理学、社会学、人类学等学科关联性很强。信息技术高度发达的 21 世纪,市场营销技术花样翻新越来越快[①]。经济学家对市场的认识和研究,往往可以高度概括为自由市场论。

---

①陈钦兰,苏朝晖,胡劲.市场营销学[M].北京:清华大学出版社,2011:2—3.

市场是经济学中的核心概念之一。新古典经济学认为,市场是一种有效配置社会资源的价格机制,价格是市场的核心特征,亚当·斯密(Adam Smith)之"看不见的手"的理论假说,阐述了价格机制决定市场运行。罗纳德·哈里·科斯(Ronald H. Coase)认为,交易成本是交易方式的决定性因素①。市场是一种制度安排,促进了交易的不断重复,通过市场进行资源配置与通过企业进行资源配置,具有相互替代的作用。总之,在经济学中,运行在自由放任政策下的市场,是完全自由的市场。这里的"自由"是指政府不会试图通过税收、补贴、最低工资、价格上限等手段进行干预。在自由市场的环境下,市场价格也许会被卖方或有垄断实力的卖方,又或者是买方或有垄断实力的买方来控制形成一种扭曲的价格,这会损害市场参与者的福利,并且会降低市场的产出效率。此外,组织的层次性或买方的谈判权,也会明显地影响市场运作。一个市场可以被组织成如拍卖会、私人的电子市场、购物中心或更加复杂的机构,如证券市场,也可以是两人之间的非正式论价。② 每当一方对其他方所提供的商品和服务有兴趣时,需求便产生了。而各种不同种类的市场会自发产生,因此一个市场可以在监狱里表现为香烟市场,也可以是运动场上的口香糖市场,还可以是商品合同的远期交易市场③。

在主流经济学中,市场是一种机制,它允许所有的买家和卖家进行任何类型的货物、服务交易和信息交流。为盈利而进行的商品和服务交换,就是交易。市场的参与者包括了影响商品价格的买方和卖方。这种对价格影响的研究,是经济学研究的重点,并且产生了由供给与需求等这些基本市场元素所构成的相关理论和经济学模型。买方和卖方是市场中不可或缺的两个重要角色。市场存在的目的之一,就是促进贸易和要素分配,并在社会整体的基础上进行资源配置,它允许对任何可交易的物品进行估价和定价。一般而言,市场都是自发出现和形成的,也有用来获取权力交换或资产所有权,因人际交互而故意建造的机制,还有一些在指令性经济中运用压力,对商品进行压制的市

---

①刘生琰,李元元. 单一与多元——"市场"理念及其人类学拓展[J]. 兰州大学学报(社会科学版),2012(5):40—45.

②Tian, R. A Critique of Pan-Market[M]. Fort Worth, TX: Fellows Press, 2008:43.

③田广,戴琴琴.泛市场化批判[M]. 北京:中国财政经济出版社,2012:58.

场。市场起源于物资的集贸地,它往往会发展成小小的社区、城镇和城市①。

市场不可能全都集中在一个相同的地方,但可能定期循环于城镇与城镇之间,为每个地点提供专门的产品销售。举例说明,哥伦比亚北部的安第斯山脉上的一个市场系统,它反映了当地生态和地理条件的特殊性:从周一的低洼地到周末的高地平原,这个市场系统根据当地的特殊性提供了一系列产品,从新鲜鱼类和热带水果到玉米、土豆和山羊。当地有专门的资源性市场,如土地、人力、资本等市场,也有一些针对不同产品的专门化市场,如玉米期货,甚至是吉卜赛马②。因此,可以根据其特有的特点,发展出一些特别条款,以他们自己的方法进行交易③。

市场活动涉及相当多的拥有不同利益和背景的参与者。正如人类学家斯蒂芬·古德曼(Stephen Gudeman)所说的那样:交易可能会因为那些控制了特殊语言,拥有大量资源,或已被指定了"席位"的人而受到限制,就像在纽约证券交易所一样。一个单一的市场可以涵盖众多资本雄厚的交易者,也包括那些缺乏投资基金,只能出售价格便宜的商品来寻求高营业额的交易者。在拉丁美洲的当地市场,临近的卖家看似提供相同的商品,如谷物或衣服,但每个卖家都拥有自己独特的社会网络和销售方式:市场中的卖方逐渐形成了一种风格,传统或正如共同基金经理开发出来的投资风格。拉丁美洲销售商中的资源所有者很多拥有家族亲戚关系网络,还有一些是需要支付酬劳的雇员。少数人可能拥有几个贩卖不同商品的摊档,除非是利益原因或市场环境发生变化,否则他们会将摊档一个接一个地开办下去。某些商贩还会销售一些他们的技术熟练的手工制品,如皮革制品、橡胶凉鞋。对于一周只在市场中工作一次的商贩而言,销售在一定程度上只是一些能洞悉别人的经验。部分人的目的是每天都赚钱,有的则是为了在商品卖出后能保留住一些再次光临的顾客,他们在与不同人之间的频繁交易中,收获一些微薄的利润④。

---

①Madura, J. Introduction to Business[M]. Mason, OH: Thompson Higher Education, 2007.

②Stewart, M. Gypsies at the Horse-Fair[M]. In Dilley, R. (ed.) Contesting Markets, Edinburgh: Edinburgh University Press, 1992: 97-114.

③Malinowski, B. and Fuente, J. Malinowski in Mexico[M]. London: Routledge & Kegan Paul, 1982.

④Gudeman, S. The Anthropology of Economy[M]. Malden, MA: Blackwell Publishing, 2001: 95-96.

在形式上,市场上的交易是双向的,确保每次交易顺利进行的前提是市场之间相互进行调整。当这种调整系统地发生在同类行业之中时,一个市场系统就逐步形成了①。在传统的古典经济学理论中,完备的市场体系包括无限多的买家和卖家,是充满竞争的市场。每个独立的卖方或买方,将会拥有完全的市场行情信息,但是每个人对整体市场体系的影响却相对有限。在完全竞争的市场体系中,每个参与者都尝试获得在特定时间中更加稳定的业务。由于货物的流通是有限或非常紧缺的,因此每个参与者都试图优化他们有限资源的价值:买家瞄准的是购买商品所获得的效用最大化,而卖家则想卖出商品的最高价。

虽然有各种类型的市场,但其功能是相同的,它们都是为了给不同参与者分配其真正所需要的商品。正如斯蒂芬·古德曼所指出的那样,效率是一个市场体系的关键词,指方法和结果之间的关系,因为在大多数情况下,真正竞争激烈的市场处于一个帕累托最优均衡的状态。这意味着在部分参与者状况良好的同时,也必会有人的处境不利。无论是在生产还是交换的领域里,效率引导着理智的行为②。当生产投入的安排对于预期的目标能得到最好的收益时,它意味着生产是高效的。

葆拉·贝伦·帕累托(Paula Paretto)发现的有关有效市场的基本原理,在经济学家中一直颇有影响力,这一比较被广泛接受的理论要点,在目前的经济学原理中指的就是效率③。在这一概念下,古德曼提出了一个有趣的问题:谁可反驳"被有效"而不被标记为"非理性"?他还指出,一个不想成为有效率的或理性的人,既是不可能的,也是荒谬的。众所周知,效率是市场经济理论体系中最有价值的概念。对于纯粹的市场经济学家而言,在有效的市场体系中,货物的循环交易应该远离社会关系并且政府没有资源调配的权力,除非是为了更正失灵的市场。例如,为了管理污染问题而施加额外的环境税,尽管这种解决方案被一些后现代经济理论所质疑。市场失灵指没有效率的结果出现在价格谈判的双方中,而这个结果不应该出现在有效市场体系中。有的学者提

---

①Rothenberg, W. From Market-Places to a Market Economy[M]. Chicago, IL: University of Chicago Press, 1992:78-120.

②Gudeman, S. The Anthropology of Economy[M]. Malden, MA: Blackwell Publishing, 2001:96.

③Stiglitz, J. Whither Socialism[M]. Cambridge: MIT Press, 1994:110-120.

议,即使在 18 世纪,也不会在有效市场贸易中产生永久的关系。正如 19 世纪的自由主义者所宣告的那样,自由的贸易行为滋养了"温柔"的态度和审慎、诚信等这些文明的美德①,可以扩大和帮助改良贸易群体的素质和消除一些具有压迫性的规则。

## 第二节　人类学视角下的市场

人类学家在田野工作的基础上,得出与经济学不同的市场观念。对人类学家而言,市场有不同类型,这些不同的市场有经济学家们所追捧的自由市场,也有一些所谓的非完全自由市场。人类学家主要针对后者来研究有关市场的社会成本因素,也就是市场和形成它们的文化及社会背景。这类背景及其与之极为相关的信息,是市场营销人员急欲拿出来解释确切问题的标准答案。例如,这些人为什么购买这些产品以及如何说服世界上剩余的那部分人这样做。这些本质上的问题,涉及对人的行为进行精确定位。人类学家能够通过长期的观察分析,来揭示人类的经济行为、伦理行为背后之奥秘来解决这类问题。这就是人类学家眼中的市场,它是中性的;人类学家要做的就是解释它,至于市场与现行的法律制度是否匹配,则不是人类学家首先要考虑的问题。比如人类学家对毒品交易市场的研究,旨在解释毒品交易背后的人类文化与行为,而并不会因为这个市场是非法的而不对其进行研究。如此看来,人类学家研究的人类市场行为是更为一般意义层面上的市场行为,这样的研究结果能更为准确地反映人类市场行为的本质,能更好地指导市场的运行。

大量的研究显示,至少有 75% 的新产品在缺少市场的情况下面世失败。尤其对于技术含量较高的公司,他们更加需要避免这种失败的发生。因为新的产品、芯片、服务器和无线设备进入市场将花费很高的成本。比如,美国英特尔公司就雇佣了多达 12 个包括人类学家在内的、就职至少在 5 年以上的社会科学家。在营销的早期发展阶段,人类学家的建议备受追捧。营销是指针

---

①Coase, R. The Firm, the Market, and the Law[M]. Chicago: University of Chicago Press, 1988:58-63.

对特定目标对象配对一种产品,然后将其销售给目标对象。这听起来像是营销部门的工作,但其实却与之有相当大的差别。人类学家在真的决定销售这种产品时,会努力研究该产品将如何被购买者所使用。他们会避开市场问卷,而赞成焦点小组的调研行为。通过极其详细的记录,来认识人们如何生活,如何让产品融入他们的生活,这些人类学家能获取的信息,比营销人员从消费者那里得到的要多得多。因为在市场调查中,受访者经常难以准确地告知别人,他们究竟是如何认识和使用产品的。

以上事实告诉我们,工商人类学家对市场的研究,是对人类一般行为的研究,这种行为既包括经济因素,同时也包括文化、道德等多方面的因素。人类学家就是从这些不同的层面出发,进而揭示出人类行为与其文化之间的关系,供企业研发参考。显然,由此产生的效果,肯定会远远超过市场部门获取的市场行为产生的效果,因为营销部门获取的数据,本身带有极强的功利性,这种功利性往往容易失去数据的真实性,造成数据与真实世界的偏差。所以,工商人类学家在企业的决策过程中,能够帮助企业更为精准地分析、掌握人类的经济行为及经济行为背后隐藏的更为丰富的文化价值方面的秘密,从而使企业的决策更为贴近人类的真实行为,推动企业的发展。因此,市场营销中的人类学研究,更强调关注市场的文化和社会方面的内容。对于人类学家而言,在缺乏社会文化背景的情况下,依靠所有权交换的市场将难以存在;人类学家已通过不同研究路径,探索证明了所有的市场都是建立在与其相应的文化基础之上的[1]。实际上,市场的真正布局可能反映出社会人的不同分类,如性别、阶级、种族、职业和教育等。[2] 在工商人类学中,人们更加关注其对商品分配模式的研究。这通常是一些常用的方法,用来解释稀缺商品为什么和如何被分配到确实需要他们的人手中。

在人类学的研究中,关于货物分配的四种方式分别为分配、互惠、再分配和市场分配,这些都意味着对资源的简单处理。例如,猎人会把捕猎到的鹿分配给这一带的猎人和采集者(人类学书本中仅仅描述"交换"而不会提

---

①Gudeman, S. The Anthropology of Economy[M]. Malden, MA: Blackwell Publishing, 2001: Chapter Six.

②Gell, A. The Market Wheel: Symbolic Aspects of an Indian Tribal market[J]. Man, 1982(17): 470-491.

及分配,因为后者并没有交换)。互惠原则指的是当一个人收到别人的礼物时,这个收到礼物的人以后会将别的物品回赠给他,这种行为就像是人们在进行易货贸易。再分配需要更高权力的组织,例如由首领或国王来执行,他们首先会从臣民们手中收集物品,然后再把这些物品分配到他自己的家族、军队和贫穷的臣民中。最后,市场应该是当中的很多人聚到一起,用来进行易货贸易或货币交易的场所①。从人类学的视角看市场调研,需要把握不同的市场类型,因地制宜,因时制宜。在本章中,我们将市场分为传统批发市场和零售市场。

当选定某个批发市场作为田野点后,必须对该市场进行考察,考察的方面主要包括以下几点:

1. 该市场在全国或全球的知名度——这是关系到相关产品在当地生存发展潜力的重要因素。

2. 投资方的实力,包括软实力和硬实力两个方面。前者主要指人,即投资方的综合素质;后者主要指资产,即投资方的固定资产,主要考察投资方的财务情况。

3. 在了解这些情况之后,调研各类产品在市场上的需求状态以及相似产品之间的销售策略差异,继而根据当地的实际情况,把不同产品在当地的市场需求与当地的文化相联系,通过市场看文化,透过文化看市场。

4. 在市场维护方面所做的调查,主要在于了解商家采取何种方式,在既有的市场份额下,争取更大的市场,保证市场占有率的定期增长,就如同滚雪球一样,越滚越大。

针对零售市场做市场调研,可以尝试以下几个方面:

1. 定位零售市场,特别是百货商场的层次。可从化妆品、手表的专柜开始观察。根据商场所销售的化妆品的等级进行初步定位,然后观察手表区,是国产表多还是进口名表多? 这些都可以作为参考进行观察研究。

2. 推测当地的消费能力。可通过观察商场的人流量、客单量。比如,是推车购物的人群多还是拎篮子购物的人群多。

---

① Fikentscher W. Market Anthropology and Global Trade [J]. The Gruter Institute Working Papers on Law, Economics, and Evolutionary Biology, 2001(1): 4.

3. 定位要调研的商品。譬如:想要了解户外用品在当地的销售情况时,就可到当地的户外用品店、体育用品店、渔具用品店、玩具用品店以及在商场和卖场的相关卖区进行调查。

对人类学家而言,了解市场的前提必须有一个明确的"地方"概念。没有一个具体的"地方"概念,对任何区域的市场妄加评估、规划,就容易产生错误的引导。"地方"的概念掌握起来很难,在人类学的领域中如此,在商业活动中更是如此。商务活动中各地域市场紧密联系在一起,环环相扣,并无固定的、清晰的界限。所以,在选择市场调查田野点时,必须充分做好调研考察准备,找出市场辐射网络的中心点才能抓住最深层次的东西①。

作为一门独立的学科,人类学在其发展过程中,形成了很多专门的概念和术语,用以说明社会中人类活动和人类关系的性质,同时为研究提供一套概念工具。例如,人类学术语包括功能、深描、文化定型、族群与角色等。此外,用合适的语言来翻译和表述异域社会所特有的文化概念,也是人类学术语的主要功能。市场营销学的发展是一个兼容并蓄的过程,而今市场营销学者越来越重视市场营销活动中参与者之间的社会关系。这正是人类学的核心概念,能够为其发展奠定坚实的理论基础。因此,人类学的概念和观点可以在市场营销学的关键问题分析中得到更为广泛的应用。据此,王朝辉等学者构建了表1-1,借以说明人类学核心概念与市场营销学的关系。

表1-1　人类学核心概念的营销解析举例

| 核心概念 | 人类学含义 | 市场营销学的意义 |
| --- | --- | --- |
| 功能<br>(Function) | 功能学派认为,任何一种文化现象,都有满足人类实际生活需要的作用,即都有一定的功能 | 用于需求满足的解释 |
| 深描<br>(Thick Description) | 格尔茨认为,深描就是从简单的动作、话语或时间入手,追寻其所隐含的无限社会内容以及多层意蕴,进而展示文化符号意义结构的复杂基础和含义 | 用于促销策略的解释 |

①林贵梅.浅谈市场田野计划——以人类学的视角看市场调研[J].知识经济,2010(13):100.

（续表）

| 核心概念 | 人类学含义 | 市场营销学的意义 |
|---|---|---|
| 符号<br>（Symbol） | 符号是人们共同约定用来指称一定对象的标志物,人类社会和人类文化就是借助于符号才能得以形成的 | 用于广告策略、品牌策略的解释 |
| 文化丛与文化模式<br>（Culture Complex & Culture Pattern） | 文化丛指功能上互相联系的文化特质构成的复合体;文化模式指由各种文化丛所组成的功能上有联系的、有鲜明特色的整体 | 用于市场细分的解释 |
| 文化冲突<br>（Culture Conflict） | 指两种或者两种以上的文化相互接触所产生的竞争和对抗状态 | 用于渠道策略的解释 |
| 文化认同<br>（Culture Identity） | 是指一种群体文化认同的感觉,是一种个体被群体文化影响的感觉 | 用于顾客价值的解释 |
| 族群认同<br>（Ethnic Identity） | 就是族群的身份确认,是指成员对自己所属族群的认知和情感依附 | 用于细分和消费者行为的解释 |
| 濡化<br>（Enculturation） | 即泰勒所说的"学习文化"的过程,是指以获取知识经验从个体成为社会一员的过程 | 用于促销策略的解释 |
| 群体<br>（Group） | 是指两个或两个以上的人,为了达到共同的目标,以一定的方式联系在一起进行的活动 | 用于细分和消费者行为的解释 |
| 社会网络<br>（Social Network） | 是指由于相同的价值观、态度、抱负而把一个人同其亲戚、邻居和朋友等社会性地联系起来的方式 | 用于关系营销的解释 |

  表1-1清晰地告诉我们几个有关人类学的重要理论观点:其一,人类学的理论可以应用于市场分析上,尤其是对消费者行为的主要因素分析;其二,文化变迁是人类学研究的一个重点。因此,人类学家对未来经济社会发展的预

测,常常被市场营销学者借来分析消费的变化趋势;其三,在新产品的扩散中,市场营销学应用了人类学的传播理论;其四,人类学对社会成员之间的冲突进行了深入研究,并提出一些正确对待冲突的观点和方法;其五,人类学的有关理论可以指导促销实践等营销活动。因此,人类学与市场营销学有着不可分割的密切联系,将两者进行结合研究,不仅有利于人类学的发展,对市场营销学的理论基础构建及其发展也具有至关重要的作用①。

## 第三节　现代市场营销理论与人类学

市场营销是一个发现有效需求进而设法满足有效需求的过程。在这个过程中,营销者需要建立和发展其与顾客之间的良好关系,并通过这个关系创造价值来满足消费者的需求,从消费者的满足中获取必要的合理利润。更具体地说,营销是推广、出售或分配一件产品或一项服务给消费者的技能或过程。市场营销在企业中的重要性,随着市场竞争压力的逐渐增大而凸显。以营销问题为主要内容的人类学分析研究,在营销文化要素分析、消费行为、产品设计、产品价格、渠道管理、营销组织与文化、跨国与跨文化营销、企业营销的地方性和群体性、企业营销的社会责任、新兴销售渠道和消费群体、民族地区营销等多个领域,具有独特的功能与作用。因此,作为应用人类学的一个分支,营销人类学必将在中国营销理论与实践中取得很大发展②。

### 一、现代市场营销理论

现代市场营销是一种与传统营销完全不同的营销模式,与当前的时代特征有很大的关系。营销理念是在现代市场环境中进行营销模式构建的关键。考量市场营销活动存在的价值,不仅要看其带来的经济效益,还要看其社会效益。因此,为人类社会创造和传递新的生活标准,也是市场营销活动的价值尺度③。

---

①②王朝辉,沙振权,程瑜. 到"实地"去:营销问题的人类学视角分析[J]. 营销科学学报,2011,7(4):72—86.

③曾凡跃. 现代市场营销的本质解析[J]. 现代营销,2015(6):56.

当前,媒体的形式越来越多,新媒体较强的自主性和交互性,使得新媒体在很多行业中都有广泛的应用。在企业营销管理过程中,管理者意识到各种新媒体发挥的重要作用,并将其当作企业市场营销管理的重要途径。从这个角度来讲,新媒体环境下的市场营销,其实就是一个品牌形象推广的过程,是让消费者对企业品牌产生深刻印象的过程。而这个过程中最重要的环节,就是通过新媒体对企业的产品以及品牌进行交互式传播。新媒体的传播范围广、速度快,能够产生更加良好的宣传效果。所以,在现代化背景下,加强对新媒体的应用,是现代化营销的关键,也是实现成功营销的重要途径。另外,在地球环境越来越恶劣的情况下,现代化营销也是一种低碳营销,符合经济发展的大潮流①。

市场营销是现代企业发展和实现经济效益的基础,也是企业获取最大效益的重要路径。企业价值、经营利润主要是通过市场营销来实现和完成的。就企业的竞争和发展而言,对现代市场营销的内在本质进行系统化的研究极为重要。整体来看,现代市场营销的内在本质就是一种核心概念,即一种被认同的建立在方法与核心价值基础上的核心目标,它与企业的核心理念紧密相连,具有规律性与指导性。揭示现代市场营销的本质,不仅是对其实质的合理解释,而且也能让人们对其精髓有更为清醒的认识与了解,明白它还具有人性化的特性。对其本质的揭示,也不能只强调其社会目标的重要性而轻视个人的个体目标。我们要通过对其本质的揭示说明实现目标的多样化,从而使得现代市场营销内涵得以极大的拓展。现代市场营销理念及模式,并非一味追求满足消费者的心理及生理需要,更重要的是为了顺应未来社会发展的需要,维护社会发展的长期利益。现代市场营销的本质之一——循环经济,要求市场营销,不仅能丰富人们的生活,创造更加适宜人们生活的新标准,还能促进社会的健康可持续发展。

现代市场营销已经超出了产品、技术及服务的范畴,进而转向对新型生活标准和方式的探索。企业既要向受众传递积极的、健康的生活方式,还要对相关标准,特别是在当前世界交流更加深入的局面下,对文化等不同要素进行积极的探索与总结。因为这些要素都会在很大程度上对人们的生活方式及理念

---

①罗兴飞. 论现代市场营销本质[J]. 才智,2016(9):261.

产生非常深远的影响。所以,在这个阶段中,企业必须要肩负起全新生活标准的制定以及编制任务,利用营销思想让更多的人认同和接受合理、科学的生活方式。企业是营销行为的主要实施者,而广大消费者自身就是其中具有深远影响力的因素。市场是两者之间的桥梁,企业为了更好地促进自身的发展和进步,必须要有效地调整和优化企业组织架构,调整其营销模式,积极顺应当前社会和经济的发展,大力推进低碳、绿色、循环发展模式的建设,实现企业可持续发展,最终为社会的不断进步贡献自己的力量①。

**二、人类学视角下的市场营销**

人类学是最古典的社会科学学科之一,它主要研究有关人类的四个相关领域:文化人类学、体质人类学、考古学和语言学。在本教材中,除特定情形外,我们所说的人类学主要指文化人类学。人类学与市场营销学之间的逻辑关系非常清楚,因为人类学研究文化与人类在各种层次中的社会活动,而市场营销学涉及商业公司如何将其产品或服务合理有效地传递给消费者,两者的核心结合点就在于人。

因此,就研究独立的个人而言,我们通过人类学的路径对人及其行为进行研究,然后在对人及其行为充分研究的基础上,通过市场营销路径,再把产品和服务推销给个人,从而将人类学与市场营销结合在一起,这种结合是自然而然的有意识的行为结果。在当今的市场营销中,我们大多数人都熟悉(或至少潜意识地知道)主流社会中的交流技巧,这也是一些商业产品和服务销售商用来劝说消费者购买他们产品的技巧。广告,是这些技巧中效果最明显的,它有若干种形式。但商品和服务的营销中还有许多其他的步骤,具体涉及以下方面:一是明确产品或服务满足哪些顾客的需求,或者本身就存在,或者可以创建,然后开发和制造产品或设计出服务内容;二是确定产品或服务潜在的消费者以及商品的潜在消费场所;三是为鼓励购买而进行产品包装或推广服务;四是设置不会阻碍产品或服务销售出去的价格。② 这些活动一般被称为营销组合 4P,4P 的国际通行翻译:产品、促销、价

①王璐.浅谈现代市场营销的本质[J].吕梁教育学院学报,2015(2):28—29.

②Gwynne, M. Applied Anthropology: A Career-Oriented Approach[M]. Boston, MA: Pearson Education, Inc, 2003.

格、渠道。产品就是即将被销售的东西或服务;促销是指用来鼓励潜在消费者购买产品或服务的策略;价格是指要被收取的货币数量;渠道不仅仅指产品和服务将被出售的位置,也指生产者为得到他们潜在的消费者以及销售利润所用的各种途径①。

目前,学术界已经对人类学的概念进行了较为完善的定义,这个学科也已经被很多的实践者应用到了诸多领域,如卫生保健、教育、商业、市场营销和工业。这些实践者一次又一次地证明,人类学方法对于商业世界中的文化与人,人与其商业行为的研究有现实意义,特别是在跨文化营销方面②。在过去的数十年间,人类学家创建了工商人类学这个科目,通过文化理念、整体分析和有关4P的实证研究,来了解人类的商业和消费行为③。

用人类学方法去研究市场营销,既包括看待世界的方法,也包括理解世界的技巧。20世纪以来,质性研究在营销领域的使用日益频繁,从而使消费者行为研究日趋完善。人类学中的关键概念是文化,对于人类学家而言,文化要素既不是刻意的,也不是偶然形成的。这种形成有其内部逻辑和一致的适应系统,它帮助个人成功地处于他们所在的自然和社会环境中。当人类学家受雇于市场营销活动中时,通常他们更多的是从文化人类学的角度从事相关研究和咨询。文化人类学起源于人们对原始文化的研究,它通过比较分析来研究在不同的情境中,文化怎样帮助人们解决生活问题。文化人类学在市场营销活动中的应用,在很大程度上与心理学和社会学异曲同工。传统上讲,这两个行为学科比人类学更广泛地应用于对市场营销的研究和咨询中。这三个不同的行为学科,都关注个人在其社会和文化方面与他人的互动过程与结果。对于心理学家、社会学家和人类学家而言,每个人的行为实质上都是相互关系的人格、社会系统和文化规范的功能延伸。④

---

①McDaniel, L. MKTG, Mason, OH: Cengage Learning, 2008:25-26.

②Hamada, T. & Jordan A. Cross-Cultural Management and Organizational Culture[M]. Williamsburg, VA: College of William and Mary, 1990.

③Giovannini, M. & Rosansky, L. Anthropology and Management Consulting: Forging a New Alliance[M]. Hoboken, NJ: Wiley-Blackwell, The American Anthropological Association, 1991:34-110.

④Winick, C. Anthropology's Contributions to Marketing[J]. Journal of Marketing, 1961(5): 52-60.

正如丹尼尔·贝尔(Daniel Bell)所指出的,现代社会的文化改造主要是由大众消费的兴起,或者是被中低阶层认为是奢侈品的商品,在社会上的扩散所引发的。① 特别是进入 20 世纪六七十年代以来,西方经济经历了一个高速发展时期,物质生活极大丰富,西方社会随之进入以消费为主的时代。大规模的消费不仅改变了人们的日常生活,而且改变了人们的消费方式及其他方面。据贝恩咨询公司(Bain & Company)2015 年度《中国奢侈品市场研究报告》显示,中国奢侈品市场规模为 1130 亿人民币,而中国内地消费者境外奢侈品总支出为 2930 亿人民币,我国已成为全球最大的奢侈品消费市场,奢侈品购买占据了全球奢侈品消费品市场份额的 30% 以上②。据此,我们判断,中国已经进入一个以消费为主的社会,这将引导中国文化的一次变革,当然我们的消费社会结构不尽合理也是现实。但这个变革显然离不开工商人类学家的参与,他们将发挥重要的作用。未来,将有更多的中国公司会把工商人类学家纳入自己企业管理决策的专家库中,来推动中国营销的本土化变革。

我国市场营销学者王朝辉及其同事,曾经构建了一个市场营销学与人类学学科之间的联系概念模型。王朝辉等人所构建的这一人类学与市场营销学关系概念模型,概述了人类学与市场营销学的关系,是对现实学术中人类学与市场营销学关系的一般抽象描述。它由人类学、市场营销学、人类学可借鉴系统等基本要素构成。王朝辉等认为,人类学与市场营销学的关系实质上是它们都以个人行为及"价值观念"为主要研究对象,有着相似的研究目标和广泛而深入的学术关联。对于市场营销学来说,它所面对的是一个理论体系较为完整的人类学,它可以通过人类学"可借鉴体系"新知识"植入"来选择补充完善其内容和对象。人类学可借鉴的系统包括概念系统、分析框架和田野方法。其中,人类学分析模式又包含文化分析、功能分析、结构分析、类型分析。因此,这一概念模型可以抽象地描述为市场营销学和人类学之间存在的长期学

---

①Bell D.The cultural contradictions of capitalism[J].Journal of Aesthetic Educction,1972(6):11-38.

②汤彦俊.http://mt.sohu.com/20160123/n435621792.shtml,2016-1-4.

术交流关系(见图 1-1)①。

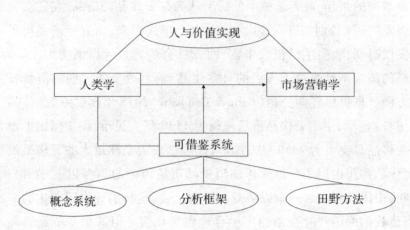

图 1-1　人类学与市场营销学关系概念模型

在王朝辉等学者构建的人类学与市场营销学关系概念模型中,人类学与市场营销学研究对象虽然相同,但在学科体系上,仍然存在着本质差异。人类学在学科分类上属于社会学分支,其研究重点在于通过分析田野工作所得的资料,运用文化比较的方法,从人的生物性和文化性来研究人类本身。其主要研究方向包括人类的起源、发展、种族差异、人体与生态的关系,现存灵长类的身体和行为等以及人类文化的起源、发展变迁的过程、世界上各民族各地区的文化差异。而市场营销学在学科分类上属于管理学分支,主要研究企业营销活动及其规律,即研究企业如何识别、分析评价、选择和利用市场机会,从满足目标市场顾客需求出发,有计划地组织企业的整体活动。市场营销是通过交换等手段将产品从生产者转向消费者,以实现企业的营销目标。其主要研究方向包括产品、价格、分销、促销等。②

---

①②王朝辉,沙振权,程瑜. 到"实地"去:营销问题的人类学视角分析[J]. 营销科学学报,2011(4):72—86.

## 第四节　市场营销的人类学研究内容

一般而言,人类学对市场营销的研究主要有五个目标。

其一,就是使事实变得鲜明,也就是关注人们的潜意识行为。人类学研究成果证明,人们会告诉他人其自身所理性相信的事情是真的。人类学家的工作就是挖掘这些琐碎但却重要的有助于提高我们洞察力的细节。

其二,就是深入地分析对于观念的认识和对物品的使用与消费动因。理解人们如何运用产品或认识观念,能帮助我们理解产品在人们日常生活中的作用以及人们获得这些产品信息的渠道及其角色。例如在研究劳资关系时,人类学家能帮助我们理解工人接受公司文化的程度以及雇员和企业之间的联系。正如布莱曼(Bryman)和贝尔(Bell)所指出的:有关组织行为的人类学研究是非常特殊的,因为它所关心的是与某种直奔目标的活动有关的社会关系,人类学为我们提供了一种显而易见的把组织作为文化实体来理解的方法。[①]

其三,就是利用民族志帮助市场营销者从受众的角度与其对话,即应用受众的沟通方式进行更高效的交流。然而这种方式是基于主位的,即从被研究群体的角度,而非企业的角度进行沟通,因而调查者更倾向于完全从顾客的角度出发,对其研究所得进行展示。因为在调查研究中,不同的遣词造句,很有可能改变消费者对某一问题的态度[②]。

其四,就是识别需求、需要、生活方式和渴望。如果我们了解被研究群体如何感知现实以及他们的渴望、动机和期望,我们就能够改善提升在某一问题上对该群体的应对策略,能了解到他们沟通的方式。这一认识将会使企业与被研究群体的沟通更高效。当我们更多地了解到目标群体的立场以及期望,而不仅仅是从市场营销者和人力资源经理的角度看待问题时,我们也就能以更合适、更严密的方式聚焦营销战略。

其五,就是描述具体的社会文化环境,尤其是企业目标受众所处的环境。

---

①Bryman, A. and Bell, E. Business Research Methods[M]. Oxford: Oxford University Press, 2007:441.

②Arnould, E. and Rrice, L. Market-oriented ethnography revisited[J]. Journal of Advertising Research, 2006(3):62-251.

这个目标的价值在于,民族志能够对被研究群体所处的环境做出详细描述,而这些信息对于企业了解受众的决策、生活方式及收入分配而言,都是极为关键的信息。换而言之,民族志描绘了被研究群体所处的环境,并以此帮助营销者做出决策:何时、何地以及如何应对这一群体。同样,了解企业作为一个小社会在某些具体方面的表现,即企业文化,也是非常重要的。

综上所述,人类学家以更创新且融入其中的方式与被研究群体沟通、接触。企业所采取的战略,不仅要与顾客真实且具有代表性的需求和渴望相匹配,还需要根据真实生活的动态变化调整[①]。

为了达到以上目标,人类学家运用不同的定性工具进行研究。例如,参与式观察、隐蔽式观察、视频记录分析、深入访谈、重要事件回顾分析等。关于人类学在市场营销中的运用,已经有不少学者予以论述,其中包括新产品和服务的设计、零售、消费文化研究、文化与营销策略等。事实上,人类学研究内容极为广泛,将人类学成熟的研究方法运用到市场营销中去,一方面可形成深层次的跨学科组合,另一方面则能用人类学的方法挖掘出市场营销中更深更隐晦的问题。虽然人类学在市场营销中已经获得良好的发展,但是还有一些内容需要进一步地深入研究。

## 一、对消费文化的人类学解释

文化是人类学中最重要的概念,人类学家运用其擅长的比较研究法,创建了跨文化营销这个科目[②]。道格拉斯·霍尔特认为,对消费文化的认知,取决于消费者个体的认知。他指出,商品和营销符号是消费者文化的核心,然而,对商品和符号含义认知的延续和重塑,在很大程度上依赖于个人在其日常生活中的私人领域所做的选择。这种选择在特定文化背景下做出,带有鲜明的文化印记。对这种行为做出特定的人类学解释,对于构建特定文化背景下的消费理论具有重要的意义。当然,此类研究离不开工商人类学家的参与,特别是对中国消费者个人行为规律的研究。

但也有学者如罗伯特·库兹尼茨(Robert V. Kozinets)把消费文化界定为

---

①Mendez, C. Anthropology and ethnography: contributions to integrated marketing communications [J]. Marketing Intelligence and Planning, 2009(5):633-648.

②王兴周. 人类学方法在市场研究中的作用[J]. 广西民族大学学报(哲学社会科学版),2006(5):44—49.

由商业化产生的图像、文本以及它们的使用对象之间的互相联系构成的一个系统,认为消费文化是一种群体意识。[1]　在这样一个系统中,使用者能够建立起共同的规范、识别和认知,从而产生群体意识,来引导群体成员的行为。从这个角度来看,构建中国的消费文化同样需要借助工商人类学的方法去努力探索。这种群体意识在中国的形成,一方面受中国民族文化的影响,另一方面也受到来自全球化的影响,西方的消费文化正在影响着中国当代的消费者,特别是年轻的消费者。文化消费问题是当前中国文化产业,乃至国民经济转型发展必须关注并且需要解决的重要问题。消费的拉动作用直接关乎文化产业和国民经济的运行质量和效益。为此,我们认为,对于消费文化无论是从个体的角度还是从群体的角度去界定,它都是有规律性的人类行为,而用工商人类学去解释消费文化是一个更为贴近实际的思路。

在中国,特别是改革开放之后,中国的企业家们一方面学习西方文化的营销理论,将惯用的营销策略用在具体的中国市场上;另一方面研究中国文化对消费行为、消费习惯、消费心理的影响,构建符合中国文化的营销理论。对中西方消费文化差异的研究为营销方案的制订提供了指导性意见,甚至可以根据不同社会群体的消费文化特征,给产品的设计和研发提供精准的市场细分策略。正如埃里克·阿尔努克和雷格·汤普森(Eric J. Arnould & Craig J. Thompson)所言,消费者文化是指通过市场调节的,连接生活文化和社会资源以及有意义的生活方式、象征和它们所依赖的物质资源的一种社会关系。[2]　在中国这样一个关系型社会中,消费文化最终还是体现为一种地域性的社会关系,对于这种关系的挖掘、梳理,需要借助工商人类学来展开。

我们只有在社会关系层面上厘清消费文化,才能进一步构建出针对中国市场的消费理论,指导中国现实的市场行为。另一个层面是在具体市场研究项目中提供关于文化的人类学视角。人是文化动物,作为消费者,其心理、行为、需求、动机的产生也深受文化影响,包括伦理、道德、风俗、习惯、语言、宗教、信仰、价值观,等等。所以,在研究假设建立、模型构造、问卷设计、量表制

---

①Kozinets R V.Utopian enterprise:Articulating the meanings of　Star Treks culture of consumption [J].Journal of Consumer Research,2001(1):67-88.

②Arnould E and Thompson C.Consumer culture theory(CCT):Twenty years of research[J].Journal of Consumer Research,2005(4):868-882.

定、研究分析等环节,必须要运用人类学的视角与方法。以药品市场研究为例,华南地区消费者钟情于煲汤、中药、凉茶,东北地区消费者受广告影响较大,华东地区消费者依赖医保不自己买药,对这些现象如果不从文化角度进行解释,市场研究结论难免浅陋。

此外,对于送礼文化的研究,一直是消费文化研究的重要内容。随着网络时代的到来,学者们对在线网络送礼行为给予重视,开始对在线网络送礼行为进行研究。唐亚·布兰德福德(Tonya W.Bradford)通过对在线网络礼品交换行为进行研究,发现在线网络送礼行为仍然体现着一种关系的维护,尤其是在网络社区中,礼物的交换成为一种象征。在这一象征下,社区成员朝着共同的目标努力,在这一过程中,也体现出和他人关系的转变①。瓦莱丽·吉拉德(Valerie Gillard)通过对网络送礼和在线礼品回收进行深入研究,发现在线礼品回收业务降低了送礼者被拒绝的风险,特别是在向慈善机构捐赠的过程中,在线业务可以做到完全匿名,有效保护了送礼者的个人隐私。②

**二、对特定人群的消费行为研究——身份与消费的研究**

自古以来,消费在社会生活中就拥有社会区分的功能。随着消费大众化的盛行,这种区分的功能日益明显,并逐渐成为现代人实现社会区分的主要方式。远古时期,在生产能力非常低下、物质资料绝对匮乏的情况下,人们就学会了用动物的皮毛、牙齿等物件来标示自己的能力和特殊的身份和地位。进入传统社会,物质资料逐渐丰富,社会区分手段日益增加,社会等级的区分在衣食住行等各方面都有所体现。③ 特定人群可以按很多标准来划分,例如:民族、地域、性别、年龄、工作性质、收入、家庭状况等,在市场营销中,这种市场细分必不可少。例如,按年龄分段对女性化妆品市场需求进行研究,分别研究不同年龄段的女性对美白、保湿、抗衰老等具体功效的不同需求。

人类学通常将具有相同背景而具体条件不同的人群称为族群,人类学的

---

①Bradford T W,Grier S A and Henderson G R.Gifts and gifting in online communities[A].Belk R W,Askegaard S and Scott L(Eds.).Research in consumer behavior[C].Bradford UK:Emerald, 2012 (14):29-46.

②Gillard,Bucchia D.When online recycling enable givers escape the tensions of the gift economy [A].Belk R W, Askegaard S and Scott L(Eds.).Research in consumer behavior[C].Bradford UK: Emerald, 2012(14):47-65.

③荣鑫,郗戈. 消费文化与社会秩序的变迁[J]. 山东社会科学, 2016(7):123—127.

族群研究方法,能够揭示该族群的消费心理、消费行为,为市场细分研究提供独一无二的工具,帮助企业采取有针对性的营销策略来开发特定的族群市场。再如,按不同地域的划分来制订不同营销策略,这个地域可以是地理位置上的,例如南北东西,华南华北,各省各市;也可以是定义上的,例如,校区,厂区,市区,市中心1公里以内、5公里以内,等等。将研究范围定位在环境相对独立、功能相对完整的地域,有利于人类学社会研究方法的实施。人类学家通常会在一个或几个典型地域发现基本的消费规律,并据此提出研究假设,为定量研究提供准确的指导方向。

身份与消费探讨主要包括两方面:一是消费者自我识别过程中的消费行为及其变化。已有的研究表明,消费者的自我意识与消费文化相关[1],如布拉德利·卡迪纳莱(Bradley Cardinale)的研究表明,性别意识与消费行为的关系正处于不断变化之中,以往的性别消费观念正在被现实改写,尤其是男性身份的变化——男性越来越多地侵入传统的女性消费品市场。[2] 戴比·基林(Debbie Keeling)等学者通过对女性自我意识与化妆品消费关系之间的研究,发现女性对化妆品的使用正处于变革的阶段,她们通过选择不同种类的化妆品来创造、重新定义和维护自我,有些甚至以此攻击别人。二是消费者在身份变化的情况下是如何消费的,尤其当消费者失去赖以生活的资源时,他们的消费行为是如何变化的。[3] 安德烈·巴里奥斯(Andres Barrios)等对无家可归者的研究表明,他们的消费方式会在身份变化时被迫改变。[4] 我国的消费文化则体现出更多的复杂性,受民族文化的影响而表现出多样性的特点,比如,和西方人相比,国人会根据不同的送礼对象选择不同的礼品,送礼在中国是一门博大精深的学问。为此,要解释清楚我国当前的消费文化,其自身的复杂性加大

---

①Belk R W. The role of the Odyssey in consumer behavior and in consumer research[J]. NA-Advances in Consumer Research, 1987(4):357-361.

②Cardinale B J, Matulich K L, Hooper D U, et al. The functional role of producer diversity in ecosystems[J]. American journal of botany, 2011(3): 572-592.

③Liu C, Keeling D and Hogg M. The unspoken truth:A phenomenological study of changes in women's sense of self and the intimate relationship with cosmetics consumption[A].Belk R W,Askegaard S and Scott L(Eds.).Research in consumer behavior[C].Bradford UK:Emerald,2012(14):89-107.

④Barrios A,Piacentini M G and Salciuviene L.Your life when you've got everything is different: Forced transformations and consumption practices[A].Belk R W, Askegaard S and Scott L(Eds.). Research in consumer behavior[C].Bradford UK:Emerald,2012(14):129-149.

了人们将其描述清楚的难度,工商人类学家的介入将是解决这个问题的一条重要途径。

在社会消费中,被消费的往往是我们共同缔造的意义符号环境,是人际社会本身。也就是说制约消费者购买商品的因素更多的是社会关系、社会规范、社会文化、消费者处于社会联系中的角色和定位等。因而在符号消费环境下,消费者如何选择商品实质上体现的是消费者对其自身在社会中身份的认识和选择。不管是农业社会简单少量的商品交换还是工业社会大量频繁的商品消费,还是现在呈现的新型符号消费,背后都有其自然的经济规律和社会心理[1]。

从我国消费者当前的消费行为来看,不同类型消费群体所表现出的消费行为的差异性比较突出。如我国独生子女这一代人在消费方面的表现为:注重自我、及时享乐、追赶时尚等,我国传统的消费观念受到这一代人的颠覆。再如,带有华人特色的消费行为文化、中国人的面子消费情结、关系消费等,要对这种消费现象进行深度的分析同样离不开工商人类学。

### 三、对民族品牌及其经济价值的研究

品牌是一种名称、符号、术语或设计,用以识别某种产品或服务,并使之与竞争对手类似的产品或服务区别开来。品牌既要满足消费者的物质需求,还要服务于消费者的情感需求。品牌内涵日益丰富,已经超越了名称、术语、符号和图案本身,研究领域已经拓展到品牌命名、品牌文化、品牌个性、品牌形象、品牌意识、品牌忠诚以及品牌资产等方面。[2] 一个国家的民众对本国商品和品牌的信任,在很大程度上表明了民众的自信心和自尊心。国人的消费立场决定了国货品牌在市场竞争中的成败,国人的购买行为决定着国货品牌的市场生命力。[3] 目前民族品牌的研究内容主要包括:什么是品牌核心价值、我国民族品牌的核心价值与国外品牌相比具有哪些独特性以及我国民族品牌核心价值的作用。[4]

---

①杨姗. 浅析符号消费对消费者身份的建构作用[J]. 商,2016(20):135—136.

②徐凤增,孙秀华,李生柱. 酒店民族品牌命名中的传统文化元素分析[J]. 民俗研究,2016(4):143—160.

③王月辉,杨子卿. 我国市场的品牌竞争态势与民族品牌竞争对策研究[J]. 北京理工大学学报(社会科学版),2001(3):30—33.

④杨崴. 如何提升我国民族品牌核心价值[J]. 商业研究,2007(5):148—150.

　　这个问题也涉及对市场文化的认知。市场文化是社会主义核心价值观的重要组成部分，而从我国目前的市场文化运行情况来看，其表现出的一个显著特征就是物质主义、金钱至上。这显然与我国社会主义核心价值观的主导思想是背道而驰的。传递正能量的社会消费文化，能满足人们高层次的物质文化需要，培养人们高尚的情操，营造更高的精神境界，促进人的身心健康和全面发展。市场文化的核心思想就是消费者如何对待物（符号）以及通过对物（符号）的消费来体现自我。所以，通过对我国民族品牌的研究，可加深对我国市场文化的认识，为促进社会主义核心价值观的建设提供一个有益的视角。

　　在中国，民族品牌具有其独特的价值，它在一定程度上代表了中国人实现国家复兴、民族富强的远大梦想。美国梦是个人富裕，中国梦是国家富裕。从这个意义层面上来看，中国的民族品牌不单单是企业的财富，还是国家的、人民的精神寄托。如何让消费者消费民族品牌，如何做好民族品牌，如何让民族品牌与世界名牌相抗衡，这都是超越个体消费行为，超越价格理论，上升到文化、社会整体需求层面上的人类学研究范畴。

　　当下，中国的民族品牌还处在含苞待放的起步阶段。民族制造业过于依赖贴牌生产，缺乏品牌创新，处在全球分工的最末端，产品附加值低。再加上品牌意识薄弱，相关法律和政策不完善，社会经济发展环境恶劣，同时又面临国际品牌的激烈竞争，使得民族品牌发展落后，处在内忧外患之中。中国的民族品牌要想立足于世界，必须注重与本国文化的结合，从自主创新着手，以文化保障品牌底蕴，以创新保障产品活力。在政府大力发展民族品牌的优惠政策和逐步完善法律法规的大时代背景下，民族品牌立足人类的某种情感共识，从民族传统文化、民族精神出发构建其核心价值，争取在世界范围内引起共鸣。

　　此外，全球消费文化的出现对民族品牌，特别是像中国这种后发国家的品牌培育带来巨大的挑战。这涉及全球或本土消费文化的定位策略问题，如斯坦福·西约翰（Stanford A. Westjohn）认为在全球文化背景下，国家身份认同对消费者文化定位存在重要影响[1]，并据此提出了消费者文化的定位策略。

---

① Westjion S A，Singh N and Magnusson P. Responsiveness to golbal and local consumer culture positioning：A personality and collective identity perspective[J].Journal of International Marketing, 2012（1）：58-73.

### 四、对网络消费文化的研究

网络消费文化是以互联网技术为核心,以符号消费为特征的消费文化形态。网络消费文化兼具传统文化消费的内容,发挥电子商务的功能,使人类消费活动跨越了地理区域的限制。网络消费文化主体得益于网络空间的匿名性、隐蔽性以及网络交往的随意性、自主性而具有高度的独立性。城市人群是网络消费文化中的典型消费群体,呈现出 5 种鲜明的消费特点——自我意识的表现和个人价值的肯定、追求物美价廉和购物的便捷性、追求时尚与美感、情绪化消费、多样化与个性化消费。[①]

对网络消费文化的探索主要围绕消费者如何看待虚拟世界中的自我和他人以及自我和他人、物的关系等问题而展开。在文化观念深刻变革的"互联网+"时代,"移动互联+社交+大数据"所拥有的改造传统媒体和传统文化行业的力量,极大地改变了大众的文化消费方式,进而重构文化多元化的发展格局。"互联网+"对文化消费具有弥散效应,主要体现为极大地改善了消费者的被动消费状态。消费者借助网络平台主动嵌入创意、生产和传播环节,有效弥合了创意、生产与需求之间的脱节,有助于激发消费者的积极性,使其主动融入文化产业链,进而提高消费者重构日常生活方式的能力[②]。

## 第五节 市场营销技术与人类学研究方法

当前,我国学术界对市场营销方法的研究相对有限,而研究方法的滞后制约着市场营销学在我国的发展。研究方法是一把重要的钥匙,是打开一个研究领域之门的重要手段,对于学科的发展而言,是极其重要的。规范的研究方法,包括各种定量和定性的研究方法[③]。根据前人的研究成果,市场营销技术主要分为市场调研与预测、市场环境分析、市场分析等领域。我们在本节中主要讨论市场调研与预测所涉及的相关知识。

### 一、市场调研

美国市场营销协会(AMA)认为,市场营销调研是一种通过信息将消费者、

---

①程倩. 网络消费文化中的城市女性消费[J]. 德州学院学报, 2016(1):23—26.
②范玉刚."互联网+"对文化消费的弥散效应[J]. 中原文化研究, 2016(2):47—54.
③邓雯琴.市场营销管理研究方法综述[J]. 商场现代化, 2016(21):62—63.

顾客和公众与营销者联系起来的职能。这些信息用于识别和确定市场营销的机会与问题,产生、提炼和评估营销活动,监督营销绩效,加深人们对营销过程的理解①。营销调研明确了解决这些问题所需要的信息,设计了收集信息的方法,管理并实施信息收集过程,分析结果,最后探讨所得出的结论及该结论所具有的市场意义。市场调研的核心内容主要集中在四个方面:宏观经济环境,行业与技术调查,用户需求和消费者行为调查、产品、销售与品牌以及竞争对手的调查。

经济环境主要是指一定时期社会生产的规模、动态、生产、流通、分配和消费的总体状况,具体包括:宏观经济运行态势、产业结构及其调整、市场总需求与总供给、货币流通,物价总水平、行业特征与趋势发展、本企业所需的设备、原材料的生产和科技状况及其发展趋势。

对用户需求的调查,就是要了解和熟悉用户,对用户的类型和特点进行调查,把握用户需求的变化规律以及调查分析消费者的购买行为和决策类型,深入关注顾客体验和口碑传播,便于在战略、策略方面进行有针对性的营销方案设计,进一步进行营销创新。

在产品和销售调查方面,主要有:产品概念和市场反应调查、市场试销效果调查、包装研究设计和换装效果调查、竞争性产品研究、产品销量和潜力调查、企业的各种产品所处产品生命周期阶段调查、企业各种产品的价格在市场上竞争能力调查、企业的促销效果调查等以及了解对手的战略和策略,便于制订有针对性的竞争战略,也便于制订难以跟踪和复制的营销策略。所以,这个方面的调查主要解决的问题有:全国或一个地区有哪些同类型企业? 企业实力大小如何? 谁是最主要的竞争者? 谁是潜在的竞争者? 主要竞争者的产品市场分布如何? 市场占有率多大? 它对本企业的产品销售有何影响? 主要竞争者采取了哪些市场营销组合策略? 这些营销组合策略发生作用后对企业的生产经营产生何等程度的影响?

**二、访问法**

市场调查的访问法可分为以下四类。该方法是由调查者先拟订出调查提纲,然后向被调查者提问,通过被调查者的答案来收集信息和资料。

---

①景奉杰,等.市场营销调研(第2版)[M].北京:高等教育出版社,2010:12.

（一）面谈访问法

采用这种方法时，可以一个人面谈，也可以几个人集体面谈，可以一次面谈，也可以多次面谈。这种方法能直接与被调查者见面而听取意见并观察其反应，有利于挖掘出深层次的重要信息。面谈调查的灵活性较大，可以一般地谈，也可以深入详细地谈，并能互相启发，得到的资料也比较真实。但是，这种调查方式的成本高，调查结果受调查人员的政治、业务水平影响较大，并且优秀的访问员也难以培训和寻找。

（二）电话访问法

电话访问法是由调查人员根据抽样的样本要求，用电话向被调查者提出询问，听取意见。这种调查方式收集资料速度快，成本低，并能以统一格式进行询问，所得资料便于统一处理。但是这种方法也存在局限性，首先，要对被访问者进行基本了解，才能够根据调查要求抽取对象；其次，只能对有电话的用户进行询问，不易取得与被调查者的合作，不能询问较为复杂的问题，调查不易深入；再次，被调查对象合作意愿较低。

（三）邮寄访问法

这种方法又称通讯调查，即将预先设计好的询问表格邮寄给被调查对象，请他们按表格要求填写后寄回。这种方式调查范围较广，被调查者有充裕的时间来考虑回答问题，不受调查人的影响，收集意见、情况较为真实。但问卷的回收率较低，时间跨度较大，并且被调查者误解问卷含义的可能性比较大，影响调查结果。在实践中，精选调查对象、设立提醒机制、完善回访，能提高邮寄调查的回应率。在条件许可的情况下，也可以采用留置问卷的方式，即由调查人员将问卷当面交给被调查人，并说明回答要求，将问卷留给被调查者自行填写，然后由调查人员定期收回或者由受访者邮寄返回。这种调查方式的优缺点介于面谈调查和邮寄调查之间。

（四）网络访问法

网络访问法是指在互联网上针对特定营销环境进行简单调查设计、收集资料和初步分析的活动。互联网具有信息沟通渠道的开放性、自由性、平等性、广泛性和直接性等特点，使得网络访问法有别于传统的市场调查方法。

**三、市场预测**

市场预测的类型主要有：探测性调查、描述性调查、因果关系调查、预测性调查。

探测性调查是指当市场情况模糊不定时，为了发现问题，找出问题的症结，明确进一步深入调查的具体内容和重点而进行的非正式调查。探测性调查一般没有正式调查严密、详细，要求尽量节省时间，迅速发现问题，因此一般不制订详细的调查方案。它主要利用现成的历史资料、业务资料和核算资料，或政府公布的统计数据、长远规划和学术机构的研究报告等现有的第二手资料进行研究，或邀请熟悉业务活动的专家、学者和专业人员，对市场有关问题作初步的分析。

描述性调查是指对需要调查的客观现象的有关方面进行事实资料的收集、整理和分析的正式调查。它主要说明"是什么"的问题，描述调查现象的各种数量表现和有关情况，为市场研究提供基本资料。例如，消费者需求描述调查，主要是搜集有关消费者收入、支出、商品需求量、需求倾向等方面的基本情况。

因果关系调查又称相关性调查，是指为了探测有关现象或市场变量之间的因果关系而进行的市场调查。它所回答的问题是"为什么"，其目的在于找出事物变化的原因和现象间的相互关系，找出影响事物变化的关键因素。因果关系调查是建立在描述性调查的基础上的。

预测性调查是指为了预测市场供求变化趋势或企业生产经营前景而进行的具有推断性的调查。它所回答的问题是"未来市场前景如何"，其目的在于掌握未来市场的发展趋势，为经营管理决策和市场营销决策提供依据。[①]

**四、市场营销的人类学研究方法**

人类学家最初用来研究文化的手段是参与观察法，这与市场调研方法有一定的相似性。参与观察法主要是调查者与被调查者一起生活，尽可能多地参与到他们的日常生活中，观察并把他们的行为记录下来。由此产生的文化体系和其对应的成员记录被称为民族志。网络民族志随着互联网的发展而逐渐兴起，并得到快速的发展，特别是在营销领域，网络民族志成为研究网络空间营销问题的重要渠道，这也是民族志研究方法与时俱进的一个生动例子。目前存在很火的网络空间，如国内的小米手机网络圈子、华为的网络圈子、风

---

①陈钦兰，苏朝晖，胡劲. 市场营销学[M]. 北京：清华大学出版社. 2011：90—95.

行汽车的网络圈子,成为营销研究者进行网络民族志案例研究、分析网络时代消费规律的重要领域。

需要指出的是,现如今许多人类学家在采用定性方法的同时,也更多地采用了定量分析方法(例如,问卷调查),特别是当他们研究复杂的组织机构时。① 当材料充分支持参与式观察的进行时,个人的经验将显得十分重要,因为营销人员需要在较短的一段时期内成功地采用很多具有人类学视野的营销方法。这个结果可能不是民族志(也不是它们设计的那样),但它们可以完整地帮助市场营销人员去了解促使消费者在特定市场中形成信仰和行为的驱动力,例如人类学家在民族餐馆中进行的有关消费文化意识的实证研究②。

近年来,越来越多的人类学家亲身参与到市场调查中。比如,人类学家做的有关消费者行为的调查研究,可以在基于新发现的情况下,帮助高科技公司开发设计新产品。人类学家进行观察性研究时,采用民族志的技巧,如采访、观察和录制光碟,能够找到潜在的消费者。在过去的十多年中,像苹果(Apple)、摩托罗拉(Motorola Inc)、施乐公司(Xerox)、英特尔(Intel)以及电讯公司(PCCW),把人类学家招聘到公司中,目的在于应用人类学家在新产品概念上所独有的视角,帮助企业开发新的产品和市场。人类学家的工商民族志研究方法,开拓了认识和研究顾客的一种新形式③。

与此同时,越来越多的市场营销人员也开始在营销实践和调查中,使用人类学方法。例如:道格拉斯·霍尔特(Douglas B.Holt),通过采用人类学的方法,发现文化资本结构与美国人民的消费模式和行为④。大卫·格里菲思(David A.Griffith),使用半结构化的面试技巧,进行了约旦中央市场上有关买家和卖家的调查,从很多方面阐明了文化可能会影响基于传统社会中的零售

①Sherry, J. Contemporary Marketing and Consumer Behavior: An Anthropological Sourcebook [M]. Thousand Oaks, CA: Sage Publications, Inc, 1995:210-220.

②Tian, R. Cultural Awareness of the Consumers at a Chinese Restaurant: An Anthropological Descriptive Analysis[J]. Journal of Food Products Marketing, 2001(7): 111-130.

③Tian, R.G. Anthropological Approaches to Marketing: The New Practices in the 21st Century [J]. Practicing Anthropology, 2002(1): 39-40.

④Holt, D. Does Cultural Capital Structure American Consumption[J]. Journal of Consumer Research, 1998(2): 1-25.

组织①。约翰·罗西特(John R.Rossiter)和阿尔文·陈(Alvin M. Chan)发现的种族划分,对企业和消费者的行为研究起着重要作用②。他们的研究表明,在国际贸易、迁移和旅游的需求增长中,对族群的认识和研究正在成长为一个逐渐增强的全球商务需求,而消费者行为理论则涵盖了种族划分的问题,这在人类学研究中也是一个传统的主题。

此外,对非市场社会环境中物的象征意义和非消费者的研究,也是工商人类学领域的一个重要内容。在非市场环境下消费者如何看待物的象征意义?对这种行为如何进行阐释? 这有待工商人类学家进一步深入探讨。比如,在20世纪六七十年代的中国,拥有钢笔的数量代表了一个人的知识水平,因此,拥有一支钢笔就成为那一代青年的梦想。随后,拥有一套军绿色的服装则是那个时代年轻人的时髦。而近年来,拥有苹果产品则成为当代年轻人的时髦。这些时代化的变迁以及由此引发的当代市场文化的变革,也是工商人类学研究的一个重要领域。对于非消费者来说,虽然其不直接参与市场消费活动,但它会间接地影响消费行为与市场文化的演化。比如,在人类学家看来,政府的特定政策行为,对消费文化的导向性具有很大的影响。因为一方面,政府完善社会保障制度,为消费者的未来账户提供更多的资金,利于现时的文化消费,也可以使得人们更加关注自身的生活质量,提高精神层面的消费水平;另一方面,政府采取宏观调控,保证物价水平的稳定,尽量避免因价格提升所导致的大幅度消费水平降低,维持有序的市场行为,也能够保证消费者对于文化的消费能力。另外,政府应致力于创造良好的消费市场环境,尤其是对于特定文化消费场所的管理,加强并完善相关的法律法规,维护正常的市场秩序③。

一些民间组织,像绿色环保组织等发动的某些倡议运动,会对消费文化产生巨大的影响,这些社会现象对营销的影响,在未来会进一步提高。由此,如何帮助企业开展有效的未来市场营销决策,便成为工商人类学的一个重要使

---

①Griffith, D. Cultural Meaning of Retail Institutions: A Tradition-Based Culture Examination[J]. Journal of Global Marketing, 1998(1): 47-59.

②Rossiter, J. and Chan, A. Ethnicity in Business and Consumer Behavior[J]. Journal of Business Research, 1998(42): 127-134.

③刘阳, 刘珍, 过仕明. 行为经济学视角下的旅游文化消费行为研究[J]. 商场现代化, 2016(2):258.

命。特别是在销售企业文化与消费者文化之关系研究方面,人类学研究更能发挥巨大的作用。比如,人类学家研究发现,在整合营销沟通中存在两种关系:一种是创造和传递信息,另一种是在消费者中形成态度。人类学家对这两种关系的研究投入是显而易见的。在第一种关系中,人类学家将民族志研究作为一种手段,去理解信息产生和传递过程中,所涉及的不同企业的组织文化。在第二种关系中,人类学家将民族志作为工具,通过与消费者的深入交流和沟通,将产品信息传递给他们。需要指出的是,即使这两种类型或者关系看起来不同,但它们却为了成功地营销产品或服务而相互作用着。因此,民族志在公司文化及消费者的联系方面,作为一种工具发挥着作用(见图1-2)。

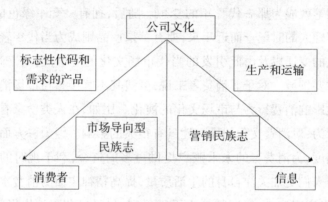

图 1-2　消费与信息接收[①]

总之,人类学对其所关注的群体研究,一般都基于这样的假定之上,即要懂得他者就必须要用他者的语言与其沟通交流,以他们的沟通方式去理解他们。在这种假定下,用他人的沟通方式来进行沟通,不仅仅关乎沟通交流的有效性,同时也是为了满足人类学研究所必需的基本原则,即为了正确有效地沟通,必须理解沟通过程中的逻辑原因。这种意识和出发点就是以民族志研究者的眼光来观察社会环境。正如贝尔克(Belk)所言,应用民族志研究方法,可使研究人员真正洞察理解消费者心理和行为过程背后逻辑关系及其文化内涵[②]。

①Arnould, E. and Wallendorf, M (1994). Market-oriented ethnography: interpretation building and marketing strategy formulation. Journal of Marketing Research, Vol. XXXI:484-504.

②Belk, R. W. Possessions and extended self. Journal of Consumer Research, 1998(2):139-67.

# 本章小结

市场在人类学家看来绝不仅仅是买卖的场所,人类学家看到的还有市场形成的社会文化背景和社会成本因素。人类学家所关注的这些问题及其研究成果,恰好为市场营销人员急需解决的一系列问题提供了有用的答案。例如为什么某些人购买某种产品而另一些人则购买相似但有区别的另一种产品以及如何说服另一些人也购买这种产品。对于人类学家而言,市场应该放在更大的社会文化背景下来研究,而不只是用几个公式、几个图形就能决定的价格和销量来研究。人类学家用各种方式证明了市场是基于文化作用而形成的。

人类学研究人类在经济社会生活中各种层次的不同活动,包括消费行为。而营销涉及商业公司如何推销其产品或服务给消费者,因此从独立的个人商务和消费行为角度来看,将人类学和市场营销结合在一起,是非常自然的学术研究途径。本章总结了人类学在市场营销中的研究方法、研究内容以及取得成功和需要进一步研究的领域。人类学家最初使用参与观察法来研究文化,采用民族志的技巧,如采访、观察和录制光碟,找到隐藏的消费者。在市场营销领域,工商人类学家参与到企业的管理决策过程中,发挥着越来越重要的作用。

〔案例链接〕

解析《芈月传》的"互联网+"营销手段[①]

在"互联网+"时代,缺乏新颖多样的营销手段会使文化产品淹没在互联网的信息洪流之中。古装剧《芈月传》就是一个典型的"互联网+"营销的成功案例。

《芈月传》于 2015 年 11 月 30 日在北京卫视、东方卫视及乐视网全平台开

①案例改编自:刘晶,石璺. 解析《芈月传》的"互联网+"营销案例[J].中国电视,2016(5):
67—71.

播。其故事背景和情节设计虽与此前带来轰动的《甄嬛传》有较大差异,但是在内容、形式、结构和造型上,《芈月传》延续了《甄嬛传》的风格,取得了更胜一筹的社会效果和市场效益。这与乐视在策划、制作、播出《芈月传》的过程中,采用了丰富多样的营销策略有着不可忽视的相关性。结合传统的文化产品形式和新兴的互联网业态,充分利用"互联网+"的融合效应,使得《芈月传》收视率一路飘红,网络流量不断增长,带动了相关产业的发展。

《芈月传》的营销策略可谓互联网电视剧营销的风向标,其主要特点如下。

## 一、组合式营销宣传

在《芈月传》的营销中,乐视公司采用多阶段组合式营销宣传,根据不同阶段的特征采取与其相适应的营销手段,使得营销过程与该阶段的具体情况更加匹配,使整个营销活动的效率大幅提升。

### (一)线下活动与线上活动相结合

乐视公司在策划、制作、播出《芈月传》的过程中,同时开展线上和线下众多活动,不断推热"芈月现象"。在播出之前,乐视公司于2015年10月中旬开启了"'芈月'进校园、'校花''校草'汉服大赛"的线下落地活动,借助近年来的"汉服热",通过以汉服为代表的传统文化在校园中的渗透、覆盖,吸引更多人关注《芈月传》。在线上,乐视公司策划了多种相关主题大型访谈类节目,如《大师说造型》《芈月幕后》《一分钟看芈月》等,拉近了电视剧与观众的距离,成了收视率的助燃剂。同时还发布了《芈月传》片尾曲MV《伊人如梦》,借助公众对中国风传统歌曲和MV的青睐,聚集公众眼球。

### (二)多平台同步播放

在互联网和自媒体时代,乐视公司建立并利用了从电视台到PC端,再到移动客户端的多层次立体式播出平台,也就是乐视网的"平台+内容+终端+应用"垂直生态体系,受众可以通过乐视网、乐视商城、乐视超级手机、乐视超级电视等多平台同步收看视频内容,并在不同客户端间随意切换。凭借这一"生态体系"的联合"发酵",《芈月传》受到了不同层次受众的关注,极大地占有了受众市场。同时,作为首播平台,乐视网也积极寻找合作播出平台,精心选择众多收视率极高、影响范围较广、频道定位与《芈月传》这一历史题材契合度较高的平台作为联合播出方,因此腾讯视频、北京卫视、东方卫视加入了首播阵营,扩大了《芈月传》的覆盖范围。此外,该剧主演不断积极转发乐视网的独家视频内容,利用自身作为公众人物的影响力配合宣传。在开播前夕,乐视公司还发布了由该剧主演制作的"病毒视频",符合当下受众对于娱乐性、好玩度的追求,再次引爆该剧。

（三）充分利用 IP 运营

利用知识产权(Intellectual Property)运营,它根据作品的类型、特点和用户特征,有针对性地使用多种运营手段,如动画、游戏、舞台剧、网络剧、网络周边等多种形式,扩大核心产品影响力。当 IP 最终转化为影视作品时,投资风险就会降到非常低的水平。营销者可以充分收集并分析用户消费的所有数据和属性,并利用这些数据对目标市场进行精准的定位,同时为下一步的营销做充分的铺垫。另外,《芈月传》同名手游也正式开测。各种表情包、漫画人物造型也在网上受到热捧,被网友"疯狂"转载。这些衍生品的开发不仅帮助乐视公司获得大量的商业收益,也有助于乐视了解目标受众的市场需求,进行精准定位营销,不断增强《芈月传》的影响力和吸引力。

（四）善于运用广告的影响力

乐视推动的"芈月营销"具有广泛影响力,吸引了众多的广告赞助商,例如,唯品会、加多宝、宝洁、露露、联合利华、倩碧、迪奥、怡宝、一汽大众、善存、海澜之家等数十家品牌,总投放体量达数亿元。仅在乐视网《芈月传》95 秒的片头广告中,就包含了 SK-II、摩罗丹、飞利浦、唯品会、红星、纽崔莱、帮宝适、露露等多家品牌,这些广告收入给乐视公司带来了巨大的收益,在《芈月传》开播之前就已经收回了成本。

二、前期造势营销

《芈月传》的前期造势为其积累了超强的人气,并在开播之后迅速转化为收视率和点击率。

（一）利用"《甄嬛传》原班人马出品"

《甄嬛传》的播出曾掀起中国电视剧收视的热潮,"《芈月传》《甄嬛传》两剧由相同的班底打造"成为一个极好的营销卖点。同样的古装题材、同样的后宫主题、相似的演出风格、大量相同的演出人员,在《芈月传》尚未播出之前,公众往往会将其与《甄嬛传》相比较,主创人员、导演、出品方也在各种场合经常拿两者作对比,主办方还多次强调"当发现有类似的情节设置时就会要求进行修改",而这再次成为观众的另一关注点,导致公众对该剧越发期待。

（二）话题营销

在《芈月传》开播之前，乐视就通过盘点主演热门作品、分析网友意见、网络选秀与网友互动铺垫，使得该剧的关注量急剧上升，而《芈月传》创造的各种热点使"芈月新闻"长期占领主流的版面、广电媒体的黄金时段、网络媒体"推荐热点"的头条，以至于百度等诸多搜索引擎都为其提供主动搜索、标签置顶等服务。同时，乐视也积极利用各种自媒体平台，在新浪微博发起多个热门话题，讨论演员、造型、情节，整整一年话题不断，引发全民参与。微博上"看芈月上乐视"相关的话题阅读量也高达 1.2 亿次，相关话题阅读量高达 7.2 亿次，多次登顶热门话题榜第一位。

（三）利用主创人员的明星效应

受关注度极高的明星自身所具有的宣传效应是不可忽略的重要资源，因为其一举一动不仅受到粉丝的关注，还受到各路媒体的瞩目。以该剧主演孙俪为例，孙俪本身即为内地著名演员，以其高超的演技所塑造的角色深入人心，而《甄嬛传》的热播更将孙俪抬为内地一线当红女星，不论是大众还是媒体都对其相关新闻趋之若鹜。加之其丈夫邓超近年来通过参加真人秀、拍电影积累了超高人气，使得这对夫妻联合之后的关注度可谓无人可敌，甚至可以轻松登上各类新闻的头版头条。另外，这对在微博上互动最多的明星夫妻，不仅通过对彼此间"恩爱有加"的形象塑造，使得舆论对于这对夫妻褒奖不已，"互黑自黑"玩得炉火纯青又让其积累了更多的人气，因此，借其名气而进行营销的效果就变得十分可观。

（四）借力微博"大 V"宣传，提升关注度

自媒体平台成为互联网营销的重要工具。《芈月传》在微博上联手科普类微博"@博物杂志"等一众具有超高关注度的微博运营大号，就"兵马俑到底是秦始皇的，还是宣太后的"这一悬疑，引入多方专家观点交锋，为《芈月传》造势。同时，与《芈月传》相关的各类消息经多位微博"大 V"的竞相转发之后，迅速在微博上引起广泛讨论，形成微博热议。

三、后期跟进营销

（一）主演广泛参加节目，提升关注度

在《芈月传》开播之际，各位主创人员纷纷参加真人秀，对该剧进行了广泛、有力的宣传。以该剧主演孙俪为例，孙俪一直对外宣称自己不愿意参加各

种类型的真人秀,理由主要是"担心这种拍摄影响正常的工作与生活"。但是为了宣传自己的新剧,孙俪先后参加了两档拥有较高收视率的真人秀:《金星秀》和《奔跑吧兄弟》。孙俪对这两档节目的选择很有讲究,除去个人私下关系外,更重要的是这两档节目各具特色,时间选择也恰到好处。一个在该剧开播两个星期之后,另一个在该剧开播三个星期后播出。这两个时间点恰巧是一部长篇电视剧最需要对其相关内容加大宣传力度的时候。因为前期的宣传技巧和宣传方式在此时已经被过于频繁地使用,媒体的关注点较为缺乏,观众也容易对该剧产生"视觉疲劳"。而此时两档节目相隔一个星期播出造成新的媒体关注点,使得观众对该剧的疲劳感再次被新鲜感代替,使得该剧不至于由于缺乏相关曝光度而丧失舆论关注度。

（二）吸引媒体报道,占领媒体头条

在《芈月传》播出后,由于上一阶段大量宣传所形成的影响力,该剧在开播之初便引发了广大收视群体的超高关注,同时凭借其超高的收视率和影响力一度受到媒体广泛、频繁的报道。乐视公司更是借这股"东风"进行大量的后期宣传,不仅大篇幅对相关历史背景、剧中人物简介、主创人员从艺经历等进行全方位的宣传;同时联合大量媒体的头版头条作为新闻报道宣传的主要阵地,不断提供最新的信息,以公关软文出现,培养观众群体对于《芈月传》的习惯性关注,并且抛出大量的话题引发网友的讨论。通过这些方式使《芈月传》受到更多新兴网络写手的主动关注,并主动以该剧为背景进行文章创作,例如《从〈芈月传〉中学习为人之道》《以〈芈月传〉为例学习职场晋升之术》《从〈芈月传〉看战国美食》……这样的网络文章无疑符合了当下新一代年轻观众的阅读习惯。这样,无论是喜欢探究创作历史背景还是喜欢研究电视剧细节的观众,都可以在宣传报道中找到自己的兴趣点。至此,《芈月传》再也不仅仅是一部电视剧,更加成为一种可以加以使用的背景素材。通过这种方式不仅可以又一次将该剧推向热点行列,还可以使相关报道不再仅仅限于娱乐版面新闻,而是在各个版面都可以找到有关该剧的切入点,因此,该剧便在不同的版面被一次又一次地"顶"上头条。

经过乐视的多阶段、多层次、多维度的营销,《芈月传》的宣传效果显而易见,无论在舆论当中引起的广泛热议及其引发的连锁反应,还是从该剧及其周边视频播出量来看,《芈月传》早已是收视冠军。

运用本章的观点来看,《芈月传》的营销之所以能够取得成功,主要的原因是乐视公司深入透彻地分析了受众的消费行为,抓住了他们的心理特点,在文化的基础上,厘清了受众文化产品消费行为本质,从而进行了准确的营销定位,为乐视企业谋取了巨大的利益。

**学习思考题**

1. 目前学术界关于市场的主流经济学理论有哪些?

2. 人类学视角下的市场如何界定?

3. 在市场营销领域,人类学家的研究内容及方法是什么?

4. 如何理解人类学视角下的市场营销及其相关理论?

5. 如何应用人类学的方法进行田野调查?

6. 通过对本章案例的学习,你有哪些收获? 我们应当如何从人类学的角度来理解和分析本章案例?

# 第二章　市场营销人类学发展研究

**本章摘要**　人类学可以应用于经济、商业、企业管理以及市场营销领域，其传统研究对象和领域的移植，具有一定的必要性与可行性。实践证明，人类学家的知识完全可以应用到市场营销领域，本章从三个方面，即专业知识、文化主题意识、对禁忌的敏感，来分析探讨人类学理论和方法在市场营销中的具体应用。工商人类学家应用人类学之独特的视角以及研究方法，与市场营销进行跨学科整合研究，对市场营销学的学术发展做出了巨大的贡献。人类学的理论和方法，对于社会营销组合方面的研究，独树一帜，成为社会营销研究的主要理论基础。

### 学习目标

1. 学习和了解目前市场营销学在国内外的发展现状。
2. 学习和思考人类学在市场营销领域的理论及实践贡献。
3. 学习和把握人类学在市场营销领域的实际应用。
4. 学习从人类学的视角看社会营销组合的发展及应用。

## 引　言

市场营销学涉及范围极广，体现在日常生活的方方面面，相关成果也数不胜数。但纵观整个学术界，市场营销与人类社会科学相结合的跨学科研究成果，却有待发展。对此，查理斯·温尼克(Charles Winnick)曾指出，在众多与人类和社会有关的社会科学中，只有经济学、心理学、社会学在市场营销上得到了广泛的应用。在市场营销学的相关理论中,经济学处于核心地位;心理学则设计了各种访谈步骤和投射测试流程;社会学贡献了一些诸如社会阶层的概念。虽然人类学是有关人类和社会的重要学科,但营销人员应用人类学的见解和方法的步伐却相当缓慢。人类学家和营销人员用了相当长的时间才发现彼此的共同点,这确实令人感到震惊①。人类学与市场营销学结合的跨学科研究具有现实的需要和可能,如:有些人类学家曾经在一些外援项目,或一些需要对异域文化有敏锐洞察力的职位上,担任殖民地的管理者;同时,他们通过一些能测量人们交流语速的装置,开发了一套销售培训程序,包括分析销售人员与潜在消费者交流的速度②。又如:人类学家将体质人类学的知识,运用在设计诸如椅子和把手之类的产品上③。

目前,在中国,有关市场营销人类学的研究成果相对有限,中国人类学家发表的有关市场营销的研究结果,大都源自美国的理论和实践。根据早期人类学家的看法,尽管人类学研究方法和理论通俗易懂④,但只有为数不多的人关注如何把这样的研究方法和理论,应用在营销实践方面⑤。市场营销人类学发展之初,在广告出版物上发表关于在广告中运用人类学的文章,几乎没有⑥。美国应用人类学学会的官方刊物《应用人类学》,现更名为《人类组织》,在1980年之前几乎没有涉及市场营销方面的题材,并且人类学权威期刊《美国人类学家》也未注意到市场营销人类学。

正如第一章所阐述的,人类学为一门跨越自然和社会科学的交叉学科,以人类及其文化为研究对象。我们可将其大致可分为广义人类学和狭义人类

---

①John Gillin, "The Application of Anthropological Knowledge to Modern Mass Society[J]. Human Organization, 1957(4):24-30.

②Eliot D. Chapple. "The Interaction Chronograph" [J].Personnel , 1949(3):295-307.

③Earnest A. Hooton, A Survey In Seating .Cambridge: Harvard Department of Anthropology, 1945:66-89.

④Charles Winick. Taste and the Censor In Television [M]. New York: Fund For the Republic. 1959:55-79.

⑤Richard C. Sheldon,." How The Anthropologist Can Help The Marketing Practitioner" in W. David Robbins, editor, Successful Marketing at Home And Abroad. Chicago: American Marketing Association, 1958:209-304.

⑥Alan S. Marcus. "How Agencies Can Use Anthropology in Advertising," [J]. Advertising Agency, 1956(3):87-91.

学。狭义人类学主要是指对人类体质和体形发展规律的研究,通常称为体质人类学。广义人类学研究范围极其广泛,囊括人类社会发展的各个方面,包括人类社会生活,即由人类创造并由社会继承下来的技术、经济、社会结构、政治法律、风俗习惯、交易行为等。因此,广义人类学又可细分为文化人类学或者社会人类学、经济人类学、城市人类学、教育人类学、管理人类学、环境人类学等。

当然,由于学科背景的不同,人类学家们对自己学科结构的划分与分析也有所不同,但基本上认为体质人类学、文化人类学、考古人类学与语言人类学为传统人类学的四大分支。在 20 世纪初的西方学术界,人类学由于其研究方法的独特而发展比较迅猛。到了 20 世纪末,受到工业和科技文明的较大冲击,人类学的发展速度开始减慢。但近几年来,人类学向以国家政策的制定和解决实际问题为导向的应用研究倾斜,使其发展速度再度加快,即应用人类学开始大放异彩,以至在美国,许多人类学家都将应用人类学列为人类学的第五个分支。实际上,应用人类学是一个泛称,包括所有以人类学方法为研究手段解决实际问题的领域。比如,当我们应用人类学方法来解决教育领域的问题时,我们就将这类研究统称为教育人类学。同理,当我们将人类学理论与方法应用于解决城市问题时,我们就称之为都市人类学(也被称作城市人类学),而当我们将人类学的理论和方法应用于研究解决工商管理的实践问题时,我们就将其称之为工商人类学。同样,将人类学的理论和方法应用于研究解决企业市场营销的实践问题时,我们就将其称之为市场营销人类学。

## 第一节　市场营销学的发展

市场营销学是一门建立在现代管理理论和经济科学、行为科学基础之上的重要的应用科学。谢尔比·亨特(Shelby D. Hunt)对其定义如下:市场营销是寻求解释交换关系的行为科学。[①] 美国市场营销协会(American Marketing Assoation, AMA)所给出的定义是:市场营销是通过创造、沟通、传播和交换产

---

①Hunt S D, Vitell S. A general theory of marketing ethics[J]. Journal of macromarketing, 1986 (1): 5-16.

品,为顾客、客户、合作伙伴以及整个社会带来价值的一系列活动、过程和体系。菲利普·科特勒(Philip Kotler)强调了营销的价值导向:市场营销是个人和集体通过创造产品和价值,并通过与别人自由交换来获得其所需所欲之物的一种社会和管理过程。[①] 而克里斯汀·格隆罗斯(Christian Gronroos)强调了营销目的,他认为市场营销,就是在变化的市场环境中,满足消费需要、实现企业目标的商务活动过程,包括市场调研、选择目标市场、产品开发、产品促销等一系列与市场有关的企业经营活动。[②] 美国学者基恩·凯洛斯(Kean Kelos)将市场营销定义分为三类:一是将市场营销看作为消费者服务的理论;二是强调市场营销是对社会现象的一种认识;三是认为市场营销是通过销售渠道把生产企业同市场联系起来的过程。这也间接地反映了市场营销的复杂性。

市场营销专家对其相关概念进行研究,在对市场进行深入考察的前提下,提出"市场营销组合"的概念。企业必须灵活地应用市场营销组合,才能使其在市场竞争中处于主动地位。最早提出市场营销组合概念的是尼尔·鲍顿(Neil Borden)。1953 年,他在美国市场营销学会(简称 AMA)的就职演说中提出了"市场营销组合"概念。他认为市场需求在某种程度上受到"营销变量"的影响,为了寻求一定的市场反应、获得最大的利润,企业要对这些变量进行有效的组合[③]。他将营销组合要素归纳为:产品设计、定价、品牌、分销渠道、人员销售、广告、促销、包装、展示、服务、实物触感及实际调查和分析。菲利普·科特勒(Philip Kotler)认为,营销组合是企业在目标市场上用来达成企业的营销目标所运用的一系列营销工具的组合。[④] 1964 年,美国密执安州大学市场营销学教授麦卡锡(E.Jerome McCarthy)在《基础营销》一书中对鲍尔顿的营销组合要素进行了高度概括,提出 4P 组合:产品、价格、渠道和促销。

4P 组合因素具有可控性、整体性和动态性。它们会相互作用、互相影响,不是简单的相加或拼凑集合,它如何使企业管理人员从较为繁杂的营销变数

---

①Kotler P, Armstrong G. Principles of marketing[M]. NY: Pearson Education.2010:8.

②Gronroos C. A service quality model and its marketing implications [J]. European Journal of marketing, 1984(4): 36—44.

③侯春江, 周游. 市场营销组合理论述评[J]. 哈尔滨商业大学学报(社会科学版), 2004 (6):45—48.

④〔美〕菲利普·科特勒(Philip Kotler). Marketing Management(营销管理)(第 10 版),2000, 1997,1994,1991, 1988 by Prentice Hall Inc.,清华大学出版社,2001:15—16

中找到最为重要的因素。因此企业可以调节、控制和运用 4P 组合来制订营销战略。

从供应和企业角度出发的 4P 营销组合，没有考虑到营销的对象——顾客，这将严重影响营销策略的有限性。在 4P 营销组合理论下，顾客成为一个企业不可控的重要因素。随着传播媒介的发展，消费者在市场中的作用越来越大，1990 年，著名学者罗伯特·劳特惠恩（Robert Lauterborn）提出了从顾客角度来思考的 4C 营销组合理论，即消费者、成本、便利、沟通①。

消费者就是指消费者的欲望与需求，企业必须重视顾客的欲望与需求，把顾客的需要放在第一位，强调创造顾客比开发产品更重要，满足消费者的需求和欲望比产品功能更重要。成本就是指满足消费者欲望与需求的成本，消费者获得满足的成本或是消费者满足自己的需要和欲望肯付出的全部成本。便利就是指方便购买，在企业产品的生产和销售环节中，在产品的设计和销售渠道的设计、布局、布点和网点建设等方面强调为顾客提供便利，让顾客在方便的时间、地点或以方便的方式能购买到商品。沟通就是指与顾客的沟通交流，通过同顾客针对购买和销售的产品进行多方沟通交流，特别注重与顾客的情感、思想交流，使顾客对企业、产品或服务有更好的理解和认同。

近年来，随着市场营销学的进一步发展，学者唐·舒尔茨（Don E.Schultz）提出了 4R 营销新理论：关联、反应、关系、回报。关联是指企业与顾客建立关联。反应是指厂商应在顾客需求变化时，甚至是变化前做出适当的反应，以便与顾客的需求变化相适应。关系是指企业应当与顾客建立长期、稳定且密切的关系，降低顾客流失率。回报是指市场营销活动为企业带来短期或长期的收入和利润。②

三种营销组合理论是继承与发展的关系，而不是取代。4P 是基础理论平台，4C 和 4R 是更加灵活的方法，它们从不同角度对市场营销组合进行阐释，使得市场营销学的发展更加完善、更加系统。

在一定程度上，市场营销组合理论的发展越来越倾向于以消费者为中心为导向，研究包括关系、关联、顾客、沟通等人类学概念的市场营销因素，是未

①Schultz D E, Tannenbaum S I, Lauterborn R F. The new marketing paradigm：Integrated marketing communications [M]. NY：McGraw Hill Professional. 1994；58-68.

②陈钦兰，苏朝晖，胡劲. 市场营销学[M]. 北京：清华大学出版社，2012：43—47.

来市场营销学需要完善的重点,也是其发展方向。虽然人类学在范围、知识结构和理论体系方面有其独特性,但是人类学真正的魅力在于其独特的研究方法①。我国人类学的伟大先驱费孝通先生曾经说过:一个人靠自己观察、记录和运用其他材料来进行研究,这也就是所谓"人类学的方法"。其实这也是调查研究的具体条件促成的,过去的人类学研究者,大多是一个人住在土著民族的海岛上或村寨里进行调查工作。个人的活动范围限制了其观察区域,因此,这种方法能够深入细致地对所观察到的现象进行解剖。②墨菲指出:实地研究是人类学的真正核心所在,在学术界和公众心目中,这正是人类学学科的明显特征。所以,实际上体质人类学家、文化人类学家、语言学家和考古学家在不同程度上都是田野工作者③。我国人类学长江学者周大鸣教授认为,人类学的本质特征包括整体观、文化相对观和特有的研究方法,其中最具特色的研究方法就是参与观察法和跨文化比较法。人类学家惯于长期居住于被研究的社群,与其成员接触,熟悉其日常生活,甚至成为被研究社群的成员,不被研究对象视为外人,以便收集资料④。人类学家往往能成功地将参与式观察法等一系列人类学方法应用于市场营销领域,对整个人类学界来说,无疑是一个巨大的突破,对整个社会来说,人类学对营销领域的跨学科研究具有巨大的现实意义。

在西方学术界,不少市场营销学系的学科带头人都是人类学专家,人类学在市场营销中的研究占有举足轻重的地位。经济学背景的市场营销学家与文化人类学背景的市场营销学家,在美国已是司空见惯的。例如,科特勒的学科背景是经济学,但他却是文化人类学出身。相对美国来说,中国的市场营销学者以及中国的人类学者并不关注,或者说并不清楚人类学在消费者行为分析、市场营销学和企业营销管理中的地位与作用。因而,从人类学的视角来分析营销问题,可以为消费者行为、产品设计、营销价格制定、广告宣传和沟通策略制定、企业营销组织、企业营销文化、国际营销中的跨文化适应、企业营销的社

---

①王兴周.人类学方法在市场研究中的应用[J].广西民族大学学报(哲学社会科学版),2006(5):44—49.

②费孝通.论小城镇及其他[M].天津:天津人民出版社,1985:242.

③罗伯特·墨菲.文化与社会人类学引论[M].王卓君译.北京:商务印书馆,1991:264.

④周大鸣.现代都市人类学[M].广州:中山大学出版社,1997:2.

会责任、企业营销的地方性和群体性、新兴的消费群体、少数民族营销等多个领域做出巨大贡献,因此,我们称之为"市场营销人类学",它作为一门新兴的分支学科,必将在中国营销理论与实践中有很大的发展。

市场营销学的产生和研究范围拓展,是在与其他学科的交叉与融合中实现的。第二次世界大战后,市场营销学广泛借鉴和采纳了人类学、心理学、社会学等其他学科的研究方法,不断拓展其研究范围,并且将人类学知识作为营销分析的基础性工具之一。市场营销学与人类学在一定程度上具有相似性,它们都以个人行为及价值观念为主要研究对象,有着相似的研究目标。在营销的早期发展阶段,文化人类学的工具和知识是其主要的理论依靠和来源,并为后来的研究者提供了一个较为科学与省力的模板。1946年,勃雷·贾德纳(Burleigh Gardner)和黎尤德·沃耐尔(W.Liyod Warner)等组建了社会研究合作公司,旨在为工商管理的各个领域和部门提供营销咨询服务,开创了包括市场营销在内的人类学工商管理咨询业务的先河①,目前依然活跃在美国的企业营销管理领域。

20世纪50年代,学术界兴起了对文化差异的国际跨文化管理研究,这使得国际跨文化营销研究受到了巨大的冲击。跨文化营销研究者通过演绎的方法,即通过多视角整合,研究一个国家的社会结构、文化营销、风俗人情等宏观社会变量,推断出这个国家的文化与消费特征,总结其营销特点。这些理论或模型为营销研究提供了支撑点,有助于人们理解以及寻找不同国家文化的相同与差异,为进一步研究市场营销学提供了理论依据。罗伯特·所罗门(Robert C. Solomon)教授运用文化人类学方法,从文化人类学角度切入市场营销学,分析消费者价值观念的各种影响因素②,帮助企业认识消费者,把消费行为的各种规律剖析得丝丝入扣。

20世纪80年代以后,跨国公司的营销活动随着经济全球化进程的加快而逐渐增多,由此产生的营销问题也不能忽视。国际差异对跨国经营的影响已在营销活动的实践中得以证明。人类学家认为,文化是形成国际差异的主要

---

①王朝辉,沙振权,程瑜.到"实地"去:营销问题的人类学视角分析[J].营销科学学报,2011(4):72—86.

②Solomon R C. Emotions and anthropology:The logic of emotional world views 1[J]. Inquiry, 1978(4):181-199.

因素之一。在国外的数据库中,运用人类学知识收集到的消费行为特征非常之多。例如,3~6个月的白人小孩同3~6个月的墨西哥裔美国小孩的消费力区别、非洲裔妇女工资比白人妇女低多少等,在美国的数据库中很容易获取。20世纪90年代以来,人类学家在国际营销实践方面的贡献,被越来越多的企业管理高层所认可,成为工商管理研究领域的主体组成部分。

近几年,出于盈利的需要,西方国家许多大中型的跨国企业,开始正式雇佣人类学家作为企业顾问,为公司的产品发展和市场营销管理提供实质性建议。比如,著名的电信设备公司摩托罗拉(Motorola)、诺基亚(NOKIA),著名的电器制造商通用公司(General Company),著名的金融跨国财团花旗银行(Citibank),著名的汽车制造商丰田公司(Toyota Corporation)等,都正式雇佣了人类学家,甚至是一个人类学家团队,作为企业内部的长期正式职员,从人类学的角度对公司的战略发展进行研究。与此同时,出于学术研究的目的,越来越多的人类学家也开始参与包括营销的工商管理领域的研究。文化是营销活动的重要组成部分,必须对其加以重视。缺乏对文化的深入理解,营销活动不可能取得成功,并且研究文化的特性,也有益于理解市场营销学的文化基础及理论构建。

每个学科都有独特的理论传统、研究对象和研究内容以及知识谱系和研究视角。第二次世界大战后,市场营销学虽广泛借鉴和采纳了其他学科的研究方法①,但市场营销学者始终只对营销活动本身进行研究,忽略了营销背后更广泛的社会文化体系。另外,虽然营销的相关概念在许多既成事实的基础上被抽象出来,但并没有涉及营销系统的核心,而且被大多数学者忽略。事实上,如果仅仅把市场营销学视为原有的经济学、管理学与传统人类学、社会学的简单相加,那么,市场营销学就没有存在的意义了。营销的主要对象是人,是消费者,要想从实质上解决营销问题,就必须对人本身即消费者进行研究,发现其行为的本质。而人类学就是关心人类本质以及反思人类的发展方式的学科。人类学家擅长发现行为背后的本质内涵,因此,在解决实际的营销问题时,从人类学的角度,运用人类学的方法将是一条捷径。市场营销学也在随着人类学新理论和新分析工具的出现而日益发展完善。

---

①乔东.市场营销学基础[M].上海:上海交通大学出版社,2015:103.

在人类学家看来,文化契合性是营销的必备元素,它是以文化相对主义的"文化之眼"来推动营销的文化之手,是在特定文化背景下的自愿行为。因此市场营销的成功与否,在很大程度上取决于能否正确理解文化①。例如,人类学对问题的识别是在与被研究者的互动中实现的,而市场营销者解决消费者问题的前提是评估可得数据、行为理论及现有文献,并对解决类似问题的最佳项目的实践、核心前提进行背景调查。这就要求市场营销人员具备一定的专业素质,来区分社会或文化群体以及不同细分群体的亚文化差异。而这恰恰是人类学家最擅长的工作,他们往往在实践中进行关注群体、参与观察、文献研究、被调查者采访和调查等活动。人类学家与市场营销学专业人士,在解决实际的问题时,可进行专业分工:人类学家识别相关的文化模式,凝练出在一个社会或文化群体中的不同子群体差异;而在背景调查和目标受众定位之后,市场营销专家可利用研究结果,设计针对该问题的解决方案。

一般来说,为了避免出现代价太大的失误,市场营销专家在大规模实施解决方案之前,需要检测设计营销方案的功效。例如,在市场营销中,在使得一种特定活动取代另一种不良行为或者鼓励人们进取、提升生活品位时,市场营销者就需要依靠人类学家所了解的文化契合度,来确定解决问题的方案。人类学家更擅长选取传播信息的渠道,只有信息渠道具有吸引力并且具备文化契合度,市场营销者在实施中方能取得成功。另外,由于在方案的实施中需要提高目标受众对问题和提出的解决方案的认知,鼓励目标受众产生对解决方案的需要,因此,在市场营销方案的实施过程中必须要有人类学家的参与指导。

在中国的早期,市场营销学曾过于依赖经济学,严重阻碍了我国市场营销与人类学学科的发展。理论经济学的研究重点,包括生产什么、生产多少、如何生产、为谁生产,在市场经济的实践中是通过市场营销的过程才得以实现的②。从根本上说,早期的市场营销学是理论经济学在市场操作层面的延伸和展开,是经济学的一个分支,与经济学有紧密的内在联系。市场营销学产生至

---

①罗康隆.人类学在社会营销和文化差异管理中的应用[J].管理学家:实践版,2012(12):56—60.

②曾亚强.市场营销学的理论经济学基础[J].上海轻工业高等专科学校学报,1999(3):27—29.

今已近一个世纪,但其理论发展并没有在与经济学的结合中进行①。

市场营销学者认为,经济学中对效益的追求才是市场营销的目的。而随着国际市场环境的变化,全球经济一体化的发展趋势使得跨国贸易中的文化冲突问题日益严重,跨国企业中的文化差异管理已经成为一个迫切需要解决的问题。而这都需要将市场营销学与人类学进行紧密结合,通过跨学科研究解决文化问题。但是,由于过度依赖经济学,市场营销学家仅仅把经济学作为市场营销学的理论来源,认为所有的营销实践问题都可以从经济学领域里寻求解决办法,从而严重制约了我国市场营销学的进一步发展。

## 第二节　人类学对市场营销的贡献

如前所述,早期市场营销学家的学科背景大都是经济学,因此早期的市场营销学长期被认为是经济学的一个分支,以经济学为其重要的理论基础。如今的营销理论已被文化深深影响,因此理解与开展营销活动相关的诸多问题时,必须要考虑不同的文化背景。为了使营销活动顺利进行,市场营销学家不可避免地要更多地吸收现代心理学、社会学、人类学的优秀研究成果。人类学作为一门独立的学科,有很多专门概念、术语,用以说明社会中人类活动和人类关系的性质,展示怎样用合适的语言来翻译和表述异域社会所特有的文化概念,同时为研究提供一套概念工具。此外,当下的市场营销学家也十分关注市场营销活动中参与者之间的社会关系,而人类学的核心概念为其发展奠定了坚实的理论基础。因此,人类学的概念和观点可以在市场营销学关键问题分析中得到更为广泛的应用。

### 一、人类学对市场文化的研究

当人类学被应用于市场营销的时候,通常是指文化人类学。在刚开始的时候,文化人类学研究原始文明及其比较分析,证明不同文化背景的人以不同的方式解决他们的生活问题。文化人类学与心理学、社会学有很多相同之处。这三个学科都涉及在一定文化背景下的人类研究。不同的是,它们各自侧重于人与环境关系的不同要素。我们不妨说,所有人类行为在本质上是人格、社

---

①李陈华.市场营销学的成长及其困惑的经济学分析[D].湘潭:湘潭大学.2002.

会制度、文化三者之间相互作用的结果。简单地说,心理学关注人格,社会学聚焦制度,而人类学探讨文化。社会心理学这门边缘学科或者可以利用这三门学科进行研究。事实上,一些综合性的社会心理学文章确实如此①。

我们或者可以通过思考这三门社会学科如何着眼于家庭而了解它们之间更加鲜明的对比。心理学家对每位家庭成员的个人调适和情绪健康感兴趣,他们希望测量成员的态度、相互了解程度、行为动机。他们生活得是否快乐,会引起心理学家的兴趣。社会学家主要关注家庭内的角色与地位维度和不同类型的家庭,他们测试社会架构如何产生多种的内部协议而使家庭的存在成为可能,他们对行为规范和由角色冲突引起的、通过行为偏差表现出来的压力与应变感兴趣,他们在研究阶级关系的同时也研究各种行为比率,例如出生率。文化人类学家负责测试文化所达到的科技水平和科技与文化的相互联系,他们详细调查财产继承程序、亲属关系是怎样得到确认的、配偶是如何找到彼此的,他们研究家庭的食物和住房情况,他们对语言水平、方言使用、谁与谁交流感兴趣,他们关注家庭成员的年龄如何影响他们的行为和患病趋势,他们研究文化如何对家庭产生影响。因此,人类学家不会获得连社会学家和心理学家都得不到的信息。但是,人类学家对社会生活的某一方面有着非同一般的敏锐。

社会学家和心理学家为社会生活的研究带来了各种强有力的概念和方法。那么,人类学家又能在哪些方面为“市场学”贡献他们的见解和经验呢?他们又能在多大程度上使别人不经过深入思考就可以立刻读懂他们的研究呢? 如社会学家②。人类学家受过特殊的培训而拥有和群体相处的同理心而不只是顾着他自己和只留意自己的文化模式。由于培训使人类学家置于多种不同的文化中,他们能用全球观点看待情境、把情境置于大环境背景下考察。因为整套培训是为提高人们的文化差异意识做准备的,所以这些培训使他们在很多不同环境下对不可忽视的跨文化差异变得敏感。

---

①Steuart Henderson Britt, Social Psychology of Modern Life. (New York: Rinehart &Company, 1949 revised edition). S. Stanfeld Sargent and Robert C. Williamson, Social Psychology (New York: The Ronald Press Company, 1958)

②Bartels R. Sociologists and Marketologists[J]. Journal of Marketing, 1959(2):37–40.&Jonassen C T. Contributions of Sociology to Marketing[J]. Journal of Marketing, 1959(2):29–35.

人类学比心理学和社会学有更少的党派之争,但这并不表明人类学界一直风平浪静或者从没受到理论或方法论问题的困扰。然而,即使人类学家可能会在一些问题上持不同意见,但他们会在文化人类学方面保持一致。如某个人类学家贡献的确切价值,他们一般会在文化人类学家探索的问题和如何看待文化的标准上持一致意见①。相反,心理学家支持格式塔理论、行为心理学、精神分析、学习理论或知觉学派,这些都可能影响他对给定问题的研究。一个社会学家对结构与功能学派、历史学派、生态学派、"中层"学派、环境决定论、人口特征学派的信奉会很大程度上决定问题研究方案的重点。当这些不同学派在文化人类学中越来越少出现时,人类学对给定市场营销问题的指导变得相当一致就会成为可能。

人类学家是一群经过特殊训练,研究国民性格和民族群体差异的专家。他们能够提供测量方法区分瑞典人、丹麦人、挪威人之间,法国人和英国人之间,巴西人和阿根廷人之间,典型蒙特利尔居民和多伦多居民之间的细微的差别。人类学家同时也是研究亚文化的专家。他能够在比如纽约的一座城市分辨出波多黎各人、美国黑人、意大利裔美国人、犹太人、波兰裔美国人、爱尔兰裔美国人之间如此不相关但迅速同类化的群体的生活模式。

因为几乎所有大团体都包含各种各样的亚文化,这种对亚文化发展趋势的察觉尤其有用。人类学家的一个更难以捉摸的特别兴趣是研究手势、姿势等无声语言、饮食偏好和其他行为的非语言线索②。与此相关的是人类学家对语言和符号的职业兴趣。例如,他可能会特别关注为什么一种独特的形状在某一个社会上会成为有特别含义的符号,或者一种语言结构或一种区域的演讲模式是怎么与人们的思考方式联系起来的③。

因为符号的意义与成人礼或者一个人的生活中心点有关,在这个中心点上,一个人可能会在仪式上得到帮助而使他从一个阶段过渡到另一个阶段,如

---

①Royal Anthropological Institute, Notes and Queries on Anthropology (London: The Institute, 1956).

②Edward T. Hall, The Silent Language (New York: Doubleday & Co., 1959).

③Benjamin Lee Whorf, Collected Papers on Metalinguistics (Washington: Department of State Foreign Service Institute, 1952).

出生、成长、结婚①，所以，这个是人类学家关注的另一个方面。禁忌是人类学家持续感兴趣的领域②。每一种文化都有其禁忌，其中涉及众多方面，如颜色的使用、习语和符号的使用等。人类学家意识到文化的更大价值，这些价值被视为理所当然的习俗根据和表现禁忌的违背行为。人类学家的研究方法（观察和深入采访被调查者），主要表现了其在研究领域上的高度敏锐。此外，投射测试也被广泛应用在人类学研究上。

**二、人类学对消费行为的研究**

由于群体、家庭、社会阶层、文化和亚文化等人类学重要的概念，都会影响到消费者的购买行为，因此人类学的观点适用于市场尤其是消费者行为的分析上，是消费者行为分析的重要理论基础，并且将直接决定企业营销策略的选取。在人类学家看来，文化变迁是人类学研究课题中一个必不可少的重要篇章。人类学家对未来社会发展的预测，常常被市场营销学者借来分析消费的变化趋势。消费在对市场产生重要影响的同时，也是一种社会文化的过程。巴塞斯（Barthes）指出，消费具有两重性，它既植根于社会、文化和象征的结构之中，又满足物质的需要。③ 奥阿迪·文卡塔斯（Alladi Venkatesh）也主张消费具有文化渗透性。④

然而，长期以来在营销领域对消费行为的分析，主要运用的是经济学的思维，而不是一种文化思维⑤。现如今的消费文化已经出现了后现代的特征⑥，主要表现为消费价值观发生变化，包括消费的符号化、审美平面化、消费感性化、文化商品化和商品文化化。在后现代消费社会中，人们选择商品的原因不再仅仅是商品的使用价值。商品的符号象征意义逐渐成为消费者的追逐对象，即商品作为符号，能够提供声望和表达消费者的个性特征的内容。在一定程度上，商品的符号能够代表社会地位和身份，向人们传达某种社会优越感。

---

①Jan Wit, Rites De Passage（Amsterdam：De Windroos，1959）.

②Franz Steiner, Taboo（London：Cohen and West, Ltd., 1957）.

③R Barthes. Mythologies[M]. London：Cape, 1972.

④AF Firat and A Venkatesh. Liberatory postmodernism and the reenchantment of consumption[J]. Journal of Consumer Research, 1995(22)：239-267.

⑤王长征. 从消费文化的变迁看后现代营销的整合[J]. 外国经济与管理, 2006, 28(1)：46—53.

⑥杨雪. 消费文化与市场营销的后现代解析[J]. 江苏商论, 2007(1)：36—38.

这一点在服装消费中表现得最为明显。但是,由于消费者对于商品符号价值的过分推崇,使得其占据了商品价值体系的较大部分从而"喧宾夺主",因此,后现代消费社会已经从商品形式占主导地位进入到以符号形式为主的时代。在这个时代里,人们买回来的不只是一件物品,更是一种社会认可度、一种自尊、一种等级①。

当代的消费文化,不仅改变了人们看待这个世界和自身的基本态度,也改变了人们的社会关系和生活方式。在现代社会生活中,消费主义和享乐主义成为消费生活中的主流价值和规范,人们把追求和占有物质、追求享受作为人生目的。消费文化对深度意义、永恒价值、理性蕴涵的追求,已经成为明日黄花,尤其是在广告领域。广告促销的目的是通过对商品和服务的宣传,把有关信息传递给目标市场的消费者,以诱发消费者的购买动机。人类学对参照群体、社会阶层、文化和亚文化等社会因素进行研究,得出规律,能够提高广告的效果。但是,现在的广告大多追求一种快时尚,是一种拼贴、片段组合的产物,缺乏完整的结构、故事情节和主题思想,没有内涵,呈现出一种支离破碎的感觉。在现代社会中,商品的象征意义和内涵价值对人们来说不再重要,人们往往更重视所获得的效用,更注重个人的享受,消费逐渐向感性化发展。以商品形式出现的文化艺术,以纯粹审美消费的实物提供给观众,已经完全大众化,洗去了高雅、严肃和纯粹的色彩,成为可供买卖的东西,高雅文化、商业文化和通俗文化之间的距离逐渐消失②。

### 三、人类学文化分析模式对现代营销理论的贡献

人类学的传播理论应用范围极广,市场营销学家将其应用在新产品的扩散中,取得了巨大的成功。人类学家认为,大众传媒信息能够借助人际交往在社会上传播,而这恰恰也是新产品营销策略的理论支撑。针对新产品传播的不同阶段制定相应的营销策略并重视舆论领袖和口头传播的作用,是市场营销学中新产品扩散过程管理的基本原则。同时,在产品定位、产品策略、产品设计、产品生命周期"延伸"策略等方面,人类学的传播理论更是起到了不可忽视的作用。例如,创新在社会系统中的传播是一个复杂的社会现象。研究表

①张建. 后现代消费社会身体的走向[J]. 长春工业大学学报:社会科学版, 2009(2):16—18.
②彭立勋. 后现代性与中国当代审美文化[J].学术研究,2007(9):146—151.

明,不同的创新在整个传播过程的时间范围上可能完全不一致,较早采用创新的"创新者"和"先行采纳者",在特质和对信息利用等方面与较晚采用者有明显的不同,较晚采用者希望得到早期采用者的帮助①。

在重视关系网络的中国,构建一套完善的关系营销系统,能够快速地推动经济发展。基于关系和网络的营销方法、观点是关系营销的基石。现代营销引用关系与网络等人类学的概念,认为营销活动的开展主要有两种方法,一种是营销组合方法,另一种是扩展的网络方法以及关系方法。关系方法应用于买者和卖者之间的特定交易中,而这种交易以两者之间长期相互依赖和相互作用为特征。网络方法则是将这种关系看作是相互连接的网络。而对人际关系的研究不可避免地会牵涉冲突的概念。人类学擅长对社会成员之间的冲突进行研究,并且得出一些正确对待冲突的观点和方法。例如,冲突与合作的概念是社会人类学用来描述社会成员和社会群体相互联系的方式,同时也可被市场营销学用来说明渠道成员之间的关系类型,它对于处理渠道成员的关系具有重要的指导意义,这些人类学研究成果是解决渠道成员间冲突的重要工具②。

由于受学科框架和方法理论进程的影响,不同学科的精细度与深度探索取向有所不同。现在的市场营销学,并不是一个完整的理论体系,没有形成自己的公理或准公理系统,它只是在许多方面提供了一个事实的范畴。由于市场营销学的"分析体系"的局限性,传统市场营销学在认识模式上十分不足,对市场上很多的现实现象难以解释。在这种大型研究中,人类学既有的文化分析模式往往有着独特的学科意义。当代人类学大师克利福德·格尔茨(Clifford Geertz)认为,文化的分析不是一种探索规律的实验科学,而是一种探索意义的阐释性科学。③ 完善市场营销学的学科体系,可以通过对人类相异性的研究,借助人类学文化分析模式中既有的文化分析、功能分析、结构分析、类型分析等模式,将经验事实抽象成理论,从文化理性角度来理解社会和时代的消费生活。因此,人类学可为现代市场营销学提供许多的新概念和理论,为市

---

①赵正龙.基于复杂社会网络的创新扩散模型研究[D].上海:上海交通大学.2008.

②庄贵军. 权力、冲突与合作:西方的渠道行为理论[J].北京工商大学学报(社会科学版),2000(1):8—11.

③Geertz C. The interpretation of cultures: Selected essays[M]. NY: Basic books, 1973:58-77.

场营销学的发展奠定新的理论基石。

人类学研究工作在实质上是一种文化翻译,把研究对象的文化翻译成我们可以理解的语言。人类学研究中"跨文化视角"背后的指导思想,有学者认为是"文化普同论"和"文化相对论"。坚持这"两论"的人类学家认为,世界各地的人都是生物学上的同一种属,文化无优劣之分,但各有自己的独创性和独特的价值。因此,各种文化之间应当互相尊重、互相理解,采取宽容的态度。

20世纪70年代以后,文化研究开始被应用于国际营销中,而霍夫斯泰德(Hofestede)关于国际营销中的文化研究,被众多学者认为是该领域的经典之作。人类学家多以民族志的方式做社区研究,这样做可以提供一个经济文化适应性的样本。不同民族、不同文化圈的营销活动不能以同一种标准来衡量和评价,这就是文化的多元性。对于后期崛起的发达国家,文化多元观念非常重要,它可以消除文化自卑感,正视本土文化传统的价值。

在市场营销学中,个体之间,个体与环境之间存在相互作用,尽管各地区的社会与文化存在差别,但一定会存在某个相同点来使他们联系在一起。乔治·默多克(G.P. Murdoch)①通过建立庞大的跨文化人类关系区域档案,来阐释文化整体观与人类的普同性认识,从全世界数以百计的民族志资料中总结出人类共有的60余种文化要素以及相关的世界民族志样本。虽说这种设计被认为存在缺陷,但这有助于推进对人类文化共性的具体理解。长久以来,人类学的民族志成果一直处在社会与文化的不断积累的位置上,建立在世界各地理区域或个案的民族志的基础上,对世界上不同民族获得的经验材料进行比较,发现人类行为的差异,从而进行跨文化的市场营销研究。

## 第三节　人类学在市场营销中的应用

实践证明,人类学家的知识完全可以应用到市场营销领域,以下我们从三个方面,即专业知识、对主题的认识、禁忌敏感性,来分析探讨人类学理论和方法在市场营销中的具体应用②。

---

①Murdoch G P. Anthropology as a comparative cisence[J]. Behavioral Science, 1957(4): 249-254.
②这一节的讨论内容,主要来自:Charles Winick. Anthropology's Contributions to Marketing. Journal of Marketing, 1961(July):53-60.

**一、专业知识**

这里我们给读者提供一些人类学家把知识运用在市场营销情境的经典案例,以便读者从对案例的阅读学习中,体会到人类学家的专业知识,是怎样被应用于市场营销的实践中去的。第一个案例是关于一个中央供暖设备制造的民族志研究。这个供暖设备制造厂商,原本打算在一个本来采用其他供暖设备的地区引进中央供暖设备。因为人们普遍开始接纳某种供暖方法,并认为这种方法是理所当然的,这款新的中央供暖设备在引进的时候面临着如何处理消费者在潜意识上抗拒巨大革新的营销问题。为了改善推销新设备的方式,一位人类学家利用他对热和火的民间风俗和象征意义的了解来使之与热的含义尽可能相一致,虽然供暖的方法在根本上已经改变了。虽然仍然有相当多的消费者抗拒中央供暖设备,但数目在第一年后大幅下降。

除了营销问题,中央供暖设备的引进同样面临着国家政策问题,制造商必须解决了这个问题才能得到引进供暖设备的批准。这个地区的出生率急剧下降,政府官员担心中央供暖设备可能会在一定程度上造成出生率的进一步下降,因为他们相信配有供暖设备的卧室会引起性行为的减少而最终表现在出生率上。这位人类学家指出在引入中央供暖设备后,有一些地区的出生率下降,有一些地区的出生率没有下降。他的调查数据令这个中央供暖设备的制造商有机会与官员重新讨论供暖设备实际上可能的影响[①]。

服装和时尚是人类学家具备专业知识而其他社会学家没有的另外一个领域。在人类学家的引导下,这个关于女性服装时尚周期的经验性研究被服装制造商用来预测未来的市场[②]。人类学家能够利用他的专业知识了解不同年龄的人群对于各种服装的需求。在市场营销中,人类学家往往能够把他的这种专业知识和对技术的敏感度以及他对时尚的认识结合起来。

让我们来看看这样一个案例。有家在幼儿罩衫行业中处于领先地位的制造商,雇佣了一名人类学家为他们产品的改进提出建议。在此之前的十年里,幼儿罩衫这个产品并没有太大的变化。这位人类学家根据消费人群对产品的

---

①Charles Winick. Anthropology's Contributions to Marketing. Journal of Marketing, 1961(July): 53-60.

②Jane Richardson and Alfred L. Kroeber, Three Centuries of Women's Dress Fashions. Berkeley: University of California Press, 1940:43-88.

特殊需求,洗衣机在洗涤罩衫上的使用率上升,罩衫的洗涤频率以及现代技术的发展对罩衫进行了一番调查。之后,他建议制造商用一串金属夹子来取代原有产品带子上的纽扣。这样即使孩子长大了,也可以使用不同的夹子来改变罩衫的大小而不必捆绑罩衫上的带子。而且,玩耍时孩子的罩衫带子很容易会滑落。所以,人类学家建议制造商可以在孩子穿在罩衫下面的衬衫上增加一个可以让罩衫带子穿过的小环或者是增加一个与制作带子的材料相匹配的紧固件。这样的话只要带子和衬衫不被分开,衬衫的衣肩就可以紧贴罩衫的带子而不容易滑落。

人类学家还建议制造商改变罩衫的缝纫方法,将罩衫的一层缝纫改为像男性衬衫那样的两重缝纫。比起之前一层缝纫的罩衫,这种两重缝纫的罩衫更能经受频繁的洗涤。就算是频繁地使用洗衣机洗涤,这种罩衫也没那么容易破损。制造商采纳了这名人类学家的所有建议。在几年内,幼儿罩衫市场就发生了巨大的变化,这个制造商占据了更大的市场份额。同时,这种改变后的罩衫受到很多父母的追捧。因为这种罩衫的使用时间更长,孩子们穿起来的效果更好,功能性更强[1]。

当商人想要在一些特殊的亚文化群体中增加自己的产品销售量时,他们也会参考人类学家的专业知识。有这样一个案例,某啤酒制造商想要在美国东部地区的黑人群体中扩大自己的市场。在一个熟悉黑人次文化的人类学家的指导下,啤酒制造商了解到如何接近他的目标群体,并知道社会等级关系对于黑人购买行为的重大影响。黑人地位的含糊性让他们能够敏感地感知到那些包含地位含义的商品或者象征种族发展的品牌。在人类学家的建议下,这个制造商开始支持帮忙解决一些在黑人社区发生的与啤酒行业有关的重大社会问题,并且强调他们的啤酒品牌是一个有高质量控制工序的国家品牌。之前,他们的广告方向就是向人们提升产品的地位以及质量意识。现在,他们做出改变,而且这些改变都是向着提升黑人对他们的啤酒的地位意识的方向进行的。

自从美国有 35%~40% 的人口来自于少数民族次文化,更多的人意识到人

---

①Charles Winick. Anthropology's Contributions to Marketing. Journal of Marketing, 1961(July): 53~60.

类学家在处理次文化问题上的贡献。下面的案例说明,出于不同目的,公司对于具体象征的挑选。一个女性产品的主要制造商在选择产品包装上遇到了问题,他不能确定是否应该继续在产品的包装上印上鸢尾的纹章。人类学的分析表明这个标志引发的对法国国王和其他男性文化的联想让这个标志更显阳刚之气。这个人类学家的观点在随后的实地测试中得到了证实。

另外一个例子中,一个女性化妆品的制造商进行了一个关于女性眼睛和嘴巴的研究。在这个研究中,制造商调查了女性眼睛和嘴巴在本国文化上的不同象征意义。研究表明,在文化中,在眼睛更趋向于被看作是一种保护器官时,嘴巴更趋向于被看作是培养器官。这个研究结果对于产品的营销,尤其是广告有着积极的作用。在之后的广告宣传中,制造商明确且毫无保留地向顾客宣传眼睛对于女性身体的保护作用以及强调嘴巴只是象征意义上的给予爱情的器官。这种新广告取代了公司在宣扬如何让女性变得更美上对眼睛和嘴巴的相同对待①。

**二、对主题的认知**

人们普遍认为,当人类学家能够用他的专业知识理解一种文化主题时,他就能够在解决相关问题上起作用。例如,一个市场份额很大的糖果连锁店遭遇销售量迅速下降的问题。为了解决问题,公司开展了一个基于市场营销的调查。调查结果表明,购买者,甚至是非购买者往往把这家糖果连锁店的产品当作礼物。同时,调查人员发现在此之前,这家公司乃至整个行业并没有利用这种方式来提升产品销量的先例。因此,人类学家的指导建议这家公司把送礼主题作为连锁店品牌的象征,并且这种做法能够改善这家公司的商品销售、包装以及广告形式。关于重大节日的人类学研究提出窗户展示的主题以及将糖果和节日结合的广告方式。在这之后,基于人类学和市场营销的研究,这家糖果连锁店改变了自己的市场营销战略。在此之前,人类学家是唯一可以系统地研究送礼以及收礼的社会科学家②。

另外一个由一家衬衣制造商提供的例子说明可以用人类学对市场营销研究进行解释。这个研究的结果表明在一个特定的价格范围内,卖出的女性衬

①Charles Winick. Anthropology's Contributions to Marketing[J]. Journal of Marketing, 1961(2):53-60.

②Marcel Mauss, The Gift[M]. London: Cohen & West. Ltd., 1954:33-58.

衣的总量比男性衬衣的多了一半。根据几个关于美国夫妻关系的人类学研究,人类学家可以解释为什么卖出的女性衬衣总量比男性衬衣的总量多那么多。为了提高男性衬衣的销量,制造商一直考虑挑选出一些女性杂志并在此放上男性衬衣的广告。但是,人类学家指出,一些研究夫妻关系的报告结果显示,家庭中怨气增加很大程度上是因为妻子借用了别人的男性衬衣或者购买了男性衬衣。因此,人类学家指出制造商想实行的广告运动是不合适的。

由于国外和国内竞争者的入侵,一个鞋子制造商的销售量迅速下降。一个人类学家对于"通过仪式"的专业敏感度帮助这个制造商解决了销量下降的问题。这个人类学家指出,在某种程度上,鞋子是人们在不同人生阶段上行走的主要象征。这个人类学家帮助制造商利用鞋子和"通过仪式"的关系来制定提高销量的方法①。人们认为,一般在4~6岁时,当孩子能够学会自己系鞋带的时候就代表孩子由婴儿成长到儿童的阶段。因此,制造商制造了一些小册子和其他一些教育材料让父母学习怎样帮助孩子学习系鞋带。在当地零售商的合理分配下,父母能够顺利地了解此品牌,并产生购买。

青少年往往用第一次穿高跟鞋来明显地表现出他们即将进入一个新的社会世界。为了吸引顾客,制造商通过橱窗展示和广告来强调高跟鞋和参加新的社会活动的联系以及用青少年的社会活动来命名特定的鞋子模型(The Prom)。这个有助于青少年将品牌名字和对新世界的热情结合起来。老人把穿专用的"老人鞋"作为他们变老的最大的提醒。因此,制造商需要为老人重新设计一些既保留专门的健康功能,看起来又时尚的没有明显的"老人鞋"特征的鞋子。

### 三、禁忌敏感性

尤其是在进行海外的销售时,商人也许会在不经意间违反了禁忌,如文化、宗教和政治等的禁忌。例如,在伊朗,蓝色是代表悲痛的颜色,所以伊朗的人们不会想要收到一个蓝色的商品;在埃及和叙利亚,绿色是一种代表民族主义的颜色,人们不会想要用绿色进行包装;在非洲的黄金海岸是不允许展示成双的东西的;在日本,白色代表悲痛,所以在那里白色的产品是不受欢迎的;在

---

①Charles Winick, "Status, Shoe, and the Life Cycle"[J]. Boot and Shoe Recorder, 1959(15): 100-202.

尼加拉瓜,棕色和灰色是不受欢迎的颜色;在大部分的拉丁美洲市场,紫色是被否定的颜色,因为它代表的是死亡;在台湾,底部是不被人们接受的,当物品或者包装的底部被人看到时,会被认为是不乐意收到这个物品。人类学家可以精准地看出禁忌及其相反面:乐意接受的颜色和标志。人们喜欢或者不喜欢一种特别的颜色或者标志也许有很多种原因,如政治功能、国家、宗教、文化,等等。

让我们以加拿大为例来说明这个问题。加拿大的特殊国情为人类学在市场营销领域的运用提供了一个特殊的机会。在加拿大,有29%的人口是说法语的魁北克人,其中超过一半的人不会说英语。因此加拿大提供了一种不断变化的双语环境和可接触文化的情况。这种充满不同文化交汇的情况可供我们进行人类学分析。人类学家早就开始了对魁北克的农场区和工业区的研究①。蒙特利尔大学的院长 Phillipe Garigue 和一个拉瓦尔大学的团队发动了对魁北克家庭和社区生活的重新评估。他们将会以人类学家的角度来重拾对魁北克的兴趣。他们从研究中得到了一些重要的关于当地人生活方式的信息。而且,他们需要把这些信息转换成市场营销数据,包括定价政策、颜色、包装规格、各种食品的香料和口味、汽车的象征主义、产品的气味以及其他相关的主题。

（一）特殊知识

也许人类学家在证实特殊知识时最频繁遇到的问题是语言问题。一个洗涤皂公司以把他们的产品描述为一种能够处理最脏污渍的强劲好用的材料作为卖点("les parts de sale")。但是,他们的洗涤皂的销量并没有如他们所期望的那样有较好的提高。在肥皂的销量下降后,公司雇佣一位人类学家为他们的产品作分析。这位人类学家指出,他们公司所采用的描述产品的短语就像美国的粗话(private parts)那样粗俗。事实上,如果该公司在产品的销量下降之前就采用人类学指引的话,这种语言上的失误是可以避免的。

其实,一些产品不能在魁北克得到很好的销量很有可能是因为只会说法语的人不能正确地进行产品英文名字的发音,或者被翻译成习惯用语后,产品

①Horace Miner, St. Denis,Everett C. Hughes, French Canada In Transition[M].Chicago:University of Chicago Press,1943:33-60.

的名字变得没有任何意义。甚至即使都在加拿大,蒙特利尔的英语和多伦多的英语也有不同的地方,这种情况增加了不了解当地状况的商人的经营风险。例如,在多伦多,公寓的英文为"flat",水龙头为"tap",而在蒙特利尔却是"apartment"和"faucet"。

(二)主题认知

人类学家通过研究证实了食品购买与燃烧木材炉的使用率日渐下降的相关关系。过去,这种木材炉被魁北克人用于农场厨房的煮食。大部分的木材炉都有一个炖肉的容器(pot au feu)并且可以整天慢炖。人们把不同材料放进容器里给食物调味。但是,随着石油和电被引入到厨房,用炖肉容器煮食的费用上升了,并且在夏天时,这个容器容易沸腾难以保持慢炖。这个改变引起了食品消耗方面一些彻底的调整,大大地影响了食品市场的状况。木材炉制造商在陷入一段时间的困境和忧虑后,很快就找到一个更大的市场并且迅速替换了木材炉中的炖肉容器。

(三)禁忌

让我们用一个鱼罐头制造商向人类学家寻求帮助后改变其广告战略的案例,来解释人类学家对禁忌的警惕性。这个制造商多次在魁北克的杂志和报纸上刊印相同的广告。广告中,一个身穿中短裤的妻子和她的丈夫一起打高尔夫球。文字说明告诉我们这个妻子会一整天待在高尔夫场里,并且那天晚上她会用制造商的产品做出一顿美味的晚餐。但是,这个广告中的很多元素都潜在地存在对说法语的加拿大家庭生活的侵犯。如法语家庭里的妻子不会和她的丈夫打高尔夫球,她不会穿中短裤以及她不会把特定的一种鱼作为主食。在这系列的广告运作一段时间后,制造商就向人类学家请求帮助。人类学家用其丰富的禁忌知识和对文化的敏感性,给制造商提供了非常有效的建议,帮助他解决了问题①。

## 第四节　人类学视角下的社会营销组合

市场营销组合是市场营销学的灵魂,而市场营销学的许多要义与方法,完

①Charles Winick. Anthropology's Contributions to Marketing[J]. Journal of Marketing, 1961(3):53-60.

全可被应用于不同的领域。如果我们将市场营销的概念加以扩展,我们就会得出有关广义市场营销学的范畴。事实上人们在日常生活中的许多行为,都可以从市场营销学的角度加以分析和思考。在此,我们拟借用社会营销的概念和范畴,讨论有关营销组合的问题。著名营销学家菲利普·科特勒(Philip Kotler)和著名社会学家杰拉尔德·查尔曼(Gerald Charman),于20世纪70年代意识到商品营销理念,同样可以用于销售创意、态度、行为之中,并因此而创立了社会市场营销[①]。由于涉及营销人员或其组织的社会或公益目标,因此人们一般认为社会营销的内容和范畴,不同于只考虑到营销人员或者他们组织目标的商业市场营销[②]。但是与主流市场营销的观点一致,消费者依然是社会营销的重点。因此,社会营销规划的过程同样需要"营销组合",即4P组合,指:产品、价格、渠道、促销[③]。

**一、社会营销组合**

人类学家认为,社会营销的产品不一定是实质性(有形)的。因此,社会营销范围内具有延续性的现有产品包括有形的、实质性的产品(如空气净化器),也包括服务(如体检),实践(如母乳喂养),甚至是无形的思想(不醉酒驾车)。产品被设计出来的目的是解决问题,因此,目标个体必须清楚地认识到他们所要解决的问题是什么[④]。

市场营销学认为,"价格"是指消费者为了获得某种利益,而必须放弃的另一种利益所能带来的效用。对于一个社会营销人员来讲,要确定产品特别是实物产品的价格需要考虑很多方面的问题。如果免费提供产品或者产品定价过低,消费者可能会认为产品质量不好。另外,如果价格太高,有些人可能负担不起这笔花费。如此,社会营销人员必须从各个方面平衡考虑,衡量各方面的利益。不同于主流营销的实践,社会营销中对于成本和收益的看法或者感知可以通过研

---

①El-Ansary A I. Towards a definition of social and socital marketing [J]. Journal of the Academy of Marketing Science, 1974(2): 316-321.

②Bakan J. Social marketing: thoughts from an empathetic outsider[J]. Journal of Marketing Management, 2016(3):1183-1189.

③田广, 肖增婷, 陈艳芳等. 对社会营销组合策略的人类学思考[J].经济研究导刊,2012(16):176—178.

④Truong V D, Hall C M. Corporate social marketing in tourism: to sleep or not to sleep with the enemy? [J]. Journal of Sustainable Tourism, 2016(10): 1-19.

究得知,并可用于产品定位①,因此,社会营销中的产品价格,都已能够显示其产品质量的价格为底线,同时又能够彰显赋予其在交易意义上的"尊严"。

同其他营销方式一样,社会营销产品和服务也必须通过某种方式才能被消费者所获取,我们称之为渠道。对于有形的产品,必须采用一定的分销渠道;对于无形的产品来说,其销售场所模糊不定,可以通过消费者决定获取信息的渠道中获得。这可能包括医生办公室、商场、大众传播媒介,或在家庭示范。渠道存在的目的之一是确保产品的可获取性和交付服务的质量。社会营销研究人员可通过目标受众生活习惯以及他们对于目前服务的传递系统的体验和满意度,来确定提供服务渠道的最佳方案。促销的目的是建立和维持产品的市场需求,包括对广告的综合运用、公关、促销、媒体宣传、人员推销和娱乐传媒等。除公益广告或商业广告之外,社会营销在产品推广方面还有很多其他的方式:如优惠券、媒体事件、社论、"特百惠"式的派对或店内展示等。推广的措施必须要充分考虑文化因素,因地制宜、因时制宜方能成功,这也证实了人类学家的重要性②。通常情况下,要使得方案实施更加有效,对应的政策变革是必要的。例如,通过强调避孕套的正确使用来遏制艾滋病毒的肆意传播,社会和政府的政策可能需要修改以便促进(帮助)此方案的实施。

社会营销依赖两个基本假设。第一个假设是,一些行为能够被改变,并且非常值得去改变,因为它提高了个人的生活质量,作为回报,它会提高整个社会的生活质量。第二个基本假设是,社会作为一个整体或者整个社会的代理人有责任帮助个人在社会利益最大化的前提下做出选择③。这两个观点暗示社会营销者必须是受过教育的、善意的专业人士。因为他们能够非常有效地界定各种各样的社会问题,同时,提高社会中特定群体的生活水平。根据玛格丽特·格温(Margaret A.Gwynne)博士的说法,这两个基本假设都证明了一点:大多数经常使用社会营销技术的人,无论是公共组织还是私人组织,包括多边援助组织、各级政府和社会公益组织,特别是致力于通过特殊的计划达到社会

①②Thackeray,R.&Brown,K.M.Creating Successful Price and Placement Strategies for Social Marketing[J].Health Promotion Practice, 2010(2):166-168.

③Brown C. Social Marketing and Applied Anthropology: A Practitioner's View of the Similarities and Differences Between Two Research-Driven Disciplines[J]. Practicing Anthropology in the South, 1997(30): 54.

福利的非政府组织,他们主要依赖社会营销活动去得到对公众有用的社会信息,并且有义务去保障和促进公共福利,但是这些信息经常面向小群体①。

在工业化国家里,例如美国,大多数的社会营销的成果已经演变为以抵制性营销为导向,目的在于抵制特殊的行为;而在发展中国家里,社会营销的成果大多是用来促进特定的行为。例如:社会营销者在关注高危人群时,美国的营销活动倾向于禁止醉酒驾车或降低吸烟;而在发展中国家里,他们更加关注如提升待产孕妇的产前护理水平、早期免疫等等问题。南加利福尼亚大学马歇尔商学院教授托尔斯·佩尔奈(Troels Perner)博士指出,社会营销所做的是为消费者提供想法而不是销售东西。营销教授菲什拜(Fishbein)尝试降低毒品使用带来的传染病发生率,证明了共用针管在吸毒文化中已经根深蒂固以至很难阻止。

**二、在社会营销中应用人类学**

社会营销的理论和基本观念来自于商业营销、经济学、心理学和人类学。营销活动的目的是影响消费者的自发行为。当这种自发的行为在特定的文化语境里发生时,人类学家便有了用武之地。例如:社会营销涉及老年妇女的乳腺癌检查时,可能会包括下列内容:

1. 产品。它可以是每年一次乳房 X 光摄影检测、每年到内科医生处进行一次乳房检查或者每月进行一次乳房自检三种行为中的任何一种。

2. 价格。执行这些行为的价格包括乳房 X 光摄影检测和检查的金钱耗费、可能发生的不便或者尴尬、时间甚至是最后检查出肿瘤。

3. 地点。一个移动的厢式货车、当地医院、诊所或者工作地点都可能满足提供这些体格检查和具有教育意义的服务的地点,这将根据目标群众的客户需求来决定。

4. 促销。可以通过公益广告、广告牌、大批量的邮寄、发布新闻事件和社区外展服务等方式来实现②。

社会营销人员在营销实践中会改变个人的生活方式,所以他们必须具备

①Gwynne M A. Applied anthropology: A career-oriented approach[M]. Boston: Allyn & Bacon, 2003:110-201.

②Andretreasen, A.R.Challenges for the Science and Practice of Social Marketing. in M.Goldberg, M.Fishbein,&S.Middlestadt(Eds), Social Marketing:Theoretical and Practical Perspectives[M].Mahwah,NJ:Lawrence Erlbaum Associates,1997:3-19.

对文化细微而全面的领悟能力。举例说明,对于西方人认为青春比年老更加美丽文化,他们所表现出的对人体美的独特审美与其特定的思想和价值观紧密联系在一起。社会营销人员们在试图改变人们的行为时,必须明确考虑的不仅是总体的文化环境,还有文化模式。发现文化模式和其他社会影响因素也是人类学对社会营销的主要贡献。社会营销人员通过采用人类学中的文化模式和分析工具,来识别那些会影响他们想要改变的行为的社会或者文化因素,这有助于营销战略的制定。除此之外,社会营销人员可以利用他们在不同的文化模式中收集到的信息来设计出更加有效率的宣传材料。

格温认为,文化模式是一把双刃剑,既有利也有弊。比如,鼓励吸烟或者阻止可卡因的使用。不断完善的社会营销对应用人类学家的需求也在不断地增加[1],因为人类学家所具有的发现和利用文化、信仰和价值观念的能力可以帮助社会营销设计和实施更加有效的宣传方案[2]。比如:应用人类学家可以通过识别某个特殊行为来帮助制订更有可能成功的社会营销计划、用精心制作的有效率的方式来描述要倡导的行为改变,使得这种改变的好处可以被受众所理解、还可以帮助挑选和培训实施项目的直接人员,这将有助于提高社会营销的效率。一般来说,社会营销包括以下五个步骤。

(一)识别问题

首先,社会营销人员对需要解决的社会问题进行描述。同时他们需要一个能够解决这个问题的基本原理。

(二)研究背景

这是社会营销成功的关键。人类学家可以用一些方法,如文献研究法,对被调查者采访、参与观察、小组讨论及相关的独特调查方法等,来了解所要进行研究的大背景。例如,营养学家可能无法改变人们的饮食习惯,除非他们对人们的烹饪习惯有充分的了解。根据格温的观点,识别能够指导研究方向的目标是背景研究的关键。因此,一个特定的社会营销计划策略需要研究者区

---

①Ventura J, Bichard J A. Design anthropology or anthropological design? Towards 'Social Design'[J]. International Journal of Design Creativity and Innovation, 2016(4): 1-13.

②罗康隆. 人类学在社会营销和文化差异管理中的应用[J]. 管理学家:实践版, 2012(12): 56—60.

分不同的社会或者文化组织以及考虑不同子文化下各阶层之间的差异①。

（三）设计解决方案

完成了背景研究和确定了目标人群之后，社会营销专家需要根据研究结果构造出解决方案的框架。在这个框架中，人类学家必须从文化的视角为具体的问题寻求合适的解决方案。有时，解决方案可能是一个社会公益服务，如儿童早期教育，如果他们能被说服并接受这种观点，那么主要目标人群的成员都将受益。针对文化中的具体问题，社会营销专家严重依赖行为心理学的概念和方法以及商业广告来设计合适的解决方案。这些领域的理论研究者发现，决策是一个过程，而不是一个孤立的事件。假如一个人决定购买某物或接受一个新的想法，他或她会经过一系列的步骤，事件发生的顺序根据目标受众不同的决定而有所不同，甚至同一个人的步骤也是不同的②。

（四）实施解决方案

社会营销人员以解决最终问题为目标，创建以及有效地实施解决方案。执行的过程由两个独立的步骤组成：第一，提高目标人群的成员对问题和解决方案的认识；第二，鼓励目标人群的成员去采纳这个解决方案。为了完成这两个任务，社会营销人员必须要确定传递的渠道和媒体战略。如果信息和渠道都足够吸引人并且与文化相适应，那么这个解决方案的需求就会增长。在广告和促销方面，大多数的社会营销人员依赖电视节目和广播节目，或者是漫画书，小册子或者海报等方式。然而，社会营销人员对于渠道的选择不能一成不变，需要开发出新的策略，并且所有这些策略必须以深入了解当地的文化背景作为参考。任何对文化规则的忽视都会负面影响社会营销计划的实施。例如，在尼泊尔，在传统的社会营销中使用的卡通对话气泡被当地居民理解为代表一个大蒜瓣。

（五）评估结果

评估是确定一个问题现在是否被适当地处理或者已经圆满解决的评定。

---

①奥莉娅. 本土化 VS 标准化：全球化趋势下文化差异对跨国营销策略的影响［D］. 大连：东北财经大学，2014.

②樊耘，邵芳，李纪花. 企业家对组织文化和组织变革影响的实证研究——基于组织文化四层次模型［J］. 管理评论，2009（8）：104—113.

不同类型的评估需要不同类型的数据和方法论工具①。实际上,越来越多的商业市场营销人员,同意社会营销作为一种替代的策略推销其产品和服务,这将为人类学家在未来的市场营销方面做出贡献创造更多的渠道。

# 本章小结

在 21 世纪,经济快速发展,各国已经将发展战略从斗争转移到快速发展经济上,旨在迅速占领本国市场甚至是国际市场份额。从这个角度来看,市场营销已成为各国、各企业不可忽视的一个重要环节。但是,仅仅从经济学、组织行为学等角度来考虑市场营销,无疑是具有局限性的。人类学家认为,脱离了文化背景的市场营销活动,必将走向失败。

将人类学与市场营销学进行整合研究是时代发展的必然结果,我们称之为市场营销人类学。但是,市场营销人类学绝不是人类学与市场营销学的简单相加,其具有自己的发展历程及理论基础、学科体系。人类学可以应用于经济、商业、企业管理以至市场营销领域,其传统研究对象和领域的移植,具有一定的必要性与可行性。本章从不同方面,即专业知识、文化主题意识、对禁忌的敏感,来分析探讨人类学理论和方法在市场营销中的具体应用及其路径。工商人类学家应用人类学的理论和方法,对于社会营销组合进行了全方位的研究,为提高社会营销的效率提供了非常有价值的研究范式。

〔案例链接〕

## 汕头老字号餐饮品牌发展轨迹与问题②

选取汕头五家老字号品牌餐饮店作为研究对象,通过民族志研究方法,以深入访谈、参与观察为主要路径获得第一手资料。这五家老字号品牌餐饮店分别

---

①孙建荣. 对"分类指导分类评估"提法的思考:评估目的性与评估方法论[J]. 现代教育管理,2008(11):33—36.

②案例改编自:田广,刘拉雅,刘瑜. 汕头老字号餐饮品牌发展轨迹与问题——基于一项工商民族志的调查研究[J]. 民族论坛,2015(9):36—45.

是老牌无米粿甜汤粿品店、榕香蚝烙店、飘香小食店、爱西干面店和老妈官粽球店,其中榕香蚝烙店、飘香小食店和老妈官粽球店被汕头市社科联和旅游局评为"潮汕老字号";飘香小食店的栗只桃粿,爱西干面店的爱西干面,老妈官粽球店的老妈官粽球被国家商务部授予"中华名小吃"的称号。这五家店的品牌管理模式基本代表了汕头市20余家老字号餐饮店的情况,能反映一定的共性。

一、汕头老字号餐饮品牌发展历史轨迹及其特点

汕头总共有20家老字号餐饮企业,本案例选取五家老店作为代表研究其基本情况。

(一)老牌无米粿甜汤粿品店

在"文化大革命"前,老板林绍伟的父亲在现店址附近的仙东巷路口摆路边摊卖无米粿和甜汤,做到"文化大革命"初期就停止了。1978年改革开放后重新开店,旧店在现店址80米外的派出所旁边。1992年搬到现在的店,已经做了18年。

(二)榕香蚝烙店

创于20世纪30年代的"榕香蚝烙"源于揭阳榕城,现任店主蔡武乳的祖父杨宗霖因在榕城进贤门摆摊煎蚝烙而生店名"榕香";后杨二保移家汕头,挑蚝烙担子走街串巷叫卖,于20世纪50年代加入无米粿甜汤粿品店旁的"17摊蚝烙"比手艺。杨二保把"忠厚能招天下客,公平可取世间财"作为自己经营蚝烙的信条并传给蔡武乳。经福合市场——同益市场——中山公园,榕香蚝烙店几经搬迁,现落址外马路183号已有一年多。店面规模也在原有的规模上进行了扩大,现面积约300平方米,雇工约30人,店内装潢耗资二三十万元。

(三)飘香小食店

1899年,徐氏家族购买土地,集资建成徐家祠堂。1965年,为了汇集各种潮汕传统名小吃,方便当时粤东地区归国华侨集中品尝,由汕头市副市长李少霖亲自领导,市饮食服务公司召集汕头市各小吃制作师傅,组建飘香小食店。"文化大革命"期间,作为"封资修"的产物,被破坏了许多。改革开放后,公司倒闭,1989年,作为其中的一名职工,郑陆辉承包该店并经营至今,已有23年。2000年,弟弟郑陆军入股50%,两人共同经营飘香小食店。2009年政府出台旧城区改造方案,将飘香小食店列入小公园历史风貌片区拆迁改造范围。

（四）爱西干面店

20世纪30年代初，原大埔县籍的卢姓小贩创办了爱西干面店。开始是在老市区西南通旅行社斜对面的步道上摆设临时摊档，专营"芝麻干面"和饺子。由于经营得法，颇受欢迎。1945年抗战胜利后，卢姓店主便租下国平路1号楼下（现爱西干面店址）一间小铺面。后来，因为饺子的用料讲究，且制作时间长，为了得到更大利润，卢姓店主决定只经营干面，继续以"爱西饺面店"的店名经营"爱西干面"。新中国成立后，爱西饺面店收归集体所有，并入汕头饮食服务公司下的恒兴公司，由罗应义和林映钦负责经营。"爱西干面"在1997年被中国烹饪协会命名为"中华名小吃"。2002年，恒兴公司注册了商标"爱西"，但是公司经营困难，无能力加大投入。20世纪80年代末期，现任老板罗应义上山下乡回到汕头，因为父母从事食品行业，政府安排其到爱西干面店工作，并学习做面。后来，罗与林承包了爱西干面店，并一直经营下来，到现在已经有30多年。爱西干面店除了国平路的总店外，在华侨公园和金沙中路分别有一家分店。其中，海滨路的分店是1999年开的，已经有15年；金沙中路的分店也有五六年。

（五）老妈官粽球店

1920年，张强德与张良杰父子在汕头升平路头妈祖官附近摆摊卖粽，生意特好。当时妈祖官（老妈官）是汕头的闹市，人来人往，再加上张家的粽子独特，深受老百姓喜爱。张德强会做独特的"双烹粽"，每个粽子都有咸甜两种馅料，六边棱四个角，个头是一般粽子的3倍。

不过，张德强认为做粽卖粽太辛苦，不愿儿子继承，劝其学习嵌瓷，"把灰匙的功夫学上手，就不愁会饿死"。然而，张良杰拒绝了父亲，说"粽球细细会发家，灰匙利利只度生"，他认为生意虽小，但指不定哪一天就能发大财。父亲去世后，张良杰在老妈官对面新关街租了一间新店铺，横幅赫然写着"食定正知"，从此"老妈官粽球，食定正知"传遍街头巷里。

1955年通过公私合营，"老妈官粽球"归属于汕头饮食服务总公司，供给私人承包。现在店铺的部分房产归还给华侨业主，但还有100平方米的产权纷争。因旧城区改造，老妈官粽球店在2009年被列入小公园历史风貌片区拆迁改造范围。目前，"老妈官粽球"的"妈官"被台湾抢注，虽然已经有87年历史，但从此失去了注册商标的机会。

二、汕头老字号餐饮品牌定位问题

汕头的"老字号"没有装潢上的个性设计,也没有主动型的营销标语,更鲜有扩建或开设新店的。店主大多认为"酒香不怕巷子深",专心经营好手中的"酒",而不理会巷子外早已挤满了新的"酒"。实际上,店主还停留在计划经济的卖方市场,"你生产什么,他就买什么",殊不知,市场经济并不仅仅脱了"国字"号,更是迫切需要经营理念的改变。

实地调研和深度访谈的结果显示,汕头老字号餐饮品牌定位的根本问题在于经营者从自身的视角出发,受个人因素影响颇深,如"自身经历""个人技艺""身体状况"和"宗教信仰"。

表 2-1　5 家老字号餐饮店的品牌定位

| 店名 | 店主姓名 | 店主年龄及继承/承包时间 | 品牌定位 |
|---|---|---|---|
| 老牌无米粿甜汤粿品店 | 林绍伟 | 47 岁,23 岁继承 | 街边,原汁原味 |
| 榕香蚝烙店 | 蔡武乳 | 53 岁,23 岁继承 | 德行,积善 |
| 飘香小食店 | 郑陆辉 | 60 岁,37 岁承包 | 朴实无华,质在内里 |
| 爱西干面店 | 罗应义 | 50 岁,40 岁承包 | 正宗优质 |
| 老妈宫粽球店 | 张以民 | 46 岁,38 岁承包 | 食定正知 |

(一)店主自身经历

从表 2-1 可知,这些名小食店的店主几乎都是五六十年代生人。而处于这个特殊的年代,或者耳濡目染,或者亲身经历,跌跌撞撞后,他们更能以平和的心态面对现在的坎坷。因为如今的和平、安定就是恩赐的福气。经历过苦难时期的他们,深知一分一厘都来之不易,更珍惜如今的生活,也更勤勉地工作,毫无抱怨。

例如,飘香小食店的品牌定位是"朴实无华,质在内里",这与店主郑陆辉曾经上山下乡 8 年的艰苦岁月息息相关。经历了上山下乡、"文化大革命",郑陆辉切身体会到芸芸众生在国家大环境变化下的无奈与无助。因此,在生活和工作中,他都选择低调做人,以谦卑、谨慎的态度做事。飘香小食店里无论装修还是菜式,都朴实无华,而只有尝过的人才知道质在内里。

**文框1:郑陆辉访谈记录(1)**

> 郑陆辉:初中的时候下乡,到农民家里,同吃同住同劳动"三同"。我在一个茶场里务农,旁边50米的地方有个中山医学院五七干校,那里的院长曾经的工资是380块一个月,我当时,看着这个老头子赶着几头羊,怎么也不敢相信,他的身份是这么高的。
>
> 8年后,我上山下乡回来,工作没有着落,那是1980年。1982年的时候,我被分配到这个饮食服务公司下的飘香小食店。1989年承包了小食店。

(二)个人技艺

在老字号餐饮店里,店主常常是第一个厨师兼师傅,带领刚进来的员工,教他们制作小食的工艺。爱西干面店老板罗应义,每天5点半起来,到店里准备擀面、卤味、配汤佐料。三十年如一日,亲自主厨。自擀的鸡蛋面,是经过半小时的反复强力挤压撮合而成,富有弹性而又略带韧性。特制的卤汁、芝麻、沙茶酱、猪脒和葱花是拌面的绝佳搭配。客人来时,罗老板便将面条甩入开水中焯熟,沥干后入碗搅匀,叠上几片瘦卤肉,再盛上猪骨熬制的高汤,撒入鱼丸、肉丸、鲜蚝和香菜,总共不超过5分钟。看重厨师技艺和食材质量的罗老板,最得意的也是爱西干面"正宗优质"的品牌口碑。

**文框2:罗应义访谈记录**

> 访谈者:有很多传统的食品店好像都在走下坡路,爱西干面店怎样可以保持顾客盈门?
>
> 罗应义:一个问题,就是价位,中午的时候,我们的价位最高就是15块,最普通是10块钱。大家都可以接受这个价位。还有一个是操作,作为老板,我亲自主厨,几十年不变。对于原材料,对于面条,特别是夏天,如果质量不对,用手一抓,或者一看颜色不对,就知道不行。所以,质量也是要保证的。不能明知道质量不行还用。作为老板,我还是亲力亲为,实实在在地做好。现在市面上,很少老板亲历亲为,他们都在后面喝喝茶,吹空调,我不会这样。几十年来我就是这么做的。

(三)宗教信仰

在调查的5家传统小食店中,只有榕香蚝烙店店主蔡武乳有宗教信仰,但这一点在他成功经营的方面起着不可忽视的作用。2003年开始信仰佛教的蔡武乳,坚信佛心为重,佛是教人"做人"。佛教信仰不仅影响着他个人的性格,也反映在其经营管理上。从2005年开始,他大开慈善之门,每天中午11点布施饭菜给行乞者或者生活困难的人。从此为榕香蚝烙店定下了"德行,积善"的品牌定位。

**文框3:蔡武乳访谈记录(1)**

蔡武乳:有个朋友就跟我讲,说我像时钟,每天24小时不停地转,最后就会烧掉的。回到汕头后,每天早上就去中山公园,做运动,打太极拳。打太极拳之前要将眼睛闭上凝神,别人都可以闭上,但我却连30秒都闭不上。我自己琢磨,觉得这眼睛肯定是有问题的,要不怎么一直闭不上呢。这时候,我看到公园旁边一个70多岁的老人,眼睛闭了2个多小时,在那里打坐。我就很好奇地过去问他,觉得他居然认识我,他说:你整天太忙了,你要钱就不能闭上,不要钱就能闭上。后来琢磨挺久,觉得自己身体差,真是生不如死,钱不如命,后来每天就和老伯一起静坐。当时我拿着茶具,去与老伯喝茶聊天。我们两人都吸烟,我递一根烟给老伯,他不接,他说从来不收别人的东西,但是老伯一拿烟给我吸,我就接住,或许是那时候想和他靠近,学点秘诀吧。(笑)

访谈者:那老伯给你的影响,在你经营上面有什么反应或者说是改变呢?

蔡武乳:做人要讲道德和规则,否则,不光身体不好,连家庭也不好,还寿命短。跟老伯一起6年,道德就是命,佛经就是教做人的道理,佛是教人做好人,教所有的人走上正道。首先是"孝""忠""知足""吃亏"(用笔写在纸上)。在营业上,派饭也是受老伯启发。

访谈者:具体过程是怎样的呢?

蔡武乳:当时中山公园很热闹,老伯就说,"老蔡啊,我给你钱,现在天气正热,你就去做些防暑茶派给那些行人,你店里有东西泡暑茶,一个月给你600元,派3个月(一年中最热的3个月)"。我后来就去买了几个大桶,一共300元钱。就拿了老伯2100块(3个月+桶的钱),但我后来派了5个月的防暑茶。又过了一年,天气热了,老伯又提出给钱派凉茶的事情,但是我老婆说,我们有经济能力做这件事情,这也是做善事,况且老伯都70多岁的人了,我们现在比他年轻多了,更不应该让老伯出钱。从那时候起,我就开始自己派凉茶,用的全是自己的钱。

访谈者:您觉得这位老伯对您来说像什么?他对您的影响之类的。

蔡武乳:以前没有这样做是因为自己心里没有这个想法,当时或许更是自私自利了一点,而这个老伯对我来说就像一个"点明灯"一样,一下就把我给点醒了。

访谈者:那2005年的时候,你开始在店门口派饭也是因为受老伯的启发吗?为什么会想到派饭呢?

蔡武乳:那时候来店里有很多乞丐,他们过来讨饭。店里面每天又有很多剩下的东西,那些东西留到第二天给客人吃也不好,所以就把当天剩下的做成炒饭派发给了乞丐。最先是30份,一派发,一下就完了,后来逐渐增加到50份,还是不够,最后增加到现在的每天派发80份。

(四)身体状况

由于长年累月的工作,从做学徒到开店至今,5家店主平均工作了30年。加上规模小,忙时店主都要帮忙,再说,经历过苦日子的他们,怎么也闲不住,宁愿与员工一起工作。因生存在厨房高温、浓油烟的环境下近30年,店主蔡武乳曾两度病重,并落下了肺部、呼吸系统的慢性疾病。现年51岁的他称,身体已大不如前,而每当提到榕香蚝烙店的经营发展时,"身体不行啦""太累了"都是他认为阻碍他继续扩大经营的缘由。老牌无米粿甜汤粿品店店主林绍伟在39岁那年由于身体不好差点丢命。飘香小食店店主郑陆辉也感慨,"太寂寞、太辛苦,一年365天,没有休息过一天",从1989年来25年,每天5点半起床,不论刮风下雨,都赶来店里值上午班,员工在9点左右上班,因而在此之前,都是大老板一个人忙里忙外。

因此,在品牌定位方面,没有一家老字号将自己定位在行业第一的位置,店主早已被岁月的年轮压榨得喘不过气,已经没有傲立顶峰的气魄了。

**文框4:蔡武乳访谈记录(2)**

访谈者:身体不行了,是因为常年在厨房吗?

蔡武乳:是呀,油烟对身体很不好啊。

访谈者:您现在多少岁啦?当时身体是怎样的状况呢?

蔡武乳:53岁了。在厨房时间待久了之后,整个肺部、喉咙还有七孔(用手指耳朵、眼睛、鼻子、嘴巴)全部都不行了。我已经"死"过两次了,有一次医生说是"九成死"了。8年前,那时候身体差,还需要买氧气罩,呼吸很困难,呼不上来气。医生跟我说:你这病查起来很难查啊,即使你有100万,也不能治好这个病。在厨房里待的时间绝对不能超过30年,油烟太重了。走在马路上一闻到汽车尾气就头痛。

访谈者:但如今看来,您还是坚持下来了?

蔡武乳:没办法坚持,后来我放弃了。当时刚刚在公园头那边,我放弃回家(揭阳)了。在那个时候,我早上6点起来就在老家的水库那里睡觉,因为有熟人在那,管理水库的,跟他聊天,还在那边吃饭、睡觉。渐渐地就觉得身体开始好起来了,因为水库的树木多,空气又清新,一天一天身体就开始好了,差不多有一年了。

三、汕头老字号餐饮品牌营销活动设计问题

除了品牌定位,"老字号"品牌店的推广主要靠外界驱动,而店主鲜有主动推介。

(一)老牌无米粿甜汤粿品店

老板称顾客都是吃惯的,不用宣传自己都过来。有时候是外地人来汕头旅游,他们的朋友就会带他们过来这里吃,好吃下次再过来。因为经营时间长,附近的人都知道,时不时就光顾。也有很大部分人是专程开车从澄海、揭阳、潮阳等地方过来喝甜汤、吃无米粿的,这些是因为原来来过,喜欢,再专程带一家大小光顾。宣传主要靠朋友间的口口相传。

一些媒体栏目,如汕头"美食潮""今日视线",广州珠江台,香港本港台都曾对老牌无米粿甜汤粿品店进行采访,但林老板表示不会特别注重媒体宣传,反而有些不愿。因为来这里的顾客都是平常知道老牌无米粿甜汤粿品店过来光顾的,不是靠媒体宣传力;宣传出去后,突然来的人多了,店里也做不过来。

（二）榕香蚝烙店

于 2003 年开始信仰佛教的蔡武乳,坚信佛心为重,佛是教人"做人"。2005 年,老板蔡武乳大开慈善之门,每天中午 11 点布施饭菜给行乞者或者生活困难的人。此举一发,便引来《大华网》《汕头青年日报》等媒体的报道。他说这是受佛的教化,在做一件善事。这一善举也提高了该店的知名度和整体形象,为人追捧,生意兴隆。

（三）飘香小食店

店主郑陆辉几年前曾经为飘香小食店做过一次宣传,但是效果并不好。现在主要靠熟客带动,没有主动的宣传方案。最近几年,他没有再主动做过宣传,一直都是媒体免费给飘香小食店拍片、写新闻稿。很久以前就有媒体介绍了,香港、潮州、广州、新加坡的媒体都会来飘香小食店拍片子,而这些都是免费的。近几年媒体报道多了很多,通过媒体的报道,搬到新城区的老市民知道飘香小食店没有关闭,有空都会回来吃小食,于是飘香小食店的客流量逐渐增多,从 2007 年开始,生意逐渐好起来,飘香小食店一时间成为传承潮汕美食的最佳窗口。

（四）爱西干面店

老板罗应义一直不热衷品牌宣传,他觉得爱西干面店卖的就是名牌,更应该致力于产品的质量,秉承传统,追求真材实料。现在该店在当地已有口皆碑了,宣传的作用也微乎其微。

曾经香港本港台过来拍摄,但由于对方没有打招呼、不讲礼貌,直接与汕头电视台联系就过来拍摄,基于做事讲原则、有规矩的老板对此不予理睬。平时,就算顾客经过,店主也不会刻意叫顾客来吃,老板表示顾客喜欢就来。每一年汕头美食节,爱西干面店都不去,因为老板觉得在那里做质量得不到保证,同时,在美食节的时候抬高价位对口碑不好。此外,他一般也不会和旅行店打招呼。老板对自己的干面很有信心,也就是因为这份信心,使得干面的质量有所保障。

（五）老妈宫粽球店

最早,张强德和张良杰父子在妈祖宫附近摆摊吆喝"粽球嗳",吸引街坊邻居的光顾。后来被归为集体所有后,再没有主动公开的广告和宣传,但是"食定正知"的美谈早已传遍了汕头。在汕头人心中,老妈宫粽球不仅有用料上乘的粽子,还有这句潮汕俗语"老妈宫粽球——食定正知",原意是"打开竹叶吃粽子,越吃越有好味道,吃罢又饱又回味无穷"。

据店主介绍,虽然没有主动打广告,但是时而总会有媒体上门采访。因为获奖众多,汕头电视台、汕头日报社、香港本港台都慕名来报道过。不过店主并不打算依赖媒体宣传,他认为做好粽球才是硬道理。到了端午节,由于人手不够,供不应求,老妈宫规定每位顾客每次限购 5 个粽球,若要多买,得重复排队。

四、汕头老字号餐饮品牌绩效考核问题

员工的工资待遇最主要与其职位以及工龄长短有关。例如在榕香蚝烙店中,其经理与门口帮人看车的工资的不同,最重要是取决于其所在职位。在飘香小食店,工龄长短,也被作为决定是否给员工加薪的因素之一。

**文框5:郑陆辉访谈记录(2)**

> 郑陆辉:如果在飘香小食店工作比较久的,他们的工资会慢慢提升,最高就1600左右。员工之间的工资相差不多,就一两百的差别。不过老师傅的工资比其他人会高点。节假日时,我们的员工是拿双份工资的,即干一天活,拿两天的工资。另外,还会有年终奖金,1000 到 2000 之间。

员工工资待遇整体的改变与店内决策者有着不可分割的关系。例如榕香蚝烙店,老板因自身经历以及宗教信仰等原因,改变了其个人思想观念。而这一切反映在店内的经营管理上则为:员工的待遇开始提升,厨房内增设了抽油烟机,休息时间加长等。

**文框6:陈辉访谈记录**

> 访谈者:您对老板感觉怎样? 他对你们有什么改变吗?
> 陈辉:老板脾气变好了很多,开始关心员工了,老板以前脾气很暴躁的,总是骂人。但是现在他都会给我们一些帮助,比如我们谁有困难,需要资金啊什么的,老板都会帮助我们。除了我们去找他,看我们有什么不对劲,他都会主动来关心我们,问我们发生了什么事情之类的。

> 访谈者：那老板脾气变好了之后，有给你们加薪水吗？
>
> 陈辉：有啊，像休息日，国庆节，那些节日啊，都会加薪水。
>
> 访谈者：是双倍薪？
>
> 陈辉：是呀，休息日就是付给我们双倍薪水这样子。

选取的 5 家"老字号"食品店铺中，主要分为两种资本结构：国有企业、私营企业。国有企业以老妈宫粽球、飘香小食店为代表，私营企业则以榕香蚝烙店为代表。国有企业会给予员工一定的补贴，比如随着物价的上涨，国有企业编制下的员工，其工资必定是有一定涨幅的，而私营企业员工福利待遇则在此方面稍显劣势。

**学习思考题**

1. 市场营销学以及公共关系学是如何发展起来的？

2. 在市场营销领域，人类学在哪些方面做出了贡献？

3. 人类学在市场营销领域的应用具体路径有哪些？

4. 社会营销组合有哪些因素以及如何从人类学的角度来理解社会营销组合的发展？

5. 通过对本章案例的学习，你有哪些收获？ 我们应当如何从人类学的角度来理解和分析本章案例？

# 第三章　民族志与市场营销研究

**本章摘要**　人类学在长期发展中形成了一套独特研究方法,即民族志田野调查研究方法,其研究范式还在发展成熟中。民族志以参与观察、深入访谈为主体研究方法,强调在自然状态下观察人类行为,分析人类学行为与其所处社会环境及文化体系的关系。将民族志的研究方法应用于工商世界便成为工商民族志,而在市场营销中应用民族志的方法,将能够大大地提升企业的业绩,是一种极其有效的增强营销绩效的方法。本章阐述民族志与扎根理论的框架、特点、发展历程、局限性等内容,讨论定性研究方法的价值及理论贡献,重点讨论民族志在工商世界的应用性问题,讨论民族志研究在企业文化或组织行为、消费者行为、民族、地区、国际性差异中的应用及意义。

### 学习目标

1. 学习和掌握民族志和扎根理论的发展历程、理论框架及局限性。
2. 学习和了解民族志研究方法的优势及作用。
3. 学习和了解民族志研究需要迫切解决的问题及争议。
4. 学习和了解民族志在工商界的应用领域。

## 引　言

虽然人类学家在工商界做出了重大的贡献,但是在商业实践中,人类学尚未达到其应有的应用水平。人类学的研究领域与"定性研究方法"有着紧密的联系,从而将主观和人文主义的研究方法及定量统计的"科学"研究方法区分开来。所谓主观，是指研究者对某社会现象做出直觉上的分析判断，即便在评价观察到的现象时有更多的客观信息供参考。人文主义本是伴随着欧洲启蒙主义产生的概念，人文主义认为人类与非人类动物是完全不同的，因为人类具有更为丰富复杂的社会文化环境。因此在很多情况下，对人类的分析需要以其自身条件和相处环境为基础，不能拘泥于仅仅运用某种由自然科学所得出的广义方法而进行分析判断。传统人文主义[①]范畴内的人种、性别和各类偏见，会随着人类品质的提高而不复存在。吉尔伯特·霍托伊斯（Gilbert Hottois）[②]认为，过去的人文主义比较关注象征性进步，却忽略了物质技术的重要性。

有的科学家在做探索性研究时，也会接受定性的研究方法，但也有些科学研究者认为定性研究具有不稳定性和主观性，存在致命缺陷，倾向于放弃质性研究。但大量的研究结果表明，与传统的科学方法相比，定性研究方法是一种不同的等价选择，且这种研究方法可随环境的变动而灵活运用。民族志是人类学独一无二的研究方法，是人类学的品牌。同时民族志也是一种写作文本，运用田野工作来对人类社会进行描述研究，强调在自然环境中观察人们的行为与互动；换言之，强调研究人员在不干涉研究对象的情况下进行自己的研究[③]。

## 第一节 民族志与扎根理论

人类学是对人研究的一门行为与社会科学，它与以社会本质理论为研究内容的社会学并不相悖。人类学家在做研究时，并没有固定的研究范式，例如乔治·彼得·穆道克[④]（George Peter Murdock）和拉乌尔·纳罗尔[⑤]（Raoul

---

①邱仁宗，李念.“跨人文”“后人文”是对人文主义的丰富吗？——访邱仁宗院士[J].哲学分析，2016(2):152—161.

②Hottois G. Ethique et technoscience: entre humanisme et évolutionnisme[M]. Paris: Librarie Philosophique J. Vrin,1987:56-120.

③蒋颖荣.民族伦理学研究的人类学视野:以哈尼族为中心的道德民族志[M].北京:人民出版社，2015:66—91.

④Murdock G P. Ethnographic atlas: a summary[J]. Ethnology, 1967(2): 109-236.

⑤Naroll R. Data quality control[J]. African Studies Review, 1965(2): 19-23.

Narroll)采用正规的统计学方法,也有人类学家采用人文主义和主观分析的方法①。

　　田野工作是人类学最为闻名也是最为经典的研究方法,它要求研究者与研究主体及其所处的社会环境接触足够长的时间,通过直接观察、深入访谈、问卷调查等参与方式获取第一手的研究资料②。在某个社会环境里,研究者以真实的和不加掩饰的姿态与研究对象进行交流,与研究对象融为一体,从而获得人们的信仰、价值和恐惧等等直觉上的理解③。但是,信奉严谨科学主义的研究者认为定性的和主观性的人类学田野工作是有缺陷的。因此,他们指出,研究者和研究对象在田野工作中的关系过于密切且研究者过于将自身投入到研究环境中,如果研究者过度影响被调查者,那么收集的证据就不是人们正常行为的真实写照,会导致产生一个不真实的研究结果。他们进一步指出,调查者必须意识到并通过使用正式的、系统的和可复制的调查策略,减少由于研究者自身观念所引起的偏见和扭曲,加强并维持调查的严格性④。

　　民族志作为一种定性研究方法,既是一种科学也是一门艺术,既是一种研究方法也是一种写作文本。它将结构性的研究目标和研究者直觉有机组合,并与具有创造性的其他研究方法联合在一起。民族志研究的过程并不复杂但却需要一定的时间。在民族志研究中还必须遵守职业道德,保护研究对象的利益。民族志不能简单地被归类为某一特定类型的单一方法或技术手段⑤。实质上,它是一门以文化的角度来区分确定组织概念的研究学科,用观察和访谈相组合的方式,用手记录人们的行为动态。首先,民族志需要研究者进入到其受访者的自然生活世界——即在他们身处家中时、在他们购物时、在他们休闲时以及在他们工作所在地时的自然状态。研究者在这个世界里必须参与到

---

①Weiss R. Humanism in England during the fifteenth century[M]. London:Blackwell,1957:39-68.

②吴婷婷.田野调查方法在少数民族艺术史研究中的实践[J].中国民族博览,2016(2):5—6.

③Erikson,Paul A. and Liam D. Murphy. A History of Anthropological Theory[M]. Ontario:Broadview Press,2003:46-120.

④Seale,Clive,Giamprietro Gobo,Jaber F. Gubrium,and David Silverman. Qualitative Research Practice[M]. Thousand Oaks,California:Sage Publications,Inc,2004.

⑤彭兆荣.民族志视野中"真实性"的多种样态[J].中国社会科学,2006(2):125—138.

受访者的日常生活之中,了解产品实在的使用情况①。

## 一、民族志的优势

无论现场的、观察的、自然的,还是情景的研究,民族志方法都能够让市场营销人员去钻研人们对产品的真实使用情况、接受服务的情况以及获取利益的场景和情形。从焦点小组的形式出发到民族志,就像从黑白到达彩色:对气味、质地、味道、热度、声音、运动和肌肉张弛的直接接触,等等,都对产品的强化理解起到一定的刺激作用②。如果研究目的是了解客户的购货模式,民族志研究者可以持续地跟随着顾客在超市和百货公司进行调查;如果需要了解家用清洁的模式和产品,民族志研究者可以嗅屋子周围的空气等来确切地观察到产品性能的成功或失败。

民族志不是发生在实验室中而是在真实世界中。因此,相对其他研究方式所能提供的研究成果,民族志能够让客户或从业者从观察到的顾客满足和挫折的纪录性描述中受益更多,这些描述不仅包含更细致入微的差异也具有整体感。在实验室里对消费者进行研究,比如,电话银行、焦点小组工作室和其他类似的试验场所,不能全方位捕获人类行为。相反,自然的民族志研究方法却可以洞悉消费者行为、语言、迷失和渴望,将其洞见深化和升华,以满足决策者或品牌策划人所提出的需求和最艰难的挑战。

焦点小组主要用来评估同组伙伴的影响力以及产生逼真的有关品牌的描述③,可用来分析和描述朋友和熟人之间有效的人际间影响力度。例如,研究者乐于见到所有参与者受一些怀疑性的挑战影响而动摇,这是一个占主导地位的应答者影响他人的结果。富有经验的定性的研究者会认为,易变的应答者可以因为一个概念潜在的弱点而轻易抛弃它。民族志作为组织原则理解人类行为的有效性取决于文化的概念,民族志的主要任务不仅仅是观察,而且是去解码人类经历。从随意性的观察向行为背后的潜在意义出发,去理解人们的感受和意图,减少对决策过程的逻辑暗示,并且文化概念为这一类分析提供了基础。

①周相卿,史伟灿.洛香村侗族习惯法田野调查民族志[J].甘肃政法学院学报,2016(2):38—46.

②〔美〕诺曼.K.邓津.经验资料收集与分析的方法[M].重庆:重庆大学出版社,2012:234.

③王玲.定性研究方法之焦点小组简析[J].戏剧之家,2016(13):258—259.

## 二、民族志研究观察中的目标与理念

民族志作为一种定性分析,既是一种科学,更是一种艺术。它将有规划、有结构的调研有机地结合在一起,并且通过结合人类的直觉与一些创新的研究工具来达到研究者所期望的研究目的。其成功与否关键在于,研究者能否纯熟地运用各种方式去揭开事物的真面貌,并且是否拥有足够好的交际能力,使其能够与被研究者快速建立一种互相信赖的亲密关系。

开展民族志研究,关键在于确立下面的几点理念与目标①:

1. 深层研究消费者的目的。民族志研究者通过表面的现象与浅层的观察,去探究事物深层次的实质与意义。简单的数据记录固然很重要,但是研究者真正的目标在于获得深层次的信息。研究者的目标,是通过解密被研究者的行为,为市场营销人员或企业提供建议,便于精准地满足消费者的需要,实现与消费者更加有效的沟通。拥有培养挖掘新想法、新思路和新流程的能力,通过多种线上线下渠道,并将数字化目标和指标与商业目标形成关联,才能让组织与个体客户建立联系。一旦企业与客户的连接手段到位,就能够创造出成为拥护者的终生客户②。

2. 学会从消费者的角度分析问题。研究者在观察被研究者的行为时,要学习如何去质疑自身对事物的偏见与偏好。只有研究者清楚地了解了消费者对新产品的期望,他们生产的新产品才会得到消费者的偏爱,才能在市场竞争中获得优势。

3. 学会求同存异。研究者要不断寻找不同的观点去挑战自己本来的观点,偏见越少,研究得出的效果就越好。

4. 懂得开拓新的研究领域。因为民族志研究者寻找的是事物的机理与本质,这就需要他们在同样的环境内比较不同产品的种类与功能。比如,了解清楚咖啡的用法,有助于研究普通的早餐饮料随年代变化的变化。民族志研究者通过追寻事情发生的时间、地点、原因,有助于了解消费者做出选择时的变化和弹性。开拓新的研究领域,包括新产品的信息、用法的介绍等。

①王平.两类基层社会服务 NGO 的组织社会资本研究——基于组织民族志的发现[J].社会学, 2011(2):12—22.

②〔美〕彼得森(Petersen, L.B.),〔美〕泊森(Person),等. 社群精准营销:极致客户体验创造无价口碑[M].北京:人民邮电出版社, 2016:25—63.

5. 探究被研究者在特定行为背后所表现出的心理活动变化。人们对某种产品的反应,源自于他们理性的或者非理性的需要。民族志研究者需要通过观察被研究者的肢体语言与话语的更深层次含义,来了解行为背后的心理活动本质。在描述被研究者态度与行为时,记录越多的相关细节越好。这需要研究者纵观被研究者行为与动机的整个过程。例如,工人在洗衣店里,不仅仅只是将衣服放进洗衣机。他们对衣服的分类,对衣服的预先处理,对特殊衣服的保护,等等,都是研究者在洗衣店里能够观察到的其他行为。因此,了解清楚事物的整个过程能够为研究者了解消费者的期望与其被满足的要求提供许多帮助。

与此同时不要假设自己知道一个研究范畴内的全部东西。民族志研究者对待每次的研究都应该把它们当做一次自己学习新知识、新观点、新方法的机会。他们应该经常质疑自己的假设,质疑自己觉得理所当然的事物与现象。研究者要有灵活运用各种研究方法的能力。民族志学家在选择研究方法和研究工具的种类时,应该根据产品的种类和消费者偏好的统计数据来决定。

6. 对具体的社会文化环境,尤其是企业目标受众所处的环境进行描述。这个目标的价值在于民族志能够对被研究群体所处的环境做出详细的描述,而这些信息对于企业了解受众的决策、生活方式及收入分配都是极为关键的。换言之,民族志描绘了被研究群体所处的环境并以此帮助组织做出决策:何时、何地以及如何应对这一群体[①]。同样,了解企业作为一个小社会在某些具体方面的表现,即企业文化,也是非常重要的。以上所提启示我们以更创新且融入其中的方式沟通、接触被研究群体;同时采取的战略不仅要与顾客真实且具有代表性的需求和渴望相匹配,还需要根据真实生活的动态变化调整。

7. 识别需求、需要、生活方式和渴望。如果我们了解被研究群体如何感知现实以及他们的渴望、动机和期望,这不仅能够改善在某一问题上对该群体的应对,还能了解到他们沟通的方式。这一认识将会使得企业与被研究群体的沟通更有效且更高效。如果我们了解到目标群体的立场以及期望,而不仅仅是从市场营销者和人力资源经理的角度看待问题,那么我们就能以更合适、更

---

①彭兆荣,葛荣玲. 遗事物语:民族志对物的研究范式[J]. 厦门大学学报(哲学社会科学版),2009(2):58—65.

严密的方式聚焦战略。

**三、扎根理论综述**

民族志研究的有效性可以通过对扎根理论的应用而得以加强。扎根理论是运用系统化的程序,针对某一现象来发展并归纳式地引导出理论的一种定性研究方法。作为一种研究方法,扎根理论[①]在一个周期循环的过程中,对于收集数据、分析和文献综述等研究来说,是一种开放的、反射性的方法。相比其他定性研究,扎根理论在三个方面存在差异[②]:大多时候需要研究员遵循系统性的、分析性的程序,即使访谈语录、观察和书面文件的主题分析等其他定性研究方法和扎根理论有些相似,但是扎根理论在数据的收集和分析上比其他定性研究方法的结构性更强;避免被已经存在的理论影响,专注于获取新发现和新知识;研究员瞄准的不只是描述,还需要概念化,善于总结和发展理论知识。因此,扎根理论的特点在于从数据和资料整合出战略和研究[③]。仅仅建立在数据资料的基础上,不按照扎根理论的步骤运行得出的研究成果,都不能称之为扎根理论。

**四、扎根理论发展的过程**

扎根理论方法目的在于建立新理论,聚焦于把个人和集体的事件按顺序排好,指引我们按照程序进行研究,能很好地按时间顺序把行为和活动的来龙去脉展现出来。即扎根理论研究具有能够深入事物本身进而得出事情是怎么发生的能力。比如:一个广告活动是怎么展开的,或者随着时间的发展,内部改变是怎么有效地得到理解的,又或者不好的网络沟通是怎么冲击公司的名誉的,等等,都可以用扎根理论来解释。扎根理论可以应用于任何研究领域,尤其适用致力于探索基于消费者或者员工的理论和构想以及一些现有现象和特征很少的情形,或者在熟悉的情境中需要运用新的方法。典型的扎根理论

---

①吴毅,吴刚,马颂歌.扎根理论的起源、流派与应用方法述评——基于工作场所学习的案例分析[J].远程教育杂志,2016(3):32—41.

②Anderson R, Guerreiro M, Smith J. Are All Biases Bad? Collaborative Grounded Theory in Developmental Evaluation of Education Policy[J]. Journal of MultiDisciplinary Evaluation, 2016(27):44-57.

③Armitage S, Swallow V, Kolehmainen N. Ingredients and change processes in occupational therapy for children: a grounded theory study[J]. Scandinavian Journal of Occupational Therapy, 2016(3):1-6.

办法是研究者在探索理论的同时,去分析所收集到的数据①,从数据比较中获得应急观点和其他研究者的研究成果,从而通过收集新的数据和整合新的观点,来修改和创建自己的理论。

扎根理论是在19世纪60年代由社会学家巴尼·格拉泽(Barney Glaser)和安塞尔·施特劳斯(Ansel Strauss)首先提出的。他们认为,将扎根理论成功应用的前提,是方式的灵活性以及开阔的胸怀。扎根理论的过程是对数据编译分析的过程,而不是情况的记录和报告过程,即通过研究理论之间的关系,掌握蕴藏在其中的方法模式并且运用到将要产生的理论或者想法之中。之后施特劳斯希望能创造出扎根理论的方法步骤,而格拉泽拒绝修改原来的观点,两者之间产生了分歧。因此,产生了两种形式的扎根理论。在与管理和沟通相关联的研究中,施特劳斯的办法更受欢迎。

传统的和非正式的扎根理论是想法的象征式互动。象征式互动论②专注于人之间的互动,即了解个人是怎么理解其他人的动作和语言的,人们是怎样定义他们自己的行为和想法的以及当和别人沟通交流时是怎么认识对方的。扎根理论的理论性和方法性可以反映在对世界属性的象征互动预设及相关的产品实践中③。

**五、扎根理论数据收集**

当我们在收集和分析数据的时候,可以通过阅读以及经验培养自己的理论触觉来发现相关而重要的理论。开放性的心态对筛选数据十分重要,但是专业性和个人的经验也十分有用。在管理数据的时候,我们发现,思考新的想法和询问新的问题可以使我们的逻辑性触觉慢慢发展,扎根理论所得出的理论和数据必须相关联。

传统意义上的数据收集是一种观察事件。因此,一般收集数据是通过观察记录、日记和其他像信件和报纸等方式来完成的④。然而,在很多临时的研

①贾旭东,衡量.基于经典扎根理论的虚拟企业实体化动因研究[J].科技进步与对策,2016 (3):89—95.

②〔美〕瓦尔纳,孙汇琪.象征互动论简介[J].国外社会科学文摘,1985(7):45—55.

③〔美〕特纳,潘大渭.象征互动论的"理论"结构问题[J].国外社会科学文摘,1987(8):34—37.

④张银普,骆南峰,石伟.经验取样法——一种收集"真实"数据的新方法[J].心理科学进展,2016(2):305—316.

究中,运用基于参与者观点的访谈方法的研究更多,访谈法的运用本质上是扎根理论调整之后的应用。

数据收集和数据分析是研究的必要元素。对于纷繁复杂、处处充满数据的当今社会,切实把握数据,拥有数据收集、整理与分析的本领,是大数据时代对现代公民的基本要求[①]。从最初的访谈或者观察收集数据时,我们从新的想法中获得线索来发展我们的访谈和观察。与此相同,除非研究过程最终变为理论,否则数据的收集不会停止,并且更加具有针对性和特殊性。

### 六、扎根理论数据来源

产生扎根理论的数据可以是一手数据也可以二手数据。二手数据包括公司和产业文件和文献[②]。在某些情况下,研究者将其自身的经验或者职位的经历作为数据源头。观察或访谈时产生的想法和观点,为最终报告提供了有价值的数据来源和理论主旨。当任何新的数据已经不能提供新的信息了,研究已经达到了"理论饱和"。此时,应该停止收集和整理新的概念和类别,这就意味着任何后来的数据都可以在之前的研究中找到分类,我们不需要提供更多的类别或者重新建立已经存在的类别。

很多研究者发现了扎根理论构建的局限和问题,它的构建过程太过复杂[③],很难去操作,除了"一个宽松,不死板,不特殊的样式"。例如,在理论抽样方面,研究员经常在开始收集数据之前就进行抽样,忘记了"扎根理论中的抽样是以理论为基础的"。很多研究者虽然会生产很好的类别和有趣的故事,但是经常忽略进行的社会步骤,或者他们没有衍生出抽象的概念。扎根理论的目的是发展新的理论或者修改现存的理论[④],即它是提供解释或者去概念化的,而不是描述。通过描述参与者去产生一个"扎根"理论不具有权威性。

发展扎根理论所必需的理论触觉,需要研究者从自身的生活经历、培训和

①许文虎, 宋富宽, 许自翔, 等. 大数据背景下金融业增加值核算方法的应用与研究[J]. 华北金融, 2016(4):33—36.
②Linkewich E, Cheung D, Willems J, et al.Improving Stroke Rehabilitation Intensity Data Collection: Collaborative Implementation of a Quality Assurance Framework[J]. Stroke, 2016(47):417-417.
③Hense C, McFerran K S. Toward a Critical Grounded Theory[J]. Qualitative Research Journal, 2016(4):1-27.
④张燚,刘进平,张锐,等.中国人国货意识淡漠的影响因素模型及其引导策略——基于扎根理论的探索性研究[J].兰州学刊,2016(5):181—195.

特殊学校里获得知识。但是不同研究者的兴趣点不同,这会导致意见的相左,也是实施扎根理论最困难的问题之一。虽然扎根理论适合于研究公共关系和市场沟通[1],但是其步骤的繁杂使很多研究者只是采用了扎根理论方法简单的原则和步骤。例如,分类和编码的几个步骤被浓缩了,或者在数据收集之前就开始抽样了。从这种数据发展出来扎根理论,只能算是具有扎根理论的特点,而不是一个成熟的扎根理论。

## 第二节　民族志的功能与作用

人类学家都擅长进行民族志研究,因为正是民族志使得他们的研究与其他定性的市场研究相区别。民族志对文化、社区、工商组织的理解是通过多种资料紧密联系而发展起来的。民族志研究者通常会根据对一个文化框架的分析而完成研究任务,参与式观察和深入访谈,就是获取这些基本资料的主要途径。这种研究路径解释了民族志研究者的双重身份:为了得到在特定情况下关于事情发展的真实理解,调查者必须是调查组织中的参与者,同时要保持作为一名观察者的距离,用客观现实去描述观察到的内容。

将民族志研究引用到市场营销调查研究,就是我们所要讨论的市场营销民族志,而市场营销民族志研究及其发展,对市场营销的实践有积极的指导作用,充分体现出人类学在市场研究中的功能。对许多人类学家而言,民族志是其进行市场研究的唯一有效途径,且民族志更具弹性和多元性,因此,工商人类学家理应充分利用民族志专业知识,在市场营销领域做出贡献。

### 一、有利于文化的透视

吉尔特·霍夫斯泰德(Geert Hofstede)对文化的定义[2]包括两个要义:一是对思想的提炼,包括教育、艺术和文学;二是对社会成员思维、情感和行为模式的概括。后者侧重于社会成员价值观层面,也是霍夫斯泰德文化维度模型中所采取的概念。詹姆斯·斯普拉德利(James P. Spradley)将文化定义为"人

---

①Barsalou L W. On staying grounded and avoiding quixotic dead ends[J]. Psychonomic bulletin & review, 2016(4):1122-1142.

②〔荷兰〕吉尔特·霍夫斯泰德,格特扬霍夫斯泰德.文化与组织:心理软件的力量(第二版)李原,孙健敏译.[M].北京:中国人民大学出版社.2010:68—130.

们用来口译经历和生成社会行为的、后天已获得的知识"①。爱德华·T.霍尔（Edward T.Hall）②认为文化隐藏的比显露的多，是大脑运营感受、感觉和情绪的基础核心，比想象的要深得多。1997年，我国著名社会学家和人类学家费孝通先生，首次提出"文化自觉"概念，引起了学术界和社会各界的广泛关注③。格兰特·麦克拉肯（Grant Mccracken）④将文化视为"想法、情感和组成消费者生活的体干"，并且提出，当企业忽视文化的时候，其组织将处于市场中的危险境地。

当下，虽然很多市场管理者已经接受了民族志研究方法，但他们并不能从民族志观察的观点来认识文化的影响，也就是不能理解文化能够促进新产品的发展和提高广告效应。因此，必须对他们进行必要的培训，使其理解文化具有回报性的市场资产价值。文化作为一种分析结构，能够合理地应用于民族志研究中。消费者购买态度、行为与文化之间的关系，能够以他们在领域中发现的更可能相同的方式进行。文化的含义是丰富的，通常没有好的方式去解释任何一样特定的文化行为。任何特定的文化规范准则都是无形的并且很难去清晰表述。

不同社会的成员对同一文化的感受是不一样的。美国和其他西方人有种族中心主义的倾向，将自己的文化视作唯一正常和自然的行为方式。此时，研究者们需要理解文化的自然属性和它在人类事态中扮演的角色，来超越自身的文化。虽然人类对文化的包容吸收能力是与生命过程和状态有关的，但文化的内容不是天生固有的，经常被作为一系列关于终身经历的深层次原则来学习⑤。除此之外，多种多样的文化元素是相互关联的并且整体大于部分的总和，改变文化的某一碎片对整体都会有牵涉。文化还可作为对一个群体生活

①Spradley J P. Culture and cognition：Rules, maps, and plans[M]. California：Waveland Pr Inc, 1972：86-92.

②Hall E T. Beyond culture[M]. NY：Anchor, 1989：77-138.

③周艳红,刘仓.从费孝通的"文化自觉"到习近平的"文化自信"[J]. 广西社会科学, 2016(9)：193—197.

④McCracken G. Culture and consumption：A theoretical account of the structure and movement of the cultural meaning of consumer goods[J]. Journal of consumer research, 1986(1)：71-84.

⑤孟繁怡,傅慧芬.中国品牌利用文化元素改善外国消费者品牌态度的路径研究[J]. 外国经济与管理, 2016(4)：49—62.

方式的有意识或无意识的蓝图来分享,它规约着族群界限并表述他们特殊的感受。

文化是任何群组集合性记忆的资源,它提供了一个意识觉悟的基础①。在文化学习中,人们看重的价值、聚合性的自我意识和渴望变得根深蒂固。文化在产品选择、使用和抵抗之中扮演了一个重要的角色。同样,人类能够连续不间断地学习和适应,对情况以及潜在意义、期望、符号体系等做出反应。文化变迁是亘古不变的人类社会经历,只有对其深入学习,才能预见其出现的可能概率、方向或变迁的潜质性。

文化因素的独立性②可以改变人类行为,而不会因此付出很大的代价。例如,将勇士文化中的物质要素,即武器从长矛升级为枪支时,如无对这种由于文化要素变迁可能造成的杀害事件加以控制的手段,就会形成一个趋向大屠杀发展的病态的态势。作为文化要素的语言,则是定位、协商、沟通和明确表示文化价值的媒介③。因此,我们用来描述行为和信仰的词语,绝非独立于文化工具而存在。在全球市场中,对产品特征和利益相关联问题的沟通,并非简单的翻译,而是应该在其语言体系中植入文化基础④。正因为如此,民族志研究恰恰可以帮助市场营销人员更好地理解消费者在购买和使用商品时的情绪和意图。

**二、降低语言作为意义基础的无效性**

在特定的社会环境中,语言是基于声音、象形、词语和表述方式的体系,用来分享组织内在的经历以及与他人共有的信息。即便其他动物也会通过复杂的方式来交流,例如,通过彼此发出的声音或气味来传达信号,但人类复杂的语言系统是独特的,因为语言对分享见解的程度有深远的影响。沃尔夫·克

---

①Matsumoto D, Juang L. Culture and psychology[M]. Toronto:Nelson Education, 2016:230.

②何灿群,李娇,唐晓敏,等.基于文化特征的无锡个性化旅游产品设计研究[J].包装工程,2016(10):118—121.

③石琳.传统汉语言文化的当代语境与现代传承——兼议语言文化类节目的文化价值[J].社会科学家,2016(6):156—160.

④陈岗.杭州西湖文化景观的语言符号叙事——基于景区营销、文化传播与旅游体验文本的比较研究[J].杭州师范大学学报(社会科学版),2015(2):121—127.

里斯丁(Wolff Christian)语言学假说告诉我们[1],实际上,我们的思考范围划定了我们所能看到事物的界限。而我们的思考范围又被文化模式划定了界限[2]。例如,虽然英语中只有少量的词语可以用于描述雪,但因纽特人的语言有一个广而丰富的词汇量形容雪,因为降雪是他们日常生活经历的一个更大组成部分。值得注意的是,全部用来创造深刻见解的风俗方式,都被文化约定。因此,因纽特人可以用超出一个美国人自身感知限制的方式,来经历和表述雪的变化与类型[3]。

虽然我们不应夸大有关语言机械力量的因素,但仅仅用初期就铭记于脑海之中的词语,是不能完成沟通交流过程的。在日常生活中,我们大多数人并不能很好地使用词语,我们日常表述的词汇量与文学专家和诗人们相差甚远。此外,沟通不能脱离解析的过程来理解。人类的关注点具有高度选择性和确定性,我们习惯于区分词语和经历,且通常用与希望和预设一致的方式来看待世界。在市场营销实践中,广告客户对语言都十分敏感,而经验则令消费者难以自动且无意识地相信厂家为其产品设计出来的广告用语,因此,市场营销沟通,必须以富有意义和可信度为基础。

人类通过使用非语言沟通的文化基础模式,来对词语系统的限制性做出不同程度的弥补,明确有力地表达很多语言难以表述的隐含意义[4]。因此,在对人类行为的解码中,非语言沟通对理解消费者通过面部表情以及身体姿态等表现出的心理活动,具有决定性意义。同时,营销者和广告商也深切地意识到,在与消费者沟通方面,商标图像比标语和产品说明更加有效。颜色、字形、设计、包装、认可支持的名人和方式习惯、相互作用以及对一个广告中角色的态度等,都可能加大受众的接受程度。

民族志研究者更关注语言表面之下的深刻含义和价值。在面对面访谈的情况下,民族志研究者会充分捕获语言表达和非语言交流元素之间的空隙,推

---

①Schroger E, Wolff C. Behavioral and electrophysiological effects of task-irrelevant sound change: A new distraction paradigm[J]. Cognitive Brain Research, 1998(1): 71-87.

②王凡. 透过《菊与刀》看露丝·本尼迪克特的文化模式理论[J]. 长治学院学报, 2015(4): 30—33.

③田广. 工商人类学与文化差异管理[J]. 青海民族研究, 2013(3): 1—9.

④Burgoon J K, Guerrero L K, Floyd K. Nonverbal communication[M]. London: Routledge, 2016: 56-78.

动决策者用原始的方式去谈论产品和品牌。例如,面对消费者对其消费产品态度的表达,如果其语言和手势姿势不一致,那么,这种不一致背后的真相和造就托词的原因,就成为民族志专家关注的重点,这对未接受过人类学训练的其他研究者而言,是非常富有有挑战性的。而对民族志研究者,语言和肢体语言的组合研究,可以作为一个发现和评估消费者是否购买及其对产品使用后态度的工具。

**三、突破访谈方法的局限**

人际交流的失败,大多开始于无效的语言沟通,因此语言可以作为引导和控制人们行为的一个重要手段且往往也非常有效[①]。欧文·戈夫曼(Erving Goffman)[②]曾经对人们的手势姿势所表达的意义进行过深入细致的研究。他认为手势具有无声性和隐蔽性,是非言语交际的重要组成部分,能够在交际中发挥巨大的作用[③]。他指出,人们的举动并非只是对内在状态的反应,还是一种参照角色之间的相互作用外在表现。人们在他者面前做出的许多手势,用来处理因受别人的刺激而表现出的表情,并用来定义情形,使其相互作用。若这种互动处于控制之中,则就从侧面反映了语言表达的虚假性。个体的人们,一般会在对自己有利的环境中进行表达。其所表现出的行为,在他人眼中分为两部分,一部分是其言语所表达的意思,而另一部分则是由其表情推断而来的内在意思[④]。

无论是在电话访谈中还是在面对面的拦截调查中,或在焦点小组讨论中,我们都在提问题和记录答案。对这类问答的描述可以让我们对应答者的感受精确化。然而,提问是一个存在诸多限制的获取信息的形式,因为应答者的态度会被一些主观或客观的因素所影响。被访谈者可能对问题所知有限但却试图表现得看似知识渊博;他们可能很困惑但却想显得熟练在行;

①Newport E L. Statistical language learning: computational, maturational, and linguistic constraints[J]. Language and Cognition, 2016(3): 447-461.

②Goffman E. Asylums: Essays on the social situation of mental patients and other inmates[M]. NY: AldineTransaction, 1968:70-120.

③丁艳. 跨文化交际中汉语社会通称称谓语的选择与制约因素[J]. 内蒙古师范大学学报(教育科学版), 2016(1):103—106.

④Goffman E. Interaction ritual: Essays in face to face behavior[M]. AldineTransaction, 2005: 86-139.

他们可能已经忘记了却试图回忆起来;他们可能意欲回答的正如他们被期望的那样;他们可能持有一个消极观点但想表现得积极;他们可能并不在意却表现的热衷于此①。这些访谈的局限性,都可以通过民族志研究者长期的参与式观察而予以突破。

### 四、民族志与整合营销沟通

整合营销是一个综合运用沟通交流手段的战略过程,在这个过程中将同样的信息通过不同的渠道发送出去,创造出相同的结果,目的在于把不同的营销沟通方式整合为一个系统工程,从而让信息影响消费者态度的形成过程,实现与消费者更为有效的沟通。这种朝着同一目标的渠道聚合,意味着我们应建立一种存在于不同沟通实体的关联体系。民族志作为一种工具,在公司文化还有与消费者的联系中发挥着重要的作用。我们建议把沟通的不同渠道过程,综合起来看作所有沟通过程的组合来理解,这个过程出现在具体社会文化环境中的顾客、营销代理、产品和消费者之中。如果整合营销是关于关系的话,那么在整合营销之中的民族志研究就可加深对这些关系的综合理解(见图3-1)。

有学者认为整合营销传播在组织内、客户间以及组织间搭建起了对话的桥梁,其重点在于双方尝试沟通的信息。为了顺利对话,民族志研究者必须首先认真研究这个系统,同时还应把握信息沟通的渠道。消费者的合作对于他们与品牌、产品的关系,或者说是权益创造而言,是十分重要的。对消费者进行民族志调查研究,可以帮助营销管理人员辨识的不仅是需求和渴望,还有他们所渴望及感受到的环境。如果品牌沟通与环境融为一体,并以消费者的语言表达出来,整合营销传播将更加有效。此外,如果在受众中具有积极反响的信息,通过不同渠道而取得传播,那么这个品牌将能够得到更大的营销效益。因为毕竟正是消费者与品牌间的互动造就了他们对品牌的认知和偏好。

---

①倪建雯,贾珊珊,摆陆拾.教育研究中访谈法应用技巧浅析[J].教育教学论坛,2016(8):76—77.

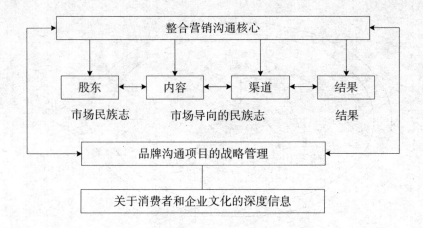

**图 3-1 整合营销沟通的四个核心**①

　　图 3-1 表明,沟通渠道都是双向的,并最终指向以消费者为中心的方法。在图 3-2 中,虚线箭头指出了营销民族志的区域;实线箭头则代表了市场导向的民族志方法,营销渠道均指向消费者②。请注意产品与客户是分离的,这是因为消费者与客户、公司或品牌建立的关系,并非完全与产品建立的关系相同。消费者可能与品牌建立起理性或是情绪化的关系(例如评估品牌表现);与产品建立的关系则可能包含影响产品而非品牌的表现特质。换而言之,品牌与产品是不同的;这也是品牌效益的其中一个元素。在这个图中,每个箭头代表了在营销组合内部不同组织之间建立的沟通渠道关系。文化形成并再塑造了这些关系,所有的关系都在文化之内(环形箭头代表文化),而对文化的研究,恰恰是人类学家的擅长。

　　①Kliatchko, J. Revisiting the IMC construct: a revised definition and four pillars. International Journal of Advertising, 2008(1):133-60.

　　②Arnould, E. and Wallendorf, M. Market-oriented ethnography: interpretation building and marketing strategy formulation[J]. Journal of Marketing Research,1994(4):484-504.

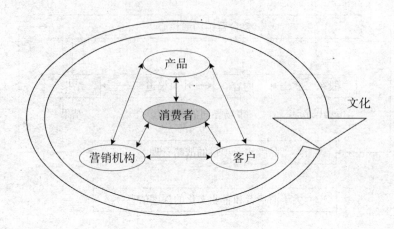

**图 3-2 沟通渠道关系①**

此外,在娱乐产业民族志也得以被广泛运用,这个产业为了出品更多描绘受众真实生活的作品并让他们陷入其中,始终专注于收集不同受众的信息。顾客不仅仅是整合营销计划发展的核心和固定参考对象,实际上他们具有能够控制想要接收或创造信息的能力。在这个更加个性和个体化的媒介时代,受众不再只是一味接受媒体内容,他们同时也是媒体内容的创造者。特别是当我们考虑到整合营销的双向过程时,更应注意到这个问题。总之,整合营销的核心是更好地理解以及怎样将其与民族志进行结合、调整来提升和促进当前营销沟通方法的发展。

## 第三节 民族志研究面临的挑战

市场营销民族志②作为对市场营销领域定性研究的一种工具与方法,主要研究对象是个人及其行为,又被称为"实地调研"或者"家庭调研"、观察研究、

①Kliatchko, J. Revisiting the IMC construct: a revised definition and four pillars[J]. International Journal of Advertising, 2008(1): 133-60.

②Awoniyi M A. The Emergence of Common Market in West Africa: An Examination of Cross Culture and Ethnographic Marketing System of Alaba International Market, Lagos-Nigeria[J]. American Journal of Industrial and Business Management, 2016(2): 136.

阐释学、民族方法学、符号互动学、参与式研究和现象学研究法。

参与式研究通常是指研究者参与到其他文化圈子的生活中，并在这个过程中扮演对方社区中的成员，观察记录被研究群体的生活习惯①。相反，观察式研究，主要是指研究者直接观察被研究者的行为方式。相对于参与式研究，观察式研究人员将被假设成为外部事物，难以进入社区并且扮演该社区内部的成员，与被研究群体之间的距离更加疏远②。另外，直接观察人员应该以更加自然的方式出现，缓解由被观察群体的抵制情绪引起的紧张关系。观察者的目的应该是观察被研究群体的行为与活动，而不是体验被研究群体的生活文化。

在营销民族志研究中，研究者会大量使用社会科学范畴里的符号互动学、现象学等学科的理论和方法③。在符号互动学④的理论中，研究者强调社交活动的意义，而现象学则关注个人的心理活动以及它们如何被个人的视觉与触觉所影响。因此，符号互动学与现象学在研究内容上具有互补功能。因此，符号互动学与现象学的结合研究，有助于研究者深入理解被研究者主观的体验，有助于提升研究者深入观察被研究者动机与行为的能力，也有助于减少我们认为理所当然却毫无根据的假设与世俗认知⑤。

**一、民族志研究者认知不足**

作为市场调研的方法之一，民族志有别于其他定量与定性的研究方法，其能够弱化工作室、实验室、电话与其他存在于研究者与被研究者之间的人为障碍影响。当研究者没有与被研究者直接接触时，我们需要解决在追求有效的、可信的、有用的信息过程中出现的问题。而这就需要当前的民族志研究者加强对具有普遍规律性事项的学习，包括：

1. 寻找有代表性值得信任的被研究者。

2. 进入产品生产、销售、使用的地方进行考察研究。

①张雪."社会调查研究方法"课程参与式研究型教学模式[J].才智，2015(17)：175.

②蔡宁伟，于慧萍，张丽华.参与式观察与非参与式观察在案例研究中的应用[J].管理学刊，2015(4)：66—69.

③田广，邵欢.产品设计与企业人类学[J].杭州师范大学学报：社会科学版，2014(4)：83—89.

④金爽.浅谈符号互动论的教育和社会意义[J].佳木斯职业学院学报，2016(4)：469.

⑤Tian, Robert G. & Alf Walle. Anthropology and business education: Practitioner applications for a qualitative method[J]. International Journal of Management Education, 2009(2)：59~67.

3. 尊重被研究者的权力与隐私。

4. 培养与被研究者之间的亲密关系,使得研究者与被研究者之间能够建立起诚信的桥梁。并且防止研究者暗中利用被研究者、研究者暗中处理数据等事情的发生。

5. 调研观察要真实,不带有任何感情。

6. 收集数据时不要带有歧视。

7. 尊重数据的完整性——不要篡改收集到的数据。

民族志研究,是一系列来源于被考察地之数据收集方法的汇总,有特定的研究框架。针对于研究方法的选择,研究者不能仅仅局限于考虑问题本身的内容,任何看似毫无关系的事物之间可能都有联系性,研究者通过这些联系或许也能够得到某些特定的数据,可能这些数据没有固定的存在方式,甚至不会出现在其他形式的市场调研活动中,如下面这些情景实例:

1. 手写的现场记录可能包括观察时调查者行为的记录。

2. 回放与被调查者的对话或者回放由人类学家进行的深入访谈过程中出现的细节。

3. 回放消费者使用产品时的细节。

4. 在调研地点收集到的私人文件,比如早餐时人们最爱使用的菜谱或者一份特别的房屋清洁合同。

5. 产品的抽样检查。

6. 用于记录特定文献的照片。

7. 物理痕迹;比如清洁某种东西时留下的泥土,或者家里地板由于经常受到重压而留下的痕迹。

### 二、民族志研究潜在的问题和道德争议

事实证明,以定性研究为基础的民族志方法是有效的,但其在使用过程中依然也会产生某些严重的问题。例如,正式的、学术性的民族志方法,也被称为"民族志描述"[①],倾向于以某个特定的时间点为中心来描绘静态模式下的社会环境,却不大关注社会中的变化以及内部的紧张状态。但是,所有的社会

---

①田广,刘瑜,汪一帆.质性研究与管理学科建设:基于工商人类学的思考[J].管理学报,2015
(1):1—10.

都处在一个不断变化和竞争的环境当中,因此这种方法歪曲了事实。当民族志研究者目的在于阐述社会制度的运行模式以及每个社会成员的相处模式时,这种静态环境分析方法①就比较受欢迎。因此,为了更加有效地研究其他更重要的问题,如社会的协同运作,民族志研究者通常不会将社会变化或者社会紧张状态的情况考虑在内。然而,工商民族志研究者分析商业组织一般则是为了改变行为模式,其目标倾向于变化而非稳固的行为模式。因此,他们可能更青睐于研究社会变化的动态分析法。此外,研究消费行为的民族志研究者,也力图通过动态分析法,找到鼓励人们改变购物习惯的方法。

正如加里·艾伦·法恩(Gary Alan Fine)在其论文《民族志的十条谎言》(Ten Lies of Ethnography)中论述的一样,尽管定性分析的研究者经常褒扬他们具有严谨的研究方法,然而事实上,这种研究方法的确存在着一些明显的缺陷②。

自人类学诞生以来,民族志研究一直就把记录以及反映"真实性"作为一项重要的历史使命和学科目标。民族志研究者也通常以其所做的详细记录,即他们对人类行为的仔细观察为证据,说明其调查结果是非常准确的。因此,民族志研究者经常认为他们所获得的信息是完全纯粹的事实。但是法恩认为,在现实世界中,民族志研究者很难真正地捕捉"真实",他们采取的社会情景数据,通常是不精确的甚至几乎是失真的。

如今,工商人类学者通过照片和录音捕捉到真实行为的事实,在一定程度上弥补了民族志的缺陷。尽管如此,其给客户所呈现出来的信息,往往也是经过编辑的。尽管民族志研究者善于观察,他们也不可能全面地了解某个特定的社会环境,也不可能观察到所有影响行为的因素。虽然实地考察者认为其观察和记录了所有真正重要的事情,但实际情况并非如此。即便是经验丰富的实地考察者,也不可避免地会遗漏社会情境中的重要部分,甚至会在不经意间曲解他们所观察到的事件。所以,受到诸多因素的影响,民族志研究的精确性常常受到质疑。

---

①Lofland, J and Lofland, L.A Guide to Qualitative Observation and Analysis[M]. 2nd ed. Belmont, California: Wadsworth Publishing Company,1984:65-110.

②Fine, G. A. Ten lies of ethnography[J]. Journal of Contemporary Ethnography, 1993(3): 267-294.

民族志研究者通常指出,研究者本身与其所观察的社会环境是相互独立的,他们在观察事情发展的同时不会对其产生影响①。实际上,研究者很可能对被研究者所处的环境与情况有先入为主的概念,即立场预设,从而影响对此地居民和文化现象研究结果的有效性。此外,研究的时间也需考虑在内。在一项长期计划中,被调查者已经习惯了被观察,他们会放下警惕并且表现得更为自然。例如笔者对中国非规则移民在多伦多的适应发展过程的民族志研究,就充分展示了随着时间的推移,研究者与被研究者的界限变得越来越模糊,从而使得研究者能够获取大量的第一手可靠真实的资料②。因此,在很多情况下,短期的民族志研究是不可行的,例如商业的民族志研究③。更严重的是,如果研究者成为被研究者社会环境中的一部分,那么研究结果必然会因他们自身的偏见而受到影响。尽管民族志者认为自己有能力克服此类问题,但是在依据其工作结果制定战略决策时,仍然需要保持谨慎的态度。

难以在真正意义上独立于外部环境的问题,不仅存在于民族志的研究中,也存在于其他科学方法的研究中。自从20世纪早期霍桑研究开始以来,不少商业研究者就已承认他们介入并影响了收集到的实验证据。在霍桑研究中,即使是为了增加工作难度而改变员工的工作任务和工作环境,工厂的生产率仍然会上升。这一实证结果与社会常识和待检验的假设都是矛盾的。最终,科学家发现:导致这一违反社会常识的原因是研究对象在意识到自己被观察研究后,调整了自己的行为。可见,即使是定量的科学研究,也会出现类似于民族志研究的问题。

正如我们所看到的,科学研究方法同样容易受到某些问题的影响,所以用科学研究方法替代民族志等定性研究,并不是处理这些问题的良方,换言之,科学研究并不优越于其他研究方法。因此,实地考察工作者需要意识到定性分析法本身是一种合理的手段,同其他研究方法具有平等的地位。

---

①李茨婷,郑咏滟.民族志研究等同于质性研究吗? ——语言教育学的视角[J].外语电化教学, 2015(3):17—24.

②Tian Guang and Lu Jin. Struggling for Legal Status: Mainland Chinese Mobilization in Canada [J]. Refuge,1996(1): 26-32.

③Squires, S. Doing the Work: Consumer Research in the Product Development and Design Industry[C]. Creating Breakthrough Ideas: The Collaboration of Anthropologists and Designers in the Product Development Industry. Westport, CT: Bergin and Garvey, 2002: 103-124.

定性研究方法的一些理论陷阱会影响实地考察结果,例如被调查者提供信息的真实性。即使是传奇的玛格丽特·米德(Margaret Mead)也不能避免受到它的影响。1978年,德里克·弗里曼(Derek Freeman)发表论文《玛格丽特·米德和萨摩亚:人类学神话的形成与毁灭》[①],文中弗里曼挑战了米德关于性别的结论,指出被观察者提供的他们生活和感情方面的信息不是真实的,从而使米德得出的结论不准确。至今,米德调查结果的错误程度仍然是讨论的焦点。然而,要得到明确的结论是困难的,因为弗里曼选择在米德逝世之后再发表他的攻击之作,没有给米德反驳的机会。米德·弗里曼之争表明,即使是人类学公认的领袖所进行的定性研究,都可能遭受到怀疑[②]。

另外,伦理问题也是民族志研究迫切需要解决的问题。参与式观察是最强烈的互动形式,常常会使民族志研究者和被观察者之间产生高度的亲密程度,从而相互分享个人隐私。在某些情况下,道德原则不仅对维持适当的道德伦理研究是必要的,对维持参与者的个人诚信也必不可少。遗憾的是,在民族志研究中并没有成文的准则或伦理标准的条例[③]。当研究涉及人类主体时,需要用合适的职业道德标准来维护被调查者的利益,以确保与实地考察者合作的被调查者认识到其行为的全部意义。然而,有些调查研究策略不可避免地会违背某些道德标准。例如,公司需要用隐秘的信息收集方式来确定应该被解雇的员工。此时,雇主可能要求实地考察者不要太过公正,也可不必按照现行的道德标准进行调查,从而收集到更多的信息。但是,这种情况可能导致伦理困境,是工商人类学家所不能接受的。

### 三、民族志面临新方法论的挑战

如今民族志面临的又一个挑战,是探索不同沟通领域的新方法论。新的沟通互动空间和电子媒体正在将研究推向线上(博客、讨论组和播客)和私人媒体(QQ群,微信群,朋友圈等)进行。网络民族志正是针对这种类型的研究

---

①Baker T S, Freeman D. Margaret Mead and Samoa: The Making and Unmaking of an Anthropological Myth[J]. 1984(57):402-404.

②Shaw, John. Derek Freeman, Who Challenged Margaret Mead on Samoa, Dies at 84[N] The New York Times, 2001-08-05.

③Thomas G M. the synchronization of national policies: ethnography of the global tribe of moderns [J]. European Journal of Cultural & Political Sociology, 2016(3):375-380.

提出的,尤其是在网上社区进行的。营销研究者现今的首要任务就是寻找新的方法与消费者沟通互动——找到向受众传播新信息的互动渠道。

在全球化时代,公司有必要了解跨文化受众、更好地适应他们将要进入的不同环境。许多向全球发展的公司正在使用整合营销传播方式。对受众的跨文化研究对于这一过程而言是十分重要的。因此民族志研究融入整合营销传播并成为一项工具是十分重要的。人类学提供了理解处于不同文化环境下的消费者之可能,这就是市场民族志的本质①。

同时,我们也应该清楚地认识到,在一个变化的世界中,道德标准也是在不断演变的。所以,实地考察者需要考虑社会研究的一般道德标准,也要在特定情景中灵活应对道德指导方针。例如,在早期,研究居住在特殊地区的小部落的社会科学家,认为被调查者都是文盲且住在很偏远的地方,没有必要恪守伦理道德,即不必小心地、完全地隐藏被调查者的身份。他们可能认为公布的结果中即使可能包含伤害性或令人尴尬的信息,被调查者和他们的社区也不会得到反馈。但是,现代社会中的大多数人都是有读写能力的,并且可以借助互联网得到全球各个领域的信息。所以,当代的社会研究人员必须提高警惕,保护被调查者的身份,同时也需要我们修订、扩展和加强道德规范。

## 第四节　营销界的民族志研究

在学术世界中,没有哪一类的社会研究方法不存在问题。定性研究者为调查工作之发展做出了细致的评估方法,证实民族志和参与式观察法是富有成效并且合理的。民族志包括对异民族社会、文化现象的记述,基本特征有两个方面:一是风格上的异域情调或新异感,二是具有内在一致的精神(或民族精神)的群体(族群)②。在工商世界采用这种方法的情况大致包括:探索企业文化和组织行为;调查消费者的反应;分析民族的、地区的和(或)国际变化对

---

①Mendez, C. Anthropology and ethnography: contributions to integrated marketing communications [J]. Marketing Intelligence and Planning. 2009(5):633-648.
②张雪艳.民族志视野与转型期汉族作家跨族文学研究[J].西南民族大学学报(人文社科版), 2016(5):189—195.

商业的影响①。近年来,包括民族志和参与式观察等定性研究方法,被应用到工商世界研究中的各个方面,分述如下。

**一、企业文化/组织行为**

一般来说,组织比较关注如何构建工作场所、如何激励员工以及怎样调整环境使其效率提高等问题。工商人类学家倾向于考察企业组织的几个方面:这个企业中谁是领导者,谁是执行者? 群体中的成员有什么共同信仰、价值观和态度? 根据权利和权威的行使以及责任的委派,企业中存在怎样的权利等级体系? 信息是如何在群体成员之间传递的? 群体中人们相互之间的联系是什么,他们是如何交流的? 是什么导致了群体成员的分歧,而这些分歧是如何被解决的? 人类学家认为,探寻这些问题以及其他人类学问题的答案,有利于为企业制定政策提供建议,帮助其更顺利地运行,从而获得更大效益。

但是,企业领导者并不认同这种观点,也没有普遍地采用人类学理论。因此,想要成为某个特定社会情境的一部分,从而获得对企业内部人员细致地理解,研究者需要通过未公开的工作以及秘密行动。在现今的实践中,工商人类学几乎涉及所有领域,包括从营销策略到企业文化,再到企业发展。通常,研究者在调查时需要相关人员的配合,即当事件发生时,询问人们具体在做什么,而不是依靠模糊的记忆。因此,在被调查者了解到实地考察工作者是一个信息搜集的局外人时,研究者可以建立一个长期框架,帮助许多人类学家成功运用民族志和参与式观察法收集一些有用的资料。

例如,应用人类学家朱迪思·班森(Judith Benson)曾任职于凯撒医疗机构(一家医疗保健管理公司),其工作职责包括组织分层小组讨论,建立起处理顾客投诉的计算机系统和呼叫中心等。当凯撒公司每次启动一个"重组工程"项目时,都做出重大的组织变动。班森应用人类学研究方法,包括提出一系列与企业文化相适应的策略来鼓励员工交流、共享观点和合作,从而使整个组织变动过程更为顺利。她在研究报告中总结到②:"我的重组方案都考虑了那些可能会阻碍流程变革的因素……我花了大量的时间去了解这些利益相关者的真

①蓝雪华,田广.论民族志研究方法及其在商务实践中的运用[J].学术评论,2011(4):65—66.

②田广.工商人类学的兴起及应用[J].管理学家:实践版,2012(12):39—48.

实想法,以一种与现存企业文化和谐共处、而非相抵触的方式来引导变革。"

## 二、消费者行为

近几十年来,市场营销者和消费者行为专家已经证实了民族志和参与式观察研究方法的价值并推动其发展。例如约翰·雪利(John Sherry)[1]和拉塞尔·贝尔克(Russell Belk)[2]等专家们,成功地将定性方法应用到商业研究中,使其获得了很高的知名度,引起了研究者极大的兴趣。尽管研究消费者行为的学者,倾向于使用"自然研究"而不是"民族志"和"科学观察",但是实际上这三种方法极其相似。因此,对消费者行为的研究也可看成是人类学的研究课题。

工商民族志研究者早已将人类学的方法,应用于消费者行为研究之中,并取得了巨大的成功。例如,本书主笔曾用人类学的研究方法,对某大学的餐饮服务与学生生活的关系进行研究。大部分定性数据被用来分析餐饮服务对学生的身体健康、满意度、幸福感等方面的重要影响,同时研究了以下问题:食堂和餐馆的服务是否影响学生的身体健康? 是否影响学生的学习效果? 是否影响学生的精神状态? 是否影响学生的满意度和幸福感? 并进一步探讨影响学生满意度最重要的因素。此外,如何在保障食堂利润和满足学生的需求两者兼顾的基础上提高餐饮水平以及校园食堂服务是否应作为评价大学水平的指标之一也被视为讨论重点。

为了得到这些问题的答案,研究者使用了人类学的三种传统方法:直接系统的参与式观察法、正式与非正式的访谈法和问卷调查法。通过直接系统的观察,他们得到大量有关学生饮食习惯的一手资料,并且对观察到的进餐现象做出人类学分析,以更好地了解高校餐饮服务与学生校园生活之间的关系。通过深入访谈,了解到学生对学校餐饮服务存在的一些不满意因素以及学生迫切希望他们的意见和建议能被校方所接纳。此外,问卷调查为前两个问题的研究提供了广泛的资料[3]。

---

①Belk R W, Wallendorf M, Sherry J F. The sacred and the profane in consumer behavior: Theodicy on the odyssey[J]. Journal of consumer research, 1989(1): 1-38.

②Belk R W. Situational variables and consumer behavior[J]. Journal of Consumer research, 1975 (3): 157-164.

③田广,〔美〕丹·特罗特,邵欢.人类学在商务研究中的适应性——以南方某大学餐饮服务为例[J].民族论坛,2014(3):35—43.

研究结果表明,大多数被调查者都认为校园餐饮服务对学生的身体健康和精神面貌存在很大的影响,同时他们对当前高校餐饮服务水平的满意度很低。因此,针对这些问题,作者认为学校应该采取有效的措施,转变对食堂的管理模式来满足学生的需求。此外,研究结果还显示,高校餐饮服务水平不够高的主要原因之一,就是高校餐饮服务水平这一指标没有被纳入大学评估体系之中。目前大学评估体系侧重于考察学校的硬件、软件和学术研究水平,其必然结果就是高校缺乏提升食堂服务水平的动力。因此,作者建议教育部相关部门将高校餐饮服务水平这一指标纳入评估体系之中,只有这样,才能从根本上解决目前高校食堂所存在的窘迫困境。

**三、民族、地区和国际差异性**

20 世纪 80 年代以后,经济全球化趋势越来越明显。伴随着跨国公司越来越多的超越国界的营销活动,营销所产生的问题也得到人们越来越多的关注。无数的营销活动也证明了文化是形成民族、地区、国际差异的主要因素之一。当所处的社会文化环境变化时,不同国家、地区和民族群体的回应方式也不相同,这对商业研究有着深刻的影响。而在此类问题的分析上,民族志和参与式观察是一种有价值的研究工具。

人类学的方法,包括民族志和参与式观察,非常适用于研究外来的和独特的群体。人类学家通过观察人群在特殊环境的反应[1],来研究其变化的本质原因 。在某些情况下,研究者无法直接调查研究对象,从而无法使用标准的民族志和参与式观察方法,此时,被称为"远距离文化"的民族志分析方法[2]诞生了。一个经典的远距离文化研究案例,就是米德的《时刻做好准备》,文中介绍了研究者如何使用这种方法来战略性地操纵人们[3]。

作为一个美国人,米德在参与研究时已经对美国人了如指掌。凭借直觉上的洞察力,米德研究了许多不同的材料,得出美国民族特征以及这种特征如何受到影响等广泛的信息。即使米德的专题论文发表在很多年前,但是文中

---

①田甲丙. 民族志书写的自反性与真实性[J]. 西北民族大学学报:哲学社会科学版, 2010 (4):79—86.

②张晓佳. 文化建构下的民族志权威[J]. 湖北民族学院学报哲学社会科学版, 2014(6):30—33.

③Mead M, Boas F. Coming of age in Samoa[M]. NY:Penguin, 1973:46—201.

关于美国民族特征方面的研究,对目前的学者来说依然具有很大的借鉴意义,尽管这些都源自于直觉的分析而不是自然科学式的研究。在后结构主义时代,仍然有很多人在贬低集体回应和民族特征。而米德通过对集体认同吸引力的研究,提出关于如何影响人群思想的策略。在二战期间,凭借对美国社会以及战争将会给美国社会带来何种影响的洞悉,米德的建议成功地帮助了决策者更加有效地策划战争。将其类比到现代工商世界的研究中,米德如同一个现代商业的研究者,给组织领导者和决策者提供了可行的建议。

在任何领域里,定性方法都具有很高的价值。民族志和参与式观察等人类学研究方法,在组织行为、消费者行为以及文化领域的研究中都担当着一个至关重要的角色。目前,利用定性方法的研究范式已经成为商业研究的主流。比如,民族志见解(Ethnographic Insights)的创始人兼主席诺曼·斯托洛夫(Norman Stolzoff)在加州大学戴维斯分校(University of California, Davis)获得文化人类学的博士学位,并在文化和消费者行为领域进行了 15 年的民族志研究[①]。编制民族志见解之前,他在旧金山州立大学(San Francisco State University,简称 SFSU)和鲍登学院(Bowdoin Col lege)已经开始讲授人类学理论和研究方法。基于在商业民族志方面的实践研究,斯托洛夫及其同事坚信主流商业将会逐渐认识到民族志研究的价值,并将其融合到传统的市场研究方法中。事实证明,他们的想法非常正确,目前民族志方法已成功应用于商业组织的研究。

民族志是一种完整的方法,能够揭示影响消费者行为所无法名状的文化和社会模式。其室外的市场研究方式,超越了焦点团体研究的局限。在日常生活中,民族志研究者可以在室外对被调查者进行观察、访谈和录音,他们在哪里工作、生活、购物和娱乐等,研究范围更广泛、更全面。同时,民族志也能够克服调查中的主观因素,即克服取决于研究者报告和参考标准的人为因素和标准化的问答模式。

澳大利亚伍伦贡大学(University of Wollongong)的凯西·鲁德金(Kathy Rudkin)博士和赫曼·特托(Hemant Deo)博士通过研究民族志方法论,揭示了

---

①Stolzoff N C. Wake the town and tell the people:Dancehall culture in Jamaica[J]. Journal of Popular Music Studies, 2002(2):166-167.

其在金融研究中的意义。他们指出,民族志方法在金融研究中存在两个优势[1]:将研究者置身于具体环境中,民族志能帮助其洞察环境中独立的文化内涵;民族志方法对环境中被边缘化群体的关注能够应用到金融研究中以及其提供了对金融环境中的社会、政治、历史和文化等敏感性问题的研究方法[2],使这门学科更加丰富。

## 本章小结

　　作为人类学的主要研究方法,民族志与扎根理论存在着一定的相似性与差异性。扎根理论是运用系统化的程序,针对某一现象来发展并归纳式地引导出理论的一种定性研究方法,其数据来源可以是一手的也可以是二手的,适合于研究公共关系和市场沟通。以定性为主要特征的民族志研究,用观察和访谈相组合的方式,记录人们的行为动态,其数据大多是一手的并且在工商界的应用日益增加,尤其适用于市场营销领域。

　　对人类学家来说,科学地应用定性的研究方法,包括民族志方法和参与式观察法,可以为工商业提供多种健全、有价值的可选信息。人类学的研究方法以其独特且有效的方式提供了研究人类行为的一种途径,理应受到工商管理者的欢迎。实际上,这些方法已经以适当且富有远见的方式,对学术和工商实业界的商务研究做出了重大贡献。民族志方法和其他的一些研究方法相组合,能使我们更好地理解人们的实际反应以及影响他们行为的因素。工商业研究人员也能够从这些研究方法和它们所提供的信息中得到有益的启示。

　　在实际的社会文化背景下,民族志研究在一个延续的过程中展开,使探索容易被忽视的隐形行为变得更加容易。民族志研究者关注这样一个事实:人们所说的和所做的通常会有显著区别,并且已有学者通过对手势等非语言结构方式的研究,来降低语言的无效性,加深人们对文化的理解,解决问答和视察的限制,将其与整合营销沟通,使调查结果真实可信。人类学家可以通过参

---

①Kaidonis M, Moerman L, Rudkin K. Research in accounting and finance: Paradigm, paralysis, paradox[C]. Accounting Forum. Elsevier. 2009(4): 263-267.

②Rudkin, Kathy and Hemant Deo. Ethnographic Methodology and Its Implications for Banking Studies[J]. The Business Review: Cambridge. 2006(2): 20-25.

与观察来揭露非正式的社会结构和行为模式以及一些不是那么显而易见但确实存在的人际关系。当然,在进行工商业的人类学研究时,有必要注意民族志方法的局限性并必须谨慎处理相关的伦理问题。

近年来,民族志研究已经被越来越多地应用于商业研究中,包括对企业文化或组织行为、消费者行为、民族、地区或国际差异性的研究。许多人类学家,如班森、贝尔克、米德、斯托洛夫、田广等都对民族志在商业领域中的应用价值及有效性做了相关的论证。

〔案例链接〕

## 对浙江丽水某回族餐厅的民族志研究①

### 一、饭店简介

在浙江丽水灯塔街有一家兰州拉面馆,店内的装潢和食品价目单充分体现出清真文化特色。店内四周的墙壁上张贴着凸显伊斯兰文化的各种图画,"本店提供清真食品,外菜莫入"的提醒字句,"清真餐馆,禁止饮酒"的警示语,更加增添了清真就餐环境的氛围。店内工作人员衣着统一,男工作人员都戴着白色小帽,女工作人员则都佩戴着纱巾和盖头,他们的着装本身就体现出强烈的清真文化特色。据店主介绍,经营清真餐饮行业的人员基本上都是穆斯林,因此,无论从文化心理和生活方式上大家都会自觉地严格遵从清真饮食习惯。

此外,该餐厅在原料采购、加工制作上都严格按清真饮食的要求操作,特别是在肉食品的采购和供应方面,更是严格把关,绝对保证肉类食材的清真性。在这家清真餐厅,不同背景不同族群的人都可以在这里享用清真美食,而且都会感到舒适。餐厅营业时间从早上6点到晚上12点,午餐和晚餐为一天中最为繁忙的时刻。这家餐厅一共有22张桌子,其中有4人桌,也有2人桌,桌子和桌子之间较为宽敞,虽然没有专设私密空间,但在这里用餐,客人不会

---

①案例改编自:蓝雪华,田广. 论饮食民族志——基于浙江丽水某回族餐厅的个案研究[J].
回族研究, 2015(2):88—96.

感到拘束。

在菜式的选择上,可供客户选择的样式很多,菜单上印有100道以上的主菜。从产品结构来看,除了有清真的烧烤、凉皮、大饼、小米粥、水煎包等特色小吃外,还有炒面、刀削面、拉面、烩面、干拌面等特色面食和以牛羊肉为主的各类清真特色菜肴;从地域风味来看,有新疆风味、北京风味、宁夏风味、河南风味、兰州风味、青海风味、东北风味等不同地域的清真特色食品。与此同时,经营者还根据丽水当地居民的饮食喜好,开发出适合丽水当地居民饮食习惯的清真产品,诸如以海鲜为主特色的各类盖浇米饭以及各类海鲜烧烤和海鲜菜肴。

二、方法和研究过程

该店的一个规则就是必须迅速地为顾客上菜。食物必须在点餐后15分钟之内送上。任何时候在餐厅内都有一个管理人员在用餐区,而另外一个管理人员在厨房保证食物准备和上菜速度。厨房组织得很好,厨师可以自由移动去取他们所要的材料和调料。餐厅也有足够的空间让服务人员自由移动,取他们所要的食物。这项调查采用李克特的5点量表法,从强烈认同到强烈反对。110份问卷分发给了餐厅附近的公司和学校里的人员。最初我们计划,问卷是要在餐厅给顾客填的,但餐厅的管理者希望顾客有一个轻松的用餐环境,而且认为这个调查可能会打扰顾客的隐私。当然,填这份调查表的人一定是已经在这家餐厅用过餐的,这样才能相应的完成调查。表3-1和表3-2是调查消费者民族和人口结构情况的。在工作日,更多的上班族会选择在这家餐馆用餐。调查显示,这个街区25岁及以上的有79.5%的居民受教育水平低(高中文凭或更低),25岁及以上的居民中有6.2%接受过高等教育,大多数被调查的消费者学历较低。这个调查结果解释了在调查中为什么蓝领人群会多一些,而白领人群少一些。

表 3-1　消费者结构观察

| 民族、着装 | 午餐 12:30pm 2013 年 10 月 2 日 | | 晚餐 6:30pm 2013 年 10 月 2 日 | | 午餐 1:30pm 2014 年 3 月 13 日 | | 晚餐 6:15pm 2014 年 3 月 13 日 | |
|---|---|---|---|---|---|---|---|---|
| | 男 | 女 | 男 | 女 | 男 | 女 | 男 | 女 |
| 总人数 | 18 | 28 | 32 | 35 | 17 | 24 | 23 | 18 |
| 汉族 | 10 | 18 | 22 | 19 | 13 | 15 | 17 | 12 |
| 回族 | 4 | 5 | 3 | 4 | 2 | 6 | 2 | 3 |
| 除汉族、回族外的其他少数民族 | 4 | 5 | 7 | 12 | 1 | 3 | 4 | 3 |
| 正装 | 3 | 6 | 2 | 0 | 0 | 2 | 1 | 0 |
| 便服 | 15 | 22 | 30 | 35 | 17 | 22 | 22 | 18 |

表 3-2　消费者的人口结构观察(n=110)

| 受教育程度、工作及共餐者背景 | 晚餐消费者 | | 午餐消费者 | | 总数 | |
|---|---|---|---|---|---|---|
| | 男(%) | 女(%) | 男(%) | 女(%) | 男(%) | 女(%) |
| 总数 | 22 | 26 | 30 | 22 | 52 | 48 |
| 初中 | 12 | 4 | 10 | 3 | 22 | 7 |
| 高中 | 9 | 14 | 13 | 11 | 22 | 25 |
| 大学 | 1 | 7 | 7 | 8 | 8 | 15 |
| 研究生 | 0 | 1 | 0 | 0 | 0 | 1 |
| 蓝领 | 13 | 10 | 19 | 13 | 32 | 23 |
| 白领 | 2 | 3 | 2 | 3 | 4 | 6 |
| 学生或其他 | 7 | 13 | 9 | 6 | 16 | 19 |
| 独自 | 2 | 4 | 3 | 3 | 5 | 7 |
| 和朋友 | 13 | 14 | 22 | 12 | 35 | 26 |
| 和家人 | 7 | 8 | 5 | 7 | 12 | 15 |

110 个被调查的消费者中有 25 个愿意接受访问并回答 8 个开放性的问题,随机抽取回答最多 30 分钟的问题(见表 3-3)。在这 25 个被访谈的消费者中,6 个是大学生,经常来这家餐厅。这个访谈包括一些开放性的问题,如"有哪三件事情是你在这家餐厅不会做但是会在其他非清真餐厅做的","如果你想让我对这家餐厅感兴趣,你会怎样描述这家餐厅","你认为这家餐厅反映了伊斯兰教文化吗?为什么?"从管理层的角度来说,根据消费者的反馈可以提高这家餐厅的服务质量和水平。

表 3-3　接受访谈的消费者的性别、年龄和教育背景(n=25)

| 教育背景 | 0~19 | | 20~35 | | 36~45 | | 46~64 | | >65 | | 总数 | |
|---|---|---|---|---|---|---|---|---|---|---|---|---|
| 性别 | 男 | 女 | 男 | 女 | 男 | 女 | 男 | 女 | 男 | 女 | 男 | 女 |
| 初中 | 1 | 2 | 1 | 2 | 0 | 0 | 1 | 2 | 0 | 0 | 3 | 6 |
| 高中 | 1 | 1 | 2 | 2 | 1 | 1 | 1 | 1 | 0 | 1 | 5 | 6 |
| 大学及以上 | 0 | 0 | 1 | 0 | 1 | 1 | 1 | 0 | 0 | 1 | 3 | 2 |
| 总数 | 2 | 3 | 4 | 4 | 2 | 2 | 2 | 3 | 1 | 2 | 11 | 14 |

### 三、研究发现和讨论

根据研究,大部分顾客来这家餐厅的理由就是吃饭。当然,除此之外,还有少部分顾客是来问候、点餐等的。而所有的互动都可以产生一种文化意识。观察表明,情侣来这里吃饭往往是为了正式和亲密的互动,同事来这里吃饭往往是随意的交谈。进餐的人群中,大部分人都能接受这里提供的饮食。

有一个受访对象是一个家庭,在另一个访问资料中显示他们是忠诚的客户,研究者问他们什么会常来这里用餐,父母回答说他们对伊斯兰教文化很感兴趣,而且想让他们的孩子接触另一种文化。当涉及汉人聚居区消费者的文化意识时,这个观察是很重要的,这表明消费者意识到了伊斯兰教文化,而且想要了解这种文化(见表 3-4)。

表 3-4　文化敏感度和意识度　男(n=57),女(n=53)

| 问题内容 | 强烈同意 | | 同意 | | 中立 | | 不同意 | | 强烈反对 | |
|---|---|---|---|---|---|---|---|---|---|---|
| | 男 | 女 | 男 | 女 | 男 | 女 | 男 | 女 | 男 | 女 |
| 食物反映了文化差异 | 5 | 5 | 35 | 32 | 7 | 7 | 10 | 9 | 0 | 0 |
| 当地的饮食文化被伊斯兰文化所影响 | 1 | 0 | 1 | 1 | 7 | 11 | 34 | 37 | 5 | 3 |
| 服务员的服务很好 | 24 | 21 | 31 | 24 | 2 | 0 | 0 | 0 | 0 | 0 |
| 价格合理 | 15 | 16 | 39 | 34 | 3 | 1 | 0 | 2 | 0 | 0 |
| 所提供的服务反映了伊斯兰教的文化价值 | 0 | 1 | 28 | 24 | 11 | 16 | 18 | 12 | 0 | 0 |
| 所提供的食物是真正的清真食物 | 1 | 3 | 14 | 17 | 31 | 22 | 10 | 11 | 1 | 0 |
| 来这家餐厅不只是为了食物还为了伊斯兰文化的体验 | 0 | 2 | 11 | 13 | 5 | 6 | 38 | 30 | 3 | 2 |

　　通过问卷调查收集资料,可以帮助验证观察和进行关于消费者文化意识的进一步分析。部分问题包括已被交叉变量列表分析的几个变量,分类标准如性别、膳食、教育、公司和职位,都可以用来检验他们和文化之间的敏感度关系。研究发现,性别和食物、文化信仰在某种程度上是相互关系的。总体来说,女性更易于意识到文化差异,并且她们对于伊斯兰饮食文化也比男性更加了解,但差距不大。例如,70% 的男性同意食物反映了文化差异,女性中也是70% 同意这一观点。当问到他们是否同意丽水当地的饮食文化已经被伊斯兰教的清真饮食文化严重影响的时候,差异才出现。26% 的男性同意这一说法,30%的女性同意这一观点。同样,当问到他们是否同意来这家餐馆的目的不只是食物还有文化体验时,19% 的男士同意这个说法,28% 的女性同意这个观点(见表 3-5)。

　　在一个相似的研究中,消费者进入某特定餐厅的日期和时间也影响着他们的消费行为和模式。来吃午餐和晚餐时段的消费者具有不同期望。通过观察和访谈,午餐时间会忙一些,主要是有一大群上班族和生意人来这里吃午餐,他们往往希望服务可以再快些。在调查的人中,53%是消费午餐的,其中,46%是蓝领阶层,他们只有很少的时间来享受午餐,他们希望得到快速的和可信赖的服务。和朋友或者约会对象来这里用晚餐的人则相反,他们想要的是不被打扰的一种安静氛围,并不介意服务慢一点,因为他们并不赶时间,大约47%的顾客印证了我们的猜测。

表3-5  文化的敏感度和意识度  低 Ed.(n=53),高 Ed.(n=57)

| 问题内容 | 强烈同意 | | 同意 | | 中立 | | 不同意 | | 强烈反对 | |
|---|---|---|---|---|---|---|---|---|---|---|
| | 男 | 女 | 男 | 女 | 男 | 女 | 男 | 女 | 男 | 女 |
| 食物反映了文化差异 | 4 | 9 | 24 | 33 | 16 | 10 | 9 | 5 | 0 | 0 |
| 当地的饮食文化被伊斯兰文化所影响 | 0 | 3 | 8 | 15 | 15 | 13 | 21 | 24 | 9 | 2 |
| 服务员的服务很好 | 15 | 22 | 35 | 31 | 0 | 0 | 3 | 0 | 0 | 0 |
| 价格合理 | 13 | 24 | 36 | 32 | 4 | 1 | 0 | 0 | 0 | 0 |
| 所提供的服务反映了伊斯兰教的文化价值 | 2 | 14 | 21 | 19 | 15 | 13 | 14 | 12 | 0 | 0 |
| 所提供的食物是真正的清真食物 | 3 | 11 | 19 | 14 | 26 | 23 | 5 | 8 | 0 | 1 |
| 来这家餐厅不只是为了食物还为了伊斯兰文化的体验 | 0 | 5 | 15 | 8 | 12 | 9 | 20 | 33 | 6 | 2 |

在这个案例中,大多数的消费者同意食物消费的确可以反映文化,这就表明中国南部汉人聚居地的人承认伊斯兰教餐厅和当地本土的餐厅相比而言是不同的。通过问卷调查和开放性访谈所得到的资料显示,大多数消费清真食物的顾客或多或少都对伊斯兰文化有一些了解。当被问到"是什么让当地本土的餐厅和清真餐厅不同"时,最典型的答案涉及拉面、炒面、刀削面、干拌面、烩面等特色面食和餐厅的气氛等。

当被问到"你在清真餐厅最喜欢的三种东西和三种最不喜欢的东西是什么"时,最多的答案分别是欢乐时光、服务和食物、氛围;等候时间长,交通,客人声音太吵。这些答案是当地本土餐厅和民族餐厅都有的特点,这表明,无论是民族餐厅影响了当地饮食文化还是反之,他们最终都会被本土化。正如引言所讲的那样,清真食品是混合了其他饮食文化的产物,正宗的清真餐厅所使用的调味料和干辣椒是非常辛辣的,而丽水当地人的饮食通常都是比较清淡的,所以在这一地区的清真餐厅都会减少辣度,或者由客人自行调味(见表3-6和表3-7)。

表3-6 访谈反应:餐厅特色(男士 vs 女士)

| 问题 | 男士 | 典型回答 | 女士 | 典型回答 |
|---|---|---|---|---|
| 你认为这家餐厅和其他典型的当地本土餐厅的不同之处 | 只提供清真食物 | 9 | 可以选择保持身材的食物 | 6 |
| | 具有伊斯兰文化气氛 | 9 | 工作人员服务态度良好 | 5 |
| | 拉面、炒面、刀削面、干拌面、烩面有特色,着民族服饰的服务人员 | 14 | 味道合适 | 4 |
| | | | 装修风格 | 4 |
| | | | 着民族服饰的服务人员 | 3 |
| 说出三样吸引你来这家餐厅的东西 | 可选择在餐厅用餐或带走 | 8 | 靠近商业街/地点好 | 4 |
| | 靠近商业街/地点好 | 7 | 民族特色的装修风格 | 3 |
| | 合适的食物分量 | 5 | 价格合适 | 2 |
| | 民族特色的装修风格 | 5 | 与友人逛街的绝佳地点 | 2 |
| | 价格合适 | 5 | 合适的食物分量 | 3 |

表 3-7 **访谈反应:喜好和厌恶(男士 vs 女士)**

| 问题 | 男士 | 典型回答 | 女士 | 典型回答 |
|---|---|---|---|---|
| 你最喜欢这家餐厅的三点是什么 | 欢乐时光 | 8 | 欢乐时光 | 5 |
| | 节日氛围 | 7 | 食物和服务 | 5 |
| | 适合各类人群 | 9 | 干净 | 4 |
| | 食物和服务 | 6 | 邻近商业街 | 4 |
| | 现做的各类面点 | 6 | 民族特色的装修风格 | 2 |
| | 好客 | 6 | | |
| | 民族特色的装修风格 | 4 | | |
| | 干净 | 4 | | |
| | 交通方便 | 5 | | |
| | 临近商业街 | 2 | | |
| 你最不喜欢这家餐厅的三点是什么 | 客人多时要等很长时间 | 7 | 有时顾客声音较大 | 5 |
| | 有时顾客声音较大 | 6 | 服务并不总是最好的 | 3 |
| | 停车不方便 | 4 | 客人多时要等很长时间 | 3 |
| | 炒菜类分量偏小 | 3 | 停车不方便 | 3 |
| | 服务并不总是最好的 | 3 | 有几张桌子挨得太近不是很舒服 | 2 |
| | 食物太辛辣 | 2 | | |
| | 有几张桌子挨得太近不是很舒服 | 2 | | |
| | 语言障碍 | 1 | | |

109

**学习思考题**

1. 民族志和扎根理论的框架、局限性是什么？它们是如何发展起来的？

2. 民族志研究方法的优势和作用是什么？

3. 民族志研究中存在哪些问题及争议？

4. 在工商世界中，民族志研究适用于哪些领域？

5. 通过对本章案例的学习，你有哪些收获？我们应当如何从人类学的角度来理解和分析本章案例？

# 第四章  市场营销中的文化因素

**本章摘要**  中国加入 WTO 以后,对外贸易往来越来越频繁。跨国企业之间的合作已经成为我国市场贸易的重要组成部分。文化作为一个重要的影响因素,已经渗透到营销行业的各个环节中。互联网的快速发展以及跨国、跨民族贸易往来频率的增加,不同文化之间的碰撞与冲突,使得传统的营销方式已经不能满足当今时代的要求,将文化因素加入营销方式的考量已经变得刻不容缓。文化产品作为文化的主要表现形式,包括旅游产品、影视产品等,其所蕴含的理念及本质内涵,对市场营销的影响越来越大。本章通过梳理文化及文化产品相关理论的人类学分析,包括文化与文化产品的内涵,文化产品的分类、特性等,重点阐述文化产品的市场营销策略以及市场营销中的文化因素,包括消费主义文化,强调现代社会的市场营销实践,无法脱离文化背景进行,否则,必将导致营销失败。

## 学习目标

1. 学习和了解人类学领域中的文化以及文化产品的内涵。
2. 学习和了解文化产品的分类及特性。
3. 学习和了解文化产品市场营销策略的特殊性与可行性。
4. 学习和掌握市场营销中存在的文化要素。
5. 学习和了解消费主义文化及其与品牌营销的关系。

## 引　言

不同的领域对于文化有着诸多不同的定义。文化的核心包括传统观念、信仰、偏好、习惯,等等,既是人们的社会行为之产物,同时也是人们进一步行动的条件①。文化是由一系列符号所组成的,这些符号反映了人们外在的或内隐的行为模式,人们可以获取并传播这些组成文化的符号,来实现不同的文化成就,正如人们在物品制造方面的成就一样②。更具体地说,文化是在给定的时期内,特定群体所持有的传统价值观和传统信仰、观念、习俗、技能、艺术和语言等,为人们提供了一种对行为可接受与不可接受的标准。

人类学家认为文化具有两层含义:1) 进化的人类能力,指用符号对实践经历进行分类,也指人类想象和创造行为的能力; 2) 不同的生活方式:生活在不同地区的人们用独特方法把经历分类和表现出来,并采取创造性的行动③。

在人类学视野下,文化被广泛地运用于商业的不同领域。对创业者而言,具备总体上对文化价值观的良好理解及个体上个性化的文化特色,能够在国际市场和经济全球化中获得成功。反之,误解文化将对个人发展、组织效用及利润获得产生反作用。文化因素会影响人们的购买动机、品牌理解、态度以及购买意愿。理解并熟悉来自世界不同地方的文化及其表现形式,才能提高企业经营业绩,从而提高利润④。

## 第一节　人类学视角下的文化与文化产品

### 一、人类学视角下的文化内涵

在人类学家看来,文化是整合了价值观、信仰和行为准则的社会系统。文化差异是一个社会与另一个社会之所以不同的根本性因素之一。人类学,特别是文化人类学,旨在寻求理解世界各国人为何以及有怎样的相同与不同。文化人类学成果,为我们提供了理解世界巨变的思维和行动依据,其文献记录则为我们提供了解决跨文化问题的不同方案。人类学家不仅能够记录、识别

---

①Matsumoto D, Juang L. Culture and psychology[M]. Canada:Nelson Education, 2016:22-58.

②Kroeber, A. L. and . Kluckhohn Culture: A Critical Review of Concepts and Definitions[M]. New York, NY: Vintage Books. 1952:38-190

③Pettigrew, A. On studying organizational cultures[M]. In J. Ban Maanen (ed.). Qualitative Methodology. Beverly Hills, Calif.: Sage.1979:88.

④Hofstede, Geertz.Cultural Consequences[M].Newbury Park, CA: Sage Publications.1980:210.

和描述人类文化的多样性,而且能发现不同文化背景下的规律性事件①。

传统定性研究方法,具有灵活性及可重复性,对致力于处理质量和文化领域复杂问题的研究者来说,不仅仅是一组资料的搜集,更能帮助其从被观察者的角度去理解事实、活动、规范和价值观,发现意料之外的重要课题②。人类学家将定性研究作为主位研究方法,强调现象背后的环境以及造成这种情境或影响的原因。与此同时,也使用一些结构化的数据搜集技术去研究文化,包括自由排序、堆积分类和等级排列等方法,获得可量化的数据。人类学家使用文化共识分析来识别享有同等价值观的群体,它同样适用于研究组织文化③。

鉴于文化在人类学中所具有的核心作用,我们必须对其有一个特别定义。必须关注符号、语言、信仰、理想、意识形态和神话所产生的持续的组织维持能力,以便了解个人和团体的行动和承诺。然而,对组织文化的核心元素和属性尚不能达成统一的定论。在组织文化概念认知结构中,组织成员头脑中的产物,是一套共享的意义和符号。例如,泰勒所描绘的由"心理现象"组成的文化,承载的就是头脑中存在的主要文化。这也同拉尔夫·列昂·比尔斯(Ralph Leon Beals)和哈里·霍吉尔(Harry Hoijer)"文化是行为的抽象"这一观点相一致④。埃德加·沙因(Edgar H. Schein)的文化基本假设模式为我们提供了一个了解组织的更好的视角,认为文化是"感知、思维、感觉和行为"。

文化人类学家认为,"拿来主义"角度下的文化是一个结果,包括客观和直接观察到的现实。研究人员的任务就是在特定模式下,识别一个或多个方式的组织做法,这就是文化。从"拿来主义"的角度来看"视觉观察"的诠释,可以增加我们对文化的理解,研究处在我们周围的对象,提供关于研究对象在民众与社会所处位置的独特见解。作为一个社会的价值观,文化不仅是一种社

①Ferraro, Gary P. The Cultural Dimension of International Business[M]. Upper Saddle River, NJ: Pearson Prentice Hall.2006:120.

②Walle, Alf H. III. Qualitative Research in Intelligence and Marketing[M]. Westport, CT: Quorum Books.2001:280.

③Weller, S. and A. K. Romney.Systematic Data Collection[M]. Newbury Park, CA: Sage Publications.1988:90-120

④Beals, R. L. & Hoijer, H. An introduction to Anthropology[M]. New York: Macmillan. 1953:210.

会的装饰,也是各种组织环境中现实存在的事物①。

对于人们在一个组织范围内的行为,人类学家需要从文化的两个角度获得最终见解。理想主义的学者认为,文化是认知结构,是指示思想的"实践",需要组织成员关注。然而,对"拿来主义"学者而言,文化是要寻找一个逻辑,寻找一种凝聚力以整合无数观察到的行为模式。也许能够根据有关组织的文化进行推论。通过将文化视为一种认知过程,对文化就会有更清楚的理解,能够推论出组织中出现的任何行为模式是否反映组织的倾向。因此,为了理解具有丰富性和复杂性的文化以及组织文化的精髓,我们必须充分考虑各种因素,包括有形的物品和无形的思维和行为模式。

由于文化是由许多要素组成的,其构成过程是从无意识到有意识的连续过渡分层的过程,具有很强的主观性,因此不适合标准化的评估方法。在这种情况下,组织内公开的行为和实物证据,可能并无足够的文化信息。文化资料难以获得,为此,人类学家运用民族志研究方法来深刻地理解文化内涵。

## 二、人类学视角下的文化产品

文化产品是满足人们精神需要的物品,不仅源于个体的欲望与快乐,同样也源于集体的、共享的经验②。文化产品将物质和政治等多重利益集于一身,服务于不同的意识形态,便于认识和了解世界生产出的各种强有力的形象、描述、定义和参照背景,含有艺术性、文化性,包含了教育与学习、交际与情感、娱乐与消遣等多方面的产品,具体表现为传媒、书籍、游戏、音乐、影视等艺术产品。在一定的社会关系和规范体系中,人们通过文化产品的语言和符号等表现形式来进行精神要素的交流,从而得到精神层面的沟通和共鸣。文化产品作为现代社会不可或缺的一种价值观念导向的物品,在产品的种类、式样和用途上反映着消费者的内心需求及价值观念③。

---

①Keesing, R. Theories of culture[J]. Annual Review of Anthropology, 1974(3):73-97.

②Yoon S H, Hong H. The development of cultural products and textile designs with the patterns of Jeju Choga[J]. The Research Journal of the Costume Culture, 2015(1): 45-62.

③Chen Y, Zheng X, Tong X. The Export of Hangzhou's Cultural and Creative Products (Services) and Its Development Overseas[M]. Transactions on Edutainment XI. Springer Berlin Heidelberg, 2015: 209-221.

### 三、文化产品的特性

（一）文化特性与审美特性

文化产品具有多种特性，其中文化特性、审美特性是其最重要的特性，并且其最突出的功能便是文化功能。审美作为文化的基本属性，蕴藏在以文化为基础衍生出来的文化产品里[①]。以民族歌舞为例，民族文化产品中所保留的民族元素塑造了民族文化产品的特别美感。自然、朴素、原生态是少数民族歌舞产品的共同特征，也是民族歌舞与众不同的特征。

（二）阶级性

文化产品作为商品经济发展的产物，从形态、语言、样式等方面均反映出各个阶层的特点。任何一个阶层的文化产品都有其象征性的符号，反映了各阶级的生活习性、价值理念、文化背景[②]。例如，具有不同立场和文化的社会主义和资本主义社会，其文化观念无形地影响着经济社会发展和人们生活的方方面面。每个民族、国家的文化产品都有自身的文化阶级性，我们必须尊重别人的文化，充分认识到自身文化产品的独特性和发展前景，不断努力提升文化产品的质量，进一步加快提升国家文化软实力。

（三）传承性

随着历史的发展，文化本身的稳定性使得新的文化产品在原有文化产品的基础上对其进行批判地继承，即文化产品具有传承性，在继承中发展，在发展中继承。在一定的社会群体中，文化产品使人们对所处的环境和周围的事物进行反思，蕴含着影响精神生活的思想和道德观念[③]。在一定程度上，文化产品能够体现时代的价值观念与潮流。比如我国古代许多精美的工艺品：汉朝的马踏飞燕、唐朝的唐三彩、清朝的宫廷瓷器，经过历史的积淀传至今天，这些历史文化产品让我们领略到了中国人民的智慧和积极的精神面貌。在英国，古老的教堂不管是否已经塌陷依旧被尽心保护着，体现了他们的崇古观

---

①曲如晓，杨修，刘杨. 文化差异、贸易成本与中国文化产品出口［J］. 世界经济，2015（9）：130—143.

②冯子标，王建功. 文化产品、文化产业与经济发展的关系［J］. 山西师大学报（社会科学版），2008（2）：91—94.

③Clarke D. Theorising the role of cultural products in cultural diplomacy from a cultural studies perspective［J］. International journal of cultural policy, 2016（2）：147-163.

念。文化的传承性使文化产品具有相同的功能,将文化产品进行推陈出新,根据不同的历史定位对其定价,能够为文化市场创造巨大的利润。

(四)创造性

文化是影响一个社会创造力的主要因素,文化产品是一种精神性产品,能够给人们带来精神上的愉悦和享受。人们总是对新鲜事物充满好奇,所以我们必须不断地创新,产生新的想法和创意,打破固有的思维方式,形成可替代性较小的文化产品。只有不断地赋予文化产品鲜活的血液,才能满足消费者的需求。

(五)价值增值性

文化产品作为一种无形产品,其价格本身并不完全取决于价值的内在因素,除了固有价值外,它还受到效用、消费者需求、价格弹性等多种因素的共同影响。因此,文化产品的使用价值不同于一般商品,可分为隐性价值和显性价值。在物的外壳下,消耗的时间和成本能够被感知,是显而易见的,这是文化产品的显性价值。而思想价值、艺术价值、愉悦价值和审美价值等很难通过有形的物品表现出来,但又是客观存在的,只能通过消费者的主观进行评价和体会,所以它是一种无形价值,称之为文化产品的隐性价值。

实际上,隐性价值才是文化产品的根本价值所在,其文化的传承性使其价值不但不会被消耗掉,反而还有增值的空间[①]。例如,欣赏一部电影后,电影自身的价值在传播的过程中不但不会被损耗,在今后重温电影的时候,消费者会对电影本身所传达的信息进行再次思考,产生新的体会,其价值不但没有降低,反而在多次观看电影后会有提升。

(六)易传播性

文化产品具有明显的知识溢出性,它所具有的类似准公共物品的不完全排他性对其传播起到了重要的推动作用。以书籍为例,书中的内容可以通过口头传播等间接传播方式,使不同的接受者获得相应的知识或感受。同时,书籍本身的传递也能使该文化产品的实质和价值得到广泛的传播。尤其是在电子技术发展迅猛的数字化时代,网络文化共享对文化产品的传播做出了巨大的贡献。

---

①游涛. 文化产品隐性价值评价研究[D]. 北京:燕山大学.2012.

（七）易复制性

文化产品另一个突出的特点就是其易复制性。由于文化产品前期投入的成本可能很高，但边际成本相对较低。生产商以及盗版商对于利润的追求，在文化产品的传播过程中，进行大量拷贝，影响了开发商和正常的经济秩序。防止盗版产品以低廉的价格迅速占领市场，要求文化产品供应商制定合理的价格使消费者有意愿购买正版产品。

**四、文化产品的分类**

为了适应人们解决事物与问题的特定需要，相关学者从不同的理论切入点对文化产品进行不同范式的分类，包括物理分类、社会分类和经济分类等。不同的分类范式，又可以具体化出或多或少的分类层次。重要的是，这些不同的层次并非界限分明且相互独立，它们形成了一个相互交叉与重叠的网络，使同一个文化产品，可以被不同的分类范式和层次所覆盖[①]。

（一）物理分类范式

从物理角度来看，文化产品可以分为有形产品和无形产品。有形产品作为某些活动或劳动的结果，是通过商品或其他物化形式而得到的文化产品，其使用价值可以同生产者分离而独立存在。无形产品表达了一切不是以物化形式来体现并提供服务的文化产品，它又可分为两类：一类是我们虽然已经接受了它的服务，却没有留下任何可以捉摸的、同提供这些服务的生产者分开存在的结果。如一个歌唱家的服务。人们享受到的只是同歌唱家本身分不开的活动本身，他的劳动即歌唱一停止，享受也就结束。另一类是以象征要素为其存在基质的文化产品。诸如经长期文化要素的积淀或信誉凝练而成的"品牌"、借用某个象征符号来表达的"民族精神"或"团队精神"等[②]。

文化要素能以时尚改变、品牌塑造等多种形式，对经济产业的兴衰、产品价格的升降等发生基础性的影响，无形文化产品之根，深植于社会普遍的经济活动中。无形文化产品的这一功能，使各种文化产品所表达的形象或象征、所内蕴的感情和心理结构，都已经成为经济领域不可或缺的组成要素。在现代生活中，经济或生产领域与意识形态或文化领域已不能分离，文化产品的生产已融入到普遍性的商品生产之中。文化产品的生产既是一种意识形态的活

---

①②陈庆德. 文化产品的分类分析[J]. 江海学刊, 2007(3):99—105.

动,也是一种经济活动,或许还是一种最重要的经济活动。

(二)社会分类范式

从文化产品为社会提供服务的方式和功能来看,社会分类范式将文化产品分为"物质产品"和"精神产品",由此从不同的侧面再度指认了不同文化产品的社会性质。

(三)经济分类范式

文化产品的经济分类范式可以形成产权关系、产品供给和运营等基本的分类层次。在产权关系的层面上,确定不同文化产品的供给源流,不同文化产品供给者的身份,将不同的文化产品可以归属为个体(私人)产品、共有产品与公共产品三种主要类型①。在产品供给层面上,不同的文化产品可以区分为生产性产品和服务性产品两大类。作为生产性产品,文化产品为消费者提供了一个商品形式的物质对象②。书籍、美术、文物或邮币卡、音像产品等,或者说,凡为陶冶教化、欣赏收藏以及娱乐消遣所提供的用品,都是生产性文化产品的典型代表。但生产性文化产品的范围并不仅限于此,它可以对更多的一般物质产品进行文化意义的追加和渗透,如茶、花、蜡染、刺绣等产品,使其凭借文化的渗透或覆盖,获得了"文化产品"的意义,转化成文化产品的存在。

# 第二节 文化、文化产品与市场营销

文化是一个国家的软实力,而文化产品则是文化的重要载体。中国只有大力支持文化产业的发展,促进文化产品出口,把我们悠久灿烂的文化展示给世界,才能让世界认识和了解一个真实的中国形象。

## 一、文化与营销行为

人类作为群居动物,生物因素、遗传因素、心理和环境因素等都会影响人类行为。然而,文化的因素发挥了比其他影响因素更重要的角色,影响人类生活的各个方面。文化既包括态度、价值观、信念、意见、行为等主观因素,也包括服饰、食品、器皿、建筑等客观因素,它不是一个静态的实体,而是不断发展

①②Meza X V, Park H W. Globalization of cultural products: a webometric analysis of Kpop in Spanish-speaking countries[J]. Quality & Quantity, 2015(4): 1345-1360.

变化的,实际上是指一种文化差异下的不同行为模式或者说是具有不同生活方式的人在不同时期的行为。文化提供了对人类生活规则的解释,告诉人们如何互动,如何共同工作和发挥彼此作用,有利于规定个人应当做什么。人们为了生存在其生活环境中,需要文化进行跨代沟通。此外,文化允许行为创造和约束①。

人的行为往往是复杂的。行为学家丹尼斯·奥尼尔(Dennis O'Neil)博士认为,只有分清理想上的不同、实际上的不同和感觉上的不同之间的区别,才能理解各种不同情况下个体之间的相互作用。在奥尼尔博士看来,理想的行为是做他们认为应该做的事,和想要别人相信他们正在做的事情。实际上的行为是人们正在做的事。在日常生活中,理想的行为和实际的行为往往不同。例如,在北美,许多丈夫认为他们大约要做一半的清洗和维护家里清洁的工作,但他们的妻子可能会否认这一说法。这是否意味着,丈夫不说真话? 对此,奥尼尔的答案是"没有",它通常意味着丈夫的看法,他们正在做什么。人类学家不仅有兴趣研究实际的行为,理想的行为模式也代表着社会和文化对人的影响意义②,也是人类学家的兴趣所在。

在文化的定义和描述框架内,对社会群体界定的关键问题是微观分析观察和对个人行为的解释,是否可为制订有关宏观层面的推论提供依据。伊万·阿莱尔(Yvan Allaire)和米哈埃拉·费瑟洛图(Mihaela E Firsirotu)提出了"部分复制的概念",指社会中不同个体的世界观可能相同,形成其世界观的因素之间相互作用并共同发展③。因此,个体间行为的一致性,可能会被视为共同聚集在群体水平之上的认知结构(信仰、观念、价值观)指标。个体间行为和组织间行为的一致性则在事实上表现为组织文化。

一些学者认为,鉴别个体行为是否属于其所在的组织文化,需要两个及以上的人表现出该文化某元素,即它是否关系到他人的行为,是否是一个有机的整体。这种推断,提供了理解文化的概念手段,对于理解组织的"文化",概括

---

①Matsumoto, David. Culture and Nonverbal Behavior[M]. in Manusov, V., & M. Patterson (eds.). Thousand Oaks, CA: Handbook of nonverbal communication.2006:219-236.

②田广,周大鸣.工商人类学通论[M].北京:中国财政经济出版社,2013:173—174.

③Allaire, Y. & Firsirotu, M. E. Theories of organizational culture[J]. Organizational Studies, 1984 (5):193-226.

组织的文化和预测组织的行为十分有意义,但没有一个人类学家需要这些现实的"文化承诺"①。

有些学者对文化的讨论常常超越学术范围。例如,霍夫斯泰德对文化的讨论就属于非学术理论,他对 IBM 公司进行的跨民族和跨文化界限的实际问题研究,旨在解决美国老板和沙特员工的关系问题②。人类学家往往将文化的概念作为一个群体水平的现象,在这个意义上,"共享"是一个社会系统成员间的共识。克利福德·格尔茨(Clifford Geertz)写道:我信奉的文化概念在本质上而言是一个符号。与马克斯·韦伯(Max Weber)对文化的解释意义一致,人类是生活在网络中的动物,文化就是那张网③。

格尔茨"意义网络"代表一种对个人行为的解释,为了在更广范围内了解这一过程,托马斯·彼得斯(Thomas J. Peters)和罗伯特·沃特曼(Robert M. Waterman, Jr.)提出了"强文化"概念,可以作为衡量组织内部之间的企业文化强度和集体连贯性强度的指标④。由于文化轨迹等文化问题,必须在组织层面上进行分析和发现,所以文化经常被描述为一个组织层面的现象。一些研究人员认为,"当地人"是一个特定的文化观察对象,二人以上的组合,即为群体或组织。同样,一些人认为组织部门中可能会存在代表基层集体的亚文化。因此,要充分认识人类行为,最终会追溯到对个人行为水平的分析⑤。

我们同意哈·马里阿颇斯基(Hy Mariampolski)的理念,将文化的重要性作为对人类行为进行描述和分类的准则,用于解释个人的选择结果。文化上物质和非物质的人类经验,是所有人类集体行为的基础。人类学家认为,文化行为是同一群组中成员相关活动的总和,无论是否实际,是否以目标为导向,是否有感觉或神秘。人们基于智力或情感的理解,对所有人类的行为和个人

---

① Whilte L.A, The Concept of Culture, American Anthropologist, 1959(1):227-251.

② Hofstede, Geerz. Cultural Consequences, Newbury Park, CA: Sage Publications. 1980.

③ Geertz, C. The interpretation of culture[M]. New York: Basic Books, 1973:137.

④ Peters, T. J and R. H Waterman. In Search of Excellence: lessons from America's best run companies[M]. New York, NY: Harper and Row Publishers 1982.

⑤ Dansereau & Alutto. In Organizational Climate and Culture[M]. Edited by Benjamin Schneider. San Francisco, CA: Jossey-Bass. 1990:217.

在日常生活中使用的工具均可定义为文化①,其含义指有意义的决策过程。

## 二、文化产品与市场营销

突出产品特色,强调产品功能是市场营销的主要工作,因此基于产品的立场,文化产品的市场营销活动,需要以文化产品的特性与功能为导向,并且把文化和审美作为主要的价值取向②。如前文所说,文化产品是在社会文化资源基础上开发出来的,具有市场性与非市场性、价值的非消耗性、效用和价值难以估量等特征。

对文化产品的市场营销,和其他产品一样,需要根据自己的目标顾客需求特征来调整自身的定位,并在产品、价格、渠道和促销等市场营销环节进行相互协调,使各个环节围绕顾客需求进行活动。顾客对文化产品的价值需求便是文化产品市场营销所需要强调的价值取向。对文化产品的消费实际上是对其文化内涵的消费,因此在文化产品的市场营销中必须强调文化产品的文化性,把文化作为市场营销的主要价值导向,才能使潜在的目标消费者对产品产生清晰的认知,以此来满足消费者对文化产品的文化价值需求,促进文化产品的市场营销活动顺利进行。

## 三、旅游文化产品的市场营销

旅游产品是旅游业者通过开发、利用旅游资源,提供给旅游者的旅游吸引物与服务的组合。旅游产品作为一种文化产品,在具有文化产品的所有共性的同时,也具有自身的个性。旅游产品具有如下的特征。

### (一)综合性

旅游产品的综合性是由旅游活动的性质与要求决定的,表现为它是由不同的旅游对象资源、旅游设施和旅游服务构成的,不仅包含了劳动产品,也包含非劳动的自然创造物,既有物质成分,又有社会精神成分,是一种组合型产品。旅游是一种综合性的社会、经济、文化活动,其主体是旅游者,不同旅游者的需求是有差异的。在市场经济条件下,旅游业者为了满足旅游者的多种需要,经营旅游产品而获取利润。因此,旅游产品包含的内容必然十分广泛。

---

①Mariampolski, Hy. Ethnography for Marketers: A guide to consumer immersion. Newbury Park, CA: Sage Publications.2006:16-156

②余佳. 文化产品价值探讨[J]. 商场现代化, 2011(3):138—139.

（二）不可贮存性

旅游产品没有独立于消费者之外的生产过程，而是通过服务直接满足旅游者的需要。因此，只有旅游者购买它并在现场消费时，旅游对象资源、旅游设施与服务的结合才表现为旅游产品。如果没有旅游者的购买与消费，旅游对象资源、旅游设施与服务就不能实现这种结合，也就不是旅游产品。可见，旅游产品的生产、交换与消费具有同一性以及不可贮存性。

（三）不可转移性

旅游者交换旅游产品后，得到的不是具体的物品，而只是一种感受或经历。不同于物质产品可以运输并在交换后发生所有权转移，旅游者购买旅游产品，得到的并不是旅游对象资源或旅游设施本身的所有权，而是"观赏和享用"或"操作和表现"的权力，获得的是一种"接受服务"和"旅游经历"的满足感。在旅游活动中，发生空间转移的不是旅游产品[1]，而是购买旅游产品的主体——旅游者。旅游产品的流通不是以物流形式而是以其信息传播以及由此而引起的旅游者的流动表现出来的，因此，旅游产品具有不可转移性。

**四、旅游产品市场营销策略**

（一）细化目标游客群，深化原有产品种类

重视性别的差异，针对男性游客购买旅游产品较少的情况，对旅游产品进行从外观到性能上的转变，提升产品的实用性[2]。面对年龄的差异，以年轻人追求时尚，中年人追求舒适为产品改造的核心，不仅应注重旅游产品的包装与感官刺激，还要注重扩大老年市场，开发具备老年人养生保健功能的相关产品。针对收入的差异：以就近加工为契机，让依靠政府财政拨款建立的手工作坊对产品进行原始加工，从而满足低收入人群购买力；而对于收入较高的游客，则采取对产品在原始加工的基础上，使产品具有"质量好，品质好，包装好"的特点，来为满足高收入游客对旅游产品的购买需求。

（二）组合产品优势特点，开发淡季旅游产品

在购买文化产品时，使游客可以现场观看其制造过程，不仅有助于加大产

---

[1]陈晓磬，章海宏.社交媒体的旅游应用研究现状及评述[J].旅游学刊，2015(8)：35—43.

[2]Chon K S. Traveler destination image modification process and its marketing implications[C]. Proceedings of the 1990 Academy of Marketing Science (AMS) Annual Conference. Springer International Publishing, 2015：480-482.

品的附加值,同时也使得产品的文化优势得到组合。

（三）规划产品市场分区,灵活旅游机构运作模式

市场管理部门应该提供资金和技术支持,根据旅游地的建筑模式和游客的游览方式,将各类产品进行区域划分,安放标志,使游客对各类商品的分区一目了然,节省购买商品的机会成本①。同时,旅行机构作为中间商,合理规划旅游时间行程,改变旅游机构传统的运作模式,灵活其运营机制,也是一种必要的手段。

（四）加大政府招商力度,完善产品市场建设

加大政府招商力度,吸引更多的投资者参与旅游地的市场管理,有助于改善旅游地整体形象,提升产品市场的等级,最终服务于市场买卖。

**五、影视文化产品市场营销**

影视文化作为国家软实力的一部分,必须重视对其的市场营销活动。在如今的信息时代,丰盈的信息扩充了影视文化的选材内容和播出形式,影视市场也逐渐由内容、形式等的竞争上升为营销模式的竞争。

影视产业作为传媒业的主要经济支柱,在现今传媒市场中占据重要的席位。如何抓住消费者心理,在影视产业发展的各个时期采取相应的营销策略是影视营销业立于不败之地的重要手段②。由于我国传媒产业主要是以政府政策为导向性的特殊事业性部门,因此,我国影视产业也具有一定的中国特色,如电视节目内容等必须通过国家广播电视总局的审核才能进行拍摄和放映,具有较强的政策导向性。但是,信息时代的消费人群对这种本土特色并不认可,而这却带动了互联网影视产业的发展。互联网无疑是影视产业发展的新契机,如何在错综复杂的网络中,使影视产业健康发展是现在影视营销需要考虑的关键问题。

①Leibold M, Seibert K. Developing a Strategic Model for Branding South Africa as an International Tourism Destination, with Special Consideration of Multicultural Factors[C] Proceedings of the 1998 Multicultural Marketing Conference. NY: Springer International Publishing, 2015: 45—47.

②曹永芬,靳俊喜.文化与审美:民族文化产品的市场营销价值分析[J].贵州民族研究,2015(2):154—157.

#### 六、影视产品营销策略

##### (一)产品认知策略

产品认知是影视产品进入大众视野的先导,以电影、电视剧为例,通常由先导片吸引观影受众,主要内容包括影视作品中的精彩花絮、动人情节。节奏紧凑、画面精美的预告片可以说是影视营销的良好开端,能够为影视产品带来广大受众。

##### (二)抢占市场策略

低价高效的推广费用是每个影视作品抢占市场的主要手段,其主要目标是先发制人,以迅雷不及掩耳之势进入人们的视野,迅速渗透市场,抢占先机以博得较高的市场占有率,从而快速打响影视作品的名号。抢占市场除了依靠强大的演员阵容、引人入胜的情节等硬件条件,更主要的是观众的口碑。

##### (三)强强联盟策略

类似于其他产品的市场营销,渠道的选择是取得成功的关键因素。将实力强大的企业与平台进行连接,形成强强联合效应,从而达到双赢局面。

##### (四)话题营销策略

话题营销是影视营销的常用手段,影视作品的话题热度在某种程度上能够反映影视作品的收视率。创造话题热度是影视作品宣传期的重要手段,尤其是炒作,虽然屡见不鲜却屡试不爽。戏里戏外真真假假的绯闻往往是炒热影视作品的重要宣传手段。

## 第三节　市场营销中的文化因素

由于文化的多定义及无边界,使得在跨文化营销理论甚至是所有涉及文化研究的学科,都难以对文化要素进行划分。在市场营销领域,目前的研究成果显示,与营销密切相关的文化要素包括:价值观、行为、语言、物态形式[①]。

#### 一、价值观

价值观表现在市场营销领域,称为市场营销价值观,是指以消费者需求为导向、以顾客满意为依归、以社会责任为使命,注重满足企业战略利益和长远

---

①杨鼎新,石葆龄. 跨文化市场营销研究的几个基本问题[J].开发研究,2003(5):63—66.

利益的一种现代经营思想。其核心所在是从消费者需要和利益出发来考虑和组织企业的全部生产、经营活动,实现企业的合理利润①。包括两方面:一方面是营销者的价值观,包括经营思想、营销理念及基本的思维方式;另一方面是消费者的价值观,包括指引其购买和消费的意识、态度和对价值的评判。与传统的经营观相比,市场营销顾客价值观突出表现为顾客的需求原则和满意原则。主要包括以下几个方面。

（一）对顾客消费需求的尊重

在市场营销的价值观中,不符合顾客需要的产品和劳务,就是产品没有准确的市场定位,是一种无效的经济活动。所以,对产品用户没有确切把握的情况下,就把产品漫无目标地撒向市场的经营方式不符合市场营销的顾客价值观。它提倡在了解和把握顾客需求的基础上,生产和销售适销对路的产品,主张企业要进行市场调研和预测,并根据顾客的需要与欲望、购买行为和购买习惯等方面的差异,进行市场细分,确立目标顾客②。在找到合适的目标顾客后,再依他们的需求、愿望、品味、消费心理、习惯及购买能力,进行产品的开发、设计、生产、定价、创立品牌和销售。

（二）对顾客权益的尊重

市场营销的价值观,具有明显的权利意识,它要求商家要尊重顾客的知情权和选择权。一方面,顾客对所购买商品的质量标准具有知情权,包括其所购买产品的构成成分、时效、功能及各项技术指标。凡是没有明确使用说明的产品或不符合国家技术指标的产品,一律是不合格的产品。所以,把竞争策略定位在顾客知情权的保护上,采取咨询服务、透明价格、现场制作等举措,无疑是企业营销的突破;另一方面,顾客对其选购的商品,具有自主、自愿的权利。商家的所有服务,要在不妨碍顾客自由挑选的条件下展开,做到买产品、退产品、不买产品都一样尊重顾客的选择意志。

（三）令顾客满意

以顾客为导向的市场营销观,摆正了企业与顾客的相倚关系,使企业员工切实认识到"顾客是上帝"的原则。即是顾客给企业为其服务的机会而给予企

①王淑芹. 市场营销价值观探析[J]. 中国工业经济, 2000(4):70—73.
②王彤. 电商平台针对消费者需求的营销策略分析研究[J]. 经济管理(文摘版), 2016(8):170.

业恩惠。抱着回报顾客的感恩心,把顾客满意与否作为是否工作的准绳、如何工作的尺度①。所以,导致顾客不快、不悦、懊悔的经济行为,是失败的,对企业和顾客都是一种负价值;"为顾客提供尽善尽美的服务",使顾客达到100%满意的商业行为,是经济价值和社会价值最大化的行为。

**二、营销价值观与行为**

在传统的经营观念中,销售是企业经营活动不可或缺的一部分。在组织销售活动时,企业只是在既有的产品基础上,重视销售策略和方法,仅仅把销售理解为商家与顾客交易的过程②。买卖的成交,意味着企业与顾客的经济关系的了断。在现代市场营销观念中,销售不是企业经营活动的最后一环,将销售理念融入到产品的开发、设计、生产阶段里,以顾客需求为导向进行生产,形成产品的自我销售能力。最重要的是,商家与顾客的经济关联,并不是随着交易环节的完成而终止,反而进一步确定和加强了。在交易环节完成后,企业要组织市场调研和咨询服务,了解和搜集顾客对所购买产品的意见和要求,以便改进产品和服务;另一方面,企业要为顾客提供各种售后服务项目,扩大产品的附加值,如免费送货、上门保养和维修、技术培训、无障碍退货等。所以,在现代市场营销的价值体系中,销售是为特定顾客服务的开始,为顾客提供完备的服务是企业的应尽之责。

营销价值观反对不履行服务承诺或服务措施不完备的纯粹销售观。正是在市场营销价值观的驱动下,许多商家提出了"没有服务就没有销售"的价值原则,并为顾客提供各种实效服务。

市场营销领域中的行为是指在价值观作用下,企业和个人在购销中的活动表现,包括行为动机、行为方式及行为影响因素以及与企业行为相关的组织和制度。消费者行为作为市场营销行为的主要构成部分③,主要包括三个方面:其一,消费者行为是一个过程,而不是发生在支付时的一瞬间行为;其二,消费者行为是在两个或两个以上的人或群体之间进行的,有价值事物的自愿

①任禹丞. 试论现代市场营销观念[J]. 赤峰学院学报(自然版),2016(1):128—129.

②Anker T B, Sparks L, Moutinho L, et al. Consumer dominant value creation: a theoretical response to the recent call for a consumer dominant logic for marketing[J]. European Journal of Marketing, 2015(3/4): 532-560.

③林全生.基于消费者行为的市场营销策略探讨[J].现代企业文化,2016(14):143—144.

交换;其三,由于产品的购买者和使用者并不是同一个人,因此消费者行为这一过程中涉及的可能不仅一个人。消费者行为又可大致分为以下三种。

（一）经济型行为

消费者在购买商品的过程中,将商品的价格和质量作为主要的决策参考因素,在对比不同商品的价格和质量之后,并与自身可接受的价格范围进行权衡,然后再选择购买自己相对比较满意的商品。而企业在销售产品时,利用外界的条件刺激消费者的思考,引导其做出购买的行为,促使消费活动的完成。企业需要以消费者行为为基础,制定出符合消费者心理的市场营销策略,获得更多稳定的消费者。

（二）习惯性行为

消费者基于之前的购买记录,信任或偏爱某种商品,做出习惯性的购买活动①。消费者的习惯性行为虽有其固定性,但仍能够根据外界条件的改变做出变化。这就要求企业在制作营销策略时,针对消费者的习惯性购买行为做出相应的改变,借助广告等传播媒介对商品进行宣传和推广,使其在消费者心中的形象更加稳固,从而发展成消费者习惯购买的商品。

（三）感情型行为

这种购买行为是消费者从感情的角度出发表现出来的行为,消费者产生这种行为的主要原因是受到了较强的感染力,如在对时尚、新颖的商品进行购买时,或者是基于友情、亲情等购买保健品等,这些行为都是感情型的消费行为。

## 三、语言

作为富有象征意义的文化要素,语言与行为要素密切关联,包括品牌名称、广告语等。适宜性、灵活性、艺术性的语言表达是营销人员需要具备的一项重要的基础能力。市场营销语言作为一种专门性语言,融社交语言、演讲语言、谈判语言于一体,对营销活动的有效开展有着重要的作用,是市场营销学的研究重点②。

营销语言,以言语为载体,以产品信息为内容,维系营销人员与客户之间

---

①王朋. 习惯性或忠诚性购买行为下的新产品扩散[J]. 科研管理, 2004(5):12—17.
②朱文豪. 现代市场营销中的语言运用策略探讨[J]. 中国商论, 2016(5):16—18.

的关系,充当着情感刺激物的角色,促使营销成功①。在整个营销活动中,语言交流贯穿始终,营销人员既要清楚、准确、恰当地表达自己的观点,也要认真倾听客户提出的意见、关注的问题,通过与客户进行交流,把握客户的心理状态,找准营销的关键点和突破点,针对性地进行讲解、答疑,这才能最终说服对方,使营销活动取得成功。营销人员语言运用的优劣,直接关系到营销活动的成功与否。

具体来说,营销语言可以划分为几种类型:(1)简洁型营销语言。它要求在营销过程中,营销人员应运用简洁明了、易懂的言辞对客户进行说服,主旨清晰、内容突出、句式简短,体现出用语的高度概括性和浓缩性,要避免出现话语繁冗、啰唆、重复、僵化等现象。如:"箭牌口香糖,一箭(见)如故"(箭牌口香糖),"多一些润滑、少一些摩擦"(统一润滑油),"促进健康为全家"(舒肤佳香皂),"立邦漆,处处放光彩"(立邦漆)等;(2)随机型营销语言,是指在营销过程中根据营销情况的变化或者在某种特定的营销场合下,适时采用有针对性的、适应性的语言形式,准确地、合理地定位和宣传产品,以达到良好的营销效果。随机型营销语言的有效应用,应以客观实际为基础,以随机应变为准则,要求营销人员具有开放性思维,拥有从一个信息源引发多层次、多角度、多向思维的能力,能够全方位、多视角地看待问题,灵活地采用各种语言形式进行营销。在营销语言中使用一定的修辞手法,适当地增添艺术色彩和艺术效果的艺术型营销语言,能够将概念化的产品形象化,从而感染客户、打动客户、赢得客户;作为一种辅助性的营销语言,也有学者称之为"类营销语言",情态型营销语言是指运用一些带有特征性、标志性的或能够表达一定情感的实物、动作等进行营销,不局限于口头上的言语,注重渲染、烘托营造具有特殊效果的氛围和场景。

### 四、物态形式

文化的具体物化,主要包括产品和广告形态,隐含着价值观的相互作用。数字技术与媒体的发展使得广告和产品的形态发生了巨大的变化。在没有媒介载体的早期,广告形态主要是依靠听觉。其缺点在于不能像招牌广告、幌子

---

①Toffoli R, Laroche M. Cultural and Language Effects on the Perception of Source Honesty and Forcefulness in Advertising: A Comparison of Hong Kong Chinese Bilinguals and Anglo Canadians[C]. Proceedings of the 1998 Multicultural Marketing Conference. Springer International Publishing, 2015: 206-206.

广告形态一样留存信息,但它却能随着广告主走街串巷,具有能够随处移动的优点,如口头叫卖、唱卖广告。基于电子媒介的广告,实现了远距离商品或服务信息的实时传播。虽然报纸广告和杂志广告在商品或服务信息提供上,无法突破基于电子媒介的广告形态由技术优势带来的实时性,但它们具有信息留存时间长的价值属性,更利于传播更复杂的商品或服务信息[①]。

广告发展经历了三个阶段[②]:传统意义上的网络广告、富媒体广告和数字媒体交互广告。在其发展的阶段中,广告类型丰富多彩,复杂多样,但大体可以分为硬广告和软广告两种形态,硬广告即使受众强迫接受的所有新媒体广告形式的统称,软广告即以与受众互动的、非强迫植入的所有交互式新媒体广告形式的统称。

每一种具体形态的广告,其生存与衰亡的背后蕴藏的本质是广告价值的生成与衰减。对广告而言,作为广告价值的客观基础,其传播形态和信息形式等属性体现的是广告价值发生的特定技术条件的约束边界。广告是否具有价值以及在多大程度上具有价值,取决于特定历史背景下,具有特定需要的主体对广告的价值评判和价值选择[③]。整体而言,广告形态总是沿着价值增值的方向演进。比如,随着传播技术的不断发展,电视广告的画面从黑白到彩色,信号从模拟到数字,目标指向从不特定的大众开始实现一定程度的细分;卫星电视等技术使其传播范围不断扩大至整个"地球村"等。

## 第四节　消费主义文化

文化对营销的影响可以是单向,也可以是多向的,其背后的实质问题是文化是可控要素还是非可控要素。现有文献表明,多数学者认为,文化具有社会

---

①Percy L, Rosenbaum－Elliott R. Strategic advertising management [M]. London：Oxford University Press, 2016:210.

②Scott D M. The new rules of marketing and PR：How to use social media, online video, mobile applications, blogs, news releases, and viral marketing to reach buyers directly[M]. NY:John Wiley & Sons, 2015:112-160.

③Fennis B M, Stroebe W. The psychology of advertising[M]. Denmark:Psychology Press, 2015: 33-120.

性、泛义性和抽象性,因此,文化是非可控的①。但是,随着跨文化市场营销实践的不断深入,文化逐渐被作为可控因素去操作,且这种观点也有其下列理论基础:

1. 文化为人们所创造,同时具有可传播性。企业针对自身的商品(服务)和购买者心理的特点,将经营观念、语言和营销方式等传播出去,并影响市场消费,意味着文化要素是跨文化营销管理的对象,即文化具有可控性②。

2. 营销过程可控。企业进行跨文化营销的过程,即对文化要素的投入和运作时机的选取是可控的,如产品、广告的设计、制作和推出,完全属于企业一种有序的营销活动,甚至可以控制其所取得的效果。当然,这个过程建立在对目标市场文化环境的充分了解和把握的基础之上③。

3. 文化具有变迁性。文化是可变迁的,并呈放射性阶梯状扩散,这使得文化控制具有定向性④。但是由于扩散的不可逆性,其产生的影响将会是十分久远的,特别是一些负面的影响。当然,文化的可控性低于其他的营销要素。这里,需要强调文化的特性在于它是各种营销要素的整合,而不是它的非可控性。

## 一、消费主义文化的发展与内涵

在早期的西方社会,源于资本主义发展的需要⑤,消费主义文化兴起,并逐渐形成关注商品被赋予的"符号"价值而非其实用价值的消费社会⑥。进入经济全球化时代,消费主义文化思想体系是跨国公司及其资产拥有者和控制者的命脉。跨国资产阶级为了在全球推广资本主义经济的前提是在全球推行消

---

①曹永芬,靳俊喜. 文化与审美:民族文化产品的市场营销价值分析[J]. 贵州民族研究,2015(2):154—157.

②王燕妮. 城市化进程中民俗文化变迁研究[D]. 武汉:华中师范大学,2013.

③Hutton J G. The Critical Link Between Corporate Culture and Marketing:a Humanistic Perspective[C]. Proceedings of the 1996 Academy of Marketing Science(AMS)Annual Conference. Springer International Publishing,2015:226-226.

④Mert Gokturk O,Fleitmann D,Badertscher S,et al. Late Holocene Winter Temperatures in the Eastern Mediterranean and Their Relation to Cultural Changes:The Kocain Cave Record[C]. EGU General Assembly Conference Abstracts. 2015(17):794.

⑤糜海波.西方消费主义文化的伦理审视[J].党政论坛,2016(2):38—41.

⑥罗苑晴.奢侈品牌全球化与消费主义文化——以英国奢侈品牌博柏利(Burberry)为例[J].青年与社会:上,2015(8):71—72.

费主义文化,资本主义经济与消费主义文化相互支撑、相辅相成。全球资本主义的重要特征就是跨国资本家阶级借助于消费主义文化,控制对人们的需要并使得消费者变成"消费力",为资本主义体制的维系和再生产提供动力。跨国资产阶级推行资本主义全球化,既要寻求政治和国家机器的庇护,也要求消费主义文化意识形态为之辩护和开道。

在不同的历史阶段,消费具有不同的内涵,包括消费物品的使用价值、社会心理、行为等。进入到资本主义社会后,消费成为资本主义社会再生产过程中必不可少的一个环节①。对于全球资本主义体系中的消费主义文化而言,文化具有某种意识形态功能,能够指导一切文化上的跨国实践活动。消费主义文化意识形态实际上是为全球资本主义发动机提供动力的燃料。这种对以实现全球资本主义为目标的文化意识形态的谋划,就是要说服人们消费,不仅是满足他们生物学意义上的需要和其他一般需要,而且要对人为创造出来的欲望做出响应,以便使以私人利润为目的的资本积累永久化,也确保全球资本主义体系的长存。

由于消费能够满足人的需要,使人享受生活以及促进生产,使资本存在的目的和追求的价值得以实现。因此,跨国资本家阶级倡导将人视为一个完完全全的消费主体的消费主义文化。通过全球资本主义体系,跨国资本家阶级把这种消费观念和文化谋划向全球布展,以谋求资本发展的最大空间。所以史葛·斯克莱尔②(Scott Sinclair)说:"作为经济存在和政治存在的消费观念,都被全球资本主义边缘化了,所有人包括男人、女人、孩子,甚至宠物,都成了消费者。"对于全球资本主义体系③来说,经济活动的关键就是提供商品使他们成为消费者;而政治活动的关键则是通过一些措施来确保消费的条件得以维持。因此,消费主义文化具有一种潜伏的社会控制功能。消费主义文化引导大众满足个人对消费需求的渴望,但这些渴望并不符合大多数人的真实要求。

---

①邱颖俐.作为一种意识形态的消费主义——从马克思的意识形态批判理论看消费主义[D].长沙:湖南师范大学, 2012.

②〔英〕莱斯利·斯克莱尔.资本主义全球化及其替代方案[M].梁光严等译.北京:社会科学文献出版社.2012:58.

③〔俄〕鲍里斯·卡戈尔里茨基,黄登学.后全球化时代的资本主义和马克思主义[J].国外理论动态, 2016(1):24—31.

西方消费主义是从属于资本逻辑的一种意识形态,服务于资本。在全球化进程中,消费主义通常以一种"大众消费"、"民主消费"的"合法性"面目出现,具有很强的感染性,使得消费主义文化和价值观念在世界范围迅速蔓延,而其真正的动机是通过人们的消费来实现跨国资本的增殖。跨国资本家阶级通过操纵和控制"消费",使消费成为资本主义意识形态的有机构成部分和社会控制的工具。消费主义价值观成为全球资产阶级维护自身统治地位的同谋与帮凶,发挥着维护全球资本主义制度的作用。资本主义推进全球化的经济本质就是把以资本的形式积累财富视为社会的最高目的,创造越来越多的利润成为资本主义生产的唯一目的。

## 二、广告与消费主义文化

随着人们消费水平的提高,在社会经济影响力的提高、社会文化和观念塑造上,广告发挥着不可忽视的作用。从最初对信息的传递和交流的简单表达,到成为不同共同体"对话"和协作的手段、从对商品意义和价值的呈现或创造,到成为重叠多元文化价值理念的系统,广告不仅改变了人们的日常生活和社会关系,同时也使蕴藏在社会经济结构中的文化开始转型①。凭借在社会公共活动空间所展现出的多层次和多方面的表达,广告逐渐成为现代社会,尤其是商品经济高速发展的社会中的不可或缺的结构性要素。而消费者行为往往发生在媒介对产品信息的报道或者评价之后。当然,消费该产品的人数越多,广告在其中发挥出的价值也就越大。

广告中的消费主义文化②,引发了诸如奢侈性消费、炫耀性消费等一系列挥霍浪费性的消费现象,影响着人们的消费观念,引导着人们的消费行为。如何趋利除弊,使我国商业广告引导我国整体消费文化,向着满足人们健康生活需要的方向发展,从而推动社会的可持续发展,已经成为当前亟待解决的问题。

大多数情况下,用户接收的广告信息,呈现出的仅仅是堆砌式的商品说明

①程瑶,张慎成."微信"传播驱动下的广告营销理念新模式[J].遵义师范学院学报,2016(2):59—62.

②赵津晶.论我国商业广告中消费主义文化的生成——消费主义观念的商业广告符号象征意义的开发[J].现代传播:中国传媒大学学报,2013(11):104—107.

及怂恿购买的积极态度。但现实表明,广告营销[1]过程中的双向沟通才是最有效的,尤其当用户还没有形成某一产品的品牌忠诚时。如何加深消费者对品牌的信任度,也是消费者主义文化的重点研究问题。因此,在某种程度上,品牌营销就是消费主义文化营销[2]。

**三、消费主义文化与品牌营销**

在社交媒体盛行的当下,品牌建设之路十分艰难。以品牌内容为重点的数字营销战略的失败,揭示成功的品牌营销往往与文化密不可分,而非单纯依靠技术创新。

（一）大众文化

数字技术强有力地开创了新型社交网络,极大地改变了社会文化运作方式,即开创所谓大众文化。大众文化的盛行改变了品牌规则。与传统媒体时代不同,互联网技术的快速发展,使得客户可以自由选择接收何种信息。在新的数字技术的支持下,被动接受广告的现象大大减少,迫使各大企业加大创新力度。比如宝马公司率先在业界实践在线短片制作,甚至公开聘请好莱坞顶级导演参与其中,以推动越来越多壮观的汽车特效和制作品质。这些早期实践向大众说明了,利用时代的特点来进行文化与品牌营销的重要性。

从历史的角度来看,社会边缘群体乐于挑战社会主流准则,善于进行文化创新活动。而企业和大众传媒则担任中间人,将新观念扩散至大众市场。但社交媒体的出现将曾经隔绝的社区高度集合,并使其通力合作,形成相互关联的网络,对文化产生更为直接和实质性的影响,主要体现为具有新思想和实践的亚文化。

如今,社交媒体时代的大众文化[3]作为当代中国的主导型文化形态,几乎涉及所有话题:从意式浓缩咖啡到美国梦的消亡,维多利亚时期的小说,手工家具直到自由主义、新城市主义、三维印刷及动漫等,不一而足。而企业进行品牌营销时所面临的挑战,主要是结构性问题而非创意问题。在全世界各个市场协调和执行复杂的营销方案,是大型跨国企业的专长。但在社交媒体时

---

①李佐礼,葛姣菊,靳国钱.基于消费者偏好的移动游戏线下广告营销策略研究[J].商场现代化, 2016(17):75—78.

②石璐.品牌营销就是文化营销[J].企业文化,2016(4):51.

③李健.论大众文化视觉形象类型的深层结构系统[J].天津社会科学,2016(3):114—121.

代,这一组织模式显得过于平庸,且无法带来文化创新。同时社交媒体使得明星可以与大众直接进行在线互动,而非过去通过赞助某家企业品牌与大众产生间接互动,传统的明星赞助品牌因而很容易失去对大众的吸引力。为解决这一难题,著名运动品牌安德玛开始尝试通过将明星赞助和文化品牌相结合的方式,提高品牌影响力。总之,在社交媒体时代,各企业进行有效品牌营销的前提是全面、细致、透彻地了解大众文化内涵及其本质。

(二)品牌营销

一般来说,成功的营销往往需要借助一定的手段,例如商业广告。蕴藏在商业广告中的消费主义文化更是推动了品牌营销的进程。商业广告是通过媒介传播,传递商业信息的各类符号组成的一个符号系统,以达到营销目的的公开的商业信息传播活动。商业广告具有符号象征意义,与商品和品牌具有不可替代的关系。首先,商业广告使商品成为表达象征意义的符号。根据珍·鲍德里亚(Jean Baudrillard)①代表作《物体系》一书可知,物品的意义来源于人们的加工。他指出,可以用于交换的物,即具有交换价值的物就是商品。因此,商品的意义也是人为赋予的。

鲍德里亚在另一部著作《符号政治经济学批判》中指出,消费社会中的商品除了使用价值和交换价值之外,在被赋予一定的象征意义后,具有了替代功能,在市场交换过程中便具有了符号价值②。在现代社会,大众传媒和商业广告通过赋予商品象征意义,使商品过渡为符号,人们通过消费的方式拥有了商品,就意味着人们获得了商品的符号价值③。由此可见,正是商业广告赋予商品象征意义,才使商品发挥出意识形态功能。通过商业广告将商品符号外延层面向内涵层面的转换,打造出广告主希望表达的商业广告符号象征意义。而商业广告是以推销商品为目的的,其符号指示的是商品,因此这种商业广告符号象征意义自然地被赋予商品之上,成为了商品的象征意义④。

---

①〔法〕鲍德里亚:物体系[M].林志明译.上海:上海人民出版社.2006 :39 .

②〔法〕鲍德里亚:物体系[M].夏莹译.南京:南京大学出版社.2009 :112.

③Jean Baudrillard.For a Critique of the politieal Eeonomy of the Sign[M]. New York:Telos Press,1981:159.

④蔡建军.品牌形象塑造中的影视广告符号元素研究[J].美术大观, 2016(3):141.

品牌营销①的内容之一就是对品牌象征意义的营销。商业广告符号象征意义也是品牌象征意义。符号学家查尔斯·桑德斯·皮尔士（Charles Sanders Santiago Peirce）②把符号分成三类：肖像符号、指示符号、象征符号。品牌是一种象征符号，可以用来代表与商品的关系。在给品牌赋予象征意义之前，该品牌符号指代的仅仅是可以使用的商品，并且这个品牌商品跟其他品牌商品，仅仅是在视觉上有所区别，不能激发人们的购买欲望。为了更好地推销商品，商家即广告主必须使品牌具有某种象征意义，使品牌具有个性和吸引力。但是，品牌自身只是一个名字、标志，其象征意义的产生，必须依靠商业广告来完成，即把品牌的名称、标志等符号，纳入商业广告符号系统之中，跟其他的语言、音乐、图像等符号一起排列组合，打造出广告主希望表达的商业广告符号象征意义，并将其赋予品牌之上，成为品牌符号的象征意义。

而商业广告中的消费主义文化形成的关键在于商业广告符号象征意义与消费主义之间的关联性。现代商业广告的目的是刺激人们的消费欲望，使人们购买商业广告中的品牌商品，因此，打造商业广告符号象征意义，就成为现代商业广告的主要手段。而在商业广告中融入消费主义观念，才能更好地刺激人们的消费欲望，从而形成了商业广告中的消费主义文化。

# 本章小结

文化软实力作为我国综合国力的重要组成部分，对提升我国的国际竞争力发挥着巨大的作用。文化是文化软实力的核心所在，正确理解文化内涵及其本质至关重要。在我国这样一个多民族的国家里，作为文化的外在表现形式，文化产品在市场经济的发展中，扮演着越来越重要的角色。

在全球经济一体化的大背景下，跨文化、跨民族贸易不断增加，文化因素已经成为跨文化营销中不可或缺的因素之一。在某种程度上，能否全面深入地理解文化，直接关系到市场营销活动的成功与否。基于社会的文化资源基

---

①Liu C R, Liu H K, Lin W R. Constructing Customer-based Museums Brand Equity Model：The Mediating Role of Brand Value[J]. International Journal of Tourism Research，2015(3)：229-238.

②〔美〕皮尔士.皮尔士：论符号：附李斯卡：皮尔士符号学导论[M].赵星植译.成都：四川大学出版社.2014：80.

础,用来满足人们精神需要的文化产品,可分为有形产品和无形产品、物质产品和精神产品、个体(私人)产品、共有产品与公共产品等类型,包括影视文化产品、旅游产品、书籍、美术、刺绣等一切具有文化意义的产品。文化产品具有阶级性、传承性、创造性、价值增值性、易传播性、易复制性、文化性、审美性等不同于一般商品的特性。在历史的长河中,它作为文化的载体,随着文化的不断更新以及时代的不断进步,对传统文化产品进行扬弃,发展出具有时代特色的内涵本质。价值观、语言、消费者行为、物态形式等与营销密切相关的文化因素,影响着文化产品市场营销的各个环节。面对互联网十分发达的数字时代,文化产品的网络营销将是其未来营销的新方向。在信息过载的现代社会里,品牌选择成了消费者的难题。因此,打出品牌知名度,实施成功的品牌营销,有利于企业迅速占领市场份额。而消费主义派生出来的消费主义文化,存在于广告尤其是商业广告等社交媒体中,与品牌营销有着密切的联系,或者说品牌营销就是消费主义文化营销。

充分运用人类学的相关理论知识,抓住市场营销中所蕴含的文化本质,从而抓住消费者的心理活动,勾起其购买欲望,促进消费活动的完成,从而为企业谋取利益。

〔案例链接〕

### LG 电子(中国)公司文化营销策略[①]

目前,我国已经是全球第三大电子信息产品制造国,电子产品已经渗透到我们生活的各个角落,包括通信、医疗、计算机及周边视听产品、玩具、军工用品等。中国庞大的市场和低廉的成本,使中国作为全球制造中心的地位不断巩固,因此,产品的产业链也愈发完善。然而,由于国内厂商多半缺乏核心技术,导致产品的同质化非常严重,厂家纷纷打价格战,靠低廉的价格吸引客户群。企业为了获取利润,就必须进行产业结构升级,不断创新。现如今,电视、

---

①案例改编自:贺竞.LG 电子(中国)公司文化营销策略案例研究[D].大连:大连理工大学,2014.

智能电视、背光源电视、智能手机、平板电脑、变频空调、大容量冰箱、滚筒洗衣机等高端产品正在走入普通消费者家庭。专家指出,电子行业趋势的两个特点是智能化和节能化,它们是驱动产品结构升级的两个轮子。在国家产业政策的支持下,消费电子终端企业纷纷涉足上游领域。

一、LG 电子公司简介

1958 年,LG 电子公司在韩国正式创立。在创立后的 50 多年时间里,LG 电子公司不断地研发新产品,创新研发技术,在短时间内成为韩国电子市场代表性企业。为了适应时代发展,LG 不断创新和优化技术,凭借高端先进技术以及全球化生产体系,迅速跻身全球电子市场前列,成为行业领军企业。LG 电子涉及产业领域广,其中四个方面是其集中发展的重要领域,包括移动通信、数字媒体、数字显示器和数字家电。其在全球各地拥有多个销售法人、研究所和生产法人。LG 电子准确把握电子市场需求,将公司未来发展方向定在移动通讯以及开拓发展上,不懈地进行核心技术的开发,以保证其在全球电子产品市场上的领军地位及稳定市场收益,以此不断强化自身竞争优势。

1993 年 10 月,LG 电子进军我国惠州,在惠州成立 LG 电子中国第一家有限公司——LG 电子(惠州)有限公司,主营音响。次年 12 月,LG 电子进军东北,在辽宁省省会沈阳创建第二家有限公司,主营各类电视产品。1995 年,LG 电子(中国)有限公司总部在我国成立,标志着电子进军中国市场的目标达成。同年 8 月,LG 电子在上海成立 LG 电子(上海)有限公司,主要生产机器。同年 12 月,LG 电子分别在南京、秦皇岛、天津、泰州建立了熊猫电器有限公司、LG 电子(秦皇岛)有限公司、LG 电子(天津)电器有限公司以及泰州春兰家用电器有限公司,生产洗衣机、铸件及空调、吸尘器、微波炉、马达等产品。LG 电子在中国设立总部后大大加强了其在中国电子市场的投放力度,将我国作为电子发展的主战场。

二、LG 电子"爱在中国"社会公益活动及其效果调查

LG 电子韩国总部自 21 世纪以来就一直致力于推行文化营销策略,并且在韩国取得了可喜成绩,韩国国民纷纷评价 LG 公司为"心目中最富有文化内涵的企业"之一,这表明消费者越来越注重精神层面的要求。文化营销究其本质而言,就是以文化为手段促进其产业规模的壮大。由于在本国进行文化营销收效良好,LG 电子公司开始在中国推行一系列文化营销策略。LG 电子韩

国总部为了加强其在中国的影响力,提高产品的知名度和认可度,建立与中国消费者的情感联系,在中国陆续开展了"爱在中国"大型社会公益活动,其中包括希望工程活动、农村公益活动等。LG电子特别在农村公益方面进行了长期投入,优先帮助那些最需要帮助的群体。LG电子从进入中国开始就统一规划,统筹安排各地法人在所在地区发展符合当地需求的农村公益事业。从奖学金设立、教学器材捐赠、教学楼修复,到患病儿童医治、残疾儿童救助、福利院捐赠,再到文化庆典设立、绘画赞助大赛等,沈阳、南京、惠州、天津等各地的LG电子纷纷把人力、物力、财力投入到最需要的地方,献出最诚挚的爱心。

2006年6月,LG电子踏出了政企携手共建新农村的第一步,开始直接改善农村的物质环境与文化环境,进而逐步提升村民能力与素养。根据长达四个月的前期考察与规划,LGENT、LGENP等南京法人与南京文明办签订了协议,从2006年起的五年内每年投入110万元人民币,帮助南京3区2县的共建村改善道路等公共设施,资助贫困村民,同时改善村内学校与养老院的软硬件设施。直到2013年,LG电子仍在国内进行着"爱在中国"的公益活动。2014年初,韩国总部为了解文化推广活动在大中华区的进展状况和推行效果,对电子"爱在中国"的社会公益活动进行问卷调查。调查的目标群体包括两个,一是随机选取开展"爱在中国"活动的大中城市繁华商业街消费者,二是随机选取LG电子在上述大中城市繁华商业街国美电器和苏宁电器的营业员。调查内容主要包括三个方面,一是采访被调查者对电子"爱在中国"社会公益活动是否了解;二是如果被调查者知道这项活动,那么他们如何看待这项活动对提高LG电子的品牌影响力;三是被调查者如何评价LG电子企业文化和企业形象。

经过统计分析,被调查的消费者中,有79%的人表示并不知道LG做过"爱在中国"的社会公益活动;有21%的人表示知道"爱在中国"这个社会公益活动,其中13%的人表示虽然知道这个公益活动,但是却并不知道其承办单位是LG电子,只有8%人知道"爱在中国"这个公益活动是由LG电子承办的。但是几乎所有被随机调查的消费者都表示对这个社会公益活动的具体情况知之甚少,了解最多的被调查者也只能说出一两个公益活动的具体事项。被调查的LG电子营业人员中,40%的人表示不知道LG电子"爱在中国"的社会公益活动;60%的人表示知道"爱在中国"活动,其中52%的人表示对具体的活动内容并不知道,而且表示从未得到过这方面的培训或相关"爱在中国"文化营销的资料介绍;其中8%的人表示知道"爱在中国"社会公益活动,但是是从LG电子营销的宣传广告内容中偶然得知,至于怎样参加"爱在中国"社会公益活动,LG电子"爱在中国"活动每年会举办几次,今年活动的具体方向是什么,他们均表示不清楚,并认为那是LG电子总部该关心的事情,与他们无关,他们只负责销售。

### 三、LG 电子中国市场遇冷事件

"您好,我是韩国公司市场部员工,欢迎您了解冰箱!"来自LG电子韩国总部的朴先生正努力地用韩国人特有的亲切笑容与不标准的普通话,与中国某市国美卖场的顾客打着招呼。可是大多数顾客只是礼貌地点头回应一下,便匆匆离开了。到中国进行市场拓展的三个月来,每个周末朴先生都会去不同的店铺调查LG电子的销售状况。对于这样的冷遇,他心里又焦虑又困惑。熙熙攘攘的大卖场里,收银台前排着长龙,对面三星电子的展台被团团围住,而LG电子居然还没有成交过一单生意,甚至连展台都几乎无人问津,这在朴先生眼中简直是不可思议的事。

"您好,这是我们今年最新款双开门冰箱,水钻和花朵都是特殊工艺,不仅有质感,而且设计时尚典雅,这款冰箱在韩国卖的非常好!"朴先生面带笑容,不遗余力地向一个年轻女孩推介在灯光下闪闪发亮的冰箱。"咳,我还以为是三星呢!"女孩望着眼前的冰箱自顾自地说到。"不好意思,这是今年最新款的冰箱,性价比很高。另外您看这里,我们在冰箱门的外侧加入突光粉水钻,这样不仅使冰箱看上去更加华丽,也会让您家看起来更加明亮呢!"朴先生继续跟顾客讲解冰箱的主打优势,他坚信,这么好的产品,如果是有诚意购买的顾客是不会不动心的,而且以朴先生的市场经验,中国消费者最在意性价比。于是朴先生打出高性价比这张牌,介绍着眼前这款在韩国销量最高的冰箱。"看着的确很漂亮,和我家的装修风格、色调也很搭。"女孩一边摸着水印花纹一边略带思考地说。可是正当朴先生信心满满的想进一步推介时,就被走过来的男孩打断了,"不就是巧克力手机那个吗,有什么可看的,质量根本就不过关的,肯定不行。你这么快就忘记了? 手机不是才用了几个月就坏了,耽误那么多事情。这冰箱是好看,但是谁知道性能怎么样,别光看外表!"男孩似乎越说越生气。

"顾客,手机和冰箱不是相同的生产线,而且也不能因为一次手机质量的问题就完全否定我们所有的产品啊!"朴先生竭力解释着。可是男孩摇摇头说:"可是我们不想承担这样的风险,谢谢。"说完,拉起女孩的手就离开了。朴先生只能无奈地站在原地。朴先生想不明白,为什么在韩国大热的电器在中国会遇冷。朴先生环顾四周,一个营业员在计算着这个季度的销售额,边按计算器边叹气,另一个营业员则面对气势汹汹的投诉者无奈地解释,"我们这里只是卖场,维修请您联系售后人员,我们这里帮不上你。"朴先生望着眼前的场景,不知所措,究竟是哪里出了问题呢?

### 四、销售员的烦恼

小李到苏宁电器销售 LG 空调已经有半年了,一直业绩平平。自从进入夏季,空调迎来销售旺季,整个空调部的销售员都摩拳擦掌,纷纷张贴宣传海报、节能标志,打算借此提高销售业绩。小李也欢欣鼓舞,她想好好努力,提高销售额度,证明自己的销售能力,可是所在区的经销主管人员迟迟没有送来宣传海报。在她打电话催了几次以后,主管终于送来了"世界杯"主题的海报。然而,这已经影响到小李的业绩了,别的销售员都已经完成了当月的销售任务,而小李只完成了不到 2 万的任务额度。惨淡的业绩使小李经常遭到空调部主管和经销部门主管的批评,她一方面觉得自己工作压力很大,另一方面又觉得自己很委屈。

小李以前是海尔空调的销售员,曾经一度因为业绩出众被评为销售冠军,主管和同事都十分认可她的销售能力。她之所以跳槽到 LG 电子,是因为她和其他一些年轻女孩一样喜欢韩国的明星、电视剧、化妆品和电子产品,也深深被韩国文化所吸引。当看到 LG 电子招聘销售员的广告时,她就毫不犹豫地投递了简历。刚入职时,小李对自己充满信心,因为空调的设计很符合韩潮,甚至有的款型就是当下最流行的韩剧里正在用的,每每看着韩剧里的产品,小李就幻想着自己也能成为其中的一员,更何况空调着实美观大方,工艺精良,性能前卫。她每天一大早就到销售展台擦拭机器,看着闪闪发亮的模型机,她觉得简直就是视觉享受。但是很快,小李就发现了问题,那就是除了刚入职时发给她的宣传材料外,当地的经销部门很少发放宣传海报和宣传画册,也很少组织培训。这导致她对许多新机型的设计内涵和功能优越性都不甚了解,面对顾客的提问,她有时候只能含糊过去。每每想到入职前公司反复强调的优势化培训,尤其是与企业文化和文化营销相关的内容与亮点,小李就觉得很委屈很无奈。

进入三伏天后,空调销售迎来一个新的小高潮。与此同时,小李看到 LG 电子最新的广告宣传是"与李敏镐相约8.8",她内心激动不已。不仅是因为她也喜欢这个韩国的长腿欧巴,更是因为由李敏镐代言的 LG 产品将在 8 月 8 日开展力度超强的促销活动。小李又重新把空调的机型和性能认真复习了几遍,可是当地经销部门只送来了"与李敏镐相约8.8"的活动细则方案,竟然没发放一张宣传海报和一件赠品。经销主管给出的理由更是让小李难以接受,原因是总部送来的海报和赠品数量有限,所有宣传材料和赠品都分给市中心的几个大店了,加上小李的销售业绩一直都不好,所以什么宣传材料都没发给她。8 月 8 日那天,手里拿着最新活动方案的小李,看着自己营业区内还挂着世界杯时期的广告宣传条幅,心里很苦涩。快下班时,经销主管给小李打电话询问销售额。当听到小李一天没开张的时候,主管就不停地跟她说市中心的销售员如何打破销售记录,并一口否定了她的销售能力。小李什么也没有反驳,没过几天,就办理了离职手续。

**学习思考题**

1. 人类学视野下的文化及文化产品的内涵是什么? 包括哪些方面?

2. 文化产品包括哪些? 有哪些特性?

3. 文化产品的市场营销实践有哪些特殊性和可行性?

4. 市场营销中的文化因素包括哪些?

5. 如何理解消费主义文化及其与品牌营销、商业广告之间的关系?

6. 通过对本章案例的学习,你有哪些收获? 我们应当如何从人类学的角度来理解和分析本章案例?

# 第五章　人类学视角下的市场竞争情报

**本章摘要**　竞争情报的本质就是从海量的结构化、非结构化数据中挖掘出有价值的信息,为各方所用。典型的竞争情报涉及对二手调查数据以及对知情者的访问进行复杂的整合行为。随着竞争情报的不断发展,对联系的多样性和知识渠道的多样性进行深入细致的理解变得很重要。本章通过研究竞争情报的实质内涵及发展,分析梳理其与人类学的交集部分,从人类学的视角探讨竞争情报工作的过程以及其与市场营销、市场调研、项目管理几者之间的关系,并对竞争情报领域中有关跨文化战略进行讨论。

**学习目标**

1. 学习和了解竞争情报和竞争情报学的发展现状。

2. 学习和了解在人类学视角下,市场调研、项目管理、市场营销与竞争情报几者之间的联系。

3. 学习和掌握人类学在竞争情报研究中的应用领域及方法。

4. 学习和了解跨文化战略与竞争情报的关系及发展方向。

# 引　言

近年来,竞争情报对上层决策者而言成为最重要的管理问题之一。竞争以高度化企业合并和市场细分为特征,在全球竞争性不断上升的现状刺激下,工商企业的决策,比以往任何时期都更需要把竞争情报作为决策依据。而竞争情报的实质就是从大量的结构化、非结构化数据中,发现和挖掘有价值的信息,为企业各部门所用①。人类学是社会科学领域中最富特色的学科之一,她以人类及其互动行为、社会组织和文化价值等为研究对象,以参与式观察、深入访谈、情景分析等质性研究为主要方法。而市场营销人类学就是将人类学的理论和方法,应用于市场营销会研究,属于应用人类学的范畴。市场营销人类学家通过收集、分类和分析信息,具有服务于竞争情报研究与应用的潜能。

　　作为竞争情报信息来源之一的市场调研,急需与项目管理的新理论进行融合,从而使竞争情报更好地为市场营销服务,提高企业的经济效益。从市场营销人类学的角度来思考市场调研、竞争情报、市场营销与项目管理之间的联系与发展,对提高企业的竞争力具有重要意义。在竞争情报领域,特别是在跨文化竞争情报工作方面,人类学的理论和方法具有很大的潜力,值得推广与应用。

## 第一节　竞争情报与竞争情报学的发展

　　竞争情报是有关收集、分析和应用有关产品、市场范畴、顾客构成和竞争对手等信息的一系列行为之综合,这类行为意在满足企业组织短期计划的需要和长期战略部署的需要。从收集、分类、分析和使用有关竞争领域的信息的角度来考察,竞争情报既是一个行为过程,同时也是一个行为的结果,也可以称作产品。这个产品指的是能满足企业管理需求并具可操作性价值的信息。在英语语境下竞争情报这一术语经常被缩写为CI。

　　有学者认为,竞争情报这一术语与竞争对手分析术语相似,但事实上竞争情报比分析竞争对手涉及的范围更广,内容也更加系统复杂。其目的在于使公司组织比当前及潜在的竞争对手更富竞争力。一般而言,公司的顾客和主要的利益相关者,能够为组织发现一系列的竞争对手,描述出能够作为业务、投票、捐助或者其他的有关组织活动及替代品情况②。目前,许多大公司的日常业务,基本都具备竞争情报功能,并有专职员工操作,这些公司通常是所属

　　①李牧南.基于关联规则挖掘竞争情报研究前沿分析[J].情报杂志,2016(3):54—60.
　　②宋新平,杨阳,申彦.企业竞争情报应用现状调查与分析[J].情报理论与实践,2016(2):28—33.

行业内专业协会的主要成员①。

我们将竞争情报广泛地定义为有关收集、分析和传递相关竞争信息的行为及其过程,且所收集、分析和传递的信息涉及产品、消费者、竞争对手及环境等方方面面②,同时也被用来支持主管和经理们对组织进行战略决策③。此定义的主要关键点有三:其一,竞争情报是符合道德且合法的商业实践。竞争情报专家强调竞争情报学科与行业谍报行为不同,谍报包含某些不道德和违法的行为;其二,竞争情报学科的关注点是外部的商业环境;其三,过程涉及信息收集、将信息转变为情报,然后利用此情报进行商业决策等。竞争情报专业人员强调,情报的本质价值在于有用性和可操作性。

而狭义的竞争情报定义把竞争情报看作组织的功能,该功能的任务在于趁市场中的危险因素或机会变得明朗之前,将其识别出来。此定义比较关注广泛可用的真实信息之传播以及其与竞争情报之间的不同之处。所谓真实信息,通常包括由类似图书馆或信息中心等部门完成的市场数据统计、财务报表、报章剪辑等。狭义的竞争情报特指对有关产生竞争优势的发展情况及其相关事件的看法。埃克森美孚公司、宝洁和强生等一些重要的跨国公司,在理解并接受竞争情报的重要性后,均创建了正式的竞争情报部门。这些企业在组织实施竞争情报活动时,不仅将其作为抵御市场威胁和变化的防护手段,同时也将其作为一种寻找新机会和新趋势的方法。

在实际应用中,工商企业组织通过竞争情报,将自身与其他企业进行比较,从而辨别出其在市场中的危险因素或机会;同时依据市场反应对其自身的计划进行各种测试,这种测试不仅能够提高决策的可信度,而且也有利于企业管理,更具可比性。目前,许多公司都意识到,了解竞争对手的发展方向和行业动态非常重要。正如竞争情报专家埃斯特尔·马特(Estelle Metayer)所述,公司感兴趣的情报信息,一般应具战略性、策略性、专门性和持续性等特点。实际上,不同种类的信息对公司的重要性,取决于公司的市场竞争力、企业文

---

①林卡,李钦海,邹明霞.企业竞争情报搜集与分析方法[J].商,2016(16):21.

②Gilad, B. The Future of Competitive Intelligence: Contest for the Profession's Soul[J].Competitive Intelligence Magazine, 2008(5):22.

③Stephen, H. Management Information Systems for the Information Age[M]. New York: McGraw-Hill Ryerson,2006:36-78.

化、公司高层决策者个人特质和观点以及公司内部有关竞争情报信息的报告结构等特征①。

全美竞争情报专业人员协会(SCIP),是在美国成立的此行业专业协会。该协会成立于1986年,为工商领域中从事竞争情报工作的专业人士提供培训和咨询,并为有需要的企业提供最新市场研究和资料分析。通过领导力、教育、主张和沟通来继续提升协会成员的地位是其主要目的。SCIP的成员数量一直保持着增长趋势,2009年5月,SCIP与福斯特和沙利文(Frost & Sullivan)完成了合并,并以"福斯特 & 沙利文协会"(Frost & Sullivan Institute)的名义继续开展各项活动②。据估计,目前其在世界范围内拥有约10000名成员,其成员的背景包括市场调查、战略分析、科学技术等领域③,主要集中在美国和加拿大地区。

根据竞争情报专家克雷格·弗莱舍(Craig S.Fleisher)的研究,现代竞争情报学的历史,可追溯到20世纪80年代。迈克尔·波特(Michael Porter)在1980年发表了其题为《竞争策略:分析产业和竞争者时的技术应用》的研究报告,该报告被认为是现代竞争情报学的奠基石。之后,波特在弗莱舍和芭比·班索山(Babette Bensoussan)的研究基础上,进一步扩展了关于竞争情报学的初步理论框架。这些研究成果主要体现在他们把推荐给实务者的许多普遍实用的竞争情报分析技术,全面而系统地展示在其所发表的期刊文章和著作中④。

竞争情报学在世界各地的发展不尽相同。1997年埃科勒·盖尔经济学院(the Ecole de Guerre Economique)(也叫做经济战争学院),在法国巴黎成立。在全球一体化的过程中,它是欧洲第一个应对经济战争的有关情报分析研究的策略协会。1995年,德国竞争情报职业协会分会成立,它成为SCIP欧洲范

---

①彭靖里,可星,李建平.企业技术竞争情报中的市场信号分析及实证研究[J].情报理论与实践,2016(1):82—87.

②McGonagle, J.J, Misner-Elias, M. The changing landscape of competitive intelligence:Two critical issues investigated [J]. Salus Journal, 2016(1):13.

③彭靖里,谭海霞,杨斯迈.国内竞争情报专业教育中存在问题与差距剖析[J].现代情报,2016(4):3—7.

④Fleisher, C.S. Competitive intelligence education:competencies, sources, and trends[J]. Information Management, 2004(2):56.

围内的第二个成员。到 1997 年,"竞争情报"作为专业术语,首次出现于德国的学术刊物。据研究,日本是目前拥有官方运营经济情报中介机构的国家之一,日本对外贸易组织,简称 JETRO,是一个与政府相联系的组织,旨在促进日本与世界其他国家的双边贸易和投资。JETRO 建立之初,主要服务于促进日本的出口。但进入 21 世纪以来,JETRO 的关注核心已经发生了转变。如今,JETRO 主要致力于为日本引入外资以及帮助日本的大、中、小公司尽可能地挖掘和增强出口能力①。

大卫·布伦克霍恩(David L. Blenkhorn)、弗莱舍、伦纳德·富尔德(Leonard M.Fuld)②、约翰·普莱斯考特(John Prescott)③和约翰·麦克格纳尔(John J.McGonagle)④等学者,为竞争情报学在商学院的发展,做出了极大的贡献。他们认为,竞争情报学作为一门专业课程,应该且必须在全球范围内的商学院中得以传授和发展。但是,目前针对此领域的学术项目、相关专业和学位教育项目依然不够多。这一现状成为该领域学者们的心头之患,他们迫切希望这种现状能够得到改善。部分学识丰富的该领域的学者和专家,曾经在专注于讨论竞争情报学问题的《竞争情报杂志》出专刊,集中讨论和研究过这种现状。而与此同时,竞争情报专业的实践者也认为,获取从事竞争情报工作资格认证非常重要⑤。

作为一种在美国公司中正式运营活动的竞争情报制度,可追溯到本·吉拉德(Ben Gilad)和它玛·吉拉德(Tamar Gilad)在 1988 年首次发表的公司竞争情报运行组织模型。在 1996 年,随着富尔德·吉拉德·赫赢竞争情报学会(ACI)在剑桥大学的成立,第一个竞争情报专业认证计划(CIP)也相继问世。ACI 是一个教育组织,专注于对职业经理人和公司进行培训,以便他们能通过

---

①Blenkhorn, D and Fleisher, C. Teaching CI to Three Diverse Groups: Undergraduates, MBAs and Executives [J]. Competitive Intelligence Magazine, 2003(4): 17—20.

②Fuld L M. Competitor intelligence: how to get it, how to use it [M].Hoboken: John Wiley & Sons Inc, 1985:63—70.

③Prescott, J. Debunking the Academic Abstinence Myth of Competitive Intelligence [J]. Competitive Intelligence Magazine, 1999(4):1—7.

④McGonagle, J.J. Bibliography−education in CI [J]. Competitive Intelligence Magazine, 2003(4): 50.

⑤张晓桦.我国竞争情报学术生态系统的特征分析与热点透视[J].现代情报,2016(1):148—152.

熟练地使用竞争情报分析手段,更好地进行风险管理并对市场机遇进行前瞻性科学预测。目前,它是唯一能够提供通过认证的竞争情报训练项目的教育机构。

部分学者认为,竞争情报与商业领域中的某些竞争功能或领域有交集,更有甚者,他们误将知识管理、商业情报、市场情报和市场调研等,这些工商业领域的实际工作,直接当作竞争情报来讨论。尽管在工商领域里,竞争情报和这些实际工作的确有部分交集,但差异显而易见。吉拉德和简·赫赢(Jan Herring)界定了竞争情报独特的本质,并将其与类似其他包含信息内容的工作与学科区分开来。他们指出,知识的共通性和一系列独特的应用工具,使得竞争情报与市场调研和工商业发展策划等富有信息含量的学科及工作具有很大的不同。此外,当商业组织中的其他感知行动,仅仅关注市场中单一主体时,例如:消费者、供应商或者收购目标,竞争情报则是唯一一着力于将所有在市场中具有一定影响力的参与者资料数据进行整合的综合性学科[①]。

随着竞争情报学科的发展,吉拉德将其关于竞争情报研究的注意力,更多地放在信息和情报的差别上。吉拉德指出,多数组织的信息搜集功能之共性,是传达事实和信息而非情报。他认为情报是从事实或资料中提取出来的有用信息,而并非事实或资料本身。在企业所有的功能中,竞争情报的基础过程是收集信息,具有独一无二的地位,它为提升企业的整体绩效,提供具体细致的指导意见,是组织中风险管理活动的一部分,而不是信息收集活动。

商业情报(BI),以其狭义或目前的定义来说,更加关注于信息技术和内部关注焦点。而在较为广泛或历史传统上的定义中,它包含的内容比当前的竞争情报实践应用范围更广[②]。市场调研由许多无偏性的原始研究数据组成,是一个策略和方法论导向领域。其研究数据侧重于通过调查问卷或焦点小组方式,来搜集有关信念和认知方面的消费者资料数据,因此来源比较单一。而竞争情报的数据来源则相对多样化,既有一手数据,也有二手数据,主要来源于众多利益相关者,例如供应商、竞争者、分销商、替代者、媒体,等等。此外,竞争情报不仅能够回答现存的问题,还会提出新的问题,并且可以用以指导具体

①Gilad, B, Herring, J. CI Certification-Do We Need It? [J]. Competitive Intelligence Magazine, 2001(2):28-31.

②韦韬.基于跨语言信息检索技术的商业情报分析平台[J].电子科学技术,2016(1):86—91.

的工商行动。

战略情报(SI)的关注核心是长期发展,即影响公司在未来竞争力变化的问题。实施战略情报的时间跨度取决于公司所在的行业发展情况以及其变化的速度。竞争情报通常回答的几个问题是:"在 X 年之后,公司应该处于哪个位置?""我们正面临着怎样的战略风险和机遇?"这类情报工作包含了对微弱信号进行识别和应用战略预警(SEW)等方法学和分析流程等内容。根据吉拉德的说法,在战略预警框架下,应该将竞争情报工作人员 20%的工作分配到对微弱信号进行战略早期识别上。

策略情报(TI)的重点是,为改善短期决策提供相关信息,这些信息通常与当前市场份额或收入增长情况有关,通常被用来决定企业的营销方案。策略情报运用营销矩阵对产品或产品线营销进行调查研究。第一,产品——卖方销售的产品是什么?第二,价格——卖方的定价是怎样的?第三,促销——他们针对产品进行何种促销活动?第四,渠道——他们在哪些渠道销售产品?第五,其他——销售力量的分配,试销实验的设计,技术问题,还有消费者行为。根据这些可靠的有价值的信息,组织能够通过事前预测竞争对手行动,并缩短反应时间来避免出现竞争对手采用出奇制胜策略获得成功的局面。例如,主要的航空公司在一天之内将价格进行上百次的改变,来应对竞争对手的竞争策略。他们运用策略情报信息来计划自己的营销、定价和产品战略。

市场情报(MI)主要关注的是竞争情况的实时变动,包括产品更新和服务营销 4P 组合的变化。抓住以时间为基点的市场情报,能够在快速变化、垂直化的市场中更快地响应消费者的需求。弗莱舍认为市场情报的传播范围略小于竞争情报,因为竞争情报也能传播到其他非营销部门的决策制定者手上。相比于其他情报而言,市场情报关注的时间范围较为短暂,通常以天数、周数来计量,只有在一些变化速度较慢的产业中,才会用月数来计量。

## 第二节　市场调研、项目管理与竞争情报

竞争情报的研究已成为企业界和学术界关注的热点,人们对竞争情报的理论研究和实践活动日益活跃。应对复杂多变的市场环境,企业必须通过市场调研充分掌握市场信息,才能做出正确的决策。市场调研是企业竞争情报

获取的有效途径之一。由于企业经常不能有效地组织市场调研活动,因此市场调研的组织工作迫切需要一种新的管理理论来指导。而现代项目管理的发展,为解决市场调研中的管理问题提供了现实的可能性①。

**一、市场调研与竞争情报**

市场调研是竞争情报收集的重要方法之一。由于企业市场营销的主要对象是消费者,而从人类学角度出发的市场调研重点则是消费者行为背后所蕴藏的心理活动及本质内涵,也即对商品的喜好、厌恶的原因。这也是企业迫切需要掌握的竞争情报,在商品日益丰富、市场逐渐以消费者为导向的今天,企业之间的竞争已慢慢演化为市场占有率之间的竞争,也就是消费者规模的竞争。消费者满意度就变成了企业的关注重点,而这恰恰是人类学的专长。谁能赢得消费者的垂青,谁就是成功者;反之,则面临着被挤出市场的命运。因此,在市场调研中应用人类学方法或者聘用人类学家参与到企业的市场调研,对企业竞争情报的获取具有现实的意义。

从广义上来说,市场调研泛指人们为了解决某种产品的营销问题而有意识地进行的了解市场、认识市场的过程;从狭义上来说,市场调研特指为了给某种产品的营销策略提供客观依据,而系统地收集、整理、分析和处理资料的工作。无论从广义或是狭义来理解,正确的市场调研是任何一个在市场经济体制下的企业营销成功的基本条件②。20世纪初,市场调研在欧美国家兴起,并于20世纪90年代初进入中国,帮助营销管理人员制定更加准确的市场营销决策③。

市场调研是现代企业决策者不能缺少的重要信息来源,为企业的竞争情报工作服务,是现代企业不能缺少的重要环节之一。市场调研在企业营销的各个环节均起着不可或缺的作用。市场调研具有描述功能,有助于管理者了解市场状况,发现和利用市场机会。市场由供给和需求组成,它们之间彼此为对方提供市场。企业通过市场调研,抓住消费者购买心理和购买动机,从而能够制定正确的营销策略,扩大商品的销售量,提高企业经济效益,提高企业竞

---

①夏维力,姜继娇.项目管理在组织市场调研中的应用初探[J].西北工业大学学报:社会科学版,2002(2):21—24.
②曹莉.浅谈市场调研在市场营销中的重要性[J].福建质量管理,2016(5):79.
③于露.浅谈市场调研技术在我国营销行业的缺失[J].才智,2016(21):231.

争能力。因此,任何一个企业在进行产品推广时,必须进行充分的市场调研,保障经营决策的正确性和及时性①。

各生产者与销售者以及生产者之间和销售者之间竞争,随着经济的发展逐渐激化,企业必须全面掌握经济信息和基础数据,及时了解市场动态和发展方向,认识其变动规律,才能做出正确的决策。知己知彼,才能百战不殆。对市场的竞争情报进行全面的了解,才能在与竞争对手争夺市场份额的过程中处于主动的地位。一般来说,成功的战略决策是在出色的市场调研基础上得出的,它有利于企业获得长期利润和扩大市场占有率,而缺乏市场调研的战略计划则会威胁企业的生存。

随着科学技术的进步,产品更新换代速度加快,生命周期缩短,任何企业的产品都不会在市场上永远畅销,企业要想生存和发展就需要不断地开发新产品。因此,必须进行完善的市场调研,来为新产品的开发以及新市场的开拓提供依据。

在企业竞争情报收集方面,市场调研应从五个方面进行。

消费者调查。消费者是营销人类学的研究核心。站在消费者的角度进行调研,了解消费者的欲望需求,能够使得到的竞争情报信息更加可靠。

行业市场调查。尽可能收集本行业的发展现状、趋势,行业生存条件等方面内容,密切注意新技术在本行业的运用,同时也要关注与本行业相关的行业动向。

竞争调查。对竞争者的调查,要注意对其市场行为规律的分析,特别是主要经营者的变动及其他动向。

营销渠道的调查。对市场网络成员的地区、数量、规模、性质、营销能力、信用等级等做动态的调查,定期更新一次。

宏观环境调查。要注意经济环境的变化,特别是主要产业的发展变化对本行业的影响。当前,企业在组织市场调研活动时,主要存在的问题有:应变能力问题、降低成本问题、消除延期问题、权力分散问题、提高效率等问题。这些问题对传统市场调研的管理工作提出了挑战。为实现市场调研目标,现代的市场调研管理工作应该进行持续的创新。我们认为,成功地组织市场调研

①曹莉. 浅谈市场调研在市场营销中的重要性[J]. 福建质量管理, 2016(5):79.

活动,需要项目管理在市场营销领域的新理论进行指导。

**二、竞争情报研究项目管理路径**

从 20 世纪 70 年代开始,项目管理作为管理科学的重要分支,对项目的实施提供了一种有力的组织形式,改善了对各种人力和资源利用的计划、组织、执行和控制的方法,从而引起了广泛的重视,并对管理实践做出了重要的贡献。但传统的项目管理通常是针对工程的项目施工而进行的,在项目的建设等领域运用的也比较频繁①。项目实施方在接受项目的时候就开始实施,并且在项目整个实施的过程中对其投入相关的资金以及人力、物力,等等,在这个过程中还包括对项目工程进度的协调工作以及对项目施工质量的监管工作,通过对项目进行一定的管理进而节约项目的开支,包括对项目施工安全的管理工作。直到近几年,在市场营销中运用项目管理的管理原则,作为一种新型管理理念的融合被提出来。

(一)客户纲要

当某类商品或服务的营销员、广告或推广的中介、政府组织、或者其他组织,需要深入人群搜集资料时,或正在用人类学方法进行某项研究时,一个项目就已经开始了。首先,一定要理解并明确客户的需求和目的,确保民族志的研究方法能够满足调研目的。换言之,一定要确保客户知道他们是被调查的对象。一般而言,为了确保项目能有效完成,一定要对客户纲要加以阐述说明并反复修改。民族志研究项目可以采用离散的方式或者与其他不同种类的定量和定性研究方式一起实施,例如焦点小组形式,或用电话进行问卷调查。如果是后一种情况,那么研究项目负责人应该确认这种方法是实现目标的合理办法。

(二)项目设计

在进行项目设计前,需要明确这个研究需要覆盖哪个或者多少个范围?需要多少时间?需要多少和哪种的回应者的互动来反应研究的问题?哪个或者多少回应者应该参与到研究里面?人类学应该怎么定义?另外,某些研究还需要算上季节,周末的不确定因素。以零售人类学为例子,一个洗厕所的习惯需要访问超过 20 个人的回应。在进行调研时,人类学专家怎样获得被访者的合作?关键在于要鼓励被访者做出有用和有效的贡献。人类学家会根据不

---

①王玮婧. 市场营销与项目管理融合对策分析[J]. 时代报告, 2016(16):229.

同的研究环境来做出合适的调研方式。

例如,在进行一个远程聊天的研究中,人类学家需要一个销售员打大量的销售电话。因为一个销售员的研究要包括研究他们采访客户。在进行调研的过程中,有许多问题需要我们考虑,例如:什么样的方式会收集到有效和有用的数据? 怎么才能让客人参与? 和不同的受访者怎样合作才能发挥最有效和最大化的作用? 收集的信息怎样整理和分析去满足一个市场营销员的需求呢? 完成的人类学研究会产生一系列高端的数据:被访者的面试记录,研究者产生的研究行为,视频记录,等等,这些数据通常来自多个观察者。在对这些数据进行精准地分析后,才能制定完备的、准确的项目计划。

(三)战略计划

项目计划完成之后,就要开始着手实施。包括组织一些材料和人才,设定分配财政预算,设计任务日程。在计划进程中,最重要的是确保客户的需求,包括大量的信息和安排好的最后期限等。每个项目的实施都是连续的,必须在下一个项目开始之前完成。因此,每个项目的参与人员都要明确项目的最后期限和各自的任务。但是,保留更多的额外时间来应付突发状况也十分有必要。

(四)培训

对数据的收集和分析是每个项目的重要步骤。每个参与者包括参与研究的客户代表一定要被培训,使其熟悉人类学的研究方法,从而成为真正的合作者,避免出错。

(五)参与者的注册

在市场营销领域中,人类学者需要创造一个被访者的专属表格,来确定每个客户的目标,从而能够实现有效调研,进而实现精准营销。项目经理一定要考虑怎样识别和邀请被访者参与到研究当中。为了使登记规范化,调查问卷里列表中一定要写进被访者的特点的问题。研究的参与者一定要被描述成与人类研究学相关的范围里面。

(六)设计日程

由于很多人类学的项目是在被访者的家里或者工作的地方、杂货店和其他的公关机构里进行的,并且会随着被访者的时间安排而灵活调节。因此执行的开始日期及时间跨度,执行地点是项目日程设计的重要问题,记录需要非常认真。

（七）尊重当地客户

当文化和家庭的问题被考虑到的时候，为了获得重要的信息应该理解当地的文化事实。如果是访问一些生意或者雇用场所，访问者需要尊重当局的规则和避免一些问题。例如，如果雇员要参与研究，雇主一定要合作。而这通常是在登记开始之前项目经理的职责。例如，Quli Data 的研究者正在研究加利福尼亚的一个管理团队。很不幸，他的上级突然冲进办公室，将人类学研究专家、录像技术师和客人赶出了办公室，从而毁了一天的进程。如果进行游击研究或者公共场合的研究，要考虑研究员在收集数据等进程中是否会影响到商业道德。进出私人场地会影响到道德和合法原则。

（八）收集数据

项目的研究员应该共享其人类学研究的视角和观察工具。数据收集的前提是观察。分享观察的细节能确保所有研究者达到预期目的。数据的收集由各种工具来完成，这包括简单的铅笔盒记录本、录像和录音，或者照片。有时候，物理的追踪对于收集数据来说也是必需的。

（九）质量监视

项目的主管有责任确保每个人在参与研究过程中的表现在预期当中。因为所有的项目因素是独立的，每个任务都需要高质量完成。

（十）发表成果

数据复习和分析。在每个项目的数据收集之后，一个或者多个项目经理需要重复观察和分析所有的记录，笔记、照片和得到的材料并且有逻辑地整理好这些数据。这有利于参与项目的每个人都能分享项目研究。

（十一）报告和演讲

客户需要决定哪种类型的报告形式将会对他们的项目目标最有利：无论是一个完整或总结性的报告，视频汇报，还是当面演示，或者其他形式，最重要的是要保证所有可交付的成果有以下的特征：一个专注于可行性的结论，也即除了讲述所说的和所做的，研究人员应该传达那些可以支持客户决策的调查结果；一个具有战略意义的措施；一个有吸引力的、富有创新的、容易操作的形式。对此，人类学研究项目很好地运用视频、摄影的图像和客户对话的文字记录进行报告；一个满意的客户，即对他们参与的项目感到满足，并且渴望未来从事人类学方面工作的客户。

(十二)项目进度

营销人类学通常对速度有较高的要求。因为重大的决策是基于研究结论做出的。然而,客户需要足够的时间来对数据进行充分的收集和分析。为了使高效地运转,我们应该对以下进程给予重视:

1. 项目规划和启动。开发项目、收集工具、招募员工并使之适应、拟定必要的合同,征得客户的批准。当然也需要一些灵活性来保证能够处理意料之外的突发事件。这一般需要花费三到四个星期。

2. 招聘和定位被访者。人类学的招聘可能花费比其他性质的项目更长的时间。这是因为愿意适应住宅、办公室、店访的被访者比较少。

3. 代理商的工作经验。大部分招聘公司已经获得招聘人类学工作者的经验,并且懂得这方面的专业要求和其他类型研究之间的不同。如果一个代理商是对这个类型的研究没有经验的,它所招聘的全体人员可能需要一些适应和培训。

4. 访问者与被访者的准备工作。招聘期间,被访者经常想要表现得对各个方面的实地考察都见多识广,例如将访问多少人或记录是如何做成的。因此,访问者需要准备被访者信息备忘录,以便能够以一种简单、非技术的方式回答被访者的主要问题。被访者也应该准备联系人名字和电话号码,以防问题出现在招聘和实际拜访中。

5. 确保参与者的资格。由于在最后关头被取消资格代价非常高,因此应该竭尽全力去避免。但是,一些不可避免的失望和意外事件也会偶尔发生。例如一些导致访问被取消的家庭紧急情况。因此,计划流程需要说明花费额外时间的原因,并应该准备额外的候选被访者。

6. 实地调查。实地调查的时间量将会随着项目范围、项目团队的大小而变化。一般不少于两个星期,但是延长超过四或五个星期通常会超过客户效用的范围。然而,这必须被计划在类别特点和客户目标的关系里。例如,一个关于 Quali Data 家庭烧烤的研究,试图研究东北部和中西部的季节性厨师以及在阳光地带(美国南部地区)一整年都喜欢烧烤的烧烤迷。总的来说,这个研究必须将时间分段以及将研究对象分类来进行。

7. 季节性因素和文化因素。节日季节、宗教仪式、家庭等都可能影响实地调查日程的安排。例如,如果要观察洗衣和织物护理,调查者应该认识到:消费者可能在冬季或节假日之前的洗衣量会比平均的洗衣量更多,类似这样的时间问题和实质性问题可能影响观察的有效性。

8. 分析。时间分配总会随着整个项目过程中数据收集量的变化而变化。因为音频和视频记录是在"实时"中完成的,匹配数据数量必须给予回顾性分析,项目计划应该对该分析时间做出解释。

9. 项目总时间。鉴于所有的注意事项和相关的问题,我们列出一个实际的最小时间分配:计划:2~3 周,培训:1~2 周,招聘:2~3 周,实地调查:2~6 周,分析和报告:3~4 周,总共:10~18 周。

**三、市场营销与项目管理的融合发展**

(一)目标的融合

在市场营销和项目管理融合的过程中,为了防止传统市场营销模式对企业发展造成局限,需要不断地研究项目管理模式下的市场营销模式,更好地将市场营销和产品营销结合起来,再通过企业自身的管理改善,来不断增强其自身的竞争优势,进而为企业创造更多的经济价值。

而企业想要更好地将两者的管理模式融合在一起,首先就要两者的计划目标相互融合在一起,一方面通过企业市场营销的策略来达到市场营销的目的,另一方面通过项目管理的方式来达到企业实施市场营销体系的营销目标。在实施其营销目标以及营销体系的过程中,还需要注意的是企业要根据市场随时波动的情况来对市场进行一定的调研工作,进而分析产品的定位以及竞争对手在营销过程中所存在的优缺点。在制定管理目标的时候需要详细地列出其可持续发展的长期目标,进而赢得固定的消费群体[①]。

(二)计划的融合

对于项目管理目标的制定,首先应该对市场营销目标进行深入的调查,并且针对产品信息以及产品的最大消费群体列出一个详细的计划。在当今社会形态如此多变的情况下,随着市场经济的竞争日益激烈,市场营销与项目管理的融合发展是我国现代社会市场经济发展的一个必然趋势,也是顺应时代发展的产物。而企业存在的意义就是通过市场经济的发展来为社会创造更多的利益和价值,这也是市场营销和项目管理融合的中心思想,也是为了使企业的

①王玮婧.市场营销与项目管理融合对策分析[J].时代报告, 2016(16):229.

市场营销能够更好地适应市场的发展规律。正是基于动态的市场特点,项目管理的思路在市场营销领域中的应用才显得更有意义①。

(三)实施阶段的融合

在营销项目的实施过程中,项目管理工作主要是完成营销项目的执行和营销项目的管理之间的配合,并且针对这些问题提出相应的解决对策,进而为商品交易活动提供更多的保障。由于受到外界以及企业内部各种因素的影响,某些问题会出现在市场营销和项目管理的融合过程中。而此时,企业的领导者应该及时发现问题,寻找解决措施。而在项目的执行过程中,应该通过绩效管理制度实施市场营销项目,对各部门的分工进行细化,提高市场营销活动中的执行率,并且要不断地创新企业的市场营销机制。企业在高素质的人才培养方面也应该给予高度重视,并且通过创新项目的管理模式来进一步提高市场营销的执行力度,为市场营销人才创造更多的自我学习的机会,从而为企业做出更多的贡献②。

**四、市场营销与竞争情报**

竞争情报是企业核心竞争力的重要构成因素,在企业制定经营战略、市场营销、组织管理等方面起着非常重要的作用③。市场营销战略以企业发展战略目标为核心,通过对企业竞争环境及对手的预测分析,确立企业目标市场,进而设计出一套合理的市场营销战略及其组合,即合理、有效运用产品策略、渠道策略、价格策略以及产品促销策略,在适当时间向目标顾客提供适当的产品,以满足目标市场的消费需求。通过制定市场营销战略,可以使企业对当前和未来的营销环境、营销方向和营销能力有一个正确的认识,全面了解自己的优势和劣势、机遇和挑战,从而不失时机地把握机会、利用机会、扬长避短、躲避危险。

企业市场营销战略制定需要竞争情报的支持。

首先,为企业环境分析、公司分析提供营销竞争情报资料,包括企业产品和新产品开发的情报需求、识别和评估竞争对手的产品及新开发的产品特点、评估竞争对手对企业开发新产品的反应并做出应对方案;价格信息的

①②王玮婧.市场营销与项目管理融合对策分析[J].时代报告, 2016(16):229.
③曾梅.竞争情报——企业核心竞争力的重要支撑因素[J].冶金信息导刊, 2003(3):37—39.

情报需求,识别和评估市场中相关产品及替代产品的价格信息,评估当企业采取提高或降低产品价格的策略时,竞争对手的反应并做出应对策略;分销商及渠道网络评估的情报需求;获取经营理念、媒体类型及其效果分析、公关对象、方式及其效果,人员推销原则、方式,促销目标,促销策略等方面的情报①。

其次,为企业营销战略构架提供情报分析评估报告并提出相应的建议,市场营销需要企业了解竞争策略。为了保持和取得竞争优势,在营销活动中战胜竞争对手,必须合理选择和正确运用竞争策略。竞争策略选择的正确与否,直接关系到企业营销活动的成败。企业采用何种策略,还要看对手采用何种策略以推知对手未来要走的方向,完成企业目标的行动计划。企业只有在全面了解市场环境的基础上,结合自身实力,制定营销策略,才能取得竞争优势,在市场竞争中处于不败的地位。

再次,对主要市场参与者进行监控的营销竞争情报,包括竞争对手、顾客或客户、供应商、新进入者、替代者和营销合作联盟伙伴等方面的监控情报需求,为营销战略定位指明方向②。包括主要竞争对手的档案及深入分析报告;识别新的正在崛起的竞争者;行业和客户对企业的品牌产品、服务等价值的观点、态度和感觉;新技术或新产品开发者的战略;企业营销联盟伙伴的财务、竞争意图等方面的情报③。

在现代市场经济条件下,市场营销战略迫切需要每个企业都要密切注意自己产品的营销动态,高度警惕竞争对手的营销方法和策略,避免因竞争失败而被挤出市场。在市场营销活动中,企业要找出自己的竞争对手进行跟踪,了解竞争对手的定价与扩展计划、竞争计划、促销战略、成本数据、销售统计、销售额、研究开发、产品设计、生产工艺、专利和组织管理方式等④。

---

① 吕莲. 面向市场营销战略的竞争情报研究[J]. 中国商贸, 2011(8):49—50.
② 郭义祥. 面向企业市场营销战略的竞争情报[J]. 中外企业家, 2014(25):124.
③ 吕著红. 面向企业市场营销战略的竞争情报[J]. 科技信息, 2011(33):472—473.
④ 金镇, 尹文燕. 市场营销与竞争情报[J]. 高校信息学刊, 1996(4):16—19.

## 第三节　人类学在市场竞争情报中的应用

如前所述,人类学是社会科学领域中最富特色的行为学科,她以人类为对象,对人们的互动行为、社会组织和文化体系等进行研究。人类学以参与式观察、深入访谈、内容解析和情景分析等为主要研究方法,因此在对人类行为的研究中具有不可替代的独特性。前摩托罗拉执行委员会主席罗伯特·高尔文(Robert Galvin)曾经指出,如果我们能对整个世界有关文化人类学的知识进行真实而深入透彻的理解,那么,我们就可以解释一些影响不同国家实践操作的特别因素。此外,当我们对这个复杂而多样的世界进行深入了解的时候,情报部门也需要研究人类学知识,并将其传递给其他部门。

高尔文在其书中写道:当我们试图打进日本电子市场的时候,我们就会意识到日本人对权力的尊重程度远比我们想象的要高,与表面上被人们所熟知的恭敬礼貌礼仪文化并不完全相同。为此,我们必须利用每一个我们可利用的合法政治力量,从参议院外交关系委员会到国家领导人,去击溃日本建立起来的贸易壁垒,从而名正言顺地进入日本市场。在这种思想的指导下,摩托罗拉打开了日本的电子市场,日本人为此都尊重我们,并以购买我们的产品作为响应。日本尊重权力,这是人类学中关于日本文化特征的一个原理,对我们而言则是一个非常重要的情报[1]。

阿尔夫·瓦利(Alf Walle)博士,是一位在人类学方面有着深厚造诣的跨文化领域专家,在企业竞争情报方面有着系统的理论知识和丰富的实际工作经验。一直以来,他都从事着工商业中市场营销方面的顾问工作,并在大学里传授工商人类学、竞争情报和旅游业的相关知识。瓦利提出,竞争情报是关于建立竞争优势的信息收集和信息分析过程。虽然竞争情报和市场调研从不同的情报和定量传统分析方法中展开,但在本质上它们都受益于调查和分析的定性方法。在瓦利看来,竞争情报在很大程度上属于定性分析和直觉分析领域,这一领域经常利用多种微弱信息来源去发现新趋势并得出结论。瓦利阐

①Galvin, R.H. Competitive Intelligence at Motorola [J]. Competitive Intelligence Review, 1997 (1):3-6.

明了竞争情报领域,如何为工商业调查研究带来有用的定性分析工具之问题。他强调,在众多工商业学者和实践者极度偏重定量分析技巧的时代,许多竞争情报专家则一直拥护定性、主观和直觉的分析方法,从而为许多成功案例提供适时而有意义的信息。但是在商业战略决策中,人类学定性方法的重要角色却长期被忽视,这一现象在竞争情报领域中却并不十分严重①。

在第二次世界大战时期,当商业调研变得更加倾向于定量化研究时,竞争情报转而进行定性方法研究。由于定性方法研究不需要通过正式的论证就可以得出可靠的结论,节省时间,结果使得竞争情报在工商业中得到了人们的重视和应用。竞争情报工作者,比较重视受过专业训练的人类学家凭直觉获取信息的研究分析方法,鼓励市场调查者借助定性的社会学科和人文学科相关技能进行调研。他强调,竞争情报可以并应该将这两种定性传统分析方法相互结合起来。瓦利博士试图为竞争情报专家运用定性方法找出理论根据,从而将社会科学、人文科学同工商业研究分析联系起来。他认为竞争情报,以把信息从相对模糊且不完整的数据中提取出来之谍报活动为基础,在本质上属于定性分析的学科,并以不与其他竞争情报专家相互分享其独特研究方法为前提②。

人类学家的背景知识和调研风格,为竞争情报专家提供了与之相啮合的分析工具③。瓦利将情报和其他传统的定性分析工具整合起来,在新领域中获得了突破性进展,并提供了有关实用性人类学以及与工商世界息息相关的发散性视觉资料。如今,许多工商界竞争情报人员,都着重于采用定性分析手段开展工作④。

近几年来,随着人类学家将传统的调研和参与式观察的人类学方法应用到工商业领域,越来越多的营销人员将人类学方法应用到营销实践和调研中。工商人类学几乎涵盖了从营销战略到公司风气的所有方面。因此,在竞争情

---

①②Walle, A.H. Qualitative research in intelligence and marketing：The new strategic convergence［M］. Westport：Greenwood Publishing Group, 2001.

③田广,刘瑜,汪一帆.质性研究与管理学科建设:基于工商人类学的思考［J］.管理学报,2015（1）:1—10.

④Walle, A.H. Qualitative research in intelligence and marketing：The new strategic convergence［M］. Westport：Greenwood Publishing Group, 2001:56—78.

报收集和市场调研方面,人们比较热衷于寻找实用性人类学家作为公司的工作人员,填补多样化研究和分析等职位的空缺。作为人类学家独特的调查方法,参与式观察需要人类学家花费一段较长的时间在研究对象中进行实地调查,并尽量获得与调查对象有关的深入理解。由于人类学的折中性本质以及它能帮助我们加深对各种社会制度和社会现象变化过程的理解,因此,我们相信,人类学能够为竞争情报的实施和操作做出重要贡献。

通常来说,人类学家比较关注符号、宗教仪式、传说和故事等特殊的情报信息。理解暗藏在这些线索背后的意义,可使人类学家感知人们对世界的主观态度。因此,人类学家能够看到文化对人们行为的指引作用。霍夫斯泰德将文化定义为思想路线的共同规划情况。该规划能够将不同组群或类别中的成员区分开。通过这种区分方式,我们能够看到,每一个组群都有着一个清晰明确的运作方式。无论它是一个较大的部门或是组织中的一部分,又或者从人类学的角度来看,它只是一个家族或部落[1]。

根据西蒙·乔治(Simon Gregory)的观点,得益于人类学的方法,竞争情报专家可以通过调查对象的视觉从而观察企业组织的方式。例如:竞争情报经理在目标客户表达他们的需求时,需要努力去观察留意,利用目标客户的"符号标志""固定程序"和"传说"去阐明他们的需求。当竞争情报经理对目标客户的价值观和工商业运作方式的理念进行深入理解时,他们就能得到与该目标客户互动的好机会。顾客只有在认为自身得到理解之后,才更有可能参与到竞争情报的搜集过程之中以及相信并采用公司提供的产品服务。

西蒙强调,组织理论学家提出,当两个部门之间的差异变得较为明显时,出现问题的概率就会变大。竞争情报实践者应该学习人类学方法,以便与调查对象发展好关系,进行参与式调查和观察。为了避免周围引起的紧张状态对他们之间的关系造成负面影响,竞争情报分析家需要全面了解调查对象的文化和价值观等问题。

从人类学家的角度出发,文化展示就像一个"人工制品"。这些文化表层的现象,就像人的外貌。作为符号标志,该人工制品展示出的文化价值观和信

---

①Hofstede, G. Cultures Consequences: International Differences in Work-related values[M]. London: Beverly Hills, 1980:33-50.

念,通常由我们所说的"传说"婉转地表现出来。辨别出和理解好调查对象文化中的含义,能够帮助竞争情报实践者将调查对象的价值观整合到与其一起进行的商务活动中去。价值观和信念的相互分享,能帮助调查对象和竞争情报专家更好地相互理解和增进彼此的信任。通过应用人类学方法,竞争情报分析家能够得知对目标客户比较重要的信息类别以及展示调查研究结果的最有效方式,分述如下:

一是符号标志。符号标志是组织文化中最明显的现象,包括语言、行动和目标。其中的目标有一个特定的意义,并且该意义由有着共同文化核心的成员所理解。符号标志,能够帮助竞争情报专业人员找出目标对象的共同点。当不确定因素存在于竞争情报员工和调查对象之间时,该共同点可以帮助我们克服部分困难。竞争情报专业人员需要进行与人类学家类似的程序和操作,将他们从实地调查中发现的所有事物进行分析研究,从而深入理解调查对象所处的文化环境,得出有用的信息。

例如,竞争情报专业人员可以根据调查对象的办公室的布局设计,来了解其对商业的看法。高层管理人员的私人办公室、社交领域、员工的寝室都能够为竞争情报专业人员提供重要的与调查对象有关的价值观和信念的信息。将这些人工制品联系起来,能帮助竞争情报专业人员得到调查对象类型方面的感知,并且了解项目的动态。

二是固定程序。从人类学的角度来看,固定程序是指能够帮助定义一个文化的礼节。而竞争情报领域的固定程序则是指,调查对象每天都会进行的运作方式中普通一部分的活动。一般认为,此程序是调查对象企业组织社交方面的主要元素。固定程序包括会议、绩效审查、组织中成员相互问候的方式和工作之余的社交活动。如果人类学家能够参与到该固定程序中并且理解它们所代表的意义,那么,他们在调查对象所在企业组织的活动就会更加顺利。

三是传说。在工商人类学家看来,传说是有关个人的故事。调查对象将传奇人物看作如同他们的英雄一样重要。他们可以是活的或者是死去的,当前的或者是过去的。英雄人物的性格特征可以帮助竞争情报专业人员理解调查对象对其成员的看法、态度。组织中的英雄人物,例如亨利·福特(Henry Ford),比尔·盖茨(Bill Gates),或是摩托罗拉的罗伯特·高尔文都对他们的公司有着重要意义。在调查对象企业组织中,确认取得成功的此类型个体,能够引导竞争情报管理者更好地将自己展现给调查对象看。更进一步来说,这一认知可以增加竞争情报专业人员对调查对象的熟悉度,使得调查对象对他们更加接受和信任①。

四是外部和内部文化。为了使竞争情报变得有效,公司文化必须对其给予支持。对人类学家来说,管理优先、组织结构优化和对自主性有积极影响的资源等支持形式都具有重要地位。公司的内部文化在竞争情报的实施方式、竞争情报的利用途径、识别竞争情报的关键点等方面都具有重要的影响作用。简而言之,公司的内部文化影响着信息的收集方式和内容。

外部文化对发挥竞争情报作用方面也同样重要。商业组织通过探究外部的影响因素,包括政治、社会和经济等方面,作出有关国家竞争情报适用性的结论,从而开展竞争情报活动②。稳定的环境有利于实践者获得和利用相关信息,从而更加有效地实施竞争情报工作③。

调查研究一个新的文化,必须时刻了解掩藏在其中的社会和政治方面的变动。举例来说,美国公司的文化是以注重商业交易方面短期的考虑而闻名的。与之相反,日本企业注重长远的首创精神,耐心是对他们最关键的因素。因此,如果竞争情报专业人员想要做出更好的分析,那么就必须了解文化对商业实践的影响作用。在竞争性分析和案例研究分析之外,历史背景对于获得相关知识的作用也不容忽视,尤其是针对全球性的竞争情报。她需要收集能够明确指出竞争中的机会或威胁④的标准信息,包括社会学、教育学、经济、政治和地理等方面。

研究文化及其对人类行为的影响作用是人类学家最主要的任务之一,而事实上,人类学方法的精髓在于将其应用到文化研究中。因此,就此而论,人类学家能够帮助竞争情报专业人员更好地理解内部和外部的文化环境,这对于竞争情报项目的成功与否起到至关重要的作用。对竞争情报专业人员来

---

①Simon, N and David, G. Business anthropology: clues to culture[J].Society of Competitive Intelligence Professionals, 2001(4):7-8.

②Kahaner, L. Competitive Intelligence [M]. New York: Simon&Schuster,1997:33-58.

③Fleisher, C.S. and David, B. Controversies in Competitive Intelligence: The Enduring Issues [M]. New York: Praeger, 2003:44-129.

④David, B and Fleisher, C.S (Eds.) Competitive Inteeligence and Global Business[M]. New York:Greenwood Publishing Group,2005:56-110.

说,如果能区分出所有的影响因素并发掘出它们潜在的影响作用,那么开展一个有关内部和外部文化构想的目标就能够实现。由此组成讨论会的大纲,并在讨论会中对竞争情报进行实践。

五是伦理问题的忧虑。在竞争情报实践者中一贯备受争议的。本质上,他们考虑更多的是允许做的事情和不允许做的事情。竞争情报专业人员协会的出版物,深刻地揭示了这个问题①。

在竞争情报实践中,竞争情报人类学家需要把人类学专业的伦理准则和竞争情报专业的伦理准则同时考虑在内。约翰·麦克格纳吉尔(John J. McGonagle,)和卡洛琳·维拉(Carolyn M. Vella)曾经详细地阐明了"伦理和法律问题"②。《竞争情报伦理:在灰色地带中操作》一书提供了20个有关竞争情报伦理的不同观点,同时也额外提供了10个被不同个体和公司组织采用的伦理准则。将众多观点与多篇在不同竞争情报文献目录中的学术性文章或者研究结合起来,反映出学者对伦理问题的重视。目前,市场上竞争信息的来源主要有三:公众场合或者订阅资料,竞争对手或调查对象的网络系统,实地调查访问。竞争情报实践者遵守当地法律的指导方针和商业伦理规范,这与行业间谍活动有着本质上的差异③。

因此,竞争情报的工作人员通常受到鼓励,从而利用公共的资料去寻找和发掘有关竞争情况、竞争对手和市场环境的信息④。

有学者将竞争情报定义为信息收集行为。该信息必须合乎伦理和法律并且在之前可被利用。因此,不合法的或不合乎伦理的活动无意间会被贴上间谍行为的标签。由于间谍情报和竞争情报领域相似,以至于竞争情报专业作家艾特维·莫里斯(Attaway, Morris C, Sr.)认为,列出他明确看作是间谍情报的活动十分重要。例如,从竞争对手那里偷来笔记本电脑、拦截他们的沟通信息,又或者偷偷收集他们屋子外面的垃圾。此时注意区分:偷笔记本电脑是绝

①Kahaner, L. Competitive Intelligence [M]. New York: Simon&Schuster,1997:45-67.

②McGonagle, J.J, Vella, C.M. Outsmarting the competition: practical approaches to finding and using competitive information [M]. Chicago: Sourcebooks, 1990:43.

③Fehringer, D. and Hohhof, B (Eds).Competitive intelligence ethics: Navigating the gray zone [M]. Alexandria:Competitive Intelligence Foundation, 2006:25-110.

④Vella,C.M, McGonagle, J.J. Competitive intelligence in the computer age[M]. New York: Greenwood Publishing Group ,1987:39-178.

对的犯罪行为;一般来说,偷偷收集垃圾不被视为犯罪行为,但是,如果它以竞争情报收集为目的,那么它就是不道德的①。

麦克格纳吉尔和维拉将行业间谍行为定义为:通过违法的方式收集信息,包括弄坏、进入、非法闯入或者收集机密信息②。竞争情报专业人员伦理准则协会要求所有成员都要杜绝一切不道德的实践活动,却没有将所要杜绝的实践活动具体化。并且,成员还必须通过不断的努力来赢得人们对这一专业的认可和尊重。具体的要求是:成员必须遵从所有的适用法律;成员必须在所有的访问之前,精准地揭露所有有关的信息,包括身份和组织,并且充分尊重所有有关保密性的要求③。

在许多边缘案例中,意图却比实际行动更加重要。例如:企业组织在招聘员工时,访问竞争对手以前的员工关于对手企业的运作情况,包括他们进行过的项目等。如果真正的意图是提供工作机会,那么这是合乎道德的;但如果真正的意图纯粹是信息收集,那么这是不道德的。与竞争对手联系、讨论一个具有可能性的联合经营计划,从而获得信息,这是合乎道德的。然而,如果目的只是获取信息、商业秘密、设计,等等,那么这就是不道德的。曾经,有学者提出一个将合乎道德和不道德的行为区分开的黄金法则:行政主管将自己置身于被考虑过的信息收集活动的接受者位置,拷问自身是否感受到不公平的对待。虽然,这种方法存在着主观性,但这是人们面临进退两难困境时最贴切的解决方法④。

尽管上述问题需要得到大家的重视,但是在实际调查时,大部分行政管理者都表示不愿意参与不道德的情报收集实践活动⑤。实际上,在互联网的大环境中,这种顾虑是没有必要的。作为一个公共可用的信息渠道,互联网可以为

---

①Attaway, Morris, C Sr. A review of issues related to gathering and assessing competitive intelligence [J]. American Business Review, 1998(1): 25.

②McGonagle, J.J, Vella, C.M. Outsmarting the competition: practical approaches to finding and using competitive information [M]. London: McGraw-Hill, 1993:110-120.

③McCarthy, C. Internet as a Source for Competitive Intelligence: A new field of activity for Special Libraries and Information Centers [M]. Bahrain: The Sixth Annual Conference of the Special Libraries Association, 1998:28-56.

④McGonagle, J.J, Vella, C.M. Outsmarting the competition: practical approaches to finding and using competitive information [M]. London: McGraw-Hill, 1993:39-57.

⑤Gordon, I. Beat the competition: How to use competitive intelligence to develop winning business strategies[M]. Oxford: B. Blackwell, 1989:77-92.

每个人提供各种各样的信息[1]。专家指出,竞争情报的一个关键点在于业务层需要用来制定决策、理解市场和竞争情况的信息的90%都早已被公开了,或者说可以从公共信息渠道收集此类信息。尤其是在特定的图书馆或信息中心工作的专业人员,他们在忙于探究互联网信息的丰富多样性的同时,无暇去进行不道德的活动,或者仅仅对此类活动产生兴趣[2]。

## 第四节　竞争情报中的跨文化战略

长期以来,部分企业不重视国际间市场营销的增长总量。而如今,在市场营销学科飞速发展之后,涉及企业在跨文化的国际领域里收集市场营销信息的知识仍然少之又少。这一现状不仅影响企业在国际竞争力方面的效用,同时作为整体来看,它也在全球营销资源使用效率方面,产生了负面影响[3]。乔尔·勒邦(Joël Le Bon)和德怀特·墨朗卡(Dwight Merunka)指出,竞争情报是营销员收集市场环境信息的收获之一,且不需投入额外成本。因此,其一直被视为重要的市场营销竞争情报来源之一[4]。为了使业务能在国际上获得成功,企业需要加入一个跨文化的竞争情报计划。

在国际竞争情报中,实施成功的市场进入或防守策略的前提是,必须从国外市场中获得情报信息。其过程虽与在本国市场中的过程相同,但是必须考虑到国外环境的特征和细微差别,例如文化问题[5]。一般认为,公司进入国外市场中的失败源于严重的决策错误或者涉及社会、文化和政治等环境方面的错误判断。显然,与国内相比,在全球基础上进行管理竞争情报搜集工作会更

---

①郝哲.基于共现网络国际竞争情报研究的知识图谱分析[J].现代竞争情报,2016(4):165—169.

②黄秀满.大数据环境下的图书馆竞争情报服务发展对策研究[J].图书与情报,2016(1):80—84.

③Tian, R,Tobar, B. Competitive intelligence[C]. New York: Conference Board, 1988(5):9-10.

④宋新平,杨阳,李保珍.市场营销员工参与市场营销竞争情报现状调查——Web 2.0下全员情报模式视角[J].情报理论与实践,2016(3):36—41.

⑤Tian, R.G. The implications of rights to culture in trans-national marketing: An anthropological perspective[J]. High Plains Applied Anthropologist, 2000(2):135-145.

加复杂[1]。

普莱斯考特和帕特里克·吉本斯(Patrick T. Gibbons)曾经提出必须进行国际化竞争情报或跨文化竞争情报的五个理由:第一,不同国家对于数据收集的类型、及时性、精确性和驱动因素的要求有所不同;第二,不同国家对收集个人数据的意图和所谓道德标准的态度有所不同;第三,不同国家在生产、储存、运输、分析和时间安排等方面的技术有所不同;第四,语言障碍问题对于收集和分析信息来说都很重要;第五,需要注意不同国家独特的表现形式,尤其是对文化差异的考量[2]。

霍夫斯泰德提到,民族优越感不仅普遍存在于调查设计和测量方法中,在数据收集和数据分析中也是普遍存在的。他进一步指出,翻译和回译的工作并不简单,其质量取决于翻译者的水平以及竞争情报专业人员是否有文化偏见。为了解决跨文化调查中可能出现的文化偏见问题,霍夫斯泰德建议采用一组具备双语能力并且对相关内容的文化问题比较熟悉的读者。这样做不仅可以减少费用,而且能够像纯粹的回译一样,得到意想不到的好结果。最后,他提出,定量分析(例如因素分析)有效的前提在于保证所有的不同之处都只是受到文化而不是其他因素的影响,例如社会地位、性别、年龄等[3]。

在工商行业的文化实践活动中,查尔斯·塞宁(Charles E. Sheinin)[4]和乔治·米哈伊洛夫斯基(George Mikhailovsky)[5]主导的研究指出,竞争情报专业人员在跨文化观点方面需要考虑15个文化变量:行动、竞争力、沟通、环境、个人主义、结构、想法见解、时间、权力和权威、工会和管理、社会价值观、风险观、改革和创新、道德价值观、性别。在全球背景下,调查、收集有质量、精确且相

①Feiler, G. Middle East CI sources: problems and solutions [J]. Competitive intelligence review, 1999(2): 46-51.

②Prescott, J.E, Gibbons, P.T (Eds). Global Perspectives on Competitive Intelligence [M]. Alexandria, VA: Society of Competitive Intelligence Professionals, 1993:66.

③Hofstede, G. Cultures Consequences: International Differences in Work-related values [M]. London: Beverly Hills, 1984:33-120.

④Sheinin, C.E. Assessing global competition [J]. Competitive Intelligence Review, 1996, 7(3): 86-88.

⑤Mikhailovsky, G. The Global Mind [J]. PARIPEX-Indian Journal of Research, 2016(4): 23-25.

关的信息来完成研究分析,是竞争情报实践者的目标。如果分析家没有考虑到以上文化变量,那么,他们在判断上出现严重错误的可能性就会大大地提高。我们必须小心避免出现以下情况——竞争情报调查员可能在无意间将自己的文化偏见强加进去,作出基于文化的臆断或忽略了相关的实际感知情况。缺乏文化意识的分析,会使现实状况被误解,从而削弱战略决策的有效性。

传统的国际性或多国性方法的选择,在很大程度上取决于地理区域。我们根据地理位置,为每一个市场制定清晰明确的营销组合。传统的方法是利用多个地方相同的营销组合,进行经验曲线效应的测试。而实际上,全球发展的业务着重强调产品的相似性而不是它们的业务范围。然而,这并不是忽略了差异性。这些差异会在实施营销项目策划时与不同的分销策略共同被考虑进来①。例如,广告因不同国家的市场而被转译成不同的语言。

所有理性的商业决策,都应该以对跨国视角和跨文化视角差异性的清楚理解为前提②。同样,在国际营销中采用竞争情报计划时,所有的差异性都需要被认真考虑,尤其是文化方面③。然而,目前大部分的国际竞争情报实践者都忽视了这一点。通常来说,一般出口商都比较精通于跨文化的信息获取,例如众多学者关注的卡勒夫公司(Calof)④。该出口商比精细化程度较低的出口商更有可能利用所有的信息来源。他们通过对文化差异的考虑,更加深入地理解东道国,成功地实施国际营销战略。举例来说,文化的敏感性,迫使想在波斯湾(Persian Gulf)获得成功的美国特许经销商,必须调整他们的运营方式和公司政策,使其变得较为灵活⑤。

同时,在国际竞争情报实践活动中,精细化程度较高的出口商也能利用私人的国外联系方式来获得重要的信息和资料。在这种类型的工作中,善于收

---

①Tian, R.G. The implications of rights to culture in trans-national marketing: An anthropological perspective[J]. High Plains Applied Anthropologist,2000(2): 135-145.

②Tian, R.G, Emery, C. Cross-cultural issues in Internet marketing [J]. Journal of American Academy of Business, 2002(2): 217-224.

③田广,邵欢.跨文化与跨民族市场营销的人类学思考[J].河北经贸大学学报:综合版,2014(2):5—10.

④Calof, J.L. So you want to go international? What information do you need and where will you get it? [J]. Competitive Intelligence Review, 1997(4): 19-29.

⑤Martin, J. Franchising in the Middle East [J]. Management Review, 1999(6): 38.

集信息的人类学方法能够得到很好的应用①。例如,应用人类学家田广,曾经作为国际业务顾问去一家加拿大企业工作。为了运用其人类学技能,他利用自己的私人联系方式和关系去搜寻有用的信息,并帮助该加拿大企业在中国成功地开展项目。这可以看作是一个"社会资本池",其价值观灵活可变并取决于环境形势。竞争情报的跨文化思考,在商业领域中的重要目的在于进行国际竞争情报实践活动时发掘机会和了解实施过程。

在当今的全球经济形势下,成功的竞争情报项目计划能够反映出企业的需要,使信息过程变得更加容易,并且帮助管理者制定战略决策,促进企业组织胜出。跨文化竞争情报项目计划的结构和范围取决于个别企业及其自身的需要。基于之前的调查(罗伯森,1989)和人类学家自身的经历,一般认为,在建立一个正式的跨文化国际竞争情报项目时,企业需要遵照以下八个阶段的流程:

1. 第一阶段为定义需求。在这一阶段,协调人员必须对本国和潜在东道国之间关于文化、社会和经济方面的差异产生思想上的意识。在评估新市场与竞争对手的优势和劣势时,必须着重考虑目标国和本国文化之间的关于规章制度和立法方面的差异以及影响竞争市场的相关变化等方面。情景化内容、时间优先、敏感度和多任务处理技能等,可以深化我们分析的内容和情报的有效性②。

2. 第二阶段为辨别主要竞争对手。识别出竞争对手或潜在的竞争者,可以起到防守和进攻的效用,是成功的关键所在。进攻方面,企业需要寻找可利用的薄弱环节来进攻对手。防守方面,企业可以通过选择避免直接竞争的利基市场策略来防备对手。并且,竞争情报分析家需要对竞争情况进行定期和持续的审视。

3. 第三阶段为评估资源。公司需要明确周围存在的可以利用的私有信息。通常来说,知识、专家意见、外籍员工和现场材料的评估在差距分析中能够发挥重要的作用。由于移居国外而从该国回来的专家能够提供对竞争情报

---

①苏国栋.试论竞争情报与企业竞争战略[J].经营管理者,2015(2):130.

②Robertson, M.F. Seven Steps to Global CI [J]. Competitive Intelligence Magazine, 1998(2): 29-33.

有价值的资料、对于企业关心的问题比较熟悉,并且在所谈论的国家住过、工作过或进行过研究。因此,在这一阶段中,企业战略应该包含对专家的访问,从而获得有关跨文化价值观方面的重要资料。由此可见,完成对内部资料的评估需要优先于对外部资料的收集和分析工作。

4. 第四阶段为任命领导人。一般认为,一个能够欣赏文化差异、熟练运用多种语言,并且能够摆脱个人成见、善于倾听的人,能够更好地胜任这一阶段的工作①。另外,为了更加容易地获取相关候选人的基本信息,竞争情报分析也需要建立一个有关专业人员的国际沟通网络。通过分析这些数据,竞争情报分析员们可以让组织持续地获知他们所处行业的变化及竞争对手的发展动态。普莱斯考特和吉本斯曾经提出创建一种项目导向型方法。该方法的实施,意味着将利益关系不同的管理者所支持的人,集中到一个临时组建的部门中参与工作②。

5. 第五阶段为制定竞争情报计划。在确定目标时,任务和预算这两个维度至关重要。对于竞争情报计划,我们应该从一个间接的、抽象的总目标中抽离出一个直接的、具体的目标,把握任务的总体性并且区分任务的不同种类。根据玛丽·罗伯森(Mary F. Robertson)的说法,预算能够控制需要被派往海外的外派人数。除了日常的行政支出以外,以下的因素也被考虑在内:a. 购买新的物资(书本、地图、期刊等)费用;b. 雇佣负责信息搜集、分析、翻译的人员以及信息搜集过程中一些负责其他工作的全职或兼职人员;c. 对人员进行专门的有关文化、贸易或国际商业等问题的培训;d. 商业会议;e. 任何为了搜集资料所需要支付的实地访问的费用③。

6. 第六阶段为国际竞争情报构造。在这个阶段,必须对项目的员工需求进行分析。如果人力资源有限,那么竞争情报分析工作就不得不单独进行。罗伯森建议,如果竞争情报团队,能够为了国际性的情报任务而雇佣专门的工

---

①田广.企业家研究的人类学模式与路径[J].北方民族大学学报:哲学社会科学版,2015(3):88—97.

②Prescott, J.E, Gibbons, P.T (Eds). Global Perspectives on Competitive Intelligence [M]. Alexandria, VA: Society of Competitive Intelligence Professionals, 1993:66.

③Robertson, M.F. Seven Steps to Global CI [J]. Competitive Intelligence Magazine, 1998(2): 29—33.

作人员。那么,具有当地背景和生活经历的本土化人会是更好的选择。但是,要注意培训和国际化导向才是国际竞争情报构造的主要目标①。同时,为竞争情报开发出一种通用语言也十分重要。一个信息搜集的理论框架包括:行为规范、与竞争情报主题相关的技能培训工作、一种有关竞争情报如何与公司使命相契合的设想②。道德和专业行为规范必须是适当的,而且能够被使用在不同的文化和国家之中。

7. 第七阶段为搜集和分析数据。在进行国外调查之前,调查者需要搜集并学习多种原始资料。例如,尽可能多地了解行业在其他国家的发展详情。在进行采访时,准备能够相互交流的信息、进一步地明确调查之旅的特殊需求和目标,有利于调查的顺利进行,从而使分析人员获得真相。当处于调查现场时,竞争情报分析员需要谨记文化差异带来的挑战,并且提高对文化差异的敏感度③。一般要求调查人员精通社会、文化、政治因素对市场的影响以及财政、经济等方面的知识。否则,缺乏对社会、政治动态发展的理解会导致时间、资源及金钱的浪费④。

8. 第八阶段为展示调查结果。解读、分析以及转换信息后,最后一步就是散布或者传播情报。竞争情报计划为能够有效运用情报的人传递精准的、完整的可靠分析。它被用来帮助制定具有时效性的竞争决策。情报展示的形式可以有所差异,但是展示的基本内容需要保持一致。根据管理者的偏好,呈现调查发现结果和建议的最好形式,最终取决于竞争情报分析专业人员。对于全体的竞争情报分析专业人员来说,需要明确,最终的结果展示只能针对决策制定者是有用并且易得的。否则,必将会导致情报有效性的巨大损失。通常来说,管理者的文化敏感意识都不强,竞争情报分析专业人员应该适当地给予他们有关跨文化方面的教育。

——————————

①Robertson, M.F. Seven Steps to Global CI [J]. Competitive Intelligence Magazine, 1998(2): 29—33.

②Prescott, J.E, Gibbons, P.T (Eds). Global Perspectives on Competitive Intelligence [M]. Alexandria, VA: Society of Competitive Intelligence Professionals, 1993:66.

③田广.工商人类学与文化差异管理[J].青海民族研究,2013(3):1—9.

④Werther, G. Doing business in the new world disorder: the problem with precision [J]. Competitive Intelligence Magazine, 1998(2): 24—26.

# 本章小结

在经济全球化的大背景下,市场竞争日益激烈,获取竞争情报成为企业占领市场的有效手段。在人类学家看来,竞争情报对市场营销的贡献,主要在于其对消费者相关信息的收集,包括消费者行为、对商品的喜恶程度等。融合了市场营销相关知识的项目管理新理论,为竞争情报的研究提供了一个新路径。从一个跨文化的角度去了解竞争对手以及它们的产品、分销渠道还有营销策略,对于每一个公司来说都很重要。尤其针对于一些生产类似的产品并且在同样的市场中短兵相接的公司。

竞争情报,无论从国内还是国际来看,都是相对比较新潮的。目前,在竞争白热化的全球商业环境中,虽然竞争情报不能完全促成工商企业组织的成功。但是,人类学视角下的竞争情报计划能够有效地弥补公司对于国际市场研究的不足,为企业在国际市场上的竞争提供有效的信息,使跨国企业在对国际市场份额的争夺时,避免遇到因跨文化问题所造成的障碍,从而处于积极的地位。

〔案例链接〕

我国对外贸易冲突中的竞争情报缺失①

加入世贸组织至今,我国已经历了多次对外贸易冲突。我国企业在贸易冲突的激化和处理过程中,应诉不力或败诉虽然有各种原因,如对政策不熟悉、企业缺乏预警思维、消极应诉等,情报信息的缺失也是一个不能忽略的因素。通过对典型案例的分析可以发现,情报内容的缺乏、情报信息源作用不当和情报信息传递阻碍是情报缺失的主要方面。而在归纳竞争情报缺失的基础上,可以略析企业所需贸易竞争情报内容。贸易竞争情报内容的缺乏包括政

---

①案例改编自:曲哲. 我国对外贸易冲突中的竞争情报缺失——基于案例的分析[J]. 农业图书情报学刊, 2011(1):118—121.

治格局变动、政策变化、法规标准修订等各方面。其中的细节虽然数不胜数，但有一个共同特点，就是由于缺乏相关信息导致陷入应诉的被动局面。经常缺乏的情报内容主要有贸易伙伴国相关政策、市场信息，本国出口价格异常信息以及WTO规则等。

## 一、欧盟诉我国钢丝绳反倾销案

1998年5月的钢丝绳案中，我国在被起诉的第八天获悉，欧盟准备提出以挪威作为替代国来计算我国钢丝绳产品的正常价值，中方立即以"替代国价格水平过高"为由提出抗辩，要求以印度作为替代国。我国企业原以为印度也是发展中国家，产品的国内销售价格应与我们的产品相差无几，却不知道，印度政府对国内钢材与电子产品实行垄断保护政策，生产钢丝绳的厂家寥寥无几，进口产品还需加40%的关税以及诸多的许可证费用，而且对国内钢丝绳的生产给予政府补贴，印度钢丝绳国内价格是畸形的。结果，印度钢丝绳的价格高出我国同类产品价格许多，使我国企业在应诉中处于极其被动的地位。分析：本案中，中方的应诉态度积极，也抓到了"替代国选择决定价格和倾销幅度"的关键点，但由于没有对将要选择的替代国的同类产品产业状况进行调查研究，仅凭主观臆断，导致信息缺乏，酿成错误。本案中缺失的是贸易伙伴国的行业政策信息。

## 二、美国诉我国彩电反倾销案

加入世贸组织当年，国内彩电巨头长虹在美国的市场份额不足1%，2002年出口量急剧增加到占美国市场的10%以上，达到300多万台。2003年5月，长虹等多家国内彩电企业遭到美国公司反倾销起诉。2003年10月，美国商务部作出倾销成立的初裁，2004年5月美国国际贸易委员会终裁中国彩电在美倾销成立，长虹、TCL等彩电企业被加征20%~25%反倾销关税。专家表示，由于中国彩电是薄利产业，反倾销税只要超过10%，就基本扼杀了出口美国的可能性。这些企业在反倾销税征收的五年时间里将无缘美国市场。分析：2002年我国对美国出口彩电数量同比增长12.2倍，出口增长9.2倍。我国彩电出口美国数量巨大和速度剧增成为引发此次反倾销诉讼的直接导火索。但如此突兀的数据却并未引起行业和企业的警觉，对这组明显昭示可能招致国外反倾销的情报信息视而不见，导致严重后果。根据WTO规则，实施贸易救济措施的一个共同要件就是某一出口产品在一段时间内激增，给进口国相关产业造成实质性损害。

因此我国企业在开发新的国际市场时,应注意收集研究国际市场价格信息和国内产业信息,及时掌握本企业市场份额变化的信息,根据信息变化及时调整出口策略是必要的。否则容易出现由人为忽略造成的情报信息缺乏状况。

三、欧盟提升茶叶进口标准案

我国部分出口产品标准不统一与进口国愈来愈严格的进口标准产生了矛盾。如我国出口的农牧产品中有些产品尚存在着分散经营、产品生产标准不统一的问题,茶叶就是一个典型的例子。一方面,在全国 1600 万亩的茶园中,有 70% 是分散农户经营的,没有实施统一的茶叶生产标准;另一方面,作为我国茶叶主要出口国的欧盟却将检验我国茶叶的农药残留从过去的 6 种增加到62 种。与此同时,其他进口我国茶叶的国家也纷纷效仿欧盟的这一做法。这势必会对我国茶叶出口造成极大冲击。实行绿色壁垒的国家经常变更各种标准,并且不公开或不完全公开,而企业往往不易及时全面地获取相关标准信息。尤其是农业生产中,生产分散更容易造成信息不对称,使得出口产品被禁。分析:农产品遭遇绿色壁垒的可能性比较大。要有效应对绿色壁垒,行业协会需要起很大作用——充分收集本行业农产品的主要出口国环境标准和技术标准的最新情况,评估对我国农产品出口的影响;向企业和农户普及标准,发布预警信息。显然行业协会在茶叶出口贸易中是没有起到合理作用的。

四、竞争情报信息传递阻碍

在应对国外贸易救济时,除做好预警工作,规避壁垒外,在程序规定的时间节点内,及时利用各种方式充分表明中方的各种观点和意见,同时积极主动地组织国内与案件相关联的机构和人士向有影响的政要、财团、中介团体、进口商、零售商及消费者等进行广泛的游说工作也是关键。有效的应对措施应以尽可能完整的情报内容为基础,以各情报信息源的得当举动为前提,依赖于情报信息的快速准确传递。然而,在我国为数不少的败诉案例中,情报信息传递不畅是重要因素。

欧盟干茶检测案中,我国曾经几乎垄断世界的茶叶出口也备受绿色壁垒打击。

由于担心中国茶叶的农药残留量和重金属污染超标,欧洲已经削减了对中国茶的进口,过去两年减幅超过37%。在德国进口茶叶份额中,中国已从第一位退居第二位。美国、日本、澳大利亚、俄罗斯亦以食品安全为由,仿效欧盟提高了对中国茶叶农药残留物的控制标准。国内一家地方茶叶进出口公司总经理接受采访时说,虽然茶叶中有农药残留物含量,但在茶汤中浸出的很少。欧盟不顾饮茶实际,硬性规定干茶检测,而不是汤检,这将成为中国茶叶出口的最大障碍。分析:本案中,中方认为干茶检测不合饮茶实际,欧盟硬性规定的结果就是抬高了我国茶叶准入的技术壁垒,并认为汤检更合理。但是光有这样的想法是不够的,怎样将汤检更合理的信息通过官方的、民间的渠道传递到国外相关方面,并及时制定适合汤检的技术法规和标准,在参与国际标准制定时将其融入国际标准体系中,从而使其成为真正能为我所用的情报才是最重要的。

五、企业所需贸易竞争情报内容

从上述案例分析中可以看出,企业需求的贸易竞争情报内容主要为预警指标和应对中有利于我方的情报信息。包括对竞争环境、竞争对手的调查了解及追踪——如贸易环境分析、各类标准和贸易风险预警通告。此外,在选择重点商品预警时,应考虑以下因素:出口量比较大、竞争力较强,是我国的传统出口商品;近年来出口增幅较大的商品;出口价格近年下降幅度较大的商品;出口国家或地区相对比较单一的商品;涉及安全、卫生、环保等有关的进口国家比较敏感的商品;新开发的出口商品;季节性较强的商品;质量不稳定、经常发生质量纠纷的商品。针对不同类型的贸易壁垒和不同行业,情报信息需求也是不一样的。反倾销的胜诉主要在于替代国的选择,计算对我方有利的正常价格;反补贴主要涉及我国的补贴政策;特保条款在法规和议定程序上有针对中国的歧视性;技术壁垒很多时候都需要行业协会等中介机构跟踪技术法规和技术标准;绿色壁垒很大程度上取决于企业的积极绿色认证。就行业来看的话,根据WTO成员通报的情况,机电产品、石化产品、建材是TBT通报的重点;SPS通报一般涉及农产品与食品行业;纺织品和鞋类这类劳动密集型的产品出口时容易遭遇反倾销;玩具、小商品出口时可能会遇到社会壁垒;等等。因而,不同行业的不同企业对贸易竞争情报内容的关注会有所侧重。企业所需竞争情报信息源一般为行业协会网站、企业内部出版物及政府网站。政府、中介机构和企业作为三个情报信息源,虽然各自的主要作用不同,但必须在情报的收集整理和交流沟通中互相补充、互相作用。例如,有关利益集团和各国经济的动态既可由政府从宏观数据层面上监控,也可由外贸企业通过与有关的进口商等直接打交道,从微观层面上分析预测。因而,三者应构成一个有机联动的整体,使贸易竞争情报在知晓、预警、应对三个方面对企业应对贸易冲突起到相应作用。

**学习思考题**

1. 什么是竞争情报以及如何理解竞争情报学的发展意义?

2. 如何理解市场营销、竞争情报、市场调研以及项目管理几者之间的关系?

3. 在竞争情报领域,如何应用人类学的相关理论及方法对其进行研究?

4. 企业如何应用竞争情报的相关知识进行跨文化战略的研究?

5. 通过对本章案例的学习,你有哪些收获? 我们应当如何从人类学的角度来理解和分析本章案例?

# 第六章　人类学与消费行为研究

**本章摘要**　学术界在过往数十年间,见证了关于对消费者行为研究的井喷式发展。消费行为学在研究消费者个人、消费者所处的消费环境以及消费者的心理选择方面,与工商人类学在关于对文化的理解方面以及消费民族志研究领域中的着眼点不谋而合。人类学视野下的消费行为研究,具有跨学科的重大意义,它更关注消费者行为背后的文化驱动力,旨在揭示隐藏在消费行为背后的文化要义及本质。工商人类学家将其独特的视角及方法应用于消费者行为研究中,使其研究成果为企业产品的设计与传播提供具有突破性的建议。

**学习目标**
1.学习和理解消费行为学的相关理论及其与人类学的学科融合及发展。
2.学习和了解消费行为研究中所蕴含的文化本质及内涵。
3.学习理解工商人类学在消费行为研究中的应用与贡献。
4.学习和理解消费者行为研究对产品设计和传播的重要性。

## 引　言

美国市场营销协会把消费者行为定义为:人们在日常交换过程中,消费者产生的感受、认知、行为与环境因素间所发生的动态互动[①]。此定义中,感受是指消费者的态度或倾向的形成过程及其结果。这种倾向可以是具体的,也可

---

[①]Bennett, P.D. Dictionary of Marketing Terms [M].Chicago, IL: American Marketing Association,1995:38-112.

以是抽象的。消费者认知包括购买记忆的结构或自我建构的过程。消费者行为则包括个体决策与行为模式两个方面。比如,对媒体的使用或者食品的购买①。起初,消费行为研究仅仅被作为市场营销概念的一部分而对待②。至20世纪70年代,消费行为研究才逐渐引起学者的重视,并成为独立的研究领域,且人类学在这一研究领域占有越来越重要的位置③。

消费行为领域涉及诸多方面:它是对一系列过程的研究,这个过程是个人、团队或组织为满足某种需要而引起的,包括对某产品、服务或体验的选择、占有、使用和处置④。这里需要强调指出以下几点:消费行为包括不同参与者,消费者可以是个人,也可是团队或组织;消费行为是一系列过程,不仅包括对商品的使用和处置,还关注对商品的购买过程;消费品是多元的,其中包括服务、创意等无形商品;消费行为与社会互为影响。

工商人类学致力于对工商世界在获取大量第一手资料的基础上,进行质性分析,并从社会文化角度来处理现实问题⑤。在消费行为领域中,其主要研究的内容是消费文化以及消费者行为与文化的相互作用。不断发展的消费主义文化,影响着人们的消费观念,引导着人们的消费主义行为。虽然在传统的消费者行为研究中,心理学与统计学研究方法仍占据优势地位,但人类学的质性及观察研究方法,因其对量性研究缺陷的弥补而逐渐受到学界的重视。

传统上,消费者行为研究主要以消费者在购买、使用和评价产品或服务的过程中,所采取的各种行动及其行为动机为主要研究内容⑥。但近年来,建立

①Roul, J, Joongha, W, Jongsu, A. et.Media channels and consumer purchasing decisions[J].Industrial Management & Data Systems,2016(8):1510 – 1528.

②Jordan A. Business Anthropology[M]. Prospect Heights, IL: Waveland Press,2003.

③Sunderland, P, Denny, R.Doing Anthropology in Consumer Research[M].Walnut Creek, CA: Left Coast Press,2007:22-58.

④Tian, R.From theory to practice: Anthropology in business education[J].High Plains Applied Anthropologist,2005(1):13-22.

⑤Groeger, L, Moroko, L, Hollebeek, L.D. Capturing value from non-paying consumers' engagement behaviours: Field evidence and development of a theoretical model[J].Journal of Strategic Marketing,2016(3): 190-209.

⑥Zheng Q, Yao T, Fan X. Improving customer well-being through two-way online social support [J]. Journal of Service Theory and Practice,2016(2): 179-202.

在文化整体层面上的比较研究,开始受到推崇。有学者指出,在全球化消费文化主义引导下,消费者行为差异和共性,在特定场景中是可以合并的①,因此,隐藏于消费者行为背后的文化本质是相同的。对消费行为文化本质的研究,对企业开展跨文化、跨民族业务至关重要。因此,聘请工商人类学家担任企业文化顾问,对企业产品或服务的消费者行为进行研究,无疑有利于工商社会和企业内部的发展。

## 第一节　跨学科的消费行为学

消费行为学经过一个比较漫长的演化与发展历史,在20世纪的50年代至60年代,才以独立学科的形式从市场营销学中分离出来,并逐步形成具有鲜明特色的研究范式。

### 一、消费行为学的理论来源

古典经济学是消费者行为学的思想萌芽,"经济人"假设顺理成章地被融入到消费者行为研究之中。经济学为消费者行为提供了一个理论基础,即社会中的理性人都根据效用最大化原则进行消费,但它却无法解释消费行为的复杂性。乔治·卡特利特·马歇尔(George Catlett Marshall)的需求理论和约翰·梅纳德·凯恩斯(John Maynard Keynes)的消费函数,为消费者行为研究奠定了理论基石。此后,消费者行为研究逐步趋于多元化和定量化②。然而,经济学以及定量化研究,往往忽略了消费行为的感性内涵,只强调消费的理性。因此,为使消费行为学更加全面发展,营销理论家们不得不从其他学科中汲取营养,包括心理学(注重个体研究)、社会学(群体性研究)、社会心理学(个体在群体中如何发挥作用的研究)。而目前,人类学已经成为了消费行为学另一重要的理论来源。在这些理论的影响下,消费行为学中的消费者,不再仅仅是经济学中所阐述的以经济利益为决策依据的"经济人",而是被赋予了

---

①Cleveland M, Laroche M, Papadopoulos N. Global Consumer Culture and Local Identity as Drivers of Materialism: An International Study of Convergence and Divergence[M].Looking Forward, Looking Back: Drawing on the Past to Shape the Future of Marketing. Switzerland: Springer International Publishing, 2016:115-120.

②温娜.多屏时代及其消费者行为分析[J].宜春学院学报,2016(4):49—53

情感与冲动的"社会人"①。

作为一门新兴的学科,消费者行为研究仍处于成长期。尽管消费者行为已被从历史的观点、多维度的视角等方法来理解,但这个领域所涉及的繁杂变量却容易使研究者堕入盲人摸象的误区。研究者们从各自的研究特长入手,专注于某几个变量,往往得出"只见树木,不见森林"的研究结果。早期,在美国权威期刊《消费者研究学报》(Journal of Consumer Research)所列举的专业联合会名单上,出现了消费者研究联合会、消费者心理学学会。这两个学会的存在,强有力地证明了消费者行为研究领域的跨学科性。

根据来自美国南加州大学的德博拉·麦金尼斯(Deborah J. Macinnis)和瓦莱丽·福克斯(Valerie S. Folkes)两位学者的看法,消费者行为研究爆发性的发展,为这门学科带来不少质疑:消费者行为研究包括什么? 消费者行为研究是否需要跨学科? 谁来从事消费者行为研究? 他们指出了消费者行为研究领域一直悬而未决的问题:研究的边界;消费者行为是市场营销学的子学科还是一门独立的交叉学科;谁是研究的主体? 他们认为,消费者行为既非独立学科,也非交叉学科,是介乎两者之间的一门学科。他们根据学科现有发展状况,提出了理解消费者行为学的六大模型框架,我们以表6-1示之:

表6-1　消费者行为学的六个模型

| 模型 | 消费者行为如何被定义? | 是否独立学科? | 是否为跨学科? | 谁是研究主体? |
|---|---|---|---|---|
| 行为市场营销学模型 | 局限于市场的终端消费者或者/及 | 否,它是市场营销学下的子学科 | 行为营销采用行为学的研究范式 | 营销研究者 营销执行者 政策制定者 |
| 消费者市场营销学模型 | 同上,包括B2B | 同上 | 同上 | 营销研究者 营销参与者 政策制定者 |

①张庆元.社会学视角下——健身俱乐部消费者行为分析[J].教育科学:引文版,2016(10):23.

（续表）

| 模型 | 消费者行为如何被定义？ | 是否独立学科？ | 是否为跨学科？ | 谁是研究主体？ |
|---|---|---|---|---|
| 学科内模型 | 定义宽松，每个学科都有各自对消费者行为的定义 | 否，它是多种学科下面的子领域 | 否 | 取决于不同学科 |
| 跨学科模型 | 局限于特定领域的消费者 | 是 | 是 | 来自不同领域的，对消费行为拥有共同兴趣的研究者 |
| 多学科模型 | 局限于特定领域的消费者 | 是 | 研究领域是跨学科的，但研究者可能是专职的，拥有很强的专业性 | 来自不同领域的，在某个层面的分析中对消费者拥有共同兴趣的研究者 |
| 通用行为模型 | 定义宽松，把消费者行为等同于一般行为 | 或许，但更多是把消费者行为作为一般行为研究的某一项 | 是，有时会直接借用其他应用学科的研究成果 | 对人类行为感兴趣的学者，消费者行为可以为研究语境 |

通过对表 6-1 中所展示的模型结构进行研究分析，我们不难发现麦金尼斯与福克斯的六模型框架仍然存在一定的局限性，并不能完全覆盖消费者行为学的发展现状。但是，不可否认他们的研究却为理解消费者行为学提供了一个有效的突破口①。

**二、人类学视野下的消费行为学**

消费者行为学是研究消费者在获取、使用、消费及处置产品和服务过程中，所发生的心理活动特征和行为规律的科学②。从人类学的角度来看，这门学科旨在通过研究消费者行为，分析消费者文化，为企业进行产品设计提供具有建设性的指导意见。在人类学研究范畴中，学者更倾向于用"种族""族群"

---

①Macinnis，D，Folkes，V. The Field of Consumer Behavior：Criticisms，Conceptualizations and Conundrums[R].California：University of Southern California. 2008.

②郑少华.探究式教学法在消费者行为学教学中的应用[J].管理观察,2016(6)：140—142.

"民族"等概念,来表达对某个共同体的认识和理解①。消费者群体作为现代社会生活的一个重要族群,其内部文化通则以及文化背后所蕴藏的本质内涵,是人类学家所关注的重点。政府、企业、社会团体等社会组织,则应将消费文化作为手段或"杠杆",来指导和调节消费者行为,促进消费者行为合理化,使其在社会整合协调发展中发挥更大作用②。

在消费者行为研究中,工商人类学家运用民族志方法,深入观察消费者,研究消费者之间的人际关系及各种互动。在人类学视野下,商品作为文化选择的对象与实践过程,被置于混沌的生活世界中并得以系统性解读,而身为消费者的民众,则更为直接地在商品选择过程中投射出作为人的需要③。

工商人类学通过对商品、货币、生产、消费等明示或暗含于工商实践中核心概念的解析,实现人类学对经济活动的认知,并在终极意义上指向对人类文明的反思④。消费是一种社会过程,必然能够从人类学的角度对其进行研究。在当下的市场经济领域,可随处发现人类学的影子。如果说人类学曾经只是院校的一门专业,那么现在它已超越了这一界限,并朝着更严谨、更理论、更实用的消费者研究方向发展:工商人类学家在努力寻求更加深刻的自我反省,人类学究竟怎样才能接触到消费者文化核心、努力追求其完整的形态以及充分地去捕捉其中的细节并予以科学的解释。

在消费者研究领域,学者把消费作为一种标志性的和可以转变的意义加以说明。这种意义可被传播且由主体与客体、客体与主体、主体与主体之间的关系所创造。市场领域的人类学家致力于研究,人们消费的不仅是产品,还有创意和理念。对工商人类学家而言,消费过程不再局限于产品获得、使用和丢弃,而是能帮助人们了解产品、创意和理念的途径。一方面,通过在特定领域把消费作为一种沟通方式来进行观察,能让我们了解消费者文化能够在市场研究和广告方面及整个市场领域扮演如此重要角色的原因。另一方面,人们

①孙信茹.人类学视野下的民族文化产业与广告运用分析[J].当代月刊,2012(4):65—68.
②孙岿.人类学视野下的朝鲜族消费文化变迁[J].大连大学学报,2008(5):99—102.
③刘谦,张银锋.人类学视野下的商品生产与消费——从西方工商人类学的发展谈起[J].中国人民大学学报,2016(1):128—145.
④田广,刘瑜,汪一帆.质性研究与管理学科建设:基于工商人类学的思考[J].管理学报,2015(1):1—10.

通过对产品或服务的消费而进行交流。人们所消费的主体、概念和信念最终会将其分类。媒体创造并传达了人们在日常生活中消耗和使用物品的意义。这两种了解消费的方法都是沟通的过程,从而使企业认识到在人类学领域中存在着了解消费者和大众的重要工具①。

### 三、定性研究方法对于消费行为研究的重要性

麦克拉肯在《文化与消费:探索消费品与行为象征性的新路径》一书中探讨了消费社会的起源与发展,进而论述其观点:消费是创造意义的过程。他论证了消费者如何通过使用产品来实现某种愿望,维持某种生活方式,认为消费是一个包括了产品与服务的创造、购买及使用过程,而文化就是消费者用来建构世界的观念和行为。

理查德·比尔克(Richard Bierck)对 HBS 的杰拉尔德·萨尔特曼(Gerald Zaltman)教授和佩考的研究分别进行再检验。他发现,定量研究不能真正解读消费者行为,但定性数据和观察记录却能满足这些要求。麦克法兰阐释了如何通过人类学家的眼睛来理解消费者。他指出,当准备推出新产品时,企业往往求助于类似小型座谈会的焦点小组这种传统市场调研手法。

与传统的定量测量手法不同,民族志式的市场研究技巧及其理论,使企业从内部人的视角,也即企业不仅仅作为一个产品的研发者和推广者,而是以一个普通消费者的角度去感知新产品为生活带来的改变,并且评价这种改变。研究消费行为的人类学者并非简单征询受访者的感受与评价,而是寻求一种消费产品如何与日常生活进行互动的全景式理解。麦克法兰认为,民族志的真正威力在产品设计的前沿领域中。消费人类学家的首要方法是感知而非推论,换言之,就是深入消费者的理念之一是在于发现产品的意义归属。

使用质性方法的研究者,特别是在社会科学研究中,将自己和研究对象放在同一个条件下,学习、体验和感受研究对象的行为方式、价值观、道德标准、风俗习惯、文化形式等。他们认为,研究过程是一个长期的、抽丝剥茧的过程,也是研究者与研究对象相互学习、相互影响的互动过程。因此,使用民族志等质性研究方法来研究消费者行为,能够准确地抓住消费者的心理活动,有意识

①田广.人类学视角下的市场与市场营销[J].青海民族研究,2016(3):39—42.

地影响消费者的行为,为企业创造巨大的收益①。

# 第二节　消费者行为研究的文化要义

文化与行为紧密相关,一方面文化塑造、规范、制约着行为及其表现形式,而另一方面行为是文化内涵的外在表现及其形式。因此,擅长研究文化的人类学家,始终将人们的行为,尤其是消费者行为,作为主要的研究对象之一。

## 一、研究消费者行为的文化视角

文化如何影响消费者行为,近年来成为消费行为研究以及应用人类学研究的热门话题。全球化视角、引进视角、族群消费视角以及文化内涵视角,是研究文化对消费行为影响的主要方向。全球化视角认为消费是全球化的。由于消费者更易于接受没有文化预设的新产品,因此,全球化视角更适用于高科技产品的案例研究。面对市场的激烈竞争,设计出能够缩减成本的一套标准化流程,诸如标准化制造、营销、配送体系。制造"全球化"产品,是每个企业都希望达到的目标。如福特公司在欧洲销售的"蒙迪欧"系列汽车,采用与在北美销售的"康拓"(Contour)和水星(Mystique)系列相同的底盘。但全球化视角并非适用于所有市场。对产品或服务的消费,通常具有"文化绑定"的特点,因此绝对的"全球化"消费模式并不常见②。

由于不同的消费行为同时具有多样性及共性的特点③。因此,持有"引进"视角的研究者主张,根据消费品的类别对消费者进行归类。受到"引进"视角观点的启发,有学者认为,只要在引进产品的同时对其进行本土化改造,那么,起源于西方工业社会的消费者行为理论则同样适用于其他社会。而持有族群消费视角者认为,不同文化语境下的消费行为具有异质性,将文化因素作为出发点和着重点,关注族群认同与族群亚文化对消费者行为的作用力。

---

①田广,刘瑜,汪一帆.质性研究与管理学科建设:基于工商人类的思考[J].管理学报,2015(12):1—10.

②Alden, D.L, Steenkamp, J.B.E.M, Batra, R. Brand positioning through advertising in Asia, North America and Europe: The role of global consumer culture[J].The Journal of Marketing, 1999(63): 75–87.

③Schutte, H, Ciarlante, D. Consumer Behavior in Asia[M]. London: Macmillan Press Limited, 1998:210.

其中,亚文化又称集体文化或副文化,指在主文化或综合文化的背景下,属于某一区域或某个集体所特有的观念和生活方式①。

由于不同族群文化之间会进行互动与共享,特别是国民消费行为对外来文化的借用。因此,族群消费视角并不排除某些商品具有全球化的可能性,或者说,某些消费偏好具有全球化特征。在日本,绝大部分公民都拥有共同的文化纽带,民族性与主流文化所表达的含义相同。但是,在美国社会,各种文化都有各自的代表,每个消费者都尽力维护本亚文化团体地位,使其不被主流社会所同化。各种亚文化以一种耦合的方式相互作用②,其身份认同常常是影响人们需求和欲望的最重要因素,并且预示着如民族服装、传统饮食、娱乐的喜好等消费变量。特别是对民族传统饮食、亚文化团体的消费具有根深蒂固的消费偏好。在面对同一商品或服务时,族群认同便成为亚文化团体消费行为的潜在影响因素。以美国西班牙裔为对象的研究表明,相比其他民族观念淡薄的同胞,具有高度身份认同的西班牙裔,在品牌选择方面具有更高的忠诚度,更乐于同亲友保持一致③。

持有文化内涵视角的学者,更多地关注商品背后所蕴含的文化意义。他们认为,消费者购买商品,关注的不仅是商品的使用价值,而且通过购买所获得的文化满足感,也是其关注点。自古以来,东西方国家就因社会环境、家庭背景以及民族传统等不同而存在极大的文化差异④。在美国与中国销售的同一种商品,其受欢迎的原因可能截然不同。在美国,普拉达(Prada)的手提包是个人财富与成就的象征;在中国,人们购买普拉达是为了与圈子保持一致,而非凸显自己。

## 二、消费的文化意义

关于消费的文化意义研究,麦克拉肯提出:第一,商品本身具有内在意义。

---

①毛加兴.新媒介语境中的亚文化研究及其范式转向[J].安徽工程大学学报,2016(3):44—48.

②Wearing S L, McDonald M, Wearing M. Consumer culture, the mobilisation of the narcissistic self and adolescent deviant leisure[J]. Leisure Studies, 2013(4): 367–381.

③Chattaraman V, Lennon, S. J. Ethnic identity, consumption of cultural apparel and self-perceptions of ethnic consumers [J]. Journal of Fashion Marketing and Management, 2008 (4): 518–531.

④Anderson P M, He X. Consumer behavior in East/West cultures: Implications for marketing a consumer durable[C]. Proceedings of the 1996 Multicultural Marketing Conference. Springer International Publishing, 2015: 3–8.

例如,由于知名度的相似性,即在各自领域里都处于领军位置,劳力士表与宝马车可以被归为同类品牌。第二,文化意义注入商品的方式。如劳力士表和宝马车都通过广告向大众推销品牌理念。第三,商品已有文化意义的表现方式。如巴宝莉(Burberry)和拉尔夫·劳伦(Ralph Lauren)都在不同的产品领域里建立产品线。麦克拉肯对品牌如何推进商品已有的文化意义尤为关心,他指出,正是由于商品所展现出的相同象征意义,不同品牌才能跨越不同产品线在不同领域进行经营。

奥肖内西则认为,商品本身的固有属性是营销者关心的重点。道格拉斯·霍尔特(Douglas B.Holt)和巴伦·伊舍伍德( Baron Isherwood )提出,购物行为是个将人们整合到商品世界中的复合体,是对某种信号的传达[①]。莎伦·佐京(Sharon Zukin)认为,购物改变了美国人文化,主宰了美国人生活。在美国,购物已不仅仅为满足生理需要,而是一种精神上的追求。人们购买与社会、文化和经济地位相匹配的商品,认为在恰当的时机购买恰当的商品,是对心灵最好的慰藉[②]。

佐京认为,购物是学习如何选择以及如何处理选择焦虑的终身行为。当逛街购物成为一种社会性事务,并被赋予民主意味时,这种想象的社会地位流动,便将消费者推向自由与不平等的边缘。佐京通过对普罗大众的走访,对各类知名百货公司、专卖店以及连锁折扣店的历史梳理,找出关于购物如何在精神上型塑购物者的线索:在购物场域中,消费者建构自我经验,塑造出自我社会地位。自20世纪50年代以来,大量的消费者行为研究证实了消费者购物过程中享受、愉悦、快乐等因素的重要性,并探究了消费者如何在购物过程中最优化追求享乐[③]。

佐京通过观察消费者在包括百货公司、邮件商城以及购物网站的消费场所购物模式以及偏好来考察消费行为背后的社会与文化意义,这正是人类学

---

①Douglas, M, Baron, I. The World of Goods：towards an anthropology of consumption［M］.New York：Basic Books.1979.

②Zukin, S. Point of Purchase：How shopping changed American culture［M］. New York：Routledge. 2005：33—89.

③高辉,沈佳.基于购物过程体验的享乐性购物研究述评［J］.外国经济与管理,2016(4)：63—72.

者所擅长的研究范式。在佐京看来,逛街购物的背后是一套文化系统,折扣连锁店等消费场域为我们展现了一个美国梦;品牌消费意味着美好生活;步入设计师的专卖店则是为了自我提升①。品牌采用消费者文化定位战略,向消费者传达品牌的文化特色,即品牌文化象征性②。无论消费动机如何,逛街购物现已成为中国家庭必不可少的仪式行为。更重要的是,逛街购物是极少数社会各阶层都可参与,并且每个人都可以获得最高效用的全民性活动。在购物空间里,人们拥有百分百判断权,自由购物时间,自主开销,只为买下最好的商品,追求宗教、政治、工作等活动无法给予的价值。

**三、消费行为的文化诱导因素**

根据霍夫斯塔德的理论,文化通过价值取向、典范力量、仪式和象征符号变量对消费者行为施加影响。

**(一)价值取向与消费者行为**

工商人类学家认为,价值取向是驱动行为的最重要因素。大卫·路娜(David Luna)把价值取向视为带动文化各变量间互动的文化核心变量。她认为,在经历消费仪式后,商品成为表达某种价值取向的象征符号,能够强化甚至提升某种价值观。而米尔顿·罗克奇(Milton Rokeach)认为,信仰可以使人摆脱短期目标,并最终实现终极价值。他将价值取向分为两类:终极价值取向与工具性价值取向。终极价值取向反映最终的价值信仰,如追求"自由""愉快""和谐""幸福"等。工具性价值取向则反映某种行为的模式,如"能干""聪明""独立"等。这是相对权威的观点,此外,价值取向也被区分为期望的价值取向与被期望的价值取向③以及全球取向、内部取向与产品属性取向④。

**(二)典范与消费者行为**

商品不仅通过其描述文字产生文化意义,还通过相关人物形象而被赋予

---

①Zhan L, He Y. Understanding luxury consumption in China: Consumer perceptions of best-known brands[J]. Journal of Business Research, 2012(10):1452-1460.

②孟繁怡,傅慧芬.中国品牌利用文化元素改善外国消费者品牌态度的路径研究[J].外国经济与管理,2016(4):49—62.

③Whittler, T.E. Viewers' processing of actors' race and message claims in advertising stimuli[J]. Psychology and Marketing,1989(4):287-309.

④Vinson, D.E, Scott, J.E, Lamont, L.M. The role of personal values in marketing and consumer behavior[J]. The Journal of Marketing,1977(41):44-50.

新文化内涵。霍夫斯塔德将获得社会认可并被推崇者称为"典范"。代言人
（明星、政界人物或是卡通形象）由于曾承担过某种角色，从而在文化中象征某
种价值观或意义，被人们视为典范。例如，通过在电影中扮演不同的角色，阿
诺德·施瓦辛格（Arnold Schwarzenegger）被认为具有钢铁意志和英雄主义人
格，而奥黛丽.赫本（Audrey Hepburn）则代表着高贵与优雅。耐克公司受"典
范"引导，启用篮球明星迈克尔·乔丹（Michael Jordan）作为品牌代言人。1985
年，耐克与 NBA 芝加哥公牛队新人迈克尔·乔丹签约，生产"Air Jordan"系列
篮球鞋，将乔丹"空中飞人"（Air）的绰号与耐克的商标符号"Air"放置在相同
框架里，使耐克品牌拥有乔丹所赋予的意义和价值。在乔丹代言的过程中，文
化意义通过语言和其他方式，从代言人转移到产品上。麦克拉肯对文化意义
从明星代言人，转移到产品的过程进行了归纳[1]：

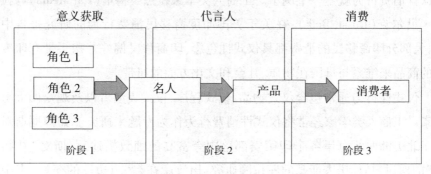

图 6-1　麦克拉肯文化转移模型

名人通过广告代言，将其所拥有的符号意义，包括身份、阶层、性格以及生
活方式传递给被代言产品。消费者通过购买被赋予文化意义的产品，来获得
商品所蕴含文化意义的使用权[2]。名人通过广告向人们展示了一种可被仿效、
复制的消费者状态，使得消费者在使用产品时，将其内在的文化意义转移到自
己的生活中，重构自身及他们眼中的世界。

工商人类学研究发现，在不同文化背景下，典范对消费者行为的影响力
也不同[3]。且不同族群对广告效应的不同反应与评价十分明显。当人们对

①②McCracken,G.Who is the celebrity endorser? Cultural foundations of the endorsement process
[J].Journal of Consumer Research,1989(16):310-321

③Deshpande, R, Stayman, D. A tale of two cities: distinctiveness theory and advertising effec-
tiveness[J].Journal of Marketing Research, 1994(31):57-64.

自身文化或者族群认同关注度越高时,采用本族群代言人的广告就越发有效①。此外,当消费者执着于种族情感时,不属于本族文化产品的广告就会失去效力②。

### 四、仪式与消费者行为:消费者行为的仪式维度

仪式一直是人类学研究领域中的话题热点。事实上,仪式不仅是各种宗教仪式,也存在于日常生活的方方面面。典型的世俗仪式,如生命礼仪、司空见惯的例行行为,如情人节的送礼或者每日的化妆打扮,等等,都属于仪式活动。一般来说,日常仪式性行为与日常习惯行为的区别主要在于象征性与意识性。日常仪式性行为在具有很强实用性的同时还代表了某些象征性意义。消费者接收象征意义,通过产生适当的反应进行社会交流。美国印度裔移民的饮食消费行为就是一个例子。工商人类学家拉杰·梅塔(Raj Mehta)与拉塞尔·贝尔克(Russe Belk),在关于美国印度裔移民消费行为的研究报告中指出,大部分印裔移民的消费都具仪式性色彩,印裔移民偏好并购买带有印度烙印的商品来维系与母国在物质、社会和文化方面的纽带③。

仪式性行为通常包含仪式物品、仪式程序、仪式表演者以及观众四大可见要素。工商人类学家经常将仪式性消费行为作为专题来研究。如博厄斯对流行于北美洲西北海岸各个印第安部落中夸富宴的细致描述,莫斯对"礼物之灵"的探讨,马林诺夫斯基的库拉圈研究,田汝康在《芒市边民的摆》一书中研究"摆"仪式对消费与信仰的关系等。人类学家偏好对人类仪式性消费及炫耀性消费研究,体现了超出人类物质消费以外的深层文化意义④。

仪式中的消费行为,是一种在特定文化场景中的文化活动⑤,人类学家将

①李寐竹.东南亚苗族山地文化研究的民族志典范——李穆安《老挝高地的一个青苗村庄》述评[J].贵州师范学院学报,2016(1):7—11.

②Deshpande, R, Stayman, D. A tale of two cities: distinctiveness theory and advertising effectiveness[J].Journal of Marketing Research, 1994(31):57-64.

③Mehta, R, Belk, R.W. Artifacts, identity, and transition: favorite possessions of Indians and Indian immigrants to the United States[J].Journal of Consumer Research,1991(17):398-411.

④陈庆德. 经济人类学对商品分析的文化视野[J].广西民族学院学报(哲学社会科学版),2000(1):17—32.

⑤Mitra S. Merchandizing the Sacred: Commodifying Hindu Religion, Gods/Goddesses, and Festivals in the United States[J]. Journal of Media and Religion, 2016(2): 113-121.

特别的消费者行为放置于特定文化语境中去理解,即站在主位立场去分析。如西南少数民族的传统观念具有很浓的非商品性,所谓"吃在酒上,用在鬼上,穿在银上",由一般生活习俗所反映的非经济性的消费观念削弱了社会成员进一步追求物质利益的动力①。

**五、符号象征与消费者行为**

多数西方学者将文化看作通过象征形式所表达的意义模式,或把文化视为意义传达体系。有学者认为,人类学研究的主要任务不是文化的功能分析与结构分析,而是解释各种文化现象和行为背后所表达的意义。通过将文化的象征和意义作为核心内容进行研究,寻求象征的多层次与深层次理解。象征人类学大师格尔兹认为,象征就是信息加工的过程和载体,具有群体性、主体性、多重性、时空性和传承性等基本特征②。象征体系存在于每个族群中,并因族群的不同而各有区别③。即使象征载体可能相同或相似,传递的文化意义也千差万别。

在消费者研究领域中,消费行为背后的象征意义是工商人类学者关注的重点。在各种媒介,尤其是广告的作用下,消费行为背后的社会背景为商品包裹上具有象征意义的文化外衣,成为某种社会现实或信仰的传递介质。例如,迈克尔·乔丹代言的帆布鞋,因广告的渲染与引导而成为"个人成就"的象征。研究显示,为了突出自我,社会中的个人通常都会选择带有某种文化内涵的商品④。

除了消费行为之外,作为象征体系典型代表的语言系统,也是工商人类学研究文化象征的主要对象之一。目前,针对于语言与文化之间关系的讨论主要集中在:究竟是文化决定语言的形式,还是语言决定文化的内涵,对此学界尚未得出结论。其中最著名的论断便是"萨丕尔-沃尔夫"假说(Sapir—Whorf hypothesis)⑤。萨丕尔(Sapir)作为美国著名的语言学家,认为

①刘洋.浅析西南民族区域传统习俗对社会资本构建的作用——以三江侗族百家宴为例[J].中国经贸,2016(1):68—69.

②瞿明安.论象征的基本特征[J].民族研究,2007(5):56—65.

③Geertz, C. The Interpretation of Cultures[M].New York, NY: Basic Books.1973:22—112.

④Durgee, J.F. How consumer sub-cultures code reality: a look at some code types[J]. NA-Advances in Consumer Research,1986(13):332-337.

⑤鲍文.萨丕尔—沃尔夫假设研究[D].山东大学硕士学位论文,2007.

不同的语言表达方式会为同一客观世界提出不同的分析和解释,而语言是人们理解世界的主要工具。萨丕尔的学生沃尔夫(Whorf)发展了萨丕尔的观点。他认为,一个人的思维模式总存在于一种语言当中,从而,使用不同语法结构的人,受其语法结构的支配,对相同的事物进行不同的观察,最终会作出不同的评价。然而,语言与文化之间双向影响关系的论断,受到越来越多学者的认同。

象征领域的消费者研究,人类学家主要贡献在分析语言与消费者认知的关系方面,特别是在广告用语对消费者行为的引导方面。广告传播的主要内容是广告商品所蕴含的各种文化附加价值,而广告中的文化附加值必须借助各种元素、符号才能得以表现。因此,广告文化附加值的表现元素,在本质上是一种文化符号元素,是广告文化附加值不可或缺的组成部分。当广告所表现的情感超越个人情感而表现出社会情感时,即与民族、地域的情感讯息有关时,其视听觉过程所采用的表现符号则大多与特定文化、地域的符号元素及情景相连。一般在特定的文化背景下,这类文化符号经过人们的长期使用,会逐渐成为某种情感、心理和行为的代表性意象①。

## 第三节 工商人类学在消费行为研究中的应用

在消费者行为研究领域中,从研究消费习惯到设计工业产品,人类学的应用无处不在。且消费行为的不断变化,也为人类学者提供了挑战和机遇。传统营销策划中对消费者的调查,通常由于被调查者刻意隐瞒而缺乏真实性,而人类学家应用民族志的研究方法,则可通过细致入微的观察来获取人们的真实行为与喜好,从而避免发生因为消费者的刻意隐瞒而产生的问题。

### 一、工商人类学对消费行为研究的重要性

人类学的核心命题是文化。根据人类学家马丁·甘农(Martin J. Gannon1)的研究,由文化因素所决定的消费者行为所占比例为25%~50%②。由此可见,

---

①贺雪飞.文化符号及其象征意义——论广告文化附加值的表现形式[J].现代传播,2006(5):16—18.

②Gannon, M.J.Understanding Global Cultures: Metaphorical Journeys through 17 Countries[M]. Thousand Oaks, CA: Sage. 1993:135.

理解文化变量①对研究消费者行为至关重要,而获得理解文化变量的可能性与途径,又恰恰是人类学家的强项。文化为人们提供自我认知与归属感以及一套塑造合乎规范的社会人,可供学习以及可共享的符号、编码、价值和知识体系,强调树立行为规范、排列任务的重要性。人类学家不断参与跨国商业会议并编写一系列介绍异文化的指南。为企业管理者解决因忽略文化差异而导致的效率低下等问题,开辟了新途径②。当今世界,国力竞争的实质无疑是文化无形的较量。正视并吸收好的异质文化与域外文明,是认清问题、解决问题的有效方法与途径,并能有效提高商业效率③。

　　文化差异导致消费品牌选择迥异④。目前,面对东方消费者的许多市场推广理论和策略,都以西方社会的视角为出发点。实际上,东西方文化差异存在于生活的各个方面,有些甚至是原则性的不同。如在饮食方面,吃狗肉在美国是忌讳的、印度人不吃牛排、穆斯林不食猪肉。因此,文化差异性使得普世性的营销法则难以通行。再例如,在美国西部,人们倾向于选择简短、特别、容易记忆且能够表达产品特征的名字品牌。而在占世界人口 1/2 的亚洲,人们则偏好寓意幸运、福气的品牌。因此,多数美国名牌在进入亚洲之前,都需对品牌名进行本土化再造。毫无疑问,只有正确理解并运用消费模式的文化差异,外来品牌才能取得商业成功⑤。在社交媒体盛行的当下,品牌建设面临着严峻挑战。一般来说,任何品牌的营销都与文化密不可分,而非单纯依靠技术创新⑥。

　　跨文化经营管理学家霍夫斯塔德,以对来自 66 个国家的 117000 位 IBM 雇员工作价值研究为基础,发展出基于西方文化的四个文化维度,即个人主义

---

①Sidani, Y.M.Gaps in female labor participation and pay equity: the impact of cultural variables [J].Gender in Management,2013(7):424 - 440.

②Harris, P.R, Moran, R.T. Managing Cultural Differences[M]. Houston: Gulf.1987:220.

③曾铁.吸纳优质异文化是文化繁荣和"五大发展"之用[J].胜利油田党校学报,2016(2):39—44.

④Gulbro, R.D, Herbig, P. Cultural differences encountered by firms when negotiating internationally [J].Industrial Management & Data Systems, 1999(2): 47-53.

⑤Schutte, H, Ciarlante, D.Consumer Behavior in Asia [M]. London: Macmillan Press Limited. 1998:119.

⑥Hudson S, Huang L, Roth M S, et al. The influence of social media interactions on consumer - brand relationships: A three-country study of brand perceptions and marketing behaviors[J]. International Journal of Research in Marketing, 2016(1): 27-41.

与集体主义、权力距离、不确定性规避和刚柔性。霍氏认为：文化是身处共同环境中,人们共同的心理程序,不是一种个体特征,而是具有相同教育和生活经验的一个群体所共有的心理程序。这种程序在不同群体、区域或国家存在差异,因此,不同文化可以通过这种心理程序所体现出的不同价值观进行区分和比较①。与霍夫斯塔德的客位研究法不同,消费者行为的主位研究关注个人的消费体验,同时也采用价值理论来解释消费者组织信息行为。麦克拉肯将其归纳为"文化准则",常见的文化准则有"坚强""优雅"或"自然主义",等等。他认为,社会人根据文化准则对环境信息进行组织、评估和建构,对周围环境进行文化意义编码②。

二、人类学方法在消费行为研究中的应用

近年来,以人类学方法为基础的研究策略渐渐在消费者研究领域崭露头角。例如,克雷格·汤普森(Craig J.Thompson)和伊丽莎白·赫希曼(Elizabeth C.Hirschman)就采用人类学的经典理论来研究消费者自身形象的自我认知和护理行为,对"社会性身体"与消费行为之间的关系进行梳理③。亚历山大·麦克法兰(Alexander C. McFarlane)则发现,当企业需要就市场对新产品的接受程度作出判断时,往往求助于焦点小组这种质性研究方法④。

目前,学术界对消费者行为的研究还主要停留在个人层面,以个体消费者为研究的出发点,主要针对消费者在购买、使用和评价产品或服务的过程中所采取的各种行动及其行为动机进行研究。近年来,建立在文化整体层面上的比较研究开始受到推崇⑤。麦克拉肯的整体性研究向我们展示了消费过程中,产品与服务的创造、购买和使用如何与文化产生共鸣。在他看来,文化与消费

---

①Hofstede, G. Culture's Consequences: International Differences in Work-Related Values[M]. Newbury Park, CA: Sage. 1980:163.

②McCracken, G. Culture and Consumption: New Approaches to the Symbolic Character of Consumer Goods and Activities[M].Bloomington, IN: Indiana University Press.1988:114-150.

③Thompson, C. and E. Hirschman. Understanding the Socialized Body: A Poststructuralist Analysis of Consumers' Self-Conceptions of Body Images and Self Care Practices[J]. Journal of Consumer Research, 1995(22):139-153.

④McFarland, Jennifer.The Consumer Anthropologist[J].Harvard Business School Working Knowledge Journal, 2001:22-110.

⑤Mooij, M. de .Consumer Behavior and Culture, London, UK: Sage Publications.2004:252-260.

主要在三个语境中相互影响:历史、理论与实践①。自 20 世纪后期以来,在这三种语境之下,人类学的方法,特别是其民族志方法成为一种热门的消费者行为研究手段。

此外,工商文化和消费文化之间也存在相互影响与作用。工商文化通过广告宣传、销售服务等来影响消费文化;消费文化则通过推动商业营销理念升级、商业模式创新等影响工商文化,进而促进商业发展②。

工商人类学方法主要应用在对消费者行为的定性调研上。定性调研,是一种非程序化的、非常灵活的、基于问题性质的研究方法,一般通过对人们的言谈举止的观察和陈述来进行资料的收集、分析和说明。同定量调研相比较而言,定性调研在某些方面具有非常突出的优势,具体体现在:(1)定性调研特别适合于了解消费者内心深处的动机与感觉。以焦点小组访谈为例,通过座谈会的形式,调研参与者可以针对主持人的提问充分发表自己的意见,畅所欲言。调研人员则可以观察参与者对各种观点的反应以及他们的表情和身体语言,获得消费者对产品或调研问题的真实意见。(2)定性调研可以提高定量调研的效率,对定量调研中发现的某些问题进行进一步的解释和说明。在进行的深度访谈中,调研人员通过进一步的提问明确了受测者对排序的具体解释。另外,以小样本为基础的定性调研通常在调研成本上也具有一定的优势③。

因此,在消费行为领域中,工商人类学家通过对消费者的深度访谈或者民族志调查来探究消费者的心理活动,揭露暗藏在消费行为背后的文化本质。但是,工商人类学视角下的消费行为研究就有一定的局限性。正如许多定性研究方法一样,人类学调查方法的实施过程大多数是非结构性的,对调研主持人或调研人员的素质和能力要求非常高,这也会对其调研结论的科学性形成挑战。

**三、人类学视角下的仪式型消费与变迁研究**

格兰特·麦克拉肯(Grant McCracken)曾经用人类学方法和理论来阐释消

---

①McCracken, Grant. Culture and Consumption: New Approaches to the Symbolic Character of Consumer Goods and Activities. Indiana University Press:1990:163.

②钱乃余.商业文化与消费文化耦合关系探微[J].商业时代,2009(14):124—126.

③陆榕.浅谈定性调研在消费者行为研究中的应用[J].科协论坛,2012(8):130—131.

费者行为,研究商品文化意义如何在商品本身与消费者之间进行传递。他指出,任何商品都具有文化内涵,购买商品的行为能够帮助消费者实现并加强自我认同以及与集体的认同感,任何转嫁到商品里的意义,最终都来源于文化本身[①]。

(一)人类学视野下的消费仪式

"仪式"一词来源于英文的"Ritual",其原意是指手段与目的并非直接相关的一套标准化行为,即仪式中所表现的行为具有更深远的目的或意图,体现了它的象征性而非实用性。仪式是一套可以固定或偶然发生的表达行为,它严格遵循固定的模式,并以一种正式的、严肃的方式在一定时间内不断重复。首先,仪式行为是一整套事件群。其次,这套事件群有固定的发生频率与确定的发生时间。第三,仪式性行为具有重复性。

玛格丽特·米德(Margaret Mead)认为,个体会通过重复性的仪式行为对某种理念或情感进行强化。诚如克利福德·格尔兹(Clifford Geertz)所说,仪式是一种文化表演。在仪式中,真实世界与想象世界借助一组象征符号得以融合,变成同一个世界。仪式的行为者通过行动、姿势、舞蹈、吟唱、演奏等表演活动以及物件、场景等实物,安排拟构出一个有意义的仪式情景,从而重温和体验这些意义所带来的心灵慰藉和精神需求。另外,仪式的重复性意味着仪式本身对变化具有很强的抵制性。因此,仪式与日常习惯行为或习俗具有一定的相似性。

麦克拉肯将消费划分为四个仪式过程:交换仪式、占有仪式、修饰仪式和剥夺仪式,并把礼物消费列入交换仪式范畴。礼物的馈赠者赋予礼物某些象征性信息,并通过礼物的赠送过程向接受方进行传递。乔伊斯·奥肖内西(Joyce O'Shaughnessy)则认为,礼物馈赠在表达馈赠方的内心想法时总是存在偏差。

占有是消费仪式的第二个过程。消费者通过购买商品而拥有了对商品文化意义的使用权,其他非购买者通过购买者炫耀所购商品来感受商品的文化意义。不过,在奥肖内西看来,麦克拉肯的论述,忽略了营销人员在占有仪式

①McCracken, G.Culture and Consumption[M].Bloomington, IN: Indiana University Press,1988: 44-102.

中的角色作用;广告竭尽所能鼓吹商品的文化意义,并且为观众营造了一种幻象:观看广告的时候似乎也体验到了商品的价值。事实上,观看广告无法替代对商品的占有,因为观看广告并不能替代使用产品的实际感受。

修饰是消费仪式的第三个过程。在修饰仪式中,人们通过重复性的消费行为或一般行为对商品的文化内涵进行继续转移和更新。

麦克拉肯将消费的最后仪式过程定义为剥夺仪式。在此阶段中,人们通过剥夺商品现有的文化意义,从而消除商品原有的影响力。比如对二手房的重新装修。但奥肖内西却认为装修二手房等行为可能只是社会规范的体现。同一文化语境里的不同个体,或者跨文化的个体对相同的行为可能拥有不同理解。语境文化差异影响人们的思维和行为方式,致使跨文化交际过程产生误解和失败[①]。中美两地的麦当劳有着同样的装修风格,人们消费相同的食物,却怀揣着不同的消费目的,感受不同的消费体验——这背后隐含了不同的文化意义[②]。

(二)人类学视野下的仪式性消费变迁

当人们进行贸易、移民、旅游、开展国际项目或进行跨国通讯时,文化之间的互动和变迁便开始了。文化变迁是某一社会由于内在发展、环境变化以及与异文化接触而引起的文化改变。即使是在最边缘的社区、最稳固的群体中,文化变迁与社会变化也一直在发生。

文化变迁的机制来源于创新与借用[③],创新是一切文化变迁的基本来源。新制造工艺、新行为方式或是被团队广为接受的新制度,都可称为文化创新[④]。文化创新通常源于某种需要,可在短时间内完成。但创新在成为文化的一部分而被社会广为接受之前,可能出现文化滞后现象,即文化载体其他部分更新速度未能适应文化创新速度。汽车的发明与推广就是一个例子。

---

①李涛.高低语境文化成因及其交际差异对比研究[J].沈阳工业大学学报(社会科学版),2016(2):189—192.

②O'Shaughnessy, J. Explaining Buyer Behavior: Central Concepts and Philosophy of Science Issues[M]. London:Oxford University Press,1992:58-62.

③吴俊辉.媒介技术的变迁及对消费文化的影响[D].哈尔滨:哈尔滨师范大学.2016.

④Moreno-Luzon, M.D, Gil-Marques, M, Valls-Pasola, J. TQM innovation and the role of cultural change[J].Industrial Management & Data Systems, 2013(8): 1149-1168.

另一种文化变迁机制是借用,亦被称为传播①。人类学家拉尔夫·林顿(Ralph Linton)曾指出:在"全球化"一词流行前,美国人全身上下早就打满了全球化的补丁②。

事实上,仪式起源于神话,有着深刻的宗教和文化渊源。随着时代的发展,仪式性消费开始向世俗化方向发展,且其文化和宗教因素逐渐被各种消费文化与消费理念取而代之③。

## 第四节　消费者行为研究与产品设计和传播

对企业而言,对消费者行为的正确理解有利于开拓市场份额,赢取更高利润。虽然在传统的消费者行为研究中,心理学与统计学的研究方法仍然占据优势地位,但人类学的质性及观察研究方法因其对定量研究缺陷的有效补充而逐渐受到学界的重视。工商人类学与当今的管理学、心理学以及经济学的联系非常紧密,致力于对商业和其他社会在获取大量的第一手资料的基础上进行质性分析,并从社会文化角度来处理现实问题。

### 一、消费者与产品设计和传播路径

(一)产品的传播路径

产品在消费者中进行传播需要企业有充分的财务准备以应对产品推广期间的费用支出以及重视首批尝试新产品的顾客,以减少其后期推广的阻力④。因此,人类学应该被应用在营销策略方面,尽可能地缩短产品从推出到畅销的时间以及提高消费者体验,等等。

越来越多的企业开始采用人类学的研究成果来开发新产品,或者对消费者的服务进行改善。人类学家通过访问、观察、影像等民族志方法对消费者的日常行为进行记录,获取消费者对新产品的态度来为企业提供建议。在调研

---

①汪媛.现代仪式性消费行为研究——从传播的仪式观视角[J].法制与经济,2015(11):103—105.

②Linton, R. One Hundred Percent American[M]. TP:The American Century, 1937;53—58.

③Zhao X, Belk R W. Politicizing consumer culture: Advertising's appropriation of political ideology in China's social transition[J]. Journal of Consumer Research, 2008(2): 231—244.

④Perner L. Consumer behavior[J].Psychology& Marketing[J]. 2010(3):2.

的过程中,霍尔特发现文化资本对美国人的消费模式与消费行为影响巨大①。格里菲思则通过半结构性的访谈技术对乔丹中央市场的买家和卖家进行访问,并对传统社会里文化如何影响零售结构进行了实证调查②。在相似的研究中,约翰·罗西特(John R. Rossiter')和阿尔文·陈(Alvin M. Chan)则指出族群性在商业与消费领域都扮演了重要的角色③。

在消费者研究领域中,人类学的方法之所以有效,主要在于人类学者及其使用的方法提供了一个创新的视角。以广告策略研究为例,焦点小组习惯依赖图表和数据来制定广告方案,而人类学学者则直接走到消费者中,观察他们对广告的好恶与评价。在观察中,人类学学者可能注意到人们有时会在广告时段上厕所或者去厨房,而有人会换台,这些信息都无法从五颜六色的图表和"客观"的数据中读取。

在全球化、高度竞争的市场背景下,巨大的生存压力迫使企业必须在第一时间内为产品找到最合适的购买者。进入 20 世纪以来,各种营销手段层出不穷,网络促销、蜂鸣营销(口头宣传营销)和无处不在的广告让消费者处于海量的产品信息包围圈中,商品营销也似乎变得举步维艰。一方面,消费者变得更有主见并学会质疑,他们在购物之前通常已进行了大量的信息搜索并且只选择值得自己信任的品牌。另一方面,商家对消费者的需求更为敏感并设法提供值得信赖的产品或服务④。

显然,在市场竞争白热化的环境下,企业急需要建立与消费者之间的信任感。但如何才能建立起这种信任感,特别是在产品竞争演变为消费者满意度之间竞争的跨国商业领域中。针对这种竞争趋势,学术界为研究者和市场操作者研究出不同的消费者满意度模型,但这些模型基本上停留在个体消费者层面,仅能对独立文化环境中的消费者行为进行解释,而在复杂的全球化市场

---

①Holt, D.Does Cultural Capital Structure American Consumption? [J]. Journal of Consumer Research. 1998(2):1-25.

②Griffith, D. Cultural Meaning of Retail Institutions: A Tradition-Based Culture Examination[J]. Journal of Global Marketing, 1998(1): 47-59.

③Rossiter, J. & Chan, A. Ethnicity in Business and Consumer Behavior[J].Journal of Business Research, 1998(42):127-134.

④Upshaw Lynn. Truth: The New Rules for Marketing in a Skeptical World. New York, NY: American Management Association.2007:143-160

中却无用武之地。

(二)产品设计的工商人类学路径

产品设计与产品发展密切相关,而产品更新对于企业发展具有重要意义。产品设计作为新产品更新的关键步骤,涉及包括工商人类学在内的多方面知识。当前设计产业中所遇到的种种挑战,为工商人类学家参与设计提供了良好机会。工商人类学家可利用自身的知识与技能,通过民族志研究,从使用者需求的角度出发,为产品设计工程师提出具体有效的建议,为产品设计做出不可替代的贡献。

产品设计是一个互动过程,融合着定性技术和定量技术的选择策略。产品设计过程的基本要素包括目标和准则的确立、合成、分析、建造、测试和评估。该过程又可划分为以下多个步骤:识别需求、定义问题、进行研究工作、缩小研究范围、分析标准设置、寻找可选择解决方案、做出决定、呈现产品、传递和销售产品[1]。产品设计过程包括管理、建造和顾客反应三个子过程,即管理子过程、建造子过程、顾客反应子过程。三个子过程又分别包括识别需求、确定问题和提出构想;寻找和分析可能的解决方案、做出设计决定、评估和改良;实施调查、细节设计和标准分析、原型与分析、呈现、装配和测试、产品发布、预测消费者行为[2]。当然,上述设计过程并非适用于全部设计师或者全部过程。有时,设计师也可能会利用其个人知识展现自身风格。为了缩短新产品开发流程所耗时间,许多公司会使得设计过程流线型化,且能同时完成多个步骤。新产品设计是一个需要培育的持续过程,当技术工艺发生改变,目标属性不稳定时,公司就需要更加灵活的方案。

在对人物角色或人物形象的研究方面,工商人类学家研究小组可通过深入的、情景关联的民族志研究,模拟在一定背景下特定目标市场的情景,将消费者"原型"代替真实消费者[3],为企业家决策提供建议。每个人物角色都代表一群广泛的个体,广泛的个体群表现出相似的需求、挫折、欲望、动机和

①Berk M, Spacková O, Straub D. Design flood estimation in ungauged basins: probabilistic extension of the design-storm concept[C]. EGU General Assembly Conference Abstracts. 2016(18): 1520.

②田广,朱腾腾.产品设计的工商人类学路径[J].青海民族研究,2014(1):7—11.

③姬广绪.社交网络与群格补偿——一个藏族村落的信息消费民族志研究[J].青海民族研究,2016(2):155—159.

行为。

### 二、广告文化中的消费行为研究

有学者认为,广告是品牌形象与其现有价值观的捆绑。然而,麦克拉肯则认为广告不仅将品牌与现有的价值观联系起来,还创造了新文化意义。广告是价值取向的引导者。它能在消费者态度与消费者行为之间自由穿梭。通常,受众的认知、信念、态度和价值观会受到大量广告投放的影响。因此,广告不仅是一种商业促销活动,它还具有社会仪式和文化建构的效应,被称为文化价值观的载体。

针对个人文化与集体文化的维度,加里·格雷戈瑞(Gary D Gregory)和杰姆斯·芒奇(James M Munch)比较了跨文化差异广告的有效性。结果显示,融入本土文化元素的广告对促进个人消费更加有效。举例来说,强调个人感受的广告在美国大受欢迎。而在韩国,宣扬亲情与团队精神的广告则更受青睐[1]。企业在韩国推广产品时需要充分考虑到韩国的文化偏好,强调商品的共享性,减少其私密色彩[2]。

杰尼佛·艾克(Jennifer L. Aaker)与杜雷尔杰·马赫斯瓦兰(Durairaj Maheswaran)则认为,个人情感诉求信息能激发集体主义消费者更高的评价,而其他的情感诉求则对个人主义者更加有效[3]。对这种反直觉的情形,路娜解释到:消费者之所以出现与自身价值取向不符的情感诉求,是因为人们的价值取向已经不断被广告加工。广告在某种程度上成为价值取向的制造者,而不是价值取向的追随者。因此,考虑文化因素对新产品的传播至关重要[4]。在重视传统沿袭,具有较强文化认同感的社会中,人们不易接受新事物,消费者态度难以改变。相反,在创新型的社会里,快速适应新变化成为大众取向,消费者更乐于尝试创新。

---

①Han, S.P, Shavitt, S. Persuasion and culture:Advertising appeals in individualistic and collectivistic societies[J]. Journal of experimental social psychology, 1994(4):326-350.

②Zhang Y, Gelb, B.D. Matching advertising appeals to culture:The influence of products'use conditions[J]. Journal of advertising,1996(3):29-46.

③Aaker, J.L, Maheswaran, D. The effect of cultural orientation on persuasion[J]. Journal of consumer research,1997(3):315-328.

④Schemmann, B, Herrmann, A.M, Chappin, M.M.H, et al. Crowdsourcing ideas:Involving ordinary users in the ideation phase of new product development[J]. Research Policy, 2016(6):1145-1154.

工商人类学研究表明,广告作为一种传播消费信息的特殊形式,影响消费者的购买行为。如今,许多消费者不再是自主地选择消费,而是被动地从事消费行为。广告将侧重点从对实物商品功能的宣传转移到对品牌符号的宣传上,借助品牌价值提升消费者精神满足欲,弱化物质欲。广告最大的用途仍然体现在刺激和促进消费,产生购买行为,服务市场经济,但必须把握住影响消费行为的因素。消费行为产生于消费者对商品或者服务需求和欲望的满足。需求是眼前实际的需要,是消费者的主动消费行为,与广告无关,广告所起的作用是被动选择。而欲望是潜在的消费状态,购买行为的发生必须要求广告主动出击。而广告的特性就是重复和夸张,不间断地暗示和提醒,诱导发生消费行为,改变消费观念①。

### 三、网络社交平台与消费行为研究

20世纪80年代以来,消费者总是或多或少地受制于主客观的因素,陷入两难困境:按需购买还是为面子购买?虽然逛街购物是司空见惯的日常行为,但佐京所试图探索的其背后的普世性原则,却值得我们关注与思考。消费购物不仅是满足了个人需求的经济与文化行为,也是研究商品、积累文化资本的学习旅程,还需将其放在当社会结构从生产转向消费的范式中进行考量,检视消费者购物空间经验与主体学习、建构与转换之间的关联。研究消费主体如何在公共空间的社会实践行动中,重建人与物、公与私、自我与群体的关系,正是工商人类学家在消费者行为研究中的强项之一。

随着网络技术以及社交媒体的快速发展,人们在社交平台上的时间逐渐增多,其对消费者行为的影响力也在逐渐增强。一般来说,社交平台通过给消费者带来经济价值、社会认知价值、关系价值和信息价值的举措来影响消费者的行为意向②。社交平台帮助消费者获得更加物美价廉的商品和服务、将相似的人与物聚集在一起,使其自发形成一个群体,帮助消费者发展更广阔的人际关系。

由于资源分配不均,不同的网络位置具有不同的竞争优势。因此,社交网络结构的不同,是影响个体或组织消费行为的另一重要原因。社交网络结构

①王洋平,王艳.消费者行为因素与广告传播关系思考[J].商,2016(15):215.
②孔庆民,梁修庆,张正.社交商务对消费者行为意向影响机理研究:城乡差异的调节效用[J].消费经济,2016(3):62—69.

中的关系强度、网络中心性等,通过正向影响社交网络用户的情感成分与认知成分,从而增强了消费者购买意愿。因此,在社交网络发展迅速的今天,企业必须创新传统营销模式,充分利用电子商务平台来挖掘潜在客户,积极引导消费者的购买意向,为企业的战略性发展开辟途径①。

## 本章小结

目前,虽然工商人类学仍然是一门新的边缘学科,但在西方市场经济比较发达的国家,其发展迅速,已经积累了大量的研究成果和文献资料,对人类学学科和工商管理学学科的发展,做出了重要贡献,并已在工商管理世界占据了重要位置,起到了重要作用。在当今经济全球化的市场领域中,人类学家擅长对文化及导致人们行为差异的符号密码、特殊市场消费偏好以及人际合作文化心理契约等方面进行研究。因此,就我国而言,工商人类学家能最大限度地帮助企业管理者反观组织中的文化异质现象,促进组织绩效提高、优化产品设计、提升市场营销绩效②。

作为社会科学与行为科学的分支,人类学家在消费者行为领域拥有独到的见解,并在学术界和商业应用领域颇有建树。消费者行为学已经形成多学科、跨学科发展趋势,而人类学视野则是该领域中最有效的研究视角之一。人类学视野的核心价值,在于其对文化的关怀,对消费者社会网络的分析。在各种复杂的社会组织,如大型跨国企业,学者应用人类学家所常用的民族志方法对其研究分析,可为企业管理者提出建设性意见。近年来,许多人类学者已经加入市场研究的行列,并且市场研究的专业人员也开始采用人类学的方法解决问题,特别是在消费者行为方面。因此,工商人类学在消费者行为研究领域具有很大发展空间,而消费者行为领域也必然会成为工商人类学学者研究的前沿阵地。

---

①陈华.社交网格结构对消费者的行为影响分析[J].统计与决策,2016(10):94—97.
②田广,周大明.中国需要工商人类学[J].民族论坛,2013(6):5—12.

〔案例链接〕

### 乌鲁木齐维吾尔族年轻女性时尚与消费行为①

女性在社会生活中扮演着女儿、妻子、妈妈等不同角色,她们在家庭消费中有主要的发言权,这也决定着她们必然成为消费者中的主力军。随着社会经济的进一步发展、教育程度的提高,女性地位在社会、经济、政治等方面都有显著提高。同时女性作为社会消费的一个特殊群体,有着不同于社会其他消费群体的消费心理和消费行为。她们的消费不仅只是为了满足基本的需求,同时也在满足自身的社会需求。

**一、乌鲁木齐维吾尔族年轻女性群体消费的一般特征**

第一,家庭条件优越,被调查的很多女性父母都是公务员,家庭收入稳定,父母的消费能力和水平直接影响子女。

维吾尔族传统家庭中一般有多个孩子,计划生育政策施行后,城市维吾尔族家庭一般有两个孩子。生活在乌鲁木齐的维吾尔族人,他们大都受过高等教育,20世纪70年代末80年代初他们来到乌鲁木齐工作,已经融入城市生活,接受全球化和现代化,对于男孩女孩持平等态度。这一点对于我们认识都市维吾尔族年轻女性的消费和时尚具有一定的意义。

被调查者25,出生在乌鲁木齐市,父母都是公务员,家庭条件在乌鲁木齐维吾尔族社会中算是中上的水平。她说:"爸爸特别喜欢给我买衣服,特别喜欢打扮我,从小就是这样子,从小都是爸爸给我买衣服,一有什么都是爸爸给我买。我也是,自己喜欢什么东西都是给我爸爸说,很多东西就是爸爸给我买的,这次买手机,也是爸爸给我买的生日礼物,爸爸说女孩子缺东西容易学坏,所以就特别关注这一点。妈妈也是,每次买东西都特别看重质量,每次去的地方都是天百这种高级店,买东西看质量和品牌。"

被调查者32,出生在乌鲁木齐市,父母都有工作,自己是一位大学代课老师。她说道:"我的各种对于社交上的消费都是从妈妈那儿学来的,我妈妈从

---

①案例改编自:迪拉娃尔·吐尼亚孜.乌鲁木齐维吾尔年轻女性时尚与消费行为的人类学研究[D].新疆:新疆师范大学.2013.

不在社交场合,如婚宴、聚会等地方穿重复的衣服,每次都要穿新的。"

从上述个案中可以看出,家庭是一个孩子成长的第一站,生活习惯的养成和购物基本理念的构成都是在家里完成的,女孩尤其是受母亲影响大。

第二,女性可以接受教育,外出工作。乌鲁木齐维吾尔族家庭对女儿的爱护程度较高。

被调查者21,"我们家就我一个孩子,又因为是女孩子,爸妈都宠着我,说什么给什么,我上大学的生活费就比我宿舍的同学要多。"

被调查者37,"我哥哥已经工作了,但是我还准备考研究生呢,我爸爸说女孩子学历高一点儿好,他总说男孩子怎么样都行,女孩子金贵,不能受了委屈。"

从上述个案中分析,城市维吾尔族年轻女性从出生开始,就接受了家庭男女平等的思想和熏陶,这使她们在时尚与消费上具有自己的特点。

第三,在经济上较为独立。

田野调查获得资料说明,被调查的学生、公务员、医生、老师、家庭主妇,她们都有一定的经济基础。学生用于消费的钱大部分来自于家长,也有一些学生通过当家教挣一些钱;公务员、医生和老师都是自己有工资,自己有经济基础;家庭主妇的消费主要来源于自己的丈夫。在访谈中我都问过被调查者同一个问题,就是"女性是否应该经济独立",下面是部分被调查者的回答:

被调查者9,"需要独立,这一点非常重要,最好不要依赖自己的另一半,男人一不小心就打破承诺,说不定哪天就不要我们了,那个时候该怎么办。"

被调查者49,"应该经济独立,现在生活太现实了,男人不可靠了。"

被调查者23,"经济独立,这样花的舒心,也不用看别人的脸色,再说自己也有这个能力,为何要靠别人,爸妈让我们上大学,上研究生,目的就是让我们靠自己,不看别人的脸色,尤其是自己丈夫的脸色,他能挣钱,我也一样。"

从上述个案中可以看出生活在乌鲁木齐的维吾尔族年轻女性对于经济独立的看法。这种自主性对她们的时尚选择和消费态度乃至于行为都有影响。被调查的维吾尔族女学生中基本不存在向男朋友要钱花的情况,但是她们接受过男朋友送的礼物,主要是和男朋友出去玩时,男性会主动买单,除此之外不会主动伸手向男朋友要钱去消费。

第四,通过自身努力提高生活水平。

### 二、乌鲁木齐维吾尔族年轻女性群体消费心理

消费心理以年龄、职业、家庭成长环境、经济条件不同而不同。从年龄来说,20岁的和30岁的女性消费心理不同,20岁上大学的学生由于经济来源于父母,而30岁的女性已经工作,她们选择的范围就不同。职业不同也会造成购物选择的不同,很多时候消费也会考虑自己的工作环境再做决定。家庭成长环境从小影响女性的消费品位,经济条件每个人都会不一样,每个人消费都会按照自己的经济条件来决定消费的次数、价格、质量。

被调查对象25岁,"我这个人特别喜欢服装类的东西,怎么说,就是看杂志,我家里的杂志堆得满满的,你去我家就可以看到,就看《红秀》,原来还看《昕薇》之类的,现在其他什么杂志都不看了,就看《红秀》一个,再就是上网或看电影去了解时尚,看那些女演员穿什么,并且在杂志上能找到。HM、ZARA这些是高阶品牌,在不停地换样式,会多变,如果说是奢侈品或是高端的衣服,比如香奈儿、LV这些,高端品牌的东西样式很相似,一看你就知道是那个品牌的,他们的衣服就是那样,一看就能知道是那个牌子的,这些我们不太感兴趣,只当了解而已,我们喜欢的是便宜但是多变的,款式好看,每天不重样,各种各样的款式,可以经常换的那种,反正是我喜欢,我周围的朋友也是这样的。"

被调查对象30岁,已婚,教师。她说道:"对于现在的潮流趋势,或是说时尚趋势不太清楚,没有刻意去看这些,但是还是可以感觉到,看看人们穿的就知道,同时网络、电视、杂志上面都会有。"

被调查对象27岁,已婚,家庭妇女。她说道:"对于时尚我还是关注的,不过不是特意去关注或是想这些事情,天天在上网,看电视,这些东西,这些新闻,或信息都在不是刻意的情况下钻进耳朵,在眼前飘来飘去,再看看街上的人,就知道,什么是现在的趋势,很明了的,尤其是那个网络,只要是会网购的人都会上网看网上正在热销什么,大家狂买的东西,不正是现在流行的吗?"

从上述例子可以看到,都市维吾尔族年轻女性消费和时尚方面自我意识很强,她们的消费心理受到媒体、网络、教育的直接影响,从媒体、网络、教育中接收到各种信息,汇总加工,最后形成自己的消费选择的心理,按照自己的个性和特色、喜好,选择自己喜欢的消费品。在这个群体中,某个消费品首先是自己认为可以的,自己喜欢的,然后才会考虑价格。如果是昂贵的物品,价格超出了自己的支付范围,她们可以从网络上找到高仿的物品,所以消费品的价

格是一个可以变化的标准。从心理上看,她们认为购买什么、消费什么,主要是要符合自己的个性特色、自己的喜好。

**三、乌鲁木齐维吾尔族年轻女性群体的消费方式**

乌鲁木齐的维吾尔族年轻女性在消费方式上,一方面有着与都市其他群体相似的一面,另一方面也有着自身的特点。从消费地点来看,被调查者中很多人对于消费地点有明显的选择性。被调查者注重在高档购物中心消费,不喜欢去批发区,认为那里产品质量不过关。

被调查对象,"就是说亚欣、汇嘉、天百、单路,就是那种一般的小 T 恤之类的一般是在淘宝买,但是大件都是在这些地方买。买大衣之类的,我不是专门找牌子,因为我这里想买的牌子都没有,当时去买,看哪个好看,顺眼就买哪一个,一般天百、亚欣还可以,比如,ONLY,VERO MODA 之类的牌子了,并且你没有发现现在的衣服很难看吗? 东西特别乱,什么东西都有,但是就没有特别让你喜欢的,我妈妈也是直接去那些地方,有些时候我想在网上买,可是妈妈不是特别同意,觉得还是百货商场的东西质量好一些,网上的东西不是让人特别信任,所以贵一点儿也没有关系。"

被调查对象(准备出国),"什么地方都去,一般直接去逛商场,如天百、辰野、亚欣、汇嘉,只要是卖东西的地方我们都去,小西门也去,但是一般小物品在小西门去买,大件的东西还是在商场去买,我对于鞋子和包的要求还是很高的,虽不是高级奢侈品牌,但是必须是要好的,质量过关的,鞋子喜欢百丽和九七的,化妆品也是绝不含糊,直接去外贸进口店,直接买的都是进口的化妆品,一次也要几千元,但是那个值得的。"

被调查对象(行政人员),"我也一般大部分都去天百、辰野、亚欣,还有就是汇嘉去逛街,小西门已经很久没有去过了,哦,还有上次去买皮草去过东方一百。"

从上述的案例中可以看出,都市维吾尔族年轻女性在中高端百货商场消费行为比较频繁,看重品牌,其中有些人则是高档百货公司的稳定客户。有些人说,去那里有些时候就是为了自己的心情,有些时候心情不好,喜欢到商场去逛,减缓压力,看看好看的东西,看看新出的商品,能让人从压抑的心情中解放出来,高兴一点儿,有些时候花钱也是为了减压。

这个因素对维吾尔族年轻女性的消费有直接的影响,维吾尔族年轻女性在都市的消费拥有自己的时尚消费特征。从获得的资料中反映出都市维吾尔族女性时尚消费特征为：首先，都市维吾尔族年轻女性消费都趋于年轻化；其次，消费范围和选择也在不断扩大，不仅只限于城市一个固定的市场，网络、代购都成为消费的一种方式，范围从乌鲁木齐扩大到内地、香港、国外等。再次，信息泛滥，个性突出，现在我们都是被物所包围的状态，东西多，需要表现个性，让自己与众不同，收集信息是为了彰显自己的不同。最后，不在乎男性的看法，只要自己喜欢，就会行动，男性虽然会有反对意见，但是依旧我行我素。后传统与现代结合，不是开放如西方，也没有传统的全身都裹着，让传统和现代结合，让自己消费得心安理得。

**学习思考题**

1. 学习和思考民族志等定性研究方法对消费者行为研究的贡献是什么？

2. 学习和思考如何将工商人类学的方法和理论应用于消费者行为研究上？

3. 学习和思考消费行为的文化诱导因素是什么？

4. 学习和思考消费者行为的人类学分析成果如何应用到产品设计与传播上？

5. 通过对本章案例的学习，你有哪些收获？我们应当如何从人类学的角度来理解和分析本章案例？

# 第七章　人类学视角下的产品策略

**本章摘要**　进入 21 世纪以来,市场竞争不断加剧,产品同质化日益严重,企业面临着严峻的形势。随着人们的生活水平不断提高,消费要求也在不断提高。如果不对产品加以创新,必然会失去许多消费者,其市场份额必定会被竞争对手所挤占。因此,如何开发新产品成为企业迫切需要解决的问题。在消费者真实需求的信息无所获取的情况下,人类学家发挥了极大的作用。通过民族志、参与式观察等人类学方法,人类学家可以得到连消费者自身都不清楚的真实购买需求。本章通过阐述新产品研发、新产品设计的人类学分析,介绍产品生命周期的相关理论及对应的营销战略,强调产品设计与人类学的关系及其实施的人类学路径,来说明产品设计流程必须要有人类学家的参与,才能更完善,设计的产品才能更符合消费者的需求。

## 学习目标

1. 学习和了解人类学视角下的新产品内涵及其与消费者行为的关系。
2. 学习和了解产品生命周期的相关理论及其与营销战略的关系。
3. 学习和了解人类学相关理论在产品设计中的应用。
4. 学习和掌握产品设计的人类学路径。

# 引　言

开发新产品是企业生存和发展的一个重要途径,一个成功的产品决策不但可以为企业带来丰厚的经济回报,而且可以显著提高企业的市场地位。但是在现实的市场中,由于新产品决策失误导致企业经营失败的案例非常之多,因此新产品决策不可避免地带有很高的风险。除了宏观的经济、政策和文化因素引起新产品决策风险以外,消费者的心理和行为特征也是一个不可忽视的因素。企业开发新产品是为了满足消费者需求,并从中获得经济回报,然而消费者是否愿意购买和怎样购买新产品很大程度上取决于消费者的消费心理和消费行为。因此研究消费者新产品购买意向的影响因素,发现和培养消费者的购买意向,对企业新产品营销具有重要意义。

在影响消费者新产品购买的诸多因素中,既有产品因素(如产品的质量、价格、功能、外观等),也有消费者自身因素(需求特征、购买动机、购买兴趣乃至性格特征等)和外部环境因素[①]。从产品的生命周期来说,在产品生命周期的不同阶段上,产品的市场表现和消费者对产品的购买心理与行为都非常不同。新产品导入和成长阶段的消费者具有较强的革新意识,成熟阶段的消费者往往比较谨慎,在退出阶段产品转向所有消费者直至被替代和退出市场。以往的许多研究都认为,消费者心理变量对消费决策存在非常显著的影响作用,消费者对新产品没有任何消费经历,因此消费者的购买决策就可能依赖于某些心理变量。在新产品导入和成长期,有三类重要因素影响着消费者的革新行为,社会经济因素(受教育程度、社会地位等)、个性因素(移情、理性等)和沟通行为因素(社会参与等)。

## 第一节　新产品研发

随着国家软实力在我国综合国力中扮演的角色越来越重要,人类学及人类学家的地位开始逐步上升。经济一体化、文化一体化、市场一体化使得人类学家将其触角延伸到各个领域,当然也包括营销领域。我国的市场竞争十分激烈,商品同质化日益严重,寻求发展的意愿迫使企业不得不加大力度进行创新,表现在市场营销领域,就是进行新产品研发[②]。

当前,一个普遍的认识误区,就是消费者会热衷于向市场营销人员倾诉他

---

①李华生. 影响新产品市场扩散的消费者因素研究[D]. 武汉:武汉科技大学, 2007.
②张峰. 新产品研发、顾客关系管理与供应链管理能力的交互效应[J]. 管理工程学报, 2016
(3):44—53.

们对于当前产品的不满以及对新产品的需求意愿。然而,事实却是,当消费者对所购买的商品不满意时,他们会立即转向另一商家。大部分消费者会对产品的缺陷进行调整性适应,购买认知上的不确定性告诉他们,市面上所提供的产品,与他们所支付的价格相符。消费者不会花过多的时间去有意识地思考,怎样提高生产或何种新产品的开发将会对他们产生更大的帮助。对他们来说,去思考已经超过商场可提供范围的产品实在是太难了。绝大多数的顾客缺乏想象实用性强的新产品之洞察力和智商。再者,就算他们想象出来了,通常也是陈旧的、难以实现的目标。通常,他们所表达出来的要求无非是减少使用可丢弃的包装等方面。

在消费者进行消费时,会留下大量的线索。消费者通过对产品的使用和对产品特性及用途的反应,表达他们对特定产品的意见。与此同时,他们通过自己的行为来表达他们的不满和需求,而且他们很可能对其所经历的不愉快毫无意识。这些都需要市场营销人员细心找寻及解释,探查其行为背后的本质原因。由此可见,民族志方法已经完全适用于新产品的研发和拓展。人类学家通过参与式观察、访谈等定性研究方法,收集到许多通过问卷调查等定量研究方法得不到的有效信息,包括消费者对其所消费产品的真实感受等。

**一、新产品的界定**

新产品是指采用新技术原理、新设计构思研制、生产的全新产品,或在结构、材质、工艺等某一方面比原有产品有明显改进,从而显著提高了产品性能或扩大了使用功能的产品。

从市场营销的角度看,凡是企业向市场提供的原来没有生产过的产品都叫新产品[1]。包括:在科学技术方面,因科学技术在某一领域的重大发现所产生的新产品;在生产销售方面,只要产品在功能或形态上发生改变,与原来的产品存在差异,甚至只是产品从原有市场进入新的市场,都可视为新产品[2];在消费者方面,指能进入市场给消费者提供新的利益或新的效用而被消费者认可的产品。

按产品研究开发过程,新产品可分为全新产品、模仿型新产品、改进型新

---

①李玉萍.新产品上市营销管理技巧[M].北京:北京大学出版社.2005:15.

②〔英〕保罗·特罗特. 创新管理与新产品开发[M]. 陈劲译. 北京:清华大学出版社, 2015:25—60.

产品、形成系列型新产品、降低成本型新产品和重新定位型新产品。

全新产品是指应用新原理、新技术、新材料,具有新结构、新功能的产品。该新产品在全世界首先开发,能开创全新的市场。它占新产品的比例为10%左右。

改进型新产品是指在原有老产品的基础上进行改进,使产品在结构、功能、品质、花色、款式及包装上具有新的特点和新的突破。改进后的新产品,其结构更加合理,功能更加齐全,品质更加优质,能更多地满足消费者不断变化的需求。它占新产品的26%左右。

模仿型新产品是企业对国内外市场上已有的产品进行模仿生产,称为本企业的新产品。模仿型新产品约占新产品的20%。

形成系列型新产品是指在原有的产品大类中开发出新的品种、花色、规格等,从而与企业原有产品形成产品系列,扩大产品的目标市场。该类型新产品占新产品的26%左右。

降低成本型新产品是指企业利用新科技,改进生产工艺或提高生产效率,以较低的成本提供同样性能的新产品。这种新产品的比重为11%左右。

重新定位型新产品指企业的老产品进入新的市场而被称为该市场的新产品。这类新产品约占全部新产品的7%。

## 二、消费者行为与新产品的研发

企业在进行新产品研发时,要综合考虑各种因素,否则极易造成新产品的面世失败或者研发失败。消费者作为新产品研发的对象,其行为导向影响着新产品研发的进程,甚至某些消费行为直接导致了产品的研发失败[①]。人类学家通过研究消费者的行为习惯,得出新产品研发失败的几点原因。

一般来说,如果没有任何令人满意的东西存在,或者如果突然一件产品不能满足所有消费者的需要,那么,他们会将其他产品与该产品结合使用,或者结合家庭补救。在一个关于家庭清洁的人类学研究中,我们会看到客户会为油地毯创造一种新型清洁剂,就是将液体肥皂和洗衣漂白剂混合在一起。进一步探查得知,他们的利益追求包括除去污垢、全面彻底的清理等。人类学家观察到,在其他家庭中,消费者会为卫生间喷涂除臭剂。此外,卫生的利益追

---

[①]唐林. 基于高端消费者行为洞察的新产品开发研究[J]. 经济视野, 2014(19):63—64.

求会使其进行额外的消毒工作。人类学家通过观察所得出的结论,有助于客户公司提高他们清洁代理方面的现有线路。

如果消费者在目标达成过程中受挫,他们通常会即兴创作并围绕一个障碍进行工作。在一个数据库项目中,如果他们没有意识到完成一个项目所需的所有操作,他们可能会基于对项目运行的有限认识,将能够用以解决问题的独特方法修补在一块儿,或者,二者择其一来执行任务。他们可能是无知或是富有创新的精神,但结果却没有简化操作或者增加项目有用性的信息。

消费者习惯于接受具有缺陷的产品,认为实现高质量的产出是不可能的。举个例子,卫浴的清洁工往往接受中等低下的清洁结果。对他们来说,让瓷片变得非常非常白净并不重要,他们争辩道,只需要一定的工作就足以让事物变得基本干净。进一步的观察和研究发现,消费者不愿意接受他们经历过的混乱的指导。消费者不愿意花费比所得更多的精力,哪怕一定范围内合理的努力会产生更好的结果。人类学家的回答者在描述所涉及的产品满意度时,他们顺从的肢体语言和漠不关心与其所回答的内容不一致,出卖了他们真实的想法。

当产品失败时,消费者们更多的将矛头指向自己,认为是其自身期望太高。如果所使用的产品是正确的,但是任务太过于繁杂。那么,消费者们就会避开确定的任务,不利于新产品的研发。举个例子,在学习家庭清洁这一实践中,我们发现电器和电脑设备的背面因为静电效应聚集了大量密集的、顽固的灰尘。家庭清洁者对此感到烦恼却不愿意多花精力在清理工作上,因为他们被这些地方纠缠不清的电线和灰尘的高密集度所吓到了。不做清理并不是因为洗涤剂没有用,相反,洗涤剂能够使消费者花费最小的精力清洁干净家庭电器背后的灰尘。

当产品达不到预期的要求时,消费者会单纯地认为,能够达成预想中的效果或功能的产品是不存在的。即使产品可以进一步完善,店主往往也会把客户的满意度延缓至遥远的未来。举个例子,通过对移动电话使用者的观察和访谈可以获知,对使用者来说,通过优化声音指令的输入和可听到的回应比完善键盘功能更加有意义。毕竟,实现声音的传递,是移动电话所需要达成的最基本目标,键盘敲击功能只是满足了客户的部分需求,但是他们更加渴望在声音或文字方面能有更大的获益。

### 三、新产品开发与体验营销

随着消费者受教育程度和收入水平的不断提高,消费者对商品的需求也在不断提高,并且有研究发现消费类新产品有30%~35%未达到企业所设定的目标,因此,企业必须积极地开发新产品来抓住新的市场机会。

但是,新产品的研发过程并不简单,受消费者心理活动等不稳定因素的影响很大。人类学家通过研究消费者的新产品购买行为,发现绝大多数的消费者在看到产品以前并不知道自己对该产品的需求,甚至不少消费者即使看见产品也会在心理上抵触营销者并不会主动地购买产品与服务,因此,企业迫切需要实施现代营销新战略——体验营销,来改变企业的被动地位[①]。

"体验营销之父"伯德·施密特(Bernd H. Schmitt)在《体验营销》[②]一书中指出,体验营销是利用消费者的感官、情感、思考、行动和关联等人类学的相关概念来重新定义和设计的营销思维方式,强调顾客精神享受和心灵体验,它以满足顾客精神体验为出发点和归宿点,认为消费者是理性与感性兼具的,突破了传统上"理性消费者"的假设,使顾客从被动接受变为主动寻找,提高顾客的介入度和忠诚度。

对新产品开发而言,传统的品牌扩展战略会出现损害原有品牌形象、淡化品牌特性的问题,当新产品出现危机时还可能对原品牌产生株连效应,而体验营销借助"体验"帮助新产品快速成长,不同顾客会产生不同的感知和价值观,降低产品危机的负面作用。通过体验营销来引导和激发消费者尚未意识到的潜在需求,同时通过向顾客提供美好的体验来降低顾客接受新产品过程中的心理抵制,提高顾客对新产品的介入程度和增强其对产品信息的注意力,最终使顾客接受和购买新产品。

人类学家认为,体验有利于加快消费者做出购买决策。消费者的购买过程包括认识需要、信息搜集、方案评估、购买决策和购后感受等五个阶段[③],体验营销不仅有利于消费者认识需要,在信息搜集阶段,可以制造出值得回忆的

---

①陈量.体验营销在电子商务中的价值分析[J].北京化工大学学报(社会科学版),2015(1):33—36.

②Schmitt B H. Experiential marketing:How to get customers to sense, feel, think, act, relate [M]. NY:Simon and Schuster, 2000:33-48.

③蒋玉霞. 顾客体验的形成机理与体验营销[J]. 环球市场信息导报,2016(6):66—67.

美好感受,从而使消费者产生了对新产品的积极评价;在方案评估阶段,体验营销使消费者摆脱态度和信念的左右,比较产品的真实价值和期望价值;在购买决策阶段,体验营销可以增强顾客对产品的信心,降低他人评价对自己的影响以及降低对产品的认知风险;在购后感受阶段,消费者通过对产品的真实体验而不是广告来感受产品的价值,利于顾客得出满意的感受,促成循环购买和品牌忠诚。

## 第二节 产品生命周期与营销策略

产品生命周期的概念最早出现在经济管理领域,由杰夫·迪安(Jeff Dean)[1]和西奥多·莱维特(Theodore Levitt)[2]提出,目的在于研究产品的市场战略。当时,按照产品在市场中的演化过程,将产品生命周期划分为推广、成长、成熟和衰亡阶段[3]。产品生命周期(product life cycle)[4],简称PLC,是指产品的市场寿命,也指产品从进入市场开始,直到最终退出市场为止所经历的市场生命循环过程。一种产品进入市场后,它的销售量和利润都会随时间的推移而改变,呈现一个由少到多,由多到少的过程,就如同人的生命一样,由诞生、成长到成熟,最终走向衰亡,这就是产品的生命周期现象。只有经过研究开发、试销,然后进入市场,它的市场生命周期才算开始。产品退出市场,则标志着生命周期的结束。

### 一、产品生命周期的划分

市场营销学定义的产品生命周期,包括导入期、成长期、成熟期和衰退期,已经不能概括产品生命周期的全过程,只能将其称为:产品市场生命周期。随着PLM(product life cycle management)软件的兴起,产品生命周期开始包含需求收集、概念确定、产品设计、产品上市和产品市场生命周期管理。近年来,基

①Dean J.Pricing policies for new products[J].Harvard Business Review,1950(6):45-53.
②Theodore Levitt. Exploit the product life cycle [J]. Harvard Business Review , 1965(6): 81-94.
③Rinkdr, Swan J E. Product life cycle re search: a literature review [J]. Journal of Business Research, 1979(3) : 219-242.
④黄双喜,范玉顺.产品生命周期管理研究综述[J].计算机集成制造系统-CIMS, 2004(1):1—9.

于产品管理的概念,把产品生命周期管理概括为:产品战略、产品市场、产品需求、产品规划、产品开发、产品上市、产品退市七个部分①。

典型的产品生命周期一般可分为四个阶段,即导入期、成长期、成熟期和衰退期。

1. 介绍(投入)期。新产品投入市场,便进入介绍期。此时,顾客对产品还不了解,只有少数追求新奇的顾客可能购买,销售量很低。为了拓展销路,需要大量的促销费用,对产品进行宣传。在这一阶段,由于技术方面的原因,产品不能大批量生产,因而成本高,销售额增长缓慢,企业不但得不到利润,反而可能亏损。产品也有待进一步完善②。

2. 成长期。这时顾客对产品已经熟悉,大量的新顾客开始购买,市场逐步扩大。产品大批量生产,生产成本相对降低,企业的销售额迅速上升,利润也迅速增长。竞争者看到有利可图,将纷纷进入市场参与竞争,使同类产品供给量增加,价格随之下降,企业利润增长速度逐步减慢,最后达到生命周期利润的最高点。

3. 成熟期。市场需求趋向饱和,潜在的顾客已经很少,销售额增长缓慢直至转而下降,标志着产品进入了成熟期。在这一阶段,竞争逐渐加剧,产品售价降低,促销费用增加,企业利润下降。

4. 衰退期。随着科学技术的发展,新产品或新的代用品出现,将使顾客的消费习惯发生改变,转向其他产品,从而使原来产品的销售额和利润额迅速下降。于是,产品又进入了衰退期。

二、产品生命周期理论发展

产品生命周期理论是美国哈佛大学教授雷蒙德·费农(Raymond Vernon)在其《产品周期中的国际投资与国际贸易》一书中首次提出的③。费农认为:产品生命是指产品的市场寿命,产品和人的生命一样,要经历形成、成长、成熟、衰退这样的周期,而这个周期在不同技术水平的国家里,发生的时间和过程存在差异,表现为不同国家在技术上的差距,反映同一产品在不同国家市场

①〔英〕约翰·斯达克. 产品生命周期管理[M]. 北京:机械工业出版社, 2008:38—90.
②陈凌宇. 基于产品生命周期的企业环境成本管理研究[D]. 郑州:河南大学, 2015.
③Vernon R. International investment and international trade in the product cycle [M]. The quarterly journal of economics, 1966:190-207.

上的竞争地位的差异,从而决定了国际贸易和国际投资的变化,为了便于区分,费农把这些国家依次分成创新国(一般为最发达国家)、一般发达国家、发展中国家。

费农还把产品生命周期分为三个阶段,即新产品阶段、成熟产品阶段和标准化产品阶段。费农认为,在新产品阶段,创新国利用其拥有的垄断技术优势,开发新产品,由于产品尚未完全成型,技术上未加完善,加之,竞争者少,市场竞争不激烈,替代产品少,产品附加值高,国内市场就能满足其摄取高额利润的要求等,产品极少出口到其他国家,绝大部分产品都在国内销售。

而在成熟产品阶段,由于创新国技术垄断和市场寡占地位的打破,竞争者增加,市场竞争激烈,替代产品增多,产品的附加值不断降低,企业越来越重视产品成本的下降,较低的成本开始处于越来越有利的地位,且创新国和一般发达国家市场开始出现饱和,为降低成本,提高经济效益,抑制国内外竞争者,企业纷纷到发展中国家投资建厂,逐步放弃国内生产。

在标准化产品阶段,产品的生产技术、生产规模及产品本身已经完全成熟,对生产者技术的要求不高,原来新产品企业的垄断技术优势已经消失,成本、价格因素已经成为决定性因素,创新国和一般发达国家为进一步降低生产成本,开始大量地在发展中国家投资建厂,再将产品远销至别国和第三国市场。

### 三、产品营销策略,基于产品生命周期

产品在不同阶段具有不同的特点,根据市场的变化和需求,在不同的阶段采取不同的营销策略[①]。

1. 投入期的营销策略。企业应该迅速做出营销战略,尽快占领市场份额,包括:快速占领市场策略,即采取低价促销的方式促进产品的销售、使其获得较高的市场份额,要求企业产品有广阔的市场潜力和引起消费者青睐,同时可以实施规模生产;缓慢占领市场策略,即企业用高价促销的方式来推销产品,期望收获更多的利润。要求该企业产品能够有效弥补市场的不足,并且该产品在市场上几乎没有强劲的竞争对手[②]。

---

①赵蕾.浅谈产品生命周期与营销策略的关系[J].中国经贸导刊,2015(23):76—77.

②谢质彬,武林,宫勇.基于产品生命周期理论的系统化产品研发策略研究[J].宁波大学学报(理工版),2015(2):114—118.

2. 成长期的营销策略。在该阶段,巩固并逐步提高市场份额,获得较多利润是企业的主要任务。包括:降价促销,即抓住机会,瞅准时机,开始降价攻略,以此来吸引顾客,刺激消费者的购买欲望;开拓其他市场,即当该地区的产品在市场上达到一个相对饱和的状态时,要努力积极地开拓其他市场,寻求新的商机,促进产品发展;改进产品质量和服务,即了解消费者心理,开发符合他们意愿的新产品,同时提供良好的售后服务①。

3. 成熟期的营销策略。。在这一阶段,企业主要是继续巩固已有的市场份额,并通过各种办法延长该产品的成熟期,从而获得较高的利润。包括:改进市场策略,即企业通过开拓其他海外市场或者增加产品用途等方式来增强产品的市场适应力,从而增强竞争力,吸引更多的消费人群,增加销售量;改进产品策略,即企业通过提高产品质量,增加产品科技含量的方式,来扩大市场份额,增加销售额,获取较高利润。

4. 衰退期的营销策略。在该阶段中,维持旧产品,抓住新产品才是企业的明智之举。包括:抛弃策略,即抛弃毫无价值的旧产品,利用有用的资源投入到新产品的开发,促进新产品的发展,以维持企业生计;保持策略,即保持仍有价值的旧产品,减缓其退出市场的时间,同时使用最有力的资源来开发新产品。

## 第三节　人类学与产品设计

随着整个社会经济、文化、科技的快速发展,人们内心对物质需求的渴望不断激增。由于人们的认知程度有限,许多消费者很难清楚地了解自己到底想要什么样的产品,或者是什么样的东西才能激起自己的购买欲②。而人类学家善于发现消费者内心的产品需求,而消费者自身往往并不清楚这一点。因此,为了保持企业的平稳发展,其新产品的设计过程必须要有人类学家的参与③。

### 一、产品设计的人类学思路

产品设计是设计者将艺术、功能、科学三者结合起来,对产品的造型、结构、

---

①秦敬民. 产品成长期的营销策略[J]. 中国供销商情投资与营销, 2005(1):46—47.
②焦健. 产品设计定位的可行性因素研究[D]. 北京:北京理工大学, 2015.
③田广, 朱腾腾. 产品设计的工商人类学路径[J]. 青海民族研究, 2014(1):7—11.

技术等方面进行综合性设计和生产,制造出符合人们生活要求、经济、美观的产品①,包括新产品设计以及对现有产品的改良。产品设计不仅是工程学意义上概念和物化的机械过程,更是人类学意义上创造和创新的文化过程②。产品设计的人类学研究与消费习惯的研究并不一样,消费者研究主要了解产品是否适合最终用户、需做出哪些改进,而人类行为的研究则更多地是为了研究公司应该做哪些更具前景的业务,并以此来决定应该设计什么,或不设计什么③。

人类学经过多年发展,在人的生物性和文化性研究上取得了丰硕成果,并对产品设计艺术的发展起到了积极的推进作用。在人的生物性层面,体质人类学的研究,奠定了有关产品设计的人机工程学基础;在人的文化性层面,文化人类学的研究,促成了产品设计中形式依随功能、产品语义学等理论的产生和发展④。正因如此,越来越多的设计者把企业人类学研究及其成果看成一种资产⑤。在设计行业中,企业人类学方法,旨在研究最适合新产品探索、设计和开发的过程⑥。

人类学家对设计具有系统的理论化解释,其具体分支——设计人类学,不仅是一系列方法步骤或民族志方法的运用,更提供了评估技术角色的框架⑦。它在保持美学设计重要性的同时,强调了设计师对用户行为的洞察。其任务不仅仅是指出其美学意义上的独特性,更重要的是,首先需找出用户需求的核心价值和行为习惯。由于全球化和人口结构的改变,单一产品或服务被某些个体和团体所排斥,难以满足个性化和多样化需求,因此,我们的产品设计应

---

①袁超.产品设计与文化策略[J].江南大学学报(人文社会科学版),2006(5):126—128.

②张继焦.企业人类学关注什么[J].管理学家,2012(12):28—31.

③张继焦.企业人类学的实证与应用研究[J].云南民族大学学报(哲学社会科学版),2009(1):15—21.

④李天白.人类学视野下的设计研究——设计艺术中的田野调查原则及其意义[J].艺术与设计(理论),2009(5):5—7.

⑤Wasson,Christina. Ethnography in the Field of Design [J]. Human Organization, 2000 (5):377-388.

⑥Mariampolski H. Ethnography for Marketers: A Guide to ConsumerImmersion Sage Publications [M].California:Inc Thousand Oaks,2006:38-43.

⑦Graffam,Gray.Design Anthropology Meets Marketing[J].Anthropologica,2010(1):155-164.

当体现个性化和多样化①。人类学家的民族志研究,能够发掘最终用户的多样化需求和产品使用的独特方式,从而给设计者提供极具价值的建议。如东京银座街头追求时髦的年轻人将翻盖手机如同夹子一般插在裤带上,提醒设计者有必要注重手机外壳的时尚;而在韩国,当地人对于细菌的极度畏惧使得很多手机商家专门备有消毒剂和喷雾剂来保持手机的清洁,这也可能提醒他们谨慎选择手机的材质②。

　　人类学家善于分析和应用与消费有关的社会和文化环境,强调文化因素对产品设计的影响。优秀的设计者在设计商品时必须考虑不同文化背景的差异③,如中国人喜欢红色,红色代表吉祥、喜庆和幸福,但在西欧国家,红色则意味着暴力和激进。因此,人类学家会提醒设计者,必须针对目标市场的实际情况进行技术调整,不可采取同质化假设。又如,手机阴历查询专为中国人而设计,但在其他国家则是不必要的。与此类似,马来西亚人用手机寻找麦加的方位,手机成为连接宗教和心灵的一种工具,而在其他国家,手机却没有这项功能。由此可见,社会和文化因素对产品设计有重要影响,甚至能决定一种设计能否投产④。

　　人类学家苏珊·斯夸尔斯(Susan Squires)对人类学的研究思路和方法进行了详细概括。她指出:人类学中高效的民族志研究方法能够在产品开发中发挥巨大作用⑤。也有学者认为,企业人类学家必须通过民族志研究,来帮助设计人员认识到性别等因素对技术使用的影响。

---

①Weller,Birgit.Diversity Needs Universal Design[J].Design for All Institute of India,2009(7):13-22.

②田广, 邵欢. 产品设计与企业人类学[J]. 杭州师范大学学报(社会科学版),2014(4):83—89.

③王沈策, 吴寒, 陈宪涛. 感性设计中的文化差异性分析[J]. 艺海, 2008(3):110—111.

④田广,周大鸣.工商人类学通论[M].北京:中国财政经济出版社,2013:353.

⑤Squires,Susan.Doing the Work:Customer Research in theProduct Development and Design Industry[C]. Squires S.,Bryan Byrne.Creating Breakthrough Ideas:The Collaboration of Anthropologists and Designers in the Product Development Indus-try. Westport, CT:Greenwood Publishing Group, 2002:103-124.

## 二、人类学在产品设计中的应用原则

### （一）主位法原则

在产品设计过程中坚持"主位法"原则。在人类学研究中，主位和客位这两个术语，主要用来指"对于文化表现的不同理解角度"。所谓主位研究，就是研究者不是凭自己的主观认识，而是尽可能地从被研究者的视角去理解文化，要求研究者对被研究对象有深入了解，熟悉他们的知识体系、分类系统，明确他们的概念、话语及意义。通过深入的参与观察，以被研究者对事物的认识和观点来整理和分析社会与文化现象。而客位研究，则指研究者以文化外来观察者的角度去理解文化，以科学家的标准，对其被研究对象的行为原因和结果进行解释，用比较的、历史的观点看待民族志提供的材料。主位法原则在研究理论和方法上，要求研究者具有较为系统的知识，并能够联系研究对象的实际材料进行相关应用①。

主位研究在人类学研究中已成为主流。人类学家在田野工作和民族志写作过程中，必须注意本位术语和观念的应用。在产品设计前期研究中，应用主位方法的优点在于其能够详尽地描述新产品使用者文化的各个环节，并能克服由于设计者的文化差异造成的理解偏差。

在产品设计中坚持主位法原则，要求设计人员与人类学家紧密配合，认真对待不同社会阶层对产品使用的偏好，尊重不同社会阶层人群的价值观和审美趣味，针对不同的细分市场进行产品设计，使产品设计流程更能满足多元化和分层次的社会需求。此外，也要关注在"多元一体"的民族格局中，如何尊重少数民族消费者的文化价值和生活习惯等问题，使产品设计思路能够针对不同的消费群体进行具体调整，以满足少数民族消费者的需求。

坚持主位法原则还要求产品设计人员与人类学家协作，把握好产品设计中的民族化与国际化的关系，努力做到在产品设计发展中保持清醒的国家意识和民族意识，同时也应具有全球化视野，在走向全球化的势态中，发展和创建具有民族特色的产品设计工艺流程②。

---

① 〔美〕帕梯·J·皮尔托，格丽特尔·H·皮尔托.人类学中的主位和客位研究法[J].胡燕子译.民族译丛,1991(4):20—28.

② 李砚祖.设计的"民族化"与全球化视野[J].设计艺术,2006(2):10—11.

（二）符合人文关怀的价值判断

人类学家的研究表明,随着社会的进步和生活水平的提高,人们对一个产品的要求不再仅仅满足于其使用价值,而是越来越注重产品的情感价值、美学价值、个性化价值等附加价值。换言之,当代消费者对产品的人性化需求越来越高,人性化设计越来越受到重视。因此,从人类学的角度来看,产品设计中的人性化要求,不仅具有理论意义,而且也具有十分重要的实践意义①。

产品设计在于满足消费者的不同需求,因而不同的消费需求成为产品设计的原动力。需求不断推动设计向前发展,并影响和制约产品设计的内容和方式。美国行为科学家亚伯拉罕·马斯洛(Abraham H.Maslow)的"需求层次论"揭示了设计人性化的实质。马斯洛将人类需求从低到高分成五个层次,即生理需求、安全需求、社会需求(归属与爱情)、尊敬需求和自我实现需求。马斯洛认为上述需求的五个层次是逐级上升的,当下级的需求获得相对满足以后,上一级需求才会产生,再要求得到满足②。产品设计和发展过程中由简单实用到除实用之外蕴含各种精神文化因素的人性化走向,正是这种需求层次逐级上升的反映。产品设计在满足人类高级的精神需求及协调情感方面所发挥的作用,是毋庸置疑的。因而设计中,人性化因素的注入,并非设计人员心血来潮,而是人类需要对设计的内在要求。

人类学研究的是人类文化,且以对异文化的研究见长。而人类学基于人文关怀和理解的理论,更是其他学科了解和尊重异文化的基础。在人类学的视野下,人们的一切行为都是在一定的文化范围内发生的,包括在产品的使用上,一切产品都是为人而设计的。从设计的本质来说,在产品设计过程中,任何观念的形成,均需以人为基本出发点。若设计师过分重视物与物的关系而忽略了物与人的关系,则产品设计就会迷失方向。因此在产品设计流程中,必须要建立一种具有人文关怀的价值判断体系。在此,人类学关于人文关怀的理念和民族志研究方法,恰恰能够非常好地帮助到设计人员,使产品设计者更好地认识最终用户的需求,从人与人的关系角度及人与文化的角度,更好地理

---

①Mc Donough, W. , Braungart, M.Cradle to Cradle:Remakingthe Way We Make Things[M]. NY: North PointPress,2002:33-120.

②Maslow, Abraham. A Theory of Human Motivation [J]. Psychological Review, 1943(50): 370-396.

解人们的需求,在产品设计流程中添加人文关怀的要素。

随着现代电子技术的发展,科学技术为多功能产品设计提供了动力,而多功能设计却同人文关怀结下了不解之缘。设计师在设计产品时,自然需要考虑产品的功能,但若抛开人文关怀而进行设计,其所设计的产品必然刻板①。所以,当下饶有趣味和冷嘲热讽般极具幽默感的产品设计,正在挑战多年以来的功能主义,人类学家所倡导的人文关怀,在其中起着一定的作用。在人类学家看来,产品设计的最终目的就是要将产品与人的关系形态化,因为产品的效能只有通过人的使用才能发挥作用,而人能否适应并正确、有效地使用产品,完全取决于设计者能否通过对人机工程学的运用,设计出与人的身心相匹配的产品。换言之,设计者只有充分掌握人机工程学知识,并在包括人类学家等社会科学家的帮助下,进行全面、深入、细致的理解和研究,方能在产品设计中做到以人为本,从而使其产品更富人性化,更能满足使用者的需求。

我们当今所面临的时代,是一个充满着竞争和挑战的时代,社会与环境带给人们的生活压力、工作压力、精神压力无处不在。在这样的环境里,日常生活中所欣赏和使用的物品更需要具有亲和力,在使人感到方便舒适的同时,也能使其得到放松。因此,在进行产品的形态设计时,设计人员必须通过产品反映出丰富的文化内涵、强烈的时代特征和现代的审美情趣。用人类学思索的眼光审视当今的产品设计,不难发现在产品设计和发展多元化的时代,消费者在不断地呼唤情感,寻找人文关怀。在科学技术革命的强大声势下,在产品不断改变着社会和人们生活的情况下,设计者应毫不犹豫地借助于现代文明巨澜所发出的能量,将设计触角伸向人的心灵最深处,沉着冷静地应对各种复杂而具体的问题,让无生命的产品打上人类精神意识的烙印,让人文关怀实实在在地体现于产品之中,使消费者深刻而具体地感受到人文关怀②。人类学的研究表明,在产品设计过程中,从人文关怀的理念出发,设计人员必须重视对设计思路的开拓、对情感设计的探索和对身体及体验设计的关注。杰夫瑞·帕

---

① 夏艳生. 工业设计中的文化思考[J]. 内江科技, 2006(5):128.
② 蹇兴. 产品设计与人文关怀之探索[J]. 成都理工大学学报, 2004(4):65—67.

森斯①（Jeffrey Parsons）认为，设计思路就是设计人员的认知过程。

### 三、民族志研究方法在产品设计中的应用

人类学在长期发展中形成了一套独特研究方法，即民族志田野调查研究体系，并逐步成为产品设计研究学习借鉴的样板。民族志是一种以参与观察、深入访谈为主体的研究方法，强调在自然状态下观察人类行为。工商人类学家通过民族志研究，能准确记录判断消费者偏好，并通过观察用户反应，帮助管理者、营销人员和设计者在市场变化前预见变化②。由美国专业设计协会（AIGA）研发出的民族志模式，力图通过理解人类文化变迁及其对人类行为的影响，来指导创新设计，提出杰出的设计应为人而设计的理念。通过搜集现实生活故事、进行互动性的参与式观察，民族志研究者可帮助设计者深刻认识消费者需求与产品设计间的相互关系③。

参与观察是民族志调查中对特定人群行为研究的一条重要原则，自20世纪60年代末，布罗尼斯拉夫·马林诺夫斯基（Bronislaw Malinowski）首次提出了这条原则后，参与观察便成了民族志田野调查的重要标志，也是收集第一手资料的最基本方法。它要求研究者不能只是静态地观察、记录和描述事物的表面现象，而要以特定角色，介入到实地日常生活中，动态地观察、体验所要研究群体的行为方式和价值观。

在传统的产品设计实践中，设计者常常用问卷进行前期调研，这种静态式的问卷调查往往并不能满足设计者的需要，因为提问与选择项的设计往往有主观随意性而并不切合实地研究对象的实际，且被调查者所给出的答案容易流于表面化，无法深入地了解到人们虽无意识但却普遍遵循的法则与价值观④。而动态式的民族志参与观察，正好弥补了问卷调查的某些缺陷，使设计者能够在更深的层面上，真实地了解到人们的生活细节、行为方式、文化需求和价值观，为产品的研发提供准确依据。

---

①Yaramreddy S，Knight K，Kona N R，et al.Designing Information as a By-Product［J］.Tackling Society's Grand Challenges with Design Science，2016：233.

②Cagan，Jonathan and Craig M. Vogel. Creating Breakthrough Products：Innovation from Product Planning to Program Approval［M］.Upper Saddle River，NJ：FT Press，2001：17—21.

③Graffam，Gray，"Design Anthropology Meets Marketing"［J］.Journal of Anthropologica，2010（1）：155-164.

④李心峰.艺术学研究"田野方法"随感［J］.民族艺术，2002（1）：9—17

　　事实上,在产品设计中应用民族志的方法进行前期调研已成为一种趋势。例如,由于通讯环境的快速改变,固定电话已被多种互动渠道所替代,通讯设备公司必须不断开发或改良产品以迎合消费者需求。瑞士最大电信运营商——瑞士通讯公司,其内部的工商人类学家,通过民族志研究,建议公司对通讯渠道进行重新定位。他们研究发现,人们对多样化的通讯工具似乎并未感到不堪重负,相反,各种通讯工具被区分对待并加以使用,且人们愿意为每个特定情境选择最优的媒体工具。显然,这类研究成果对设计者和新产品策划者而言,非常有价值①。

　　设计人类学家的工作在项目中展开,旨在寻找原型设计的改进方案,通过调查产品是怎样、何时、为什么、为谁,通过谁被使用,来帮助设计者理解人们使用技术的潜在动机。通常,设计者在产品开发的初始阶段更加需要民族志信息②。民族志与产品设计的关系主要体现在:民族志帮助设计者更好地理解消费者对产品的使用预期,进而不断改进设计;民族志告诉设计者如何避免将其世界观强加于消费者;对潜在消费者的观察研究有助于改善产品设计,即使目标市场尚未识别,设计者仍可进行技术创新;消费者技术使用的体验,会受到环境的影响;设计者需对消费者的工作有较为全面的了解;此外,设计者应避免仅仅纠结于解决某个单项任务或某单一使用者,而应更注重彼此之间的相互影响③。

　　民族志方法研究人类与文化之间的复杂联系,帮助设计者放下偏见,从他者的角度观察世界。民族志是一个系统的研究过程,研究者在正式和非正式观察中形成有价值的想法,并对系统收集的材料进行严密分析,最终提出独到的观点。如同专业设计者一样,专业民族志学者通常对理论框架结构、研究过程和工具有明确的认识,这使得他们更有效率和更具创造性。民族志方法可用于研究人们怎样看待世界、生活及文化内涵。例如,人们在生活中必须经历

---

　　①②Squires,Susan."Doing the Work:Customer Research in the Product Development and Design Industry,"In Squires S.and Bryan Byrne(Eds.),"Creating Breakthrough Ideas:The Collaboration of Anthropologists and Designers in the Product Development Industry,"Westport,CT:Greenwood Publishing Group,2002:103-124.

　　③Blomberg, J. J. Giacomi, A. Mosher, and P. Swenton-Wall. Ethnographic field methods and their relation to design[M]. In Schuler, Douglas and Aki Namioka (Eds.), "Participatory Design: Principles and Practices," Mahwah, NJ: Lawrence Erlbaum Associates, 1993:123-153.

各种大型的、公众的、小型的和私人的活动。经验丰富的民族志学者,通过研究人们在不同活动中所使用的产品,从而帮助设计者更好地了解不同环境下的消费偏好。

人类的行为具有文化导向又受制于文化。民族志研究发现,文化规范对观念有塑造作用。例如,强调体型的文化会使得人们通过各种方式突出体型,而其他文化却对此加以忽视。此外,颜色所扮演的角色也会因文化差异而相差巨大。由此可见,文化规范对产品设计有强烈的影响。正源于此,通过观察不同消费者群的不同装饰风格,工商人类学家便能确认消费者的自我定位,进而有针对性地指导产品设计①。

对民族志方法的广泛应用,使设计流程更适应全球市场。工商人类学家与民族志相关的工作,能够帮助设计者、工程师和市场营销人员学习产品、技术及交流信息如何在全世界范围内流动。当前,品牌化、体验设计和购买点等元素不再是孤立的、地方性的,而是日益全球化的。分析比较全球各地不同的体验需求与运作模式,对产品设计者来说越来越重要,即便是对相同的产品和服务也不例外。通过对当地人品味偏好的仔细调查,设计者可发掘出消费者对新产品功能和特性上的特殊需求。只有依据消费者的需求来设计,才能使设计产品既有全球性,又与地方高度相关②。

工商人类学家的研究表明,人们的言行往往并非一致,人们对自己行为的自我感觉与人们的实际行为存在差异。民族志研究则能够突出这种差异,例如,也许有人认为他们的饮食方式健康,然而事实并非如此。观察人们的行为,能帮助管理者和设计者掌握更多关于人们如何选择,如何感知以及如何行为的信息,而这些信息恰恰蕴含着重要的设计内涵。

通过民族志的相关调查工作,人类学家能获知小群体的本质特性,而非大群体的表面数据。在与设计者合作解决复杂问题时,人类学家并非简单列出事实,而是以讲述故事的方式告诉合作者发生了什么及应该怎么办。

---

① 田广,周大鸣.工商人类学通论[M].北京:中国财政经济出版社,2013:401—426.
② Wasson, Christina. Ethnography in the field of design[J]. Human Organization, 2000(5):377-388.

## 第四节 人类学应用于产品设计的基本路径

新产品设计和开发是企业在激烈的市场竞争中战胜对手,并获得发展的一个重要途径。对新产品概念和潜力的正确评估促使新产品开发的过程更加顺畅。工商人类学家以民族志为特征的研究方法,可以为专业设计师提供更好的设计思路从而提高设计师的设计效率,专业设计师已迅速地意识到工商人类学在设计过程中的有效性和重要性。伴随着人类经济社会的发展,产品设计的实践越来越依赖于各学科之间的合作,且绝大多数设计需综合分析研究①。

**一、产品设计及其过程**

产品设计是产品更新的关键步骤,合理的设计战略可提高公司运营能力和盈利水平,促进公司与国际市场沟通,彰显公司目标、文化面貌。人类学经过多年的发展,在人的生物性和文化性研究上取得了丰硕成果,并对产品设计艺术的发展起到了积极推进作用。因此,在产品开发过程中,突破性地运用工商人类学理念,已成为产品设计行业的新模式和新趋势。当前产业设计中所遇到的挑战,为工商人类学家参与设计提供了机会。工商人类学家可通过民族志研究,以消费者需求为出发点,为产品设计者提出具体而有效的建议②。

产品设计实际上就是新方案决策的互动过程,可划分为多个步骤,包括管理、建造和顾客反应三个子过程③:

1. 管理。管理子过程包含对需求的识别、提出问题和构想、初评估、设计决定和评估改良等多个步骤。管理者控制整个过程,通过市场考察识别需求信息,对设计方案进行初始筛选,推动设计进度,直至正式投产。管理者要求设计者对设计构想给出合理的解释并加以检验。设计者应列出所有可能的解决方案及各方案的关键点,并与管理者讨论利弊,按标准(技术和常识上)对每

①田广,朱腾腾.产品设计的工商人类学路径[J].青海民族研究,2014(1):7—11.

②田广,邵欢.产品设计与企业人类学[J].杭州师范大学学报社会科学版,2014(4):83—89.

③Urban,Glenand J.H. Hauser. Design and Marketing of New Products[M]. Englewood, NJ: Pretince- Hall, 1980:127—138.

个方案加以分析评估。管理者拥有更多的需求识别信息,能帮助设计者清晰地理解关键问题及度量标准,还可以提高决策方案评估和改良的有效性[1]。

2. 建造。建造子过程是指设计者从技术上详细设计和开发产品的过程。设计者需要依次经过实施调查、设计细节和标准分析,制作原型及装配产品并测试,最终发布产品。实施调查使产品设计与变化的客户需求始终保持一致。设计者完成调查问卷,对已搜集的信息分门别类,理清设计与需求之间的关系。根据搜集信息,按模型和规格设计细节,设计模型和规格建立在体验、研究、市场调查以及消费者消费偏好的基础之上[2]。产品原型通过精确的示意图,向人们完美地呈现设计理念。然后,设计者对零部件进行装配和测试。最后进行产品发布,通常是展示商品设计理念的过程,有时也会设法让顾客自行发掘产品的功能,产品发布对产品的长期发展十分关键[3]。

3. 顾客反应。顾客反应子过程旨在探索顾客对现有产品的替代或改良做出的反应。通过感觉系统而获知的设计信息,融合着顾客对品牌在概念上的理解与认识,而设计信号可以被形象化感知并影响消费者品牌概念的形成[4]。

首先,设计构想应来源于消费者,以解决消费者问题为导向,创造性地提出超越市场潜力的方案[5]。其次,不同的消费者对设计有着不同的需求,因此,产品设计的目标市场要更为集中。为满足特定消费者的特定需求,公司需开发更多专门适用于小规模消费群体的产品[6]。因此,设计过程的重心是对消费者的理解。设计者围绕消费者认识、知觉、偏爱等来建立消费者模型,认识是建立模型的基础。知觉,可以用来预测消费者行为以及目标的消费群体购买新产品的几率。偏爱决定消费者如何利用知觉去评估商品。最终,对商品的不同评估结果可用来确定最佳设计方案。

---

①田广,周大鸣. 工商人类学通论[M].北京:中国财政经济出版社,2013:401—426.

②Girotra, Karan, Christian Terwiesch, and Karl T. Ulrich. Valuing R&D Projects in a Portfolio: Evidence from the Pharmaceutical Industry[J]. Management Science, 2007(9):1452–1466.

③Cooper, Robert G. Perspective: The Stage Gate Idea to Launch Process–Update, What's New and NexGen System[J]. Journal of Product Innovation Management, 2008(3):300–318.

④Kreuzbauer, Robert & Alan J. Malter. Product Design Perception and Brand Categorization[J]. Advances in Consumer Research, 2007(34): 240–245.

⑤田广, 邵欢. 产品设计与企业人类学[J]. 杭州师范大学学报社会科学版, 2014(4):83—89.

⑥Urban, Glen and J.H. Hauser.Design and Marketing of New Products[M]. Englewood, NJ: Pretince- Hall, 1993:476–493.

　　上述设计过程并非适用于全部设计者或者全部过程。有时,设计者可能在设计中展现自身风格;公司为缩短产品开发时耗,会使设计过程更流线型化,并同步数个环节。产品设计是持续发展的过程,变化的工艺技术和移动的目标市场都要求更加灵活的方案①。在此过程中,对人物角色或形象的研究,则是工商人类学家的一大专长。他们通过深入的、情景关联的民族志研究,以消费者"原型"代替真实消费者。而每个"原型"角色都代表一群广泛个体,表现出相似的需求、挫折、欲望、动机和行为。因此,在对人物角色或形象的研究中,可应用民族志方法模拟一定背景下特定目标市场的情景②。

　　**二、将民族志研究融入设计过程之中**

　　两个以上的个体或组织通过合作,可更好地完成那些难以独立完成的任务,合作者应意识到相互依赖是实现共同目标的必要条件③。设计师查克·莱因巴克(Chuck Leinbach)④认为,设计者必须调整组织架构、专业假设以及管理流程等事项,以加强设计者与人类学家的合作。以其自身与罗恩·西尔斯(Ron Sears)的合作为例,说明产品设计开发,如何从设计者与人类学家的合作中受益⑤。

　　商业环境和管理策略的迅速转换,推动着设计者与社会科学家的合作,尤其是人类学家、社会学家和心理学家。正如斯夸尔斯所述,由于此类合作设计者们已经开始使用"语境"一词来描述影响个体行为、视角和偏好的生理与社

---

①Cagan, Jonathan and Craig M. Vogel. Creating Breakthrough Products: Innovation from Product Planning to Program Approval[M]. Upper Saddle River, NJ: FT Press, 2001:17-21.

②Cooper, Alan, Robert Reimannand Dave Cronin. About Face 3: The Essentials of Interaction Design[M]. Indianapolis: Wiley Publishing Inc, 2007:53-60.

③田广, 朱腾腾. 产品设计的工商人类学路径[J]. 青海民族研究, 2014(1):7—11.

④Uhl, S. C. and S. E. Squires. Enhancing Systemic Change Through Effective Collaboration: A Formative Perspective and Approach[J]. Washington, D.C: American Anthropological Association, 1995:22-110.

⑤Leinbach, Charles. "Managing for Breakthroughs: A View from Industrial Design,"In Squires, S. and Bryan Byrne (Eds.), "Creating Breakthrough Ideas: The Collaboration of Anthropologists and Designers in the Product Development Industry,"Westport, CT: Greenwood Publishing Group, 2002:3-16.

会因素,并充分认识到产品设计与消费者文化之间的密切联系①。通过快速的民族志分析法,可获知掩盖在价值观之下的文化潮流和社会准则,从而为文化创新设计提供了可能和方便②。

现代商业社会高度推荐并充分肯定跨领域团队和跨功能工作小组的合作模式,促成设计者、管理者、工程师和工商人类学家合作并非难事,但使每个参与者都能精通工商人类学的研究和分析方法,却任务艰巨。当工商人类学家帮助管理者和设计者学会如何从"熟悉"的内容中发现"奇异"时,新产品设计和开发就会跨越到完全不同的情形③。因此,合作中将民族志研究及其成果融入设计过程,就显得尤为重要。在这个过程中应特别注意以下几个方面④:

1. 定义问题。只有深刻理解问题,才能提出更优方案。理解人们如何使用产品,并运用这些信息去解决特定问题,有助于提出好的设计建议⑤。

2. 寻找人群。寻找最符合所关注问题的个体,可以是实际使用产品的人,也可以是影响他者的人。当然,还应考虑人群所处的特定文化环境和地理位置。

3. 收集数据。数据收集是执行调查研究的实际过程。人们的态度、特殊习惯、生活常用词汇及集体动态细节等,都可能成为具有价值的研究线索。工商人类学所谓的观察,通常包括慢速观察和细致观察。通过照相、视频、录音、手写记录或画示意图等手段记录观察到的现象。

4. 数据与情境分析。民族志学者力图深刻地理解情景和文化,并从随机

①Squires, S. and Byrne, B. "Introduction: The Growing Partnership between Research and Design," In Squires, S. and Bryan Byrne (Eds.), "Creating Breakthrough Ideas: The Collaboration of Anthropologists and Designers in the Product Development Industry," Westport, CT: Greenwood Publishing Group, 2002:6111-6512.

②Kelly, T. The Art of Innovation: Lessons in Creativity from Ideo, American Leading Design Firm [M]. New York:Doubleday, 2001:227-258.

③Sherry, John F. Jr. "Forword: Ethnography, Design, and Customer Experience: An Anthropologist's Sense of It All," In Squires, S. and Bryan Byrne (Eds.), "Creating Breakthrough Ideas: The Collaboration of Anthropologists and Designers in the Product Development Industry," Westport, CT: Greenwood Publishing Group, 2002:511-561

④田广. 企业家研究的人类学模式与路径[J]. 北方民族大学学报, 2015(3):88—97.

⑤Graffam, G. "Design Anthropology Meets Marketing"[J]. Journal of Anthropologica, 2010(1):155-164.

观测中提炼出明显且深刻的观点。数据和情景分析非常耗时,一旦完成分析,研究团队需公布调查结果,并制定评估标准,为下一步做准备。

5. 分享见解。研究人员通常会以讲述故事和信息构思的方式分享民族志调查研究的结果,以传达研究价值及新产品设计生产的可行性。引人注目的视觉化信息,更能激发设计者的兴趣和灵感,并吸引消费者参与体验设计①。

### 三、产品设计新思路

人类学家的研究表明,在产品设计过程中,从人文关怀的理念出发,设计人员必须重视对设计思路的开拓、对情感设计的探索和对身体及体验设计的关注②。

以用户为中心、以工作为导向。以交互流程为设计的中心目标所谓交互设计,就是用户与应用程序和产品进行相互操作。交互设计原则上以交互流程作为中心目标。交互设计的出现早于网络,源起人际交互的延伸。事实上,交互设计是一门艺术学科类的设计,交互设计者对应用性有较强的敏感性和识别力,从而能创作出优质的 Flash 片段、动画、平面造型设计、数据库编程或 HTML 语言。

增强产品的审美性。以信息产业平面造型设计为例,比较强调养眼或看上去有美感的特性。类似于用户界面设计,雅虎设计人员常常称其为"视觉设计"。设计者完成网架后,通过对设计对象形象生动的处理,以增强交互设计的审美性。

在设计中要注重情感设计。情感设计主要用于实用性领域的产品设计,涉及特定的社交、情景、个人和私密性的用户体验。作为边缘领域,情感设计的用户研究来源于对用户体验的调查。比如 iPhone 用户会用"ooooh,ahhhhs"来表达"我告诉你"之意。情感设计需考虑消费者在使用产品时可能会受到的环境影响。

注意身体设计的特征。所谓身体设计主要指影响拟人化过程的设计,包括社交和身体的情境体验。用户体验设计为体验设计技术作了完整性的补充,特别是在设计网页或者网络应用程序方面。体验设计具备普遍的伞形结

①Wolcott H F. Ethnography lessons:A primer[M]. London:Routledge.2016:33.

②田广. 企业家研究的人类学模式与路径[J]. 北方民族大学学报, 2015(3):88—97.

构,随着体验性议程的推进,它已渗透到所有设计决策当中。例如,星巴克体验设计者曾考虑通过提高零售和公共空间的忠诚度(眷恋的感觉、舒适度和个性化),生产率(学习、探索、浏览)来获取更高利润。体验设计不但考虑社会环境和周围现象,也利用了在特定环境里用户的感觉、感知和直觉①。

# 本章小结

在现代工商世界中,消费者占据的地位越来越重要。以消费者为对象的产品设计必须要满足消费者的需求,否则设计出的产品必然是失败的,其产品设计流程也是无效的。这就要求产品设计者必须十分了解消费者本身的消费文化,包括消费理念、行为习惯等。由于人类学家的参与,产品设计的创新也已经从功能与形式的创新,进一步延伸到了生活方式和文化的创新。

在不同的领域,新产品具有不同的概念界定,包括进入新市场、使用新技术、获得新功能等都是新产品。开发新产品是企业获取高额利润的必要途径,人类学家认为,消费者使用产品和购买产品时的无意识的反应,是企业开发新产品的重要信息,因为反应在一定程度上表现了消费者对产品的满意程度以及内心诉求。体验营销在人类学家眼中是一种极其有效的营销方式,它可以通过改变消费者的固有感知以及消费习惯来提升销量。

对产品开发及设计的研究,必然涉及对产品生命周期的研究。典型的产品生命周期一般可分为四个阶段,即导入期、成长期、成熟期和衰退期。在产品生命周期的不同阶段制定不同的营销策略,有利于企业在市场竞争中处于主动的地位。人类学视角下的产品设计强调了设计师对用户行为的观察,目的在于找出用户需求的核心价值和行为习惯,并要遵循主位法以及符合人文关怀的价值判断等人类学原则。民族志田野观察在产品设计中的应用,帮助设计者更好地理解消费者对产品的使用预期、告诉设计者如何避免将其世界观强加于消费者、帮助设计者放下偏见。

人类学家认为,产品设计可包括管理、建造和顾客反应三个子过程。将民族志研究融入设计过程之中,需要注意几个方面的内容,包括定义问题、寻找

---

①田广,周大鸣.工商人类学通论[M].北京:中国财政经济出版.2013:424—427.

人群、收集数据、数据与情境分析、分享见解。从人的角度来看产品设计,其新思路应该包括:以用户为中心、以工作为导向,以交互流程为设计的中心目标、增强产品的审美性,在设计中要注重情感设计,注意身体设计的特征四个方面。

　　总之,人类学所涉及的领域十分广泛,在产品设计方面也起到十分重要的作用。由产品设计的人类学分析,可看出单一学科已无法解决现实生活中的诸多问题,必须从跨学科、跨领域的视角来看待问题以及解决问题,为社会的全面发展做出贡献。

〔案例链接〕

碌曲郎木寺镇藏族文化与旅游产品互动①

　　一、郎木寺镇概况

　　郎木寺镇地处青藏高原东部边缘,在甘肃省和四川省的交界,国道线贯穿全境,是甘南藏族自治州碌曲县下辖的一个高原小镇。郎木寺镇以白龙江为对称轴,分别由甘肃和四川两省管辖。

　　"郎木寺"既是小镇名称,也是寺院名称。郎木寺镇是以地名和寺名合二为一命名的,这在藏区极为少见。郎木寺全名叫"德合仓郎木",意即"虎穴中的仙女"。有三种传说:一是相传这里曾是一片茂密的原始森林,虎狼栖息之穴随处可见。据《安多政教史》一记载,从前这里确有老虎之穴,常有虎狼出没,加之山神妖魔作祟,危及众生,莲花生大师在此降妖伏魔。最早开启这处圣地之门者为东科·云丹嘉措,认为此处乃二十四圣地之一,吉祥天母显现居住,故而得名"德合仓郎木"。二是相传古时这里有猛虎出没,伤及村民,佛祖派下一仙女将其降服,随后仙女变为洞中钟乳石守护这里一方平安,由此得名。三是在格尔登寺后峡谷处有一洞穴,藏语叫"德合仓",洞中有岩石酷似亭亭玉立的仙女。仙女藏语叫"郎木"或"纳摩",此地即得此名。现在此洞仍存

_____

①案例改编自:周恬羽.民族旅游目的地民族文化与旅游产品互动研究——基于甘南藏族自治州郎木寺镇案例[D].兰州:兰州大学.2011.

在,在洞中深处有一仙女石果然像少女。

郎木寺镇古称"南番中心",素有"东方小瑞士""甘南香巴拉"之美誉,又有"德合仓郎木"天然石洞及"德合仓郎木赛赤"寺院而蜚声中外。2005年3月,被甘肃省政府批准为省级风景名胜区,2005年10月,在中央电视台组织的"中国魅力名镇"评选活动中,郎木寺镇凭借其博大精深的藏族文化、淳朴独特的藏族风情和优美和谐的自然风光,走进了"2005年中国魅力名镇"前20名,也是西北五省区唯一入围全国前20名的"魅力名镇"。2006年,郎木寺镇被评为国家级旅游景区,同年被甘肃省批准为历史文化名镇。如今的郎木寺镇依然是法鼓之声相和、螺号之声相传,以优美和谐的自然风光、博大精深的藏传佛教文化、独特的民俗民风显示着非凡的魅力。

(一)郎木寺镇旅游资源概况

郎木寺镇为峡谷盆地,四周群山环拱,既有草滩、森林,又有峡谷、石林,是野生动物绝佳的栖息地。郎木寺镇又是黄河水系和长江水系的分水岭,白龙江穿流而过,植被完好,牧草丰茂,草质优良,属纯牧区。小镇东山上有一块巨大的红色沙石高耸而出,远望如僧人头上的僧帽,因此叫做"僧帽山"。又有一说,红色沙石如身披红色秀装站立的僧众正在双手合十向佛祖祈祷,当地藏族牧民称之为"俏波曰",意为"供品山"。白龙江穿镇而过,水清而明,两侧草滩广阔铺开。

"虎穴仙女"洞位于白龙江深处石崖下。洞外面插满了丛丛簇簇藏族牧民为祈求幸福吉祥而竖立的箭杆,洞口上密密麻麻挂满了历经风雨洗礼的各色哈达。洞内恬淡幽深,吉祥天女的钟乳石造型上接洞顶下着洞底,眉清目秀,冰清玉洁,形象逼真,满身挂满了哈达,如天女身披金纱玉带,翩翩起舞,显得尤为典雅秀丽。当地的藏族居民都把"吉祥天女"奉为保护神,极为崇拜,经常前来磕头跪拜,祈求平安如意。岩壁上自然形成的飞禽走兽体态生动,逼真可爱。洞外的岩壁上有两洞形如眼睛的泉水,被称为"眼睛泉"。

(二)郎木寺镇藏族文化的内容

1. 物质文化

首先是游牧生活工具。酥油桶是藏族人民的生活必需品。酥油桶分两种,一种是从奶中提取酥油的桶,叫做"雪董",这种桶较大,是牧区经常见到的生产酥油的桶。一种是家庭日用的酥油桶。酥油桶一般由两个部分组成,一部分是桶筒,一部分是搅拌器,叫做"甲罗"。酥油桶的制作十分讲究,桶部用木板围成,上下口径一般大,外围用钢皮箍,上下两端用铜做花边,可以打出各种花纹,显得精美、大方。

其次是民居建筑。一是牛毛帐房。在高原上,为了保证牧畜的健康繁衍,牧民们不得不频繁及时地搬迁以获取最好的草场。为了便于搬迁,他们以牦牛身上的牛毛为原料,手工缝制织成牛毛帐篷,当地藏民称之为"哇"。一般呈四角形,一面留门。帐房正中间有一横杆做梁,两竖杆作柱,由内支撑,四周用牛毛绳拉紧固定在地上,边缘用牛毛短绳打牢,四周挖沟叠土,用以排水避风之用。二是塌板房。郎木寺镇的塌板房是藏族民居独一无二的亮点,亦称"木楞子"。塌板房的墙、梁、顶、地板都是木头,不用其他任何材料,是郎木寺镇藏族同胞智慧和勤劳的结晶。塌板房一般用圆形、半圆形、方形或者矩形不等的原木互相垂直咬接、叠垒架成井字形的建筑墙体。塌板房房顶既不抹泥,也不布瓦,而是用当地乱石压住石板,以防风吹板落。塌板房具有就地取材、吸热保温、抗寒性强、适应气候、减少震灾的特点。

再次是藏族饮食。一是糌粑。即酥油炒面,以青稞为主要原料。先把酥油放入碗中,以热茶融化,加以糖、奶酪搅拌,然后加入炒熟的青稞面,面茶比例适当,干湿合适,压捏成块,即可食用。糌粑是高脂肪、高蛋白的食品,营养丰富,热量高,适合高原的高寒气候,是藏区的典型食物。二是酥油。酥油是郎木寺镇藏民生活中必不可少的食品。无论是日常饮食、敬神献佛,还是润肤制花,都离不开酥油。酥油从牛羊乳中提取油脂,发酵冲捣而成,以独特的味道和丰富的营养价值成为高原牧民生活中的精华。三是蕨麻米饭。蕨麻是当地著名的土特产,俗称"人参果"。蕨麻米饭以蕨麻、大米、酥油、白糖为原料,精心烹制而成,味道隽永,具有高级营养,是郎木寺镇藏族传统美食。四是藏包。藏语为"夏馍馍",选料精细,必须是新鲜羊肉,其中四成肥肉,六成瘦肉,工艺独特,交错切割,压捏结合。藏包特点在于晶莹透明,色白油亮,肉嫩油丰,鲜嫩爽口,香味浓郁,是郎木寺镇别具风味的食品。

**2. 行为文化**

首先是游牧生活习俗。郎木寺镇地处青藏高原边缘,由于地理环境的严酷和封闭,完好地传承和保留了藏族的游牧生活文化。郎木寺镇居民绝大部分以放牧为生,逐水草而居。每个游牧家庭拥有四到五个草场,牧民们根据草场不同的地理条件,将其分配到不同时间段使用,保证每个草场的恢复和生长。牧民们夏季住帐篷,冬季住土木结构的"冬窝子",抵御严寒。郎木寺镇牧民家庭按照传统的伦理规范进行家庭分工,妇女承担大多数的家庭劳作,挤奶、背水、做饭、打酥油、晒牛粪、织帐篷等;男性则承担骑马放牧、看管牛羊的工作。他们沿袭着古老的游牧生活习俗,每年春夏交替时剪羊毛,四季轮换时搬家,夏秋时节割草储备。

其次是默朗传召大法会。每年正月的"默朗"法会是郎木寺镇最为隆重和热闹的节日庆典。节日期间有祈祷法会、"晒佛"活动、藏戏、酥油灯会,等等,气氛隆重热烈,场面宏伟壮观。其中,"展佛"仪式在每年正月十三举行,郎木寺镇附近的藏民们都穿戴正式,从四面八方赶到展佛台。赛赤寺七八十名佛家弟子肩扛着强巴佛画像从大寺出发,一路法号齐鸣,拥向晒佛台。当强巴佛像被展开在晒佛台上时,数以万计的藏民上前顶礼膜拜,场面宏大,气势壮观。"羌姆"歌舞在每年正月十四举行,是法事活动正式跳"羌姆"的日子。"羌姆"表演场地一般设在赛赤寺大殿院中,候场区为大殿内部,乐队由鼓手、长号手等僧人组成,他们席地坐在寺院左侧回廊里。表演在阵阵法号声中拉开序幕,阿杂拉、刚热骼骸舞、切加舞、护法舞、夏雅舞、护法女神舞、大法明王舞、镇邪舞等场舞蹈构成了"羌姆"表演的全部。

第三是插箭节。插箭节是藏族草原上的重要民俗活动之一,同时也是僧俗共同参与的宗教活动。插箭节的意义:在离天最近的地方将战争时使用的武器交给天神,以祈祷和平。所以插箭节都在各个村落最高的山上举行,因为这是离天最近的地方。插箭节由祭神和赛马活动组成。祭神从早上很早开始,所有的男人都会骑着马,手持木制长箭冲上山头,将这个木箭用羊毛长绳绑在巨大的箭堆上。然后人们会骑着马一边把从家中带来的干炒青稞、酥油等祭品堆放在由柏树枝堆成的"桑"堆上,一边围绕着桑堆奔跑,对天长啸高声呼唤天神,抛撒风马旗。最后,人们会挂上经幡,祈祷和平。根据史料记载,赛马习俗起源于吐蕃王朝时期,最初用以祭祀,以求神灵保佑。赛马中,规定赛程,以先到终点者为胜。赛马开始,尘土飞扬,马鸣声、尖叫声、叫好声交替回荡,草原上充满了兴奋和紧张。

第四是"锅庄"舞蹈。藏语为"果卓","果"意为圆圈,"卓"意为舞,意思是圆圈舞。"锅庄"舞姿自然、流畅、舒展、飘逸,动作欢快、奔放、灵活。男舞者侧首拧腰,如雄鹰展翅;女舞者长袖飘动,婀娜如仙。整体华丽优美,富丽堂皇,引人入胜。

第五是天葬习俗。天葬是郎木寺镇藏民以及周围藏族牧区传统普遍的丧葬习俗。去世的人被送至天葬台,喂桑致哀。由天葬师剖尸堆放,然后燃香引鹫。秃鹫作为藏族人心目中神的化身,引导灵魂升天。天葬表现了藏族同胞回归自然的人生法则以及施身献神的善良心理。郎木寺镇的天葬台已有四百多年的历史,是甘、青等地藏族选择的天葬之地,也是全国唯一允许观看天葬仪式的地方。

（三）郎木寺镇旅游产品内容

20世纪80年代,郎木寺镇被欧洲背包客发现,从此开始了旅游业的发展。从自由发展,到市场和政府引导,郎木寺镇逐渐形成了一系列具有浓厚藏族文化特色的旅游产品。

1. 展示型旅游产品

展示型旅游产品主要通过实物、影像、高科技技术、书法、绘画、雕塑、民间行为、歌舞及其他文艺方式来表现民族文化。郎木寺镇目前开发的旅游产品中大部分属于这种类型。

2. 宗教寺院参观游

产品类型为观光型,活动地点在赛赤寺。其产品设计为通过参观赛赤寺内的经堂、僧舍,了解喇嘛们的日常生活环境及其宗教生活,观赏金碧辉煌、庄严雄伟的殿堂,特别是寺内各种鎏金顶楼和佛塔,请僧人介绍各个建筑物的修建年代、历史故事、特殊地位等。赏析寺院内的壁画、佛像、堆绣等藏传佛教艺术精品,了解其内容、宗教意义和历史典故。游客可在短时间内领略藏传佛教的美学价值和深厚的文化底蕴。

3. 民俗节庆参与游

产品类型为观光型、浅层参与型,活动地点在郎木赛赤寺院、郎木寺镇观景台。其产品设计为在"默朗"传召大法会以及同类型的宗教节庆中,安排旅游者观看仪式和表演,可适当加入祈祷、朝拜等项目。对于插箭节、娘乃节等民间节庆活动,可安排旅游者参与其中的舞蹈、活动,以感受藏族热情奔放的民族性格。

**4. 体验型旅游产品**

郎木寺镇至今保留着游牧生活。游牧生活体验游成为这里主要的体验型旅游产品。一是游牧生活体验游。产品类型为深度体验型,活动地点在牧民集中的秀热沟、花海牧场等。其产品设计为安排旅游者到牧民居住的牛皮帐篷中吃糌粑、喝酸奶和住宿,并和牧民一起挤牛奶、打酥油,给马匹卸马叉、马鞍,上马畔,或者上山挖虫草、亲手剪羊毛等独具当地民族特色的生产活动。二是原始风光探秘游。产品类型为深度体验型,活动地点在华盖神山、纳摩峡谷、热尔大坝草原。其产品设计是因为华盖神山是当地海拔最高的山,旅游者在登顶后,穿越纳摩大峡谷,全览纳摩大峡谷。

**5. 休闲型旅游产品**

一是藏地西式休闲游。产品类型为休闲参与型,活动地点在郎木寺镇主街的餐厅、酒吧。在达老西餐厅、阿里西餐厅等众多咖啡酒吧中,和来自世界各地的旅游者交流,分享旅游经历,脱离日常生活,安逸自在。二是"藏家乐"休闲游。产品类型为休闲参与型,活动地点在郎木寺主题餐饮文化吧,如格萨尔朗玛厅、藏香园餐厅、扎西藏家乐餐馆等。其产品设计为亲手制作糌粑,品尝酥油茶、藏包等藏式风味菜肴。亲自动手参与并品尝烤全羊,观看藏式歌舞,参与"锅庄"舞蹈,充分调动视觉、嗅觉、触觉、听觉,感受与众不同的藏式休闲生活。

**6. 学习型旅游产品**

一是藏族文化求知游。产品类型为学习求知型,活动地点在赛赤寺院、郎木寺镇居民家中。通过参观郎木赛赤寺院,参观殿堂经院,学习绘画、雕塑、建筑中蕴含的藏传佛教格鲁派教义、内涵等知识,研究藏族的政治、经济、文化、宗教,深入牧民家里,与牧民交谈沟通,了解其生活的真实情况,考察当地民风民俗。二是高原生态科考游。产品类型为探索求知型,活动地点在郎木寺镇周边高山、森林、峡谷等。其产品设计为在当地向导带领下,徒步攀登高山,穿越峡谷森林,收集各种标本,考察高原地质地貌、生物植被等情况。

**二、郎木寺镇藏族文化与旅游产品互动现状**

藏族文化是郎木寺镇旅游产品的立足点和核心。郎木寺镇的旅游产品基本上涵盖了文化旅游产品的所有类别,无论是静态观光,还是动态体验,其核心和灵魂都来源于深厚的藏族文化,包含着来自藏传佛教文化和游牧文化的文化内涵。郎木寺镇独特的地理环境、浓郁的宗教氛围共同造就了当地与众不同的生产生活习俗、人生礼仪以及各种节庆娱乐活动。逐水草而居的生活方式成为游牧生活生产体验游的主要组成部分,"默朗"传召大法会作为节庆表演游吸引着海内外的游客,插箭节、香浪节等是游客参与娱乐竞技的主要方式,糌粑、藏包、蕨麻米饭也构成了与众不同的饮食产品。郎木寺镇的佛事活动以粗犷的音乐、豪放的舞蹈、多彩的服饰、神秘的氛围表达着藏民族的信仰,赛赤寺寺院内的经堂、僧舍,壁画、佛像、堆绣都是藏传佛教的艺术精品,传递着佛教精髓。同时,由各种藏族文化符号构成的旅游纪念品,如项链、手链、挂饰等,与以上专项旅游产品共同展示着郎木寺镇居民的"民族性格"。旅游者通过观看佛事活动、节庆表演、参观寺院以及购买旅游纪念品,多方面感受着当地文化。

事实上,无论是参观赛赤寺寺院、观赏节庆表演,还是体验游牧生活、登山越林,都反映了郎木寺镇藏族文化的不同层面。郎木寺镇的旅游产品之所以能够对旅游者产生强大的吸引力,并由此带来巨大的经济效益,关键在于其藏族文化本身的魅力。郎木寺镇正是通过对藏族文化的深刻挖掘、精心制作,才成为高质量的旅游地区,受到国内外旅游者的青睐。所以,藏族文化是郎木寺镇旅游产品的立足点和灵魂,也是其核心竞争力所在。

### 三、郎木寺镇藏族文化与旅游产品互动过程

郎木寺镇最初的旅游活动是由国外"背包客"经由四川若尔盖到达郎木寺镇而引起的。他们被郎木寺镇纯净的自然风光、淳朴的民风民俗和原始的宗教文化所吸引,他们把这些用文字、图片等方式记录下来,并带出高原,传递给更多的旅游者。从此,郎木寺镇成为众多国外,特别是欧洲背包客的自助游目的地。游客的到来需要郎木寺镇为其提供向导、住宿、餐饮、交通等基本的日常生活需要。随着游客规模的扩大,郎木寺镇出现了专门为游客提供服务的机构。这些机构或是提供单一的住宿或者餐饮服务,如郎木寺宾馆、丽萨咖啡屋,或是把向导、交通、食宿、游览等服务项目组合起来供游客选择,如郎木寺马队。由此形成郎木寺镇藏族文化与旅游产品的互动。

由此可看出,旅游者和旅游经营者的行为是互动的载体。他们分别通过各自的种种活动完成藏族文化到旅游产品再到藏族文化之间的转化。由于各自行为动机的不同,旅游者和旅游经营者在互动过程中表现出不同的行为方式。

**学习思考题**

1. 人类学视野下,新产品的内涵是什么? 其与消费者行为的关系是什么?

2. 产品生命周期包括哪些阶段? 如何根据产品生命周期理论制订营销战略?

3. 如何在产品设计中应用人类学的相关理论?

4. 如何理解产品设计的人类学路径?

5. 通过对本章案例的学习,你有哪些收获? 我们应当如何从人类学的角度来理解和分析本章案例?

# 第八章　人类学与产品价格

**本章摘要**　　产品作为重要的市场组成要素之一,对企业的生存及发展起到至关重要的作用。企业营销策略制定过程中,产品价格是一个必须考虑的因素。在人类学家看来,产品不仅仅包括建筑、汽车,食品等实体物质,还包括影视、艺术等社会文化产品。无论是在经济方面还是在文化方面,当今世界都在向着一体化的方向发展。面对不同的竞争对手,不同的市场环境,如何制定合理高效的产品价格已经成为企业须迫切解决的问题,尤其是文化产品价格的制定。

日益纷杂的市场环境下,利益当头,文化产品如何自处成为我国乃至全世界必须严肃对待的问题。本章阐述产品及产品价格的相关理论,论述不同理论学派关于产品价格影响因素的观点,重点讨论产品价格尤其是文化产品价格的定价方法及策略。研究在人类学的视角下,顾客感知价值与产品价格之间的关系以及如何基于顾客的感知价值来对旅游产品、快递服务产品进行合理的定价。最后从价格差异的角度,讨论文化产品的歧视定价法及溢价控制,对于提升我国的文化软实力具有重要意义。

## 学习目标

1. 学习和了解不同学科对产品价格影响因素的分析。
2. 学习和了解人类学家对产品以及产品价格相关理论的论述。
3. 学习和了解顾客感知价值与产品价格的关系。
4. 学习和了解文化产品的歧视定价方法。

# 引　言

在我国正式加入 WTO 之后,我国的企业不仅面临着前所未有的机遇,同时也面临着非常严峻的挑战。如何能够在激烈的市场竞争中求得生存和发展,是我国每一个企业都必须要认真思考的问题。市场营销作为企业生存和发展的核心策略,必须予以重视。而产品价格的合理与否,又直接关系到企业能否获得消费者的青睐,从而有力地占据市场份额。

在人类学家看来,产品既包括实体商品,也包括虚拟的文化产品,而后者才是其研究的重点。产品价格的构成来源于多方面因素的考量,包括成本、市场竞争、顾客需求等。而人类学家的研究重点在于,消费者的心理活动、顾客感知价值等如何影响服务等文化产品的价格。相对于传统的定价方法,他们为研究市场价格机制提供了一个全新的视角,有利于完善市场经济体制。对文化产品的全面理解,有利于增强我国的综合国力。

人类学家认为,产品价格不仅仅取决于其成本、市场竞争、供需情况等经济因素。在某些特殊情况下,成本高昂的产品也会以低价出售,甚至免费赠送。例如:图书馆的赠书活动,电影票的促销活动。但是,也存在产品的售价远高于其成本的情况,例如:限量版唱片,明星签名的商品,明星自己的品牌。对此类消费行为进行深入剖析,发现主导其发生购买行为的是其内心的满足程度。或者说是即使产品价格很低,消费者不需要或者认为其不值,也不会去购买;即使价格很高,但依然低于其内心的预估值或者使其心理得到了极大的满足,消费者也会竞相抢购。而这些现象大多发生在文化产品的销售领域中,书籍、唱片、附有签名的商品等一些产品的内涵本质已经发生了变化,主导其价值的不再是物质因素,而是与其心理活动相关的精神文化因素,也即所谓的文化附加值,这是用货币所无法衡量的,其价值由消费者的主观感受决定,而不是客观因素。

因此,仅从市场营销角度或者经济角度,根本无法完全满足市场对产品价格合理制定的要求。必须采用人类学独特的相关理论及方法,对消费者本身的心理活动深入理解,来为某些特殊商品尤其是文化商品制定价格,从而使市场经济全面地发展。

## 第一节　产品与产品价格

在经济学研究中,商品作为市场交换的对象而存在;在社会学研究中,商品作为承载社会关系的重要载体被理解;在人类学视野下,商品作为文化选择的对象与实践过程被置于混沌的生活世界中并得以解读。对于具体的商品而言,在市场经济条件下,身为生产者,人们关注的是生产活动与人的社会性、创造性之间的关联;身为消费者,人们则更为直接地在商品的选择中投射出作为人的需要①。需要是用以描述一切有生命物质的存在状态和存在的范畴,其根本指向是非自足性和稀缺性。这是包括人在内的所有有机物共同具有的,然而只有人可以感觉到、控制、解决这种由非自足性和稀缺性所引发的问题,并用需要概念去指称这种状态②。

### 一、产品与产品分类

根据菲利普·科特勒(Philip Kotler)③的著名市场营销学观点,产品是市场上任何可以让人注意、获取、使用或能够满足某种消费需求和欲望的东西,可以是实体产品(例如麦片、汽车)、人(例如演员、体育运动员)、组织(艺术团体、非营利性组织),也可以是虚拟产品服务(例如航空公司、银行)、地名(城市、旅游景点)、思想(政治、社会原因)。

产品分类是市场营销学研究领域的一个重要分支,是研究消费者行为和企业营销行为的一个非常重要的维度。消费者行为和企业营销行为往往会随着特定产品特征的变化而变化。一方面,消费者对不同属性的不同种类产品具有不同的认知和重视程度④。因此,消费者的购买行为会发生变化,如消费者在购买不同种类的产品时会选择不同的零售业态和选择不同的购买渠道,付出不同的购买努力并表现出不同的风险接受意愿等;另一方面,企业的市场

---

①李爱梅,刘楠,孙海龙,等.“内隐人格理论”与消费者决策研究述评[J].外国经济与管理,2016(9):38—50.

②刘谦,张银锋.人类学视野下的商品生产与消费——从西方工商人类学的发展谈起[J].中国人民大学学报,2016(1):138—146.

③Kotler P, Armstrong G. Principles of marketing[M]. NY:Pearson Education, 2010:223.

④倪娜.市场营销学产品分类研究综述[J].外国经济与管理,2006(9):31—37.

策略和营销行为会随着消费者的购买行为变化而发生变化,如对不同种类的产品采用不同的零售终端和不同的信息沟通方式。

信息经济学家将产品分为搜索类产品和经验类产品两大类,认为搜索类产品是指有关其主要特征的充分信息在购买和使用前就能获得的产品,通过搜索产品信息就能确定产品的质量;而经验类产品是指购买者在购买和使用之前无法确认其质量特征的产品①。

杰勒德·普伦德加斯特(Gerard Prendergast)②从产品特性与消费者购买意愿出发,将产品分成低费用经常购买、高费用不常购买、有形或实物、无形或信息、差异化程度高、差异化程度低六大类。克莱兹基·罗伯特(Klatzky, Roberta L)等人③和特里·多尔蒂(Terry Daugherty)等人④在基于视觉模仿、触觉模仿和行为模仿的基础上,提出了几何产品、物质产品和机械产品的产品分类。有学者认为,以往提出的消费者行为理论,大多根植于理性决策之上,忽视了超理性因素。因此基于理性决策的消费者行为理论是不完整的。所以,他利用理性、感性与涉入度两个连续维度将产品分为四种不同的类型:高涉入理性、高涉入感性、低涉入理性、低涉入感性。

人类学领域的产品分类以消费者特征作为主要视角,考虑不同产品类别对消费者心理、情感、认知和行为产生的不同影响,如消费者购买不同类别的产品所付出的努力、表现的理性程度等方面存在差异。

## 二、产品价格

价格是营销组合中最重要的元素之一,是商品不同最明显的基础。价格是顾客为获得某项产品或服务而付出的经济代价,指购买产品本身的价格,一旦购买行为发生,所有权就将从售卖者转移到购买者⑤。顾客总是将价格与其

---

①Ward J, Peppard J. The Strategic Management of Information Systems: Building a Digital Strategy [M]. John Wiley & Sons, 2016:22-80.

②Prendergast G, Hing Chuen L, Phau I. Understanding consumer demand for non-deceptive pirated brands[J]. Marketing intelligence & planning, 2002(7): 405-416.

③Klatzky,Roberta L, Susan J Lederman, and Dana EMatula. Imagined haptic exploration in judgments of objectproerties[J].Journal ofExperimentalPsychology: Learning, Memory and Cognition,1991 (3): 314 -322.

④Li, Hairong, TerryDaugherty, and Frank Biocca. Characteristicsofvirtualexperience in electronic commerce: a protocolanalysis[J]. Journal of interactivemarketing, 2001(3):13 -30.

⑤〔美〕埃伦伯格.现代劳动经济学[M].北京:科学出版社,2016:110.

对该项产品或者服务的认知价值进行比较,然后决定是否购买。人类学家通过对消费者购买过程中的微表情及潜意识动作的观察,对消费者购买后的消费感受进行跟踪访谈,发现只有当顾客对一种产品或者服务的认知价值高于该产品或者服务的价格时,顾客才会去购买这种产品或者服务。在日益激烈的竞争环境中,价格不仅成为顾客与企业关系建立的关键点,也是竞争对手夺取市场份额的利器。

传统市场理论认为,产品的价格主要受市场供求关系、产品自身的成本、同行业的竞争以及政府对价格的干预所决定。根据马克思的劳动价值理论[①],商品的价格由生产该商品所耗费的社会必要劳动时间所决定,并且商品价格受供求关系影响会围绕商品价值上下波动。

市场营销理论认为,产品的最低价是由该产品的成本费用决定,而产品的最高价由市场需求决定[②]。产品的成本由生产和流通过程中所发生的各种物质损耗和支付的劳动报酬所组成。总的来说,产品的价格不能低于产品的平均成本。构成企业产品生产成本的主要内容包括制造费用、直接工资、直接材料以及其他的直接支出等。在企业的生产经营中,生产成本主要指的是投入和产出在企业中的对比关系,属于效率的一种综合体现[③]。

**三、产品价格的决定因素**

根据经济学的理论,价格和需求具有反向关系,当价格高到一定水平时,对该产品的需求一定会降为零,企业无法在此价格水平上进行销售。另一方面,企业绝不可能以一个低于产品成本的价格销售自己的产品,否则企业必然会处于一个长期亏损的状态。而价格与供给成正向关系,价格越高,供给越大。价格越低,供给越小。市场供给大于需求,产品的价格会下降,市场供给小于需求,产品价格会上升。

价格是企业竞争的有力手段,产品同质化严重,替代性很强等原因,使得很多企业为了增加利润,开始打起价格战,不断地降低产品价格。在竞争中,市场的领导者可以通过价格竞争来排挤市场上的二三线品牌,为自己创造更大的市场空间,进一步巩固自己的地位;而市场的主要跟随者,可以利用价格

①有林.马克思的劳动价值理论[M].经济科学出版社,1988:103.
②刘茜.农产品营销中的价格影响因素及定价策略[J].价格月刊,2016(7):38—41.
③王素玲.如何有效降低企业产品成本[J].当代经济,2016(9):68—69.

战来挤占小品牌的生存空间以及瓜分领导者的市场份额。对于市场的新生力量,以价格战为主的渗透战略则是他们生存、发展的全部希望。价格竞争是一个能够让企业在较短的时间内实现市场份额急速增大,同时让对手的市场份额缩水的工具。对于某些特殊产品,例如农产品、垄断品等,政府政策对于产品价格的影响不容忽视,主要有支持价格和限制价格两种①。支持价格又称最低价格或价格下限,是政府为了支持某一行业而规定的该行业产品的最低价格,高于市场自发形成的均衡价格。限制价格是政府为限制某些生活必需品的价格上涨,而对这些产品所规定的最高价格,一般低于均衡价格,是政府为保护消费者利益而制定的最高限价。在中国,限制价格还包括最低价格②。

只有在纯粹的市场经济中,即完全竞争的经济模式下,才能形成商品的市场均衡状态和均衡价格。然而纯粹的市场经济只是一种理论上的假设,在现实的市场经济中,由于某些经济或人为因素的介入阻碍供求向趋于均衡的方向发展,从而阻碍均衡状态的达到和均衡价格的形成,为政府利用支持价格和限制价格来干预经济提供契机。

而在网络市场,产品的价格最终由消费者评价来决定。从消费者心理的视角来看,消费者的购买意愿在某种程度上就等于市场的需求。消费者的心理活动是营销者制定价格时最容易忽略的一个因素,但又是企业定价必须考虑的重要因素之一。消费者一般根据某种商品能为自己提供的效用大小来判定该商品的价格,即对商品有个期望值。期望值一般不是一个固定的具体金额,而是一个价格范围。如果企业定价高于消费者心理期望值,就很难被消费者接受;反之,低于期望值,又会使消费者对商品的品质产生误解,甚至拒绝购买。随着社会主义市场经济的发展,收入结构的多层次化,消费者购买心理行为日趋复杂,如低收入阶层的求实、求廉心理,中等收入阶层的求美、求安全心理,高收入阶层的求新、求名心理,暴发户的炫耀性消费心理,等等。这些错综复杂的心理因素,对商品定价的影响越来越大。

以损失避免的消费者需求为基础的定价模型表明③,消费者需求是形成市

---

①李德武.完善农产品价格形成机制的思考[J].农业经济,2015(9):131—133.

②李冈,聂磊,吴云河,等.反价格垄断执法思考及建议[J].中国价格监管与反垄断,2016(S1):108—109.

③李荣喜.基于损失避免的消费者需求与产品定价模型[J].统计与决策,2007(4):52—54.

场的基础,消费者购买意愿越高,损失避免的心理就会越强烈,就会愿意为产品支付更高的价格。从这个角度来说,消费者只能通过产品的效用来间接感受和评估产品的大致成本,产品的成本就等同于产品对消费者的效用。

除此之外,企业的信誉也是影响产品价格的一个重要因素,著名营销大师米歇尔·波特(Macheal E. Porter)[1]曾说过"企业的声誉是一笔巨大的资产",在网络环境下,这一点就显得更为突出。在人类学家看来,企业的信誉会影响消费者的感知价值,因此,网民购买网络产品总是选择知名度或者信用度较高的商家。

孙进[2]通过研究感知风险、感知价值、顾客满意度之间的关系,发现感知风险负向影响感知价值和顾客满意度,而感知价值正向影响顾客满意度。因此,企业的信誉越高,消费者的感知风险就会越低,从而感知价值就会越高,能接受的产品价格就会越高。

在人类学领域,产品价格是否决定于成本、质量等客观的经济因素,人类学学者并不十分关心,他们更关心的是蕴藏在产品本身的文化本质内涵及其如何通过影响消费者的购买行为及感知价值,来影响产品的价格。一般来说,产品价格与其成本、质量等因素并不成线性关系。因此,单单从定量角度来分析产品价格的形成及是否合理,太过于片面性。这也为定性研究等人类学方法在营销领域和经济领域的应用,提供广大的发展空间。

# 第二节 产品定价的方法及策略

根据西方经济学和市场营销理论建立起来的企业产品定价方法,以成本为基础,结合顾客和市场竞争等因素来为产品制定价格,包括成本加成定价法、目标利润定价法、认知价值定价法、差别定价法等。

成本信息在定价和产品组合决策中非常重要,因为只有产品定价足以保证企业能够收回全部成本,企业才能获得生存和发展的空间,并向投资者提供足

---

①Porter M E. Towards a dynamic theory of strategy[J]. Strategic management journal, 1991(S2):95-117.

②Keh H T, Sun J. The complexities of perceived risk in cross-cultural services marketing[J]. Journal of International Marketing, 2008 (1): 120-146.

够利润。当企业需要在短期内确定多种产品的价格时，成本是产品定价的唯一依据①。甚至在产品价格完全由市场供需决定，企业没有能力左右产品市场价格的情况下，企业仍需根据产品的成本信息制定产品的生产和销售计划。

由于市场需求、成本和竞争情况是影响和制约企业定价的最主要因素，而在实际定价时，企业又往往只能侧重某一个方面的因素，因此，目前存在四种定价导向：成本导向、需求导向、竞争导向和顾客导向定价法②。

### 一、成本导向定价法

成本导向定价法，是一种主要以成本为依据的定价方法，包括成本加成定价法和目标收益定价法，具有简便、易用等特点③。采用成本加成定价法，关键在于确定合理的成本利润率，即准确核算成本、确定恰当的利润百分比（即加成率），必须考虑市场环境、行业特点等多种因素④。某一行业的某一产品在特定市场以相同的价格出售时，成本低的企业能够获得较高的利润率，并且在进行价格竞争时可以拥有更大的回旋空间。依据核算成本的标准不同，成本加成定价法可分为两种：平均成本加成定价法和边际成本加成定价法。

平均成本加成定价法。平均成本是企业生产经营一单位产品时所花费的固定成本和变动成本之和，单位产品的平均成本加上一定比例的单位利润，就是单位产品的价格。

边际成本加成定价法。在定价时只计算变动成本，而不计算固定成本，在变动成本的基础上加上预期的边际贡献，也称为边际贡献定价法。

成本加成法的优点在于计算简便，特别是在市场环境基本稳定的情况下，可以保证企业获得正常利润。缺点是只考虑了产品本身的成本和预期利润，忽视了市场需求和竞争等因素，不利于企业降低产品成本。因此，无论在短期或长期都不能使企业获得最佳利润。

目标收益定价法。根据企业的总成本和估计的总销售量，确定一个目标

---

①苏欣，王洹渲. 多种产品竞争环境中的最优定价模型[J]. 北京石油化工学院学报，2012（1）：58—61.

②Cannon H M, Morgan F W. A strategic pricing framework[J]. Journal of Services Marketing, 1990(2)：19-30.

③解大琴，陈星莺. 综合成本定价法述评[C]. 中国高等学校电力系统及其自动化专业学术年会. 2006.

④韩俊华，干胜道.成本加成定价法评介[J]. 财会月刊，2012(22)：74—75.

收益率,作为定价的标准,即目标收益定价法①。采用目标收益定价法确定价格的基本步骤为:确定目标收益率,目标收益率=1/投资回收期×100% ;确定单位产品目标利润额,单位产品目标利润额=总投资额×目标收益率÷预期销量;计算单位产品价格(单位产品价格=企业固定成本÷预期销量+单位变动成本+单位产品目标)。

目标收益定价法颠倒了价格与销量的因果关系:先确定产品销量,再计算产品价格,把销量看成是价格的决定因素,不适用于需求价格弹性较大的产品。然而,对于需求比较稳定的大型制造业、供不应求且价格弹性小的商品、市场占有率高、具有垄断性的商品以及大型公用事业、劳务工程和服务项目等,在科学预测价格、销量、成本和利润四要素的基础上,目标收益法仍不失为一种有效的定价方法。

**二、需求导向定价法**

需求导向定价法是一种以市场需求强度及消费者感受为主要依据的定价方法,包括认知价值定价法和反向定价法②。

认知价值定价法。认知价值定价法是指企业根据购买者对产品价值的认知来确定价格的方法。认知价值定价法与现代市场定位观念相一致。企业在为其目标市场开发新产品时,在质量、价格、服务等各方面都需要体现特定的市场定位观念③。一般分为以下几个步骤:首先决定所提供的价值及价格;然后估计在此价格下所能销售的数量;再根据这一销售量决定所需要的产能、投资及单位成本;最后计算在此价格和成本下能否获得满意的利润。如能获得满意的利润,则继续开发这一新产品,否则,就要放弃这一产品概念。

认知价值定价法的关键,在于提供并向顾客展示比竞争对手更高的价值。因此,成功实施认知价值定价法的前提是,企业必须准确地掌握消费者的价值取向、对产品的认知价值以及决策过程,而这就要求企业必须进行科学的市场调研。当然,企业还可以通过塑造品牌形象等市场营销策略,改变消费者对产

①Cannon H M, Morgan F W. A strategic pricing framework[J]. Journal of Services Marketing, 1990(2): 19-30.

②赵忠义. 需求导向的航空货运定价策略[J]. 科教导刊:电子版, 2016(8):135—136.

③朱思文,占学兵. 试论认知价值定价法在产品定价中的运用[J]. 湖南财政经济学院学报, 2011(3):155—157.

品价值的认知。

反向定价法是指企业依据消费者能够接受的最终销售价格,计算经营的成本和利润后,逆向推算出产品的批发价和零售价。这种定价方法不以实际成本为主要依据,而是以市场需求为定价出发点,力求使价格能被消费者接受。分销渠道中的批发商和零售商多采取这种定价方法[①]。

### 三、竞争导向定价法

在竞争十分激烈的市场上,企业通过研究竞争对手的生产条件、服务状况、价格水平等因素,依据自身的竞争实力、参考成本和供求状况来确定商品价格。竞争导向定价法主要包括两种:随行就市定价法和投标定价法[②]。

随行就市定价法。基于竞争对手的现行价格水平来定价,称为随行就市定价法。企业的价格可能等同于它的主要竞争对手,也可能高于或低于竞争对手的价格。处于完全竞争市场的企业在销售同类产品时,只能是价格的接受者。在寡头竞争的条件下,由于市场上只有少数几家大公司,彼此十分了解,购买者对市场行情也很熟悉,因此,企业倾向于和竞争对手要价相同。在这种市场结构下,如果各大公司的价格稍有差异,顾客就会转向价格较低的企业,任何一家企业都无法凭借自己的实力在市场上取得绝对的优势。为了避免竞争特别是价格竞争带来的损失,企业往往采用随行就市的定价法。

一般来说,当企业面临难以估算成本、打算与同行和平共处,如果另行定价,很难了解购买者和竞争者对本企业价格的反应等情况时,会采用随行就市定价法。

投标定价法。投标是指企业根据购买方的要求,在规定的期限内填写投标书,上面填明可供应商品的名称、品种、规格、价格、数量、交货日期等,密封送给招标人。在招标投标方式下,投标价格企业能否中标的关键性在于是否是所有投标者的最低价[③]。企业如果想中标,就必须使自己的报价在不低于成本的情况下,低于竞争对手。而在现实情况中,这种价格往往是供货企业根据

---

①刘鹏凌,李乾. 农产品目标价格定价方法分析及思考[J]. 中国物价, 2015(1):44—45.

②刘帅. 大规模定制产品定价方法研究[J]. 经营管理者, 2016(27):32—33.

③Hu N, Pavlou P A, Zhang J. On Self-Selection Biases in Online Product Reviews[J]. Management Information Systems Quarterly, 2016. from [EB/OL]. http://misq.org/skin/frontend/default/misq/pdf/Abstracts/13197_RA_HuAbstract.pdf, accessed in April.2017.

对竞争者报价的估计而制定的,而不是按照供货企业自己的成本费用或市场需求来制定的①。企业必须按照买方的要求进行估计,争取比竞争对手的价格更低。但是,这个报价一般不能低于边际成本,以免使其经营状况恶化。如果企业报价远远高出边际成本,虽然潜在利润增加了,但减少了取得合同的机会。可见,企业必须同时考虑目标利润和中标的可能性,以确定最佳的报价②。在国内外,许多大宗商品,原材料、成套设备的买卖和建筑工程项目的承包以及出售小型企业等,往往采用发包人招标、承包人投标的方式来选择承包者,最终决定承包价格。

### 四、顾客导向定价法

#### (一)顾客导向定价法

顾客导向定价法又称需求导向定价法、市场导向定价法,是指企业根据市场需求状况和消费者的不同反应来确定产品价格的一种定价方式③。顾客导向定价法一般是以该产品的历史价格为基础,根据市场需求变化情况,在一定的幅度内变动价格,以致同一商品可以按两种或两种以上价格销售。这种差价决定于顾客的购买能力、对产品的需求情况、产品的型号和式样、时间、地点等因素。例如:以产品式样为基础的差别定价。同一产品因花色款式不同而售价不同,但此时的差价与改变式样所花费的成本并不成比例;以场所为基础的差别定价,虽然成本相同,但具体地点不同,价格也有差别。

顾客导向定价法原则上要求确定消费者对于各种不同产品的价值感受。通过在不同时间、地点及场合的情况下,调查消费者愿意为产品付出的最高价格,也就是通过人员访谈或问卷调查的方式来获取定价信息,从而获得顾客对产品的感受价值。

顾客导向定价法的特点是,灵活有效地运用价格差异,对平均成本相同的同一产品,具有随市场需求变化而变化、不与成本因素发生直接关系的价格。顾客导向定价法主要包括理解价值定价法、需求差异定价法。采用顾客导向

---

①孙阳、李毓彩. 国际投标定价策略及其应用[J]. 价格理论与实践, 1988(4):25—28.

②马莉,付同青.产品定价方法及其运用[J].价格月刊,2004(7):41—42.

③Ingenbleek P, Frambach R T, Verhallen T M M. Best practices for new product pricing: Impact on market performance and price level under different conditions[J]. Journal of Product Innovation Management, 2013(3): 560-573.

定价法需要先了解顾客的期望价格,然后根据中间商的成本情况和相应的有关费用,确定产品的价格。

(二)理解价值定价法

理解价值定价法是指企业以消费者对商品价值的理解度为定价依据,运用各种营销策略和手段,影响消费者对商品价值的认知,形成对企业有利的价值观念,再根据商品在消费者心目中的价值来制定价格。

理解价值定价法的关键和难点在于获得消费者对有关商品价值理解的准确资料。企业如果过高估计消费者的理解价值,其价格就可能过高,难以达到应有的销量;反之,若企业低估消费者的理解价值,其定价就可能低于应有水平,使企业收入减少。运用理解价值定价法进行价值推定与价格决定的方法大致有四种:消费者评议或决定法、企业外部专业人士评估法、企业内部专业人员评估法和实销评估法。

1. 消费者评议或决定法。企业采用一定的形式,组织消费者对产品价值进行直接评估,或由消费者直接出价来决定产品价格的方法,称为消费者评议或决定法。一般来说,企业对一些需要重新定价的老产品、改型产品,采用消费者评议或决定法,根据原来的价格,通过产品用户的评议确定价格。

2. 企业外部专业人士评估法。企业通过付费而精心挑选、组织企业外部对产品策略、定价、经销、广告、推广、消费心理等方面的专业人士,对整体产品进行综合评估并以此为基础决定产品价格的方法,我们称为企业外部专业人士评估法。

3. 企业内部专业人员评估法。由企业内部的市场调研、预测、产品、价格、分销、促销、财务、服务、经营决策等方面的专业人员对产品价值进行集体评估,并据此确定产品价格的方法。这种方法要求:评估人员必须准确了解消费者对产品的认知价值;准确了解同类产品的市场价格水平;了解企业的营销目标和其他影响因素。

4. 实销评估法。这是指由企业选择有代表性的市场区域和消费对象,并以一种或几种不同的价格,分别进行实地销售,了解用户对产品价格的态度,通过上门征询、问卷调查、实地观察等方式、方法广泛征求意见,并综合考虑其他因素对产品价格作出评估,而确定产品价格的方法。

(三)需求差异定价法

需求差异定价法是指产品价格的确定以需求为依据,强调适应消费者需求的不同特性,将成本补偿放在次要的地位[①]。在这种定价方法下,同一商品在同一市场上拥有两个或两个以上的价格,或不同商品价格之间的差额大于其成本之间的差额,有利于企业定价最大限度地符合市场需求,促进商品销售,从而获取最佳的经济效益。

在需求差异定价法中[②],不同市场的产品或服务的价格决定于不同市场的边际成本。在使用需求差异定价法时,必须考虑以下因素:确定影响定价的部分因素,如消费者、产品类型、地点和时间等;确定每部分的需求强度;确定实际和潜在的竞争者;确保需求差异将不会引起消费者的不满。消费者根据自己的购买力或谈判技巧,了解各种因素对不同产品的影响,对不同的产品支付不同的价格,不同类型的消费者对同一产品也可能支付不同的价格。产成品价格可能高于部件加组装件的价格;销售地点也可影响价格,商品在当地的售价可能还不及外地的运价高(不含商品本身的价格)。企业应该根据本企业的实际情况,在明确定价目标的基础上采取恰当的定价策略,从而获得较高的利润。

**五、定价的人类学分析**

无论是经济学定价方法还是市场营销学定价方法,关注的大都只是一个静态的结果,即大多数理论学者只考虑消费者的选择对产品价格的影响,而没有考虑到消费者是如何完成选择这个过程的。产品定价牵涉到许多因素,十分复杂,它是一个动态的过程。如果仅仅从质量、成本、价值、评价等表面结果来考虑产品的定价,势必降低产品价格的合理性及有效性。

人类学家擅长于从事民族志研究,通过参与式观察等动态研究方法,即强调研究者参与到被研究者中,将自己视为被观察者,与被研究者感同身受。因此,人类学主张对从消费者产生购买意愿到完成购买行为,再到使用商品后产生感受这一系列过程进行研究,采集消费者对产品价格的相关意见,探究消费者选择该商品的一系列心理活动,包括与同质量商品的比价,权衡不同质量同种功能的商品价格的合理性等。这个过程非常复杂,对产品定价有着非常重要的意义,但常常被专家学者以及企业所忽视。因此,为了提升企业的竞争力,在制定产品价格时,聘用人类学家做其企业顾问,将会事半功倍。

---

①Barberis N, Greenwood R, Jin L, et al. X-CAPM: An extrapolative capital asset pricing model [J]. Journal of Financial Economics, 2015(1): 1-24.

②雷定权,谢江鸣.市场经济中的企业定价方法[J].价格月刊,2004(8):47.

## 第三节　基于顾客感知价值的产品定价策略

20世纪70年代以来,企业在顾客层面上的竞争日益激烈,从以产品为中心、注重产品质量,到"以顾客为导向"、争取顾客满意与忠诚。20世纪90年代提出顾客感知价值概念。目前学术界普遍认为,顾客感知价值的核心是顾客对感知利得与感知利失(或称感知成本)的权衡。感知利失包括购买者在采购时所面临的全部成本,如购买价格、获得成本、运输、安装、订购、修理以及采购失败或质量不尽如人意的风险;感知利得是在产品购买和使用中所获得的产品的物理属性、服务属性、技术支持等。因此,利得不仅仅包括产品或服务的质量,而利失也不只包括产品或服务的价格。顾客感知价值具有主观性,是由顾客而不是由供应商决定的。

### 一、顾客感知价值的人类学分析

顾客购买行为背后的心理活动及顾客感知,是人类学家对消费者行为研究的重点所在。顾客感知作为一个抽象的概念无法在具体数据及图表中显示出来,需要人类学家运用其特有的方法及理论,包括民族志观察,参与式观察等方式,来对消费者的内心活动进行深入探究,从而获得影响消费者对商品感知价值的因素,为企业制定合理的价格,获得经济效益提供依据。

一般情况下,消费者在购买商品时会将心理预期价值与产品实际价格进行对比,得出是否购买的决策。其中的心理预期价值,即顾客感知价值,也称顾客感知收益,或顾客感知利得,是一种主观的感受,购买后的综合评价,反映顾客对包含质量、品种、价格、服务、信誉、速度等要素的产品或服务的综合满意程度。由此可见,顾客的购买意愿与顾客对产品的感知价值和产品实际价格有直接关系,这也为将顾客感知价值和产品定价联系起来制定产品价格的方法提供依据。基于顾客感知的产品定价策略通过充分发挥组合的力量,激发顾客的购买意愿,使产品获得竞争力,厂商获得规模回报[①]。

1985,波特最早提出了顾客感知价值(Customer Perceived Value)的概念,

---

①王宗水,赵红,秦绪中.我国家用汽车顾客感知价值及提升策略研究[J].中国管理科学,2016(2):125—133.

即"顾客感知绩效与顾客感知成本之间的权衡"。也有学者认为顾客感知价值是顾客感知质量与顾客感知价格之间的平衡[1]。1991 年,布鲁斯·纽曼(Bruce I. Newman)[2]最早提出了感知价值五个维度:功能性价值、情感性价值、社会性价值、认知价值、条件价值。其中,功能性价值是服务质量和基本功能完成的感知;情感性价值是情感方面获得的效用;社会性价值是顾客使用产品或服务后感受到的社会效用;认知价值是产品或服务的感知新鲜度;条件价值是在特定的情境和条件下感知获得的价值。

在当代的市场环境中,人们对精神的需求日益增加,从而出现了各种形式的服务商品。旅游和快递服务产品就是一个例子。目前存在的国内旅游产品定价理论基本上由工业产品定价理论演变而来,在本质上没有进行改变和创新。在定价实践中,许多企业总是基于本身经营状况的表现来决定价格的提升还是降低,而非真正从旅游产品的本质来进行分析。旅游产品实质上是一种典型的服务产品,当然也是一种文化商品。顾客对服务的感知价值在旅游产品尤其是景区旅游产品的定价过程中起着不可忽视的作用。

**二、基于顾客感知的旅游景区商品定价策略**

随着人们物质生活水平的提高,旅游产品逐渐成为人们关注的热点问题。但旅游价格的制定仍然没有一套可以遵循的标准。"门票经济"、旅行社的旅游商品价格(零负团费、旅游购物等)、导游薪酬以及政府对上述价格的监管和规制问题,一直未得到解决。旅游景区企业的商品与服务的供给,包括食、住、购和娱等多方面,其价格策略将直接影响旅游消费决策。因此,探究景区企业的经营理念和价格策略,矫正不恰当的价格决策,对于促进旅游经济健康发展来说十分重要。

目前,景区内产品的高价策略,会降低旅游消费者的满意度与忠诚度,从而削减景区企业的利润。在现代社会发展中,随着市场经济制度越来越完善,旅游者所获得的旅游消费信息越来越完备,损害社会公众福利和经济效益的

---

①Moreland R L, Myaskovsky L. Exploring the Performance Benefits of Group Training: Transactive Memory or Improved Communication[J]. Organizational Behavior and Human Decision Processes, 2000(1):117- 133.

②Sheth J N, Newman B I, Gross B L. Why we buy what we buy: A theory of consumption values[J]. Journal of business research, 1991(2): 159-170.

做法已经成为消费大众和经济学家们的众矢之的。此时,如果景区商品服务经营者无端制定高价,将直接影响景区企业的社会形象,降低顾客满意度,阻碍企业实现利润最大化。从经济学的角度来看,旅游消费服从于需求定律,即当商品价格提高时,其需求量将下降。因此,高价策略将抑制旅游消费者的购买欲望,不仅会减少旅游者当次的商品服务购买量,而且可能影响到旅游者的重游决策行为,最终将导致景区的旅游收入难以增长。

价格是营销组合策略中极其重要的元素之一,价格水平与价格结构是否合适,将直接关系到企业目标能否实现极大化。景区商品服务定价策略应该明确景区企业的价格战略与价格目的,规范景区商品服务的定价程序,选择恰当的定价方法。在多方因素的考量下,基于顾客感知价值的定价策略十分适用于旅游产品的定价。针对旅游产品的顾客感知价值,主要包括以下几个方面①。

1. 产品。产品即旅游产品自身的属性,包括旅游产品的特质、文化内涵、便利性等。换言之,产品本身所具有的价值越高,消费此类产品,顾客所获得感知价值就越高。

2. 服务。各类旅游企业(包括旅行社、景点管理部门等)向顾客提供的其他服务有关的属性,是顾客对服务的感知价值要点。服务属性与各类旅游企业的员工服务水平紧密相关。例如,接待人员的服务态度、技巧、水平和对投诉的处理等。

3. 形象。指与旅行社自身形象有关的各种属性。品牌、符号、视觉识别都属于形象类属性。国内很多旅行社已经开始重视塑造自身形象,但是在建立品牌方面的投入仍然不够。

4. 信任关系。顾客忠诚与信任关系息息相关,对老顾客而言,这类属性是顾客感知价值的重要构成。例如,某旅行社在为某单位的职工提供的数次旅游服务中,导游服务水平高、服务耐心认真等都会让该单位的职工与其形成信任关系,进而有可能转化为顾客忠诚。

制定景区商品服务价格必须充分考虑顾客感知价值对景区商品服务市场价格形成的影响,正视顾客感知价值对于景区商品服务价格的约束作用,把增

---

①李林.基于顾客价值的湖北省旅游产品策略研究[J].中国市场,2009(45):40—41.

加旅游消费者的满意度和忠诚度作为企业长期发展的重要手段。由于实际价值是顾客形成感知价值的基础与前提,因此,制定景区商品服务价格时,不仅应考虑到提供商品服务耗费的成本、市场隔离有效性等因素,更应考虑景区所提供的商品服务给旅游者带来的实际价值[①]。

### 三、基于顾客感知价值的快递服务定价策略

随着电子商务、跨境贸易的快速发展以及各行业外包比例的提高,物流需求不断扩张[②]。快递服务市场竞争主要表现在快递价格的竞争和服务水平的竞争。很多快递企业为了获取市场份额,采取低价竞争策略,使得快递服务的质量得不到保证,顾客的服务要求无法得到满足,直接导致顾客投诉增加,这种现象在我国的国内快递市场尤为严重。快递服务的价格,直接影响顾客对快递服务的选择,对企业的发展至关重要。如何制定合理的价格水平是困扰快递企业的难题。

快递服务作为一种特殊的服务产品,具有一般物流服务的无形性、差异性、不稳定性、过程性等特性,使得顾客购买意愿与快递服务价格密不可分。从顾客的角度出发,在快递服务的过程中,与顾客发生的频繁互动,顾客对快递服务的功能、时效、安全性等方面的评价,构成了顾客对快递服务的感知价值,衡量顾客从快递服务过程中所获得的感知价值。

感知价值的大小代表了顾客对快递服务的重复购买意愿和对快递服务支付意愿的强烈程度。在同等价格水平下,顾客更倾向于高感知价值的快递服务,可见,快递企业的顾客感知价值通过影响顾客购买行为,最终引起快递服务需求量的变动。因此,在快递服务定价中,顾客感知价值是不可忽略的重要因素。若将顾客感知价值融入到物流服务的价格决策中,从顾客的角度出发考虑顾客感知价值对快递服务定价的影响,制定快递服务价格,有利于提高快递服务竞争力,促进快递价格的合理化及避免恶性价格竞争。

快递企业顾客感知价值是顾客在购买并使用快递服务后,在权衡感知所得和所失的基础上,对快递服务效用的多要素综合评价,反映了快递服务对实现顾客期望价值的满意度。对顾客而言,考虑顾客感知价值的快递服务定价,

---

①杨衍江.顾客感知价值与旅游景区商品价格策略的抉择[J].价格月刊,2016(7):63—66.
②中国物流发展报告(2013—2014)[R].中国物流与采购联合会,中国物流学会,2014.

为快递服务质量的反馈提供有效途径,有利于提高顾客满意度;同时有助于顾客在选择快递服务时做出更理性的消费决策。对快递企业而言,把握快递服务的顾客需求和感知价值,对改善快递服务,转变营销理念至关重要,使企业获得更大利润的同时有效避免恶性的价格竞争。对整个快递服务市场而言,基于顾客感知的快递服务定价策略,使各企业均能以合理的价格运行,有利于打破企业间的恶性竞价态势,转向关注服务价值的创造,也有利于稳定市场秩序及促进快递行业的长远发展①。

快递价格与顾客服务感知具有交互作用②。顾客在选择快递服务时,通常将该快递服务价格与心理认知价格进行比较,形成对该快递服务的感知价格。基于对快递服务的价值感知而形成的可接受价格称为认知价格。在心理认知价格不变的情况下,快递服务价格越高,顾客形成的感知价格也越高。另外,从利失的角度分析,顾客感知价值可以分为感知利得和感知利失,感知价格越大,感知利失就越大,相应的感知利得就减少,顾客综合对比感知利得和感知利失形成对该快递服务的感知价值。感知价值直接影响顾客对该快递服务的购买意愿,促使顾客向他人推荐和重复购买行为的发生;同时,快递服务的顾客感知价值提高也会提高顾客对该快递服务的认可价格。

顾客感知价值表示顾客对企业所提供快递服务的最高支付意愿。只有当顾客感知价值大于顾客使用快递服务所花费的成本时,顾客才愿意支付快递服务价格,并获得满足感。顾客感知价值决定了快递服务价格的上限。快递企业的服务成本决定了最低价格,形成快递服务价格的下限。而竞争对手的价格和服务作为快递服务价格决策的参考点,调节着服务价格在价格上下限之间的变化幅度。

通过顾客感知价值的概念可知,快递服务顾客感知价值是一个多因素、综合的、主观的复杂变量,而快递服务定价中涉及的成本、需求等因素均是客观的可度量的变量。由于顾客感知价值是一个抽象概念,运用数理模型等方法将其量化极其困难。因此,人类学的特殊方法为顾客感知价值的具体化提供了一条捷径。通过对顾客购买意愿等的调查访问,来衡量其消费商品或服务

---

①吕宏晶. 跨境电子商务中产品定价的方法与技巧[J]. 对外经贸实务, 2016(2):69—71.
②刘志新.基于顾客感知价值的快递服务定价研究[D].大连:大连理工大学,2015.

所获得的感知价值,为顾客感知价值与企业定价策略的结合提供可能。

## 第四节  文化产品的定价研究

文化产品能够满足人们的精神需要,包含了教育与学习、交际与情感、娱乐与消遣等多方面的产品,具有艺术性、文化性等特征[①]。文化产品代表了现代社会不可或缺的一种价值观念导向,反映着消费者的内心需求及价值导向,可反映在产品的种类、式样和用途中。

文化产品分类的本质在于,表达了人类从不同角度、以不同的理论模式对存在的认识,源于对象自身所构组的世界多样性,使对象在不同的机会中被解释,从而其含义被重新规定。关于文化产品的内涵及分类,已在第四章做了详细的阐述。本章着重考虑文化产品的定价问题。

文化产品是一种精神产品,具有隐性价值。文化产品固有的属性,使文化产品具有与一般物质产品不一样的定价方式,从而使企业在文化产品定价方面具有不确定性。随着消费者对文化产品需求的不断增加,文化市场日趋昌盛,国家的相关政策也引导着文化产品向更高的目标和层次迈进。由于文化产品自身具有与一般物质产品不同的特点,许多企业在对其进行价格定制方面采用了不同的方法,比如成本定价法、利润定价法等。这些方法无一例外都是从经济理论的角度来对文化产品这一具有特殊性的物品进行定价,缺乏对文化产品自身特点的考虑。因此,目前存在的研究文献中,多数文化产品的定价是从定价机制方面进行研究,试图从价格差异方面来研究文化产品的特殊性,从而帮助企业提出相应的价格策略,将会更全面、更具体,进而提高文化市场的有效性。对文化产品价格差异的研究,主要包括价格歧视以及溢价控制。

### 一、基于价格歧视的文化产品定价策略

价格歧视界定及特性。价格歧视[②]是一种差别定价,通常指面向不同的消费者,商品或服务的供应者在提供相同等级和质量的商品或服务时,在消费者之间定制不同消费价格或收费标准。它是一种重要的垄断定价行为,是具有

---

①李佳.中国文化产品贸易现状及定价分析[J].财讯,2016(3):5—8.

②时奇,唐丁祥.大数据营销、价格歧视与技术创新[J].统计与决策,2016(14):55—58.

一定市场势力的企业通过差别定价来攫取超额利润的一种定价策略。价格歧视有三种形式,分别为一级、二级、三级价格歧视。在价格歧视的定价策略中,供应者向每个消费者收取不同价格,希望每个消费者为购买其想要的每单位商品,所愿意支付的最高价格,称为保留价格。向每个消费者收取其保留价格的行为称为完全一级价格歧视。然而在实际市场中,完全一级价格歧视几乎是不存在的。首先,对每个消费者收取不同价格的做法是不现实的;第二,供应商并不知道每个消费者的保留价格,即使供应商对每个消费者询问其愿意支付的最高价格,也未必得到真实的答复。因此,一级价格歧视往往只存在于理想条件下。

文化产品所具有的无形价值,导致它的定价方式有别于一般的商品。研究具体价格差别的目的在于,使供应商在文化市场上综合考虑文化产品的升值空间、品牌效应等因素,从而使文化市场保持良性的竞争。

文化产品实施歧视定价的目标。通常情况下,产品的定价目标有以下四种[1]:追求利润最大化、扩大市场份额、获取现金以满足经营活动中对现金流的要求、树立品牌形象。对文化产品实施歧视定价,来实现利润最大化的前提是进行准确的消费群体细分和市场定位,使特定的文化产品有针对性地迎合消费者独特的需求,实现产品结构与需求结构的契合,避免营销渠道不匹配所带来的成本浪费。

一般来说,以利润最大化为定价目标的企业往往定位于高端消费市场。追求现金流目标的企业往往以占据上游产业链为途径,通过大量创新提升企业的核心竞争力,从而快速地获取现金流。以市场占有率为目标的企业需要谨慎权衡文化产品的成本、消费者的需求及需求价格弹性,不能一味地以低价策略占有市场,不利于企业的长期发展。以塑造品牌形象为目标的企业,可以针对需求价格弹性不高的产品制定一个稍高的价格以区分本企业和其他企业的文化产品,树立本企业产品高质量、高水准的高端品牌形象。但是,这种高价策略要以文化产品自身的相对优势和消费者的效用和承受能力为前提,而不是价格虚高。不论以何种目标为文化产品的定价目标,企业都应当充分考虑不同消费者群体的需求偏好、需求价格弹性和文化产品的成本,在此基础上

---

[1]李翔,褚蓓.基于价格歧视的文化产品定价策略[J].财讯,2016(3):64—66.

制定歧视价格策略。

文化产品的歧视定价策略。应用价格歧视理论,文化产品定价策略主要有以下几种形式[①]:

1. 细分顾客群体歧视定价法。针对不同的细分顾客群体,对同样的文化产品收取不同的价格。例如,对普通群体和学生群体制定不同的电影票价,因为这两类消费群体面临不同的收入约束和需求价格弹性。如果生产和提供文化产品的企业制定较低的价格,就会损失掉普通群体原本愿意支付的那一部分差价;如果企业制定较高的价格,无疑会损失掉学生群体的购买力。因此,针对不同细分群体制定的价格歧视策略,对企业实现其定价目标有明显的推动作用。

2. 地区、位置歧视定价法。该方法是指提供文化产品的企业根据所提供产品的地理位置的差别向消费者索取不同的价格,该价格并不取决于文化产品自身的成本。例如,消费者在观看演唱会、话剧时,同样的演出内容在不同的影院、剧院收取的价格不同;同样的影院、剧院中不同的位置收取的价格亦不同。对于需求价格弹性较小的消费者而言,他们更加注重消费某一文化产品时的心理感受,愿意支付更高的价格。

3. 时间歧视定价法。企业根据提供文化产品的不同时间收取不同的价格,例如,商家在黄金时段和其他时段向电视台支付的广告费用有明显的差别,电影票价在工作时间往往享受一定的折扣。这种时间歧视定价策略使企业面临一个较为平滑的消费量,即产品供给量,从而节约成本。

4. 产品外观歧视定价法。企业在提供某一文化产品时,根据产品在外形、包装、式样等方面的差别制定不同的价格,比如精装书和平装书的实质内容并无差别,但由于包装的精美程度不同,消费者需要支付的价格就有所区别;限量版产品与正常产品往往在质量、功能方面相同,仅是由于产品的外观不同就索取不同的价格。这种歧视价格策略,使得对产品某一方面特性有特殊偏好的消费者愿意支付更高的价格。

文化市场的日趋繁荣使得消费者的需求形式更加多样化,企业应该充分考虑消费者的需求特点,针对不同的消费者以及自身所处的市场地位,定制不

---

①李佳.中国文化产品贸易现状及定价分析[J].财讯,2016(3):5—8.

同的价格目标,选择合适的价格歧视策略确定价格区间。在全面理解文化产品特性的基础上,文化企业应该把握市场规律,制定适合自己发展的定价策略。对于文化产品的定价,基于文化产品的特殊性,差别定价中的价格歧视方法是目前使用最为广泛的定价方法。企业在充分理解文化产品本质的基础上,灵活把握消费者的心理需求、收入约束条件、价格弹性等因素,综合、全面地制定出既能够迎合多数消费者需求,又能实现企业利润最大化、市场占有率等目标的价格策略。

### 二、基于溢价控制的文化产品定价策略

文化产品的溢价控制。具有一般商品属性之外的额外劳动和额外价值,称为附加值。文化产品的溢价就是文化产品的高附加值以及文化产品价值的不断延伸。不同于经济术语中的溢价[①],文化产品的溢价源于文化的多元异质性和生产主体的差异性。正是这种特性,使消费者对于文化产品附加值无法进行准确的判断,进而无法准确认知文化产品的价格,为文化产品的溢价提供了可能性。

文化产品的溢价不仅表现在价格上,还体现在文化产品价值的不断扩展上[②]。文化产品的价值,不是固定不变的,而是在消费者与文化产品的互动过程中不断变化的。文化产品的精神性本质,使文化、人与文化产品紧密地联系在一起。三者之间复杂的作用关系,一方面使得人们很难判定文化产品的价值与价格;另一方面使得文化产品具有附加值,获得了溢价效应。文化产品的溢价效应是文化、人、文化产品三者,相互影响、相互作用的结果。

文化产品因关乎人们的精神生活、文化需求,因而人对于文化产品的效用感受是第一位的。效用感受是人们衡量文化产品好坏的一个重要标准。其次,在文化、人、文化产品的作用关系中,人总是在发挥着主观能动性来生产文化产品,没有人的创造,文化产品也就不复存在。再次,文化产品与人们生活的紧密联系,增加了文化产品价值的拓展空间。实际上,文化产品的溢价是人类精神生产与实际利益间复杂关系的体现。通过改善外部环境、完善人才培养体系、健全市场机制、完善法律法规等措施,使精神生产成为一种稳定的生

---

①李彬.文化企业并购高溢价之谜:结构解析、绩效反应与消化机制[J].广东社会科学,2015(4):37—43.

②周麟欣,马英杰.论文化产品的溢价控制[J].黑河学刊,2015(9):30—32.

产过程,从而大大地提高文化资源向文化资本、经济资本的转化效率,提升、扩大文化产品附加价值,实现文化产品的溢价。

# 本章小结

在 21 世纪,物质商品极大丰富,人们的精神境界逐步提高,对商品的需求越来越高,使得市场环境越来越复杂。在市场经济中,文化扮演着越来越重要的角色,其研究范围逐步延伸到商品经济中,不断地影响产品经济的发展,尤其是产品价格的制定。

传统的定价方法已不能适用于日趋复杂的市场环境中,商品种类日趋完善,服务等虚拟商品已占据市场的大半份额。对此,企业需要认清产品的本质内涵,运用合理的定价策略才能不至于处于被动地位。人类学家认为,商品所传达的是人与文化之间的紧密联系,蕴藏着顾客的消费心理及感知价值。因此,他们认为影响产品价格的因素不仅包括成本、竞争等市场因素,还包括消费者购买欲望、感知利得与利失等文化因素。目前存在的四种定价方法:成本导向、需求导向、竞争导向和顾客导向定价法,其中顾客导向定价法才是人类学家研究的重点。由于消费者在市场中所占据的地位越来越重要,顾客导向定价法成为消费者产品定价的主流方法。

顾客感知价值表示顾客对企业所提供产品的最高支付意愿,是消费者在利得与利失之间的权衡,反映顾客对包含质量、品种、价格、服务、信誉、速度等要素的产品或服务的综合满意程度,与产品价格有着直接的关系。需要借助人类学家的特殊方法及理论,包括民族志观察,参与式观察等方式,来对消费者的内心活动进行深入探究,从而使其具体化,帮助企业进行合理的产品定价。

文化产品作为人类学家研究的焦点,代表了一种价值观念导向,其定价方式已成为一个热门话题。文化产品所具有的文化性等特点,使其区别于一般商品。根据不同文化产品的差异对其实行歧视定价策略,包括细分顾客群体歧视定价法、地区、位置歧视定价法、时间歧视定价法、产品外观歧视定价法以及对文化产品附加值的溢价控制,有利于文化产业健康快速的发展以及文化市场日趋繁荣。

〔案例链接〕

企业打响价格战

"价格战"一般是指企业之间通过竞相降低商品的市场价格展开的一种商业竞争行为,其主要内部动力有市场拉动、成本推动和技术推动,目的是打压竞争对手、占领更多市场份额、消化库存等,如沸沸扬扬的京东当当价格战,云计算价格战,基金费率价格战,UBER 与滴滴打车价格战,京苏价格战等。同时,价格战也泛指通过把价格作为竞争策略的各种市场竞争行为。

国内企业竞争同质化情况严重,因此中国企业的价格战更容易爆发。中国市场经济发展时间较短,还很不成熟,大部分行业都有众多的企业参与市场竞争,这些企业规模很小、效率较低,成为"价格战"的沃土。而西方市场已比较成熟,在几个势均力敌的寡头企业的控制下,通过"价格战"来获利的可能性越来越小。

一、京东当当价格战①

京东当当价格战是指京东网和当当网就图书展开的价格战。据京东商城CEO 刘强东透露,其价格战源头是"当当在图书供应商对京东的封杀",京东宣布图书"直至价格降到零"。随后当当宣布斥资 4000 万进行 3C、百货、图书等产品大幅降价,数小时后京东则宣布开展 8000 万元的促销。

2010 年 12 月 21 日上午消息,针对京东商城在微博向当当发起价格战一事,微博诸多业内人士发表了看法,他们认为,京东发起的是一场典型的柔道战,并认为京东当当之争是一场现实版的"官渡之战"。

京东第一轮融资发生在 2007 年 4 月 10 日,投资人是今日资本,投资金额为 1000 万元;第二轮融资发生在 2008 年年底,共获得今日资本、雄牛资本、亚洲著名投资银行家梁伯韬私人公司共计 2100 万美元的联合注资;第三轮融资发生在 2011 年,包括俄罗斯投资者数字天空科技公司(DST)、老虎基金、高瓴资本、红杉中国等机构,融资金额高达 15 亿美元。

运营 8 年、亏损 8 年,IPO 无果,以逐利为本性的风投资本家们,急切寻找

---

①案例来源于:http://tech.ifeng.com/internet/special/360buypkdangdang/.

一个突破口,而据媒体报道,依然差钱的刘强东正欲启动第四轮融资,金额达10亿美元,并委托美银美林、摩根大通为其物色,但尚未达成任何交易。此前的风投家们,似乎无意再继续追加投资。

对于风投来说,7年就已经是投资时间的上限了,"上市遥遥无期,三轮融资后依然亏损,风投除了焦虑之外,很可能选择止损,不再追加投资。那么,京东就很可能成为资本的弃儿"。如此背景下,陷入融资—亏损—融资的刘强东无疑也会感受到资本的焦虑。选择背水一战,通过价格战急速提高市场占有率的选择,就不难理解了。以下我们对这个价格战概况做一些介绍。

第一轮价格战:2010年12月,在当当网刚刚赴美上市之后,京东CEO刘强东就在其微博发文称,京东新兴起的图书业务遭当当"封杀",并率先降价促销,挑起价格战。当当网随后号称斥资上千万展开促销用以反击,双方正式开打价格大战,后因新闻出版总署介入而终止。

第二轮价格战:2011年3月第二轮价格战再起,京东商城CEO刘强东宣布,不允许公司的图书部门盈利,以对抗老牌图书电子商务上市公司当当网的低价策略。2011年3月14日,当当网CEO李国庆对外表态:如果和当当网拼低价,当当网一定会报复性还击! 2011年3月15日,当当网宣布:自即日凌晨起的48小时内,图书/音响全场满200元,将享受返还100元的待遇。很快,竞争对手京东商城则推出"满100返50、满200返100"的策略来应对。

对于此次图书价格战,李国庆还表示,"价格战仍是中国电子商务竞争的主要手段",当当网不仅要打,还要"继续打三年"。而京东商城CEO刘强东也毫不示弱称"要打就要来狠的",禁止图书部门五年内盈利。刘强东表示,京东跟所有竞争对手的老板私下关系都很熟,经常一起聊天、喝酒。作为企业来讲,商业上的竞争伙伴不代表就一定是仇人,所以这次图书大战京东和当当的关系也不会改变。

二、云计算价格战①

随着用户规模的爆发式增长以及云计算成本迅速下降,云计算规模化、集约化运营优势显现,云计算公司正步入业绩快速释放期,而BAT三巨头之间的

---

① 案例来源于:http://www.ithome.com/html/it/253622.htm.

竞争也是日趋激烈。BAT争抢云市场先机,打响云计算产业价格战。

2016年11月2日,阿里巴巴发布2017年第二季度财报,阿里云付费用户数量同比增长一倍,推动营收增长130%,达到14.93亿元。同期,云计算巨头亚马逊AWS收入同比增长55%,微软Azure收入同比增长116%。目前来看,阿里云在国际市场上已经进入市场前三阵营。德意志银行此前的报告显示,截至2015年年底,以营收规模计算,阿里云超过Google云,仅次于亚马逊和微软。对比国内市场,阿里云营收规模是市场第二的10倍。从收入上看,阿里云在整个阿里集团似乎是块小业务,其第二季度收入为14.93亿元,在集团接近343亿元的收入中,占比刚刚超过4%。但是,从其增速来看却相当惊人,营收同比增速高达130%,连续六季度领跑全球,这也是阿里集团整个业务盘子里增速最快的一块业务。

尽管在国内市场上保持大幅领先优势,阿里云并未急于盈利,在连续6个季度保持营收三位数增长的情况下,阿里云在10月连续推出两次大幅降价,对中国区云产品价格进行了大幅下调,最多降价幅度达到了50%。一年17次降价也能够说明,对于阿里来说,云计算板块的用户增长、市场份额提高,比短期的营收增长和利润更为重要。

2016年11月2日,腾讯云也宣布,其四大核心产品主要包括云服务、云数据库、云存储和云安全,将全面调价,最高降幅高达三折。这是近期继阿里云后又一国内最主要云计算厂商大幅调价。腾讯云通过这次调价,可以让更多客户便宜地获得云计算服务,降低运营成本,进而吸引更多人使用云、信赖云,推动云计算产业的良性竞争与快速发展。据了解,这不仅是腾讯云史上最大的一次价格调整,也是目前行业内幅度最大的一次调价。

继百度开放云更名百度云实现品牌战略再升级后,百度云基础产品也迎来一波抢购热潮。百度云品牌升级促销活动以"在云端见未来,无促销不狂欢"为主题,在2016年10月21日至11月3日活动期间,隆重开启云生态专场,全场七五折起购的活动力度欲将"云狂欢"进行到底。

随着我国物联网、大数据、4G通信网络等发展铺开,云计算将获得更大的支持,对云的需求空间也不断扩大,云计算正成为网络信息产业发展的一个重要接入点。腾讯云、阿里云、百度云近期相继降价,这无疑将加速国内云计算行业的洗牌,不具备竞争能力的厂商或将被挤出市场。

　　三、基金费率价格战[1]

　　基金公司的费率优惠战愈演愈烈，越来越多的基金开始推行"零申购费"，以期吸引投资者。事实上，近年来基金公司一直在想方设法降低对银行代销渠道的依赖，鼓励投资者更多通过基金公司直销平台买基金。

　　例如，中邮创业基金管理公司公告称，为更好地满足广大投资者的理财需求，公司决定自 2016 年 11 月 9 日起对该公司旗下 20 多只产品开通网上直销平台基金定投业务。2016 年 11 月 9 日至 12 月 9 日期间，上述中邮基金旗下产品参加网上直销平台申购及基金定投申购费率优惠的活动，申购手续费为"0"。

　　业内人士指出，申购费率优惠是基金销售中基金公司惯用的手段。如今，结合微信、手机 APP 等互联网技术的应用，这样的活动更多被基金公司采纳，同时传播面和影响面也比以前更加广泛。

　　例如，天弘基金也公告称，为满足广大投资者的理财需求，天弘基金决定于 2016 年 11 月 10 日至 2016 年 11 月 11 日，对使用余额宝支付功能申购该公司旗下部分基金的投资者开展申购费率优惠活动。具体而言，投资者如果用余额宝支付功能申购（含定投）该公司在天弘基金支付宝服务窗、天弘基金官方微信、天弘基金爱理财 APP 平台的基金，包括天弘中证 500 指数型发起式基金、天弘中证医药 100 指数型发起式基金、天弘永定价值成长混合型基金、天弘永利债券型基金以及天弘添利债券型基金等，将获得优惠。

　　业内人士强调，申购费用只是投资基金多种收费中的一种，免除申购费用后，投资者仍然需要承担管理费以及之后的赎回费用等。经过几年时间的调整，目前基金申购、认购费率已经不高，四折已经是常态，对于申购金额较大的投资者来说，免申购费是可以省不少钱，但对于申购金额较小的投资者来说，省的钱有限。

　　此外，除了基金公司之外，不少第三方基金销售平台也大打费率优惠牌。目前，大多数第三方基金销售平台的申购费也从以往的四折下降至一折，部分产品甚至也给出了零申购费的优惠。

　　对于基金价格战愈演愈烈的现象，有基金分析师认为，费率优惠的本质是

_____

　　[1]案例来源于：http://finance.ifeng.com/a/20161108/14991776_0.shtml.

基金公司让利于投资者的一种方式,旨在提升基金产品的投资价值,但是如果没有提升公司自身投研实力,只是一味让利,那么无疑只会形成恶性循环,对于公司长远的发展并无益处。反之,对于一些综合投资能力强,机构业务与散户业务均衡发展的基金公司来说,实施费率优惠可能会带来更多增量,"薄利多销"之下也有望带动基金公司盈利水平的提升。

### 学习思考题

1. 不同学科视角下,产品价格的影响因素是什么?

2. 如何从人类学家的角度来分析产品以及产品价格的相关理论?

3. 如何理解顾客感知价值与产品价格之间的关系?

4. 如何将歧视定价法应用于文化产品中?

5. 通过对本章案例的学习,你有哪些收获?我们应当如何从人类学的角度来理解和分析本章案例?

# 第九章　人类学与营销渠道

**本章摘要**　进入 21 世纪以来,中国经济飞速发展,人们的物质追求得到极大的满足,精神追求不断提高。产品种类的日益丰富要求市场营销渠道建设逐步完善。但在流通领域,由于体制不够健全,依然存在很多问题,在一定程度上阻碍了经济的发展。本章从人类学视角,梳理与营销渠道相关的理论,包括渠道结构、渠道关系理论、渠道行为理论等;揭示信息时代下互联网营销渠道的优势及存在的冲突以及营销组合的网络路径;阐述民族文化产品的营销渠道问题,为改善民族文化产品营销渠道管理提出建议。人类学家对营销渠道研究的重点,在于渠道成员之间互动所引发的渠道中存在的人际关系问题,并从费孝通先生的"差序格局"理论角度进行分析,阐述人类学家为社会经济稳定健康发展做出的贡献。

## 学习目标

1. 学习和掌握营销渠道的内涵、结构以及渠道关系理论和渠道行为理论。

2. 学习和了解营销渠道领域的人类学研究重点。

3. 学习和了解"差序格局"的理论及概念。

4. 学习和了解网络营销渠道的优势及劣势。

5. 学习和了解民族文化产品的营销渠道建设

# 引　言

销售渠道或者渠道,是营销渠道或分销渠道的简称,指的是产品由生产者向消费者或用户转移过程中发挥必要功能的组织或个人及其活动。销售的根本作用是实现产品的价值交换。销售渠道,既是企业实现产品价值转换的通道,也是企业最重要的无形资产之一。但销售渠道的形态,并非一成不变。从实践来看,能够及时根据销售渠道的变化而调整渠道策略的企业,才能立于不败之地。相反,如果固守原有的渠道,则往往会被市场所淘汰①。

销售渠道产生于商品交换之际,并非一个现代才兴起的概念。早在古人以物物交换为主要贸易形式之时,销售渠道便已产生了。在交通工作十分落后,自给自足的生产模式又无法满足人们的物质需求时,"茶马古道"和"边境贸易"便产生了。茶马古道是指存在于中国西南地区,以马帮为主要交通工具的民间国际商贸通道,是中国西南民族经济文化交流的走廊,源于古代西南边疆的茶马互市,兴于唐宋,盛于明清,二战中后期最为兴盛。茶马古道分陕甘、陕康藏、滇藏公路,连接川滇藏,延伸入不丹、锡金、尼泊尔、印度境内,直到西亚、西非红海海岸。茶马互市,最早出现于唐代,但直到宋朝才成为定制,满足了封建王朝对战马的需要,又为朝廷提供一笔巨额的茶利收入解决军费之需②,在古代中国对外经济文化交流和古文明传播中,起过重要的历史作用,是历史上西藏地区各族人民和中华各族人民同生共存、团结和睦的桥梁和象征,也是少数民族与汉民族不断交融发展的历史画卷,更是西藏自古以来是中国的一部分的历史见证,一直受到包括人类学家在内的学者关注③。

中国加入 WTO 以后,遭遇国际间的贸易摩擦越来越多,尤其是在边境地区。为了顺应和平的时代发展潮流,保证我国的长治久安,积极营造和平的贸易氛围,我国必须重视边境地区的贸易活动。边境贸易是指边境地区,在一定范围内边民或企业与邻国边境地区的边民或企业之间的货物贸易。边民互市贸易是边境贸易的主要形式,是基于边民个人间买卖行为的一种贸易方式,边

①王基道.销售管理三驾马车[M].北京:经济管理出版社,2016:38—120.
②格勒.茶马古道的历史作用和现实意义初探[J].中国藏学,2002(3):59—64.
③王丽萍.试论滇藏茶马古道文化遗产廊道的构建[J].贵州民族研究,2009(4):61—65.

境居民在规定的开放点或指定的集市上,以不超过规定的金额,买卖准许交换的商品。小额贸易是边境贸易的另外一种主要形式,指边境地区的商贸公司,与邻国边境地区的贸易机构或企业之间进行的小额贸易①。

长期的实践证明,边境贸易作为一条我国对外贸易重要的补充渠道,也是开拓边境地区财源的一条有效途径,扩大其开放程度,有利于两国人民的交往,有利于生产,有利于流通,有利于消费。因此,对边境贸易要实行积极、慎重、放手发展的方针,采取多层次、多渠道、多形式、多内容的基本政策,扩大开放度。从市场营销的角度来看,茶马古道和边境贸易作为一种特殊的渠道,承载着多个民族乃至多个国家的贸易往来,实现了不同国家以及不同民族的贸易互通。其渠道成员一般只有商家和购买者,属于现代营销概念中的"直销",避免了因中间商存在而产生的冲突,双方交易简单快捷。

从人类学的角度来看,茶马互市和边境贸易活动所处地的文化差异性大,市场规则不明确,贸易体制不健全,交易的顺利进行依赖于双方长期建立起来的信任关系以及不成文的交易习惯和约定俗成的文化约束。在历史大背景下,对比茶叶与马匹的价值来看,茶马古道与其说是贸易流通的渠道,不如说是一个改善民族关系,发展民族政治的渠道,蕴含着丰富的文化内涵以及人文本质,因而成为人类学家研究的一个重要领域。在中国多民族的、统一的封建国家形成和发展过程中,茶马互市对推动边疆和中原经济发展和各民族间文化交流,使汉族与边疆少数民族之间的关系更加紧密,维护民族的团结和国家统一;而边境贸易同样也是改善边境国家人民关系的一种渠道,不仅是贸易流通渠道,也是文化沟通渠道,消费理念的沟通渠道,是经济人类学家关注的重点。总之,无论是茶马互市还是边境贸易,在依托销售渠道来完成贸易过程的同时,也记录了中国的传统文化的足迹,是我国重要的非物质文化遗产,更表现了一种"文化认同""民族认同""国家认同"的理念②。

改革开放以来,随着经济体制改革的逐步深入,非国有制经济的崛起,国有制经济产权制度的改革,在多数商品的生产领域形成了多种所有制并存,平等竞争,优胜劣汰的格局。我国社会主义经济得到了前所未有的高速发展,流

---

①崔玉斌. 我国边境贸易研究热点述评[J]. 国际贸易问题, 2007(5):123—126.
②杨庭硕. 相际经营原理[M]. 贵阳:贵州民族出版社,1995:33—219.

通作为经济运行的关键环节,对经济发展的作用更是不容忽视,不断改革和完善流通体制成为发展我国经济的重要内容之一①。

市场竞争的加剧使销售渠道的建设越来越重要。早期,许多企业依靠代理商、中间商建立自己的销售关系,获得丰厚的经济效益。在公,双方共同发展;在私,双方负责人建立了良好的人际关系。但是,随着企业的发展壮大,代理商、中间商发展到了一定的规模,之前建立的人际关系此时成了公司迈向更高平台的障碍。在人类学家看来,有些代理商和经销商终会脱离公司,仅仅靠人情来维系的经销代理体系很容易散伙或瘫痪,市场份额会渐渐被竞争对手侵袭,更不用说拓展新的市场②。只有从发展新的销售渠道,改变组织结构入手,才能使企业迈向更高的发展阶段,在不断的变化中求得发展。

我国著名人类学与社会学家费孝通先生,在其《乡土中国》一书中所提出的"差序格局"这一极为重要的理论概念,形象地概括了中国传统社会的社会结构和人际关系的特点。费孝通教授认为,在中国,我们的格局不是一捆一捆扎清楚的柴,而是好像把一块石头丢在水面上所发生的一圈圈推出去的波纹,每个人都是其社会影响所推出去的圈子中心,又被圈子的波纹所推及从而形成一种联系,每个人在某一特定时间和某一特定地点所动用的圈子,并非一定相同③。这一概念揭示了中国社会的人际关系是以己为中心、逐渐向外推移的,表明了自己和他人关系的亲疏远近。这个具有中国特色的人类学概念,对于我们学习和研究现代市场经济条件下的人际关系,特别是市场营销渠道系统内人际关系及其互动,具有十分重要的指导意义。

## 第一节　营销渠道理论概述

对于销售渠道,各个学者理解不一。市场营销理论界的学者一致认为,销售渠道是指产品从生产者向消费者转移所经过的通道或途径,包括生产、分销和消费货物或劳务的所有企业和个人④,它是由一系列相互依赖的组织机构组成的商

---

①李庆文,许利华. 对深化我国流通体制改革的一些思考[J].中国经贸导刊,2010(17):82.
②张继焦. 构建有效的分销渠道[J]. 北京工商,2001(7):27.
③费孝通.乡土中国·生育制度[M]. 北京:北京大学出版社.1998:26.
④郭国庆.市场营销学通论(第 4 版)[M].北京:中国人民大学出版社,2009:255.

业机构,即产品由生产者到用户的流通过程中所经历的各个环节连接形成的通道。销售渠道的起点是生产者,终点是用户,中间环节包括各种批发商、零售商、商业服务机构(如经纪人、交易市场等)。正确运用销售渠道,可以使企业迅速及时地将产品转移到消费者手中,扩大商品销售,加速资金周转,降低流动费用。

目前已有许多学者对营销渠道领域进行了深入的研究。有学者提出了概念的、实证的和微观经济学的三种营销渠道研究方法。曼弗雷德·克拉夫(Manfred Krafft)①等人基于上述分类,回顾各个研究方法在权力依赖关系、关系结果、冲突、治理机制、渠道结构和渠道选择以及议价等渠道研究领域中的应用,并总结出相应的贡献、缺点、发展趋势及未来方向等。概念性研究关注理论的发展,而不是数据的展示。大部分的概念性研究出现在渠道发展的初期,尤其在权力依赖关系、渠道结构和渠道选择等领域尤为明显。人类学对营销渠道研究的主要贡献,就在于概念的构建和阐述方面。

比如,经济人类学家卡尔·波兰尼(Karl Polanyi)②就曾大量使用"再分配"和"互惠"等概念来表述原始部落的交换活动。互惠性是货物和服务相互交换的基本内容,公平合理是互惠的基本要求。这种相互作用的互惠模式,成为人们经济社会生活的一部分,而非仅仅是支付和计算的交换条件。再比如,波兰尼和实质主义者使用"嵌入式"这一概念,来表示经济大转变过程中的市场构造。市场经济活动是人类生活的一个独特和分散部分,而交换和分配则嵌套在整个文化和社会框架之内③。关于概念性研究的贡献,可分为四种:想象、说明、关联和争辩④。

根据经济学学科和社会学学科的相关知识,渠道领域的主要理论框架划分为经济基础(theory-based)理论和行为基础(behavior-based)理论。其中经济基础理论是指那些倾向于关注经济效益的理论,包括交易成本理论、代理理

①Reinartz W, Krafft M, Hoyer W D. The customer relationship management process: Its measurement and impact on performance[J]. Journal of marketing research, 2004(3) 293-305.

②Arensberg C M. Trade and Market in the Early Empires: Economies in History and Theory, Edited by Karl Polanyi, Conrad M. Arensberg and Harry W. Pearson[M]. NY:Free Press, 1957:33-223.

③Polanyi, K. The Economy as Instituted Process, in E LeClair and H. Schneider(eds.) Economic Anthropology[M].New York: Holt, Rinehart and Winston,1968:89-210.

④Krafft M, Goetz O, Mantrala M, et al. The evolution of marketing channel research domains and methodologies: an integrative review and future directions[J]. Journal of Retailing, 2015(4): 569-585.

论、博弈论和资源依赖理论。行为基础理论则指那些用人类学、社会学、社会心理学或组织理论等进行解释的理论,如权力—依赖与冲突理论、关系规范理论、承诺信任理论和网络理论。人类学对营销渠道研究的贡献,主要在于倡导应用民族志的手段获取大量的第一手资料,并从文化的角度对渠道管理进行分析研究,提出营销渠道文化差异管理的路径[①]。总的来看,营销渠道理论有三大研究主题:第一是研究渠道的结构,探讨渠道是怎样构成的;第二是研究渠道关系,探讨渠道成员之间的关系类型及影响因素;第三是研究渠道行为,探讨渠道成员怎样认识、建立和处理渠道关系。

**一、渠道结构**

销售渠道的结构,可以分为长度结构(层级结构)、宽度结构以及广度结构三种类型,构成了渠道设计的三大要素或称为渠道变量。进一步说,渠道结构中的长度变量、宽度变量及广度变量完整地描述了一个三维立体的渠道系统。

(一)长度结构(层级结构)

销售渠道的长度结构,又称为层级结构,是指按照其包含的渠道中间商(购销环节),即渠道层级数量的多少来定义的一种渠道结构。通常情况下,根据包含渠道层级的多少,可以将一条销售渠道分为零级、一级、二级和三级渠道等[②]。

1. 零级渠道,又称为直接渠道,也可以理解为分销渠道结构的特殊情况,是指没有渠道中间商参与的一种渠道结构,产品或服务直接由生产者销售给消费者。零级渠道主要应用于大型或贵重产品以及技术复杂、需要提供专门服务的产品销售。在 IT 产业链中,一些国内外知名 IT 企业,比如联想、IBM、HP 等公司设立的大客户部或行业客户部等就属于零级渠道。另外,DELL 的直销模式,更是一种典型的零级渠道。

2. 一级渠道包括一个渠道中间商。在工业品市场上,这个渠道中间商通常是一个代理商、佣金商或经销商;而在消费品市场上,这个渠道中间商则通常是零售商[③]。

---

①Watson G F, Worm S, Palmatier R W, et al. The Evolution of Marketing Channels: Trends and Research Directions[J]. Journal of Retailing, 2015(4): 546—568.

②朱欢. 分销渠道管理——分销渠道的现状[J]. 销售与市场:商学院, 2014(9):42—45.

③陈道平, 刘伟. 由一个厂商和多个经销商构成的一级分销渠道[J]. 系统工程理论与实践, 2008(12):36—41.

3. 二级渠道包括两个渠道中间商。在工业品市场上,这两个渠道中间商通常是代理商及批发商;而在消费品市场上,这两个渠道中间商则通常是批发商和零售商。

4. 三级渠道包括三个渠道中间商。这类渠道主要出现在消费面较宽的日用品中,比如食品。在许多行业中,一些小型的零售商通常不是大型代理商的服务对象,因此,一级专业性经销商便出现在大型代理商和小型零售商之间,从而出现了三级渠道结构。

（二）宽度结构

渠道的宽度结构,是根据每一层级渠道中间商数量的多少来定义的一种渠道结构,受产品性质、市场特征、用户分布以及企业分销战略等因素的影响,分成如下三种类型:

1. 密集型分销渠道,也称广泛型分销渠道,是指制造商在同一渠道层级上选用尽可能多的渠道中间商来经销自己产品的一种渠道类型。密集型分销渠道,多存在于消费品领域的日用品中,比如毛巾、肥皂、饮料等。

2. 选择性分销渠道,其特点是在某一渠道层级上选择少量的渠道中间商来进行商品分销。

3. 独家分销渠道,是指在某一渠道层级上选用唯一的一家渠道中间商的一种渠道类型。在技术型行业中,这种渠道结构多出现在总代理或总分销一级。同时,许多新品的推出也多选择独家分销的模式,当市场广泛接受该产品之后,许多公司就从独家分销渠道模式向选择性分销渠道模式转移。比如东芝的笔记本产品渠道、三星的笔记本产品渠道等。

（三）广度结构

渠道的多元化选择造就了渠道的广度结构,即组合多种渠道而成的混合渠道模式。比如,针对大的行业客户,公司内部成立大客户部直接销售;针对数量众多的中小企业用户,采用广泛的分销渠道;针对一些偏远地区的消费者,则可能采用邮购等方式来覆盖①。渠道结构可以分为直销和分销两大类。其中直销又可细分为几种:制造商直接设立的大客户部、行业客户部或制造商

---

①张闯,张涛,庄贵军.渠道权力应用、冲突与合作:营销渠道网络结构嵌入的影响[J].商业经济与管理,2015(2):57—67.

直接成立的销售公司及其分支机构等①。此外,还包括直接邮购、电话销售、公司网上销售等等。分销则可以进一步细分为代理和经销两类。代理和经销均可能选择密集型、选择性和独家等方式。

## 二、渠道关系理论

所谓渠道关系,是指营销渠道中各相互依赖的独立机构为促使产品或服务与消费所构成的联系②。或者是整个渠道网络的长期性、互利性、互动性的关系,以及对影响渠道关系的信任、合作等因素的关注③。或者从渠道整体角度来看,渠道关系是指渠道系统中各个成员之间的交往状态和合作深度。人类学家通过研究社会成员之间的互动,包括消费、服务、冲突等表面现象,探究其行为背后的文化本质及影响因素,进而推动社会的发展。对人际关系的研究自然也是人类学家的研究重点,在市场营销领域,人类学家通过对构建渠道关系的成员之间的互动,来探究影响渠道冲突、渠道合作、渠道权利等的内在因素,通过对“人”的研究,发现问题,进而为渠道的建设及健康发展做出贡献。

随着时代的发展,差序格局的主要内容“人伦”已经发生变化甚至被淘汰。利益成为差序格局中影响人际关系亲疏的重要因素。市场经济体制的建立,市场经济的利益导向机制的形成,使得社会成员的利益观念和行为得以展现,利益成为差序格局中决定人际关系亲疏的一个重要维度④。人际关系在差序上的亲疏远近,实质上是利益关系的远近。由血缘关系、伦理维度决定的差序格局,一旦产生,即已固定;而使这种既定关系得以维持和扩展的关键,在于关系双方在互动中对彼此占有的稀缺资源的交换或利益的交换⑤。由此可见,从人际关系角度来看,人类学上对“差序格局”的解释及其现代的内涵,同样适用于渠道关系的理解。

---

①刘国炳、李小青. 现代营销渠道结构演变与企业渠道调整策略[J]. 市场论坛, 2015(10):23—24.

②李先国,王小洋.渠道关系理论研究综述及发展趋势[J].经济学动态, 2011(5):94—97.

③Hollensen S. Marketing management: A relationship approach [M]. NY: Pearson Education, 2015:55-89.

④阎明.“差序格局”探源[J]. 社会学研究, 2016(5):189—214.

⑤童泽林, 黄静, 张欣瑞, 等. 企业家公德和私德行为的消费者反应:差序格局的文化影响[J]. 管理世界, 2015(4):103—111.

（一）渠道成员

广义地说,构成所属行业的任何一个组成部分,都是渠道成员。包括厂商、代理商、经销商、批发商以及用户。由于他们拥有产品或服务的所有权并相应地承担实质性的风险,因此,他们都是基本渠道成员。批发是指一切将物品或服务销售给购买者的活动,并且购买者的目的是转卖或者商业用途[①],从事这一活动的就是批发商,其交易对象除了零售商和批发商外,还有进行大宗购买的企业、机构、团体等客户。一般来说,批发商在销售渠道中居于起点阶段和中间阶段,其任务是向生产企业购进商品,向零售商批销商品,往往交易业务活动结束以后,商品仍在销售渠道中。主要职能有:集散商品、调节供求、沟通产销信息、承担市场风险。

零售是指所有面向最终消费者直接销售产品和服务,用于个人及非商业性用途的活动[②],包括百货店、超级市场、大型综合超市、便利店、仓储式商场、专业店、专卖店、购物中心等。其对象是众多的消费者,在分销渠道中,零售商居于终点阶段。零售商的交易特点是销售量小、交易频繁,在交易过程中或结束后要向购买者提供相应的销售服务。主要职能有:为生产者承担风险,促进销售,提供信息以多种方式为消费者服务。

除基本渠道成员之外,对产品或服务从厂商转移到用户过程起促进作用的渠道成员被称为特殊渠道成员。包括广告公司、公关公司、市场研究机构、运输公司等。相对于特殊渠道成员来说,基本渠道成员对该产业链系统的良性发展起着更为关键的作用。因此,基本渠道成员是销售渠道管理的主要关注对象。抛开具体的产业链,抽取出诸多产业链销售渠道成员的共性,可以概括出基本渠道关系。

（二）渠道关系

渠道关系具有广义的渠道关系与狭义的渠道关系之分。广义的渠道关系是指渠道成员间所有的交易关系,具有长期性、互利性和互动性。狭义的渠道关系是企业与市场交易状态的集合,包含了两者持续交易后若干层级的关系

---

①郭国庆.市场营销学通论(第 4 版)[M].北京:中国人民大学出版社, 2009:268
②郭国庆.市场营销学通论(第 4 版)[M].北京:中国人民大学出版社, 2009:270.

形态①。学者研究表明,渠道关系的模式可以分为交易型渠道关系、关系型渠道关系以及混合型渠道关系。

(三)交易型渠道关系

交易型渠道关系以交易为基础,具有确定的开始时间与结束时间,交易双方只关注自己的切身利益,只考虑短期性交易。处于交易型渠道关系中的交易双方,更倾向于用法律的方式解决矛盾。交易型渠道关系的特征是进行离散型的交易②。由于渠道成员间是相互独立的,除一定的限制要求外,无法对渠道交易双方进行有效的监督与控制。因此,追求自身利益最大化的机会主义行为是渠道成员的特点,双方更加注重产品的价格。

(四)关系型渠道关系

关系型渠道关系的交易基础是无形的感情、信任等,渠道成员间的合作过程是一个持续进行的长期过程,看重双方之前的交易行为表现。处于关系型渠道关系中的成员,都会有长久合作的意向与行为,通过相互承诺与合作进行交流与活动,并不断朝着渠道成员的共同的利益与目标而努力。研究表明,只有成员间不断地进行沟通、合作与交流,才能够使渠道关系得到不断发展。

(五)混合型渠道关系

现实生活中的大多数交易是介于前两者之间的混合型交易模式,或者偏向交易型,或者偏向关系型。因此,混合型渠道关系缺少关系型渠道关系中长期合作及责任与利益共享的机制。但随着市场竞争环境的不断加剧以及企业间相互合作的不断深化,渠道成员间的关系也在不断地发展变化,逐步由短期性的交易型渠道关系向长期合作型的渠道关系转化。

三、渠道关系的生命周期

渠道关系的生命周期理论来源于产品生命周期以及客户生命周期理论概念③。在多种渠道关系的生命周期理论中,关键差别在于学者们对于阶段的划分。渠道关系生命周期理论最先出现在对产业市场中的渠道关系的研究中。

①Samiee S, Chabowski B R, Hult G T M. International Relationship Marketing: Intellectual Foundations and Avenues for Further Research[J]. Journal of International Marketing, 2015(4): 1—21.

②Choi Y, Huang Y, Sternquist B. The effects of the salesperson's characteristics on buyer-seller relationships[J]. Journal of Business & Industrial Marketing, 2015(5): 616—625.

③钟敏.渠道关系理论前沿与文献述评[J].中国乡镇企业会计, 2015(12):13—14.

根据渠道成员的双边合作情况、交易中的不确定性事件、渠道成员间的差异、渠道成员间的合作等情况,渠道成员关系生命周期可以划分为:关系产生前阶段、关系早期阶段、关系发展阶段、长期关系阶段以及最后关系阶段①。

斯文德·郝林森(Svend Hollensen)将渠道关系的生命周期划分为知晓阶段、考察阶段、拓展阶段、承诺阶段以及解除阶段②。托马斯 A.福蒂亚迪斯(Thomas A. Fotiadis)等③从渠道中组织间关系治理的视角出发,遵循"开始—进行—终止"的发展特征,将渠道关系的生命周期简化为三个阶段:关系初始阶段、关系维护阶段以及关系终止阶段。桑迪·杰普(Sandy D. Jap)将渠道关系的生命周期划分为探索阶段、成长阶段、成熟阶段以及衰落阶段④。

我国学者也对渠道关系的生命周期进行了研究,根据影响保持渠道关系生命周期各阶段关系的因素,将渠道关系的生命周期划分为关系考虑阶段、关系形成阶段、关系成熟阶段以及关系衰退阶段。

**四、渠道关系的影响因素**

(一)沟通

通过与分销商的沟通,制造商能够获得额外信息,从而创造经济效益。约翰·内文(John R. Nevin)认为沟通在影响渠道成员的协调、满意度方面起着重要的作用。

(二)信任

信任在维持渠道成员间的关系中起着极其重要的作用。艾琳·安德森(Erin Anderson)指出,在渠道成员的双边关系中,信任会使渠道关系成员的要求得以实现。也有学者认为,信任在渠道关系中是一种非常重要的资本,能够

①Krafft M, Goetz O, Mantrala M, et al. The evolution of marketing channel research domains and methodologies: an integrative review and future directions [J]. Journal of Retailing, 2015 (4): 569-585.

②Hollensen S. Marketing management: A relationship approach [M]. NY: Pearson Education, 2015:22-110.

③Leonidou L C, Aykol B, Fotiadis T A, et al. Betrayal in international buyer-seller relationships: Its drivers and performance implications[J]. Journal of World Business, 2017(1): 28-44.

④Jap S D, Ganesan S. Control mechanisms and the relationship life cycle: Implications for safeguarding specific investments and developing commitment[J]. Journal of marketing research, 2000(2): 227-245.

帮助渠道成员减少相互间的监督与惩罚的成本①。

（三）权力

所谓渠道权力，是指渠道关系中一个成员影响另外一个成员进行决策的能力，换言之，渠道权力指的是一方影响另外一方态度、行为等的能力。渠道关系中，一方对于权力的运用会影响渠道另外一名成员对于整个渠道关系的思考与认识②。渠道权力十分适用于建立厂商与经销商间良好的合作关系。我国部分学者对中国工商企业的渠道进行了研究，并重点研究渠道权力、合作与冲突三者之间的关系。发现强制性权力的使用会导致渠道成员间的冲突，从而使渠道成员间的合作水平降低；非强制性的权力，在一定程度上有利于渠道成员之间的合作。

**五、渠道行为理论**

营销渠道行为理论③研究中间商渠道中不同层级的参与者之间的关联和互动，寻找其中的规律性，主要关注渠道成员如何感知、建立和处理相互之间的关系等问题，以指导企业在营销渠道中更好地进行跨组织管理。虽然营销渠道不排除产销直接接触的直销形式，但是，一般情况下，在商品流通过程中，一条营销渠道多由两个或更多发挥必要功能的机构或个人组成。不同层次的渠道成员之间是相互依存的，换言之，渠道成员在功能上是互补的④。因此，渠道成员之间一般都有共同的目标，例如最终的服务对象相同。将渠道成员专业化，分为批发商、零售商等，专业化的合作能促进渠道成员自身竞争力的提高。因此，在一条渠道上，不同层次的成员之间要有最低限度的合作关系，否则，这条渠道将不存在。

渠道行为理论主要有：交易成本理论，社会交换理论。

交易成本理论基于比较制度分析法研究经济组织制度，围绕"交易费用节约"这一中心，把交易作为分析单位，找出区分不同交易的特征因素，分析出不

①Pourabedin Z, Foon Y S, Chatterjee R S, et al. Customers' Online Channel Switching Behavior: The Moderating Role of Switching Cost[J].Information, 2016(7B): 2961.

②Viio P, Grönroos C. How buyer – seller relationship orientation affects adaptation of sales processes to the buying process[J]. Industrial Marketing Management, 2016(52): 37-46.

③曾越君.浅析营销渠道行为理论[J].科技与创新，2014(11):116—117.

④Kozlenkova I V, Hult G T M, Lund D J, et al. The role of marketing channels in supply chain management[J]. Journal of Retailing, 2015(4): 586-609.

同的交易应该用不同的体制组织来协调。它将"交易成本"概念纳入经济分析中,认为市场运行同样需要成本,承认交易成本的存在,并确定了交易成本对不同契约安排等生产制度的影响,从而为渠道理论解释现实经济问题提供可能性。

社会交换理论的核心在于信任,主张人类的一切行为都受某种能够带来奖励和报酬的交换活动的支配。人类学家认为,人类一切社会活动都可以归结为一种交换,人们在社会交换中所结成的社会关系也是一种交换关系。因此,它的渠道理论分析不仅是微观的,还是宏观的,既关心微观社会也关心宏观社会,让渠道理论更多地涉及、关注社会结构建立和维持方面的问题。

社会交换理论将关系承诺定义为一种发展稳定关系的渴望,并且为保持这种关系愿意牺牲短期的利益。包括以下几种理论:承诺——信任理论,以关系交换为重要特征,认为承诺是影响公司与各种类型合作伙伴之间关系的核心。信任使双方愿意为这种关系做出承诺,决定着承诺的形成。承诺强调了关系的长期性;资源基础理论,基于企业先前的资源配置,从资源储备、资源影响企业的决策进行渠道理论分析,把企业看成是资源的集合体,将目标集中在资源的特性和战略要素市场上,并以此来解释企业的可持续优势和相互间的差异,拓宽了渠道理论的范围,深入探讨了渠道理论对企业资源储配、配置的贡献。渠道行为主要分为渠道权利、渠道冲突、渠道合作。

（一）渠道权利

在渠道行为理论中,渠道权力应用常被概念化为权力基础的应用[1],认为渠道关系中总是存在着一定水平的权力。西方理论界普遍认为,渠道权力是一个渠道成员对同一渠道中不同层次渠道成员的控制力或影响力。渠道权力是渠道关系的一个基本属性,是冲突、信任和满意等其他渠道行为的基础。渠道权力可能不被使用,也可能少量使用[2],因此渠道成员占有的权力和使用的权力往往并不一致。

---

①庄贵军,周筱莲.权力、冲突与合作:中国工商企业之间渠道行为的实证研究[J].管理世界,2002(3):117—124.

②Fazier,G.L,Antia,K D.Exchange Relatiomhip6 and Interfirm Power in Channels of Distribution[J].Journal of the Academy of MarketiIlg Science,1995,23(4):321—326.

关于权力的来源,有两种不同的观点。第一种观点认为,渠道权力来源于依赖①。第二种观点认为,权力来源于六种权力基础,分为奖赏、强制、专长、参照、合法性和信息权利②。由于在实践中难以准确区分这六种权力基础,因此渠道行为学者从不同的角度出发,提出了不同的权力基础二分框架。内文指出只有强制权力涉及潜在的惩罚,因此可以将权力基础二分为强制性权力基础和非强制性权力基础两大类,非强制性权力基础由奖赏、专长、参照和合法性组成。在所有的权力基础分类框架中,强制性权力基础与非强制性权力基础二分框架得到了大多数渠道行为学者的认可。

(二)渠道冲突

一个渠道成员意识到另一个渠道成员正在阻挠或干扰其实现自己的目标或有效运作;或一个渠道成员意识到另一个渠道成员正在从事某种会伤害、威胁其利益,或以损害其利益为代价获取稀缺资源的活动③。渠道冲突不可避免,除非渠道成员拒绝与任何其他的组织合作。因为合作意味着两个独立个体的协调行动。不同的独立个体在目标、角色、意识和资源的分配等方面存在利益上的差异,即潜在的冲突。冲突是一把双刃剑,没有冲突意味着没有合作,导致渠道冲突的主要原因有:渠道成员之间的目标不一致、角色不互补、资源稀缺、认识上的差异、期望值方面的差异、决策领域无共识和沟通不足,等等。

渠道权力的使用既会导致潜在的冲突,也会使渠道成员之间存在的差异或矛盾表面化成为可感知的冲突。使用非强制性权力是通过利诱的方式改变合作伙伴的行为或态度,其要点在于让合作伙伴意识到顺从得到的利益要大于不顺从得到的利益。使用强制性权力则是通过威胁或惩罚的方式改变合作伙伴的行为或态度,其要点在于让合作伙伴意识到不顺从会导致较大的损失。

①Lemon K N. The Art of Creating Attractive Consumer Experiences at the Right Time: Skills Marketers Will Need to Survive and Thrive[J]. GfK Marketing Intelligence Review, 2016, 8(2): 44-49.

②Bristow D N, Mowen J C, Krieger R H. The quality lens model: A marketing tool for improving channel relationships[C]. Proceedings of the 1994 Academy of Marketing Science (AMS) Annual Conference. Springer International Publishing, 2015: 397-401.

③Rosson P J, Ford I D. Stake, Conflict and Performance in Export Marketing Channels[C]. Proceedings of the 1979 Academy of Marketing Science (AMS) Annual Conference. Springer International Publishing, 2016: 66-69.

使用两类不同性质的权力对冲突的影响效果是不同的。从权力对象的角度看,两者的区别在于:顺从非强制性权力更多的是出于自愿,而顺从强制性权力则更多的是出于无奈。因此,使用非强制性权力会使合作伙伴感受到较低水平的冲突,而使用强制性权力则会使合作伙伴感受到较高水平的冲突。

(三)渠道合作

渠道成员之间为了共同及各自的目标而采取的互利性行动和意愿①。渠道行为理论认为,渠道合作根源于渠道成员之间由于功能专业化而带来的相互依赖性②。作为冲突的对立面,高水平的合作意味着低水平的冲突。但是,低水平的冲突不一定能够带来高水平的合作。两个没有交集的人或组织之间是不存在直接冲突的,但也没有合作③,低水平的冲突可能只是低水平合作的结果。尽管冲突与合作之间有负相关关系,但二者并不在同一个维度上,不是简单意义上的此消彼长的关系。

# 第二节　网络营销渠道

20世纪90年代以来,企业借助互联网开展商业活动的能力,逐渐成为在知识经济条件下竞争能力的重要标志,也成为带动传统企业升级和实现技术跨越的重要推动力。在世界经济一体化的推动下,应用互联网技术逐渐成为许多传统企业制定发展战略的重点。只有重新设计适应全球市场的营销策略,探索适合自身的网络营销发展道路,才能顺应时代发展的潮流,为企业的发展开辟新思路。

亚洲人口众多,经济发展速度较快,是世界电子商务和网络营销发展最具潜力的地区。经过十余年的努力,我国发展电子商务的基础环境逐步完善。中国互联网络信息中心(CNNIC)发布的第38次《中国互联网络发展状况统计

①丁川,王开弘,冉戎. 基于公平偏好的营销渠道合作机制研究[J]. 管理科学学报,2013 (8):80—94.

②Zhang T, Xu J. Pricing and Logistics Service Level Decisions in Retailer's Dual-Channel Cooperation[J]. Open Cybernetics & Systemics Journal, 2015(9): 851-856.

③Liu Y, Huang Z, Li W, et al. Channel cooperation for anti-occlusion visible light communication systems[C]. International Symposium on Optoelectronic Technology and Application 2016. International Society for Optics and Photonics, 2016: 101580C-101580C-7.

报告》,详细分析了中国网民规模情况,结果显示,截至 2016 年 6 月,中国网民规模达到 7.10 亿,半年共计新增网民 2132 万人,半年增长率为 3.1%,较 2015年下半年增长率有所提升。互联网普及率为 51.7%,较 2015 年底提升 1.3 个百分点。互联网作为网络营销渠道最重要的载体,具备了传统营销渠道的基本内涵和特征。

### 一、网络营销渠道的人类学分析

互联网的出现,将人类学家的田野观察点搬到线上平台。在市场营销领域,人类学家的研究对象依旧是消费者以及其消费行为所隐藏的文化本质。在网络平台上,虽不能与消费者进行面对面的沟通,也不能参与到消费者的消费行为中,更不能走访调查,但是,人类学家可以利用网络营销渠道的优势,对消费者的浏览记录以及消费记录进行线下跟踪。但是,用户点击量只是一个行为结果。通过网络营销渠道,人类学民族志参与观察研究方法的应用并不仅仅停留在用户点击行为结果的显示上,更为重要的是观察被研究者发生系列行为的完整过程,即用户点击行为产生的过程。

互联网用户点击行为观察记录为我们提供了大量用户数据来源,准确到位的用户行为数据分析有助于我们更好地了解用户行为习惯以及偏好,为网络营销精准化提供良好的数据支持[1]。在网络营销中,忠诚度被定义为:在选定的时间范围内,网站获得的总访问次数及一个用户发起的访问次数,网站的总访问量即为综合浏览量,用户发起的访问次数是指在选定的时间范围内的唯一身份综合浏览量。网站流量统计观察并记录每一个潜在消费者在指定网站的点击及浏览情况,为企业进行网络营销提供了至关重要的数据来源。网站流量数据分析可帮助企业直观地了解潜在消费者消费动态以及偏好,为网络营销推广以及提供良好的数据基础[2]。

人类学家视野下的网络营销渠道建设,更具发展前景,为人类学理论的发展带来机遇。在线下,人类学家往往只能进行一个地区的民族志观察,研究范围狭窄。由于地域文化的差异性,其研究得到的结果往往只能代表小部分群体的特征,具有片面性。对营销渠道的调查,由于中间环节的纰漏或者渠道成

---

①许昌达. 网络用户行为的多维度分析方法[D]. 北京:北京理工大学, 2015.
②李晓辉. 基于用户行为分析的数据挖掘系统研究与设计[D]. 北京:北京邮电大学, 2011.

员的不配合往往无法进行下去。而互联网具有广泛性、实时性、透明性等特点，使人类学家的研究范围拓展到任何一个他们想研究的领域，并且可以通过跟踪目标消费者的网上消费路径，物流信息等来调查营销渠道中渠道成员的组成以及如何配合①。

网络营销渠道帮助消费者利用互联网获得产品和服务信息，是消费者和目标市场通过交互式电子方式完成购买交易②。它推进了技术革新和企业宣传媒介的更新等，分销渠道和零售模式的灵活性，带给消费者对产品和服务的极大热情和预期，改变消费者传统的交易习惯。由此可见，网络营销渠道承担着互联网环境下的沟通或分销功能。消费者借助互联网向企业传递需求信息，与此同时，企业通过互联网顺利实现并完成企业品牌传播、产品或服务的销售。此时，互联网成为了市场营销新的沟通、分销和服务渠道。从购买意向的产生到交易完成甚至是交易后的影响这一过程是如何发生的，才是人类学家的研究重点。

应用人类学的理论及方法进行网络营销渠道的分析，首先要对网络营销渠道的特征、优势及挑战等有一个深入的了解。

**二、网络营销的渠道特征**

互联网的及时性、跨地域性、双向沟通等特点，超越了传统渠道的局限性，使企业营销凸显出低运营成本和高库存周转效率的优势，形成了最核心的竞争力，网络营销成长为当代企业应用的重要营销渠道。

网络营销渠道不仅反映了某一特定产品或服务价值实现过程所经由的通道，也反映了产品或服务从生产者到消费者建立的沟通或分销过程。与传统渠道不同，网络营销渠道的传输媒介是互联网络。而且，不是所有产品都可以通过网络实现流通价值的全过程。例如，对于实体产品的交易，物流环节需要线下完成。

网络营销渠道承担分销功能时，产品或服务通过购销环节转移其所有权，流向消费者。网络平台下的分销渠道最短，生产者可将产品直接销售给消费者，一次性转移产品所有权或使用权③。但在更多场合，生产者要通过一系列

---

①刘金旺. 市场营销渠道管理[M]. 北京:北京交通大学出版社, 2006:54—55.

②吴倩. 旅游产品销售渠道结构选择与协调研究[D]. 郑州:河南农业大学, 2015.

③Samiee S, Chabowski B R, Hult G T M. International Relationship Marketing: Intellectual Foundations and Avenues for Further Research[J]. Journal of International Marketing, 2015(4): 1—21.

中间商或代理商转卖产品,在较长的分销渠道中多次转移产品所有权。

网络营销渠道是一个多功能系统。它不仅要在虚拟市场中提供产品和服务以满足消费者需求,而且要通过开展实体市场的促销活动来刺激网络市场的需求。网络渠道与企业战略目标的有机结合,不仅为消费者最大限度地降低了购买成本,而且为企业市场的拓展开辟了新途径。

### 三、网络营销渠道的优势

拓展了营销渠道的范围。随着网络营销渠道的兴起,网上零售、网上拍卖、网上配送等营销形式的出现,使营销渠道呈多元化趋势发展,渠道由窄变宽、由实变虚、由单向变互动。互联网作为一种新型的贸易沟通,其全球性特点克服了贸易双方在地域和时间上的差异,使网络营销渠道向全球扩张更为高效,从而快速地实现跨国经营[1]。

打破了信息不对称局面。由信息沟通不畅引起的信息不对称,往往是造成营销渠道阻塞的一个重要原因[2]。互联网为交易双方提供了一个交互式的贸易平台,使双方可以快速反馈各种信息,低成本向消费者提供定制化服务,实现与消费者之间的互动,即一对一营销,满足消费者的个性化需求[3]。

有利于实现价值最大化。顾客购买商品得到的总价值,即顾客购买产品所期望获得的一系列利益,包括产品的价值、服务价值和形象价值等,我们称之为价值。一方面,生产者可以通过互联网提供支付服务,顾客则可以直接在网上订货和付款,大大方便了顾客的需求;另一方面,生产者可以通过网络营销渠道为客户提供售后服务和技术支持,特别是对于技术型较强的行业,提供网上远程技术支持和培训服务,既方便顾客,同时也为生产者节省了成本。

### 四、网络营销渠道冲突

电子商务环境下,新兴的网络直销渠道出现,同种产品通过不同渠道进行营销,各条渠道之间由于效率和成本的不一致,出现了渠道之间的冲突,主要

①张孟才,刘亚娟.网络营销渠道的竞争优势及瓶颈[J].当代经济,2008(22):58.

②Wang M, Bian Y, Deng J, et al. Impact of marketing channel caused by relationship marketing of online social network[J]. International Journal of Services Technology and Management, 2016(6): 348-364.

③Verma V, Sharma D, Sheth J. Does relationship marketing matter in online retailing? A meta-analytic approach[J]. Journal of the Academy of Marketing Science, 2016(2): 206-217.

表现为价格的冲突、目标市场的冲突。同时,传统营销渠道与电子商务营销渠道的成员,由于利益分配不均,矛盾和冲突也进一步加剧[1]。

（一）制造商与中间商的价格冲突

在电子商务中,互联网的存在,使制造商与消费者之间的沟通更加方便,剥夺了传统中间商的存在价值。无论在信息沟通方面还是在商品流通方面,中间商都显得十分多余[2]。密切关注制造商的电子商务活动,使中间商认识到制造商正在减弱他们和客户之间的联系,挤压他们的生存空间。此时,价格就成了渠道冲突产生的导火索[3]。由于网络营销渠道具有相对低廉的成本,并且使其产品价格低于传统渠道上的产品价格,或者会给予较多的折扣来吸引消费者。而这种定价往往会引起传统中间商的不满,因此,他们会严密监视网络上的产品价格,采取各种方式抑制网络营销渠道的价格优势。

目前,制造商与中间商的这种价格冲突,已经稍有减缓。越来越多的供应商认识到,网络营销渠道的产品价格低于传统渠道伙伴的价格,将会对传统渠道的利益造成伤害,容易引发灰色市场的产生。

（二）目标市场不兼容

在营销过程中,当多个渠道的利益不能被同时满足时,就产生了目标的不兼容,即一个渠道目标的实现是以其他渠道的损失作为代价的,尤其当组织对所有渠道的整体产出缺乏一个统一的目标时,目标的不兼容性更强。目标的不兼容性包括增长率、销售额、利润、市场份额或市场扩张目标的不同。面临这些情况时,有些企业认为网络的直销体系具有更大的生命力。实际上,互联网虽然是营销的新渠道,但并不代表适用于所有产品和消费者的需要,有些商品的销售仍需通过传统渠道来实现。

（三）体系不健全

电子商务与传统营销渠道相比,优势明显,但仍有其目前所无法克服的瓶颈。如维系网上业务的一系列服务体系、物流配送体系、客户关系处理等都是

---

①孙谦. 网络环境下营销渠道冲突及应对策略研究[J]. 商情, 2016(29):152.

②McIntyre C, Melewar T C, Dennis C. Multi-Channel Marketing, Branding and Retail Design: New Challenges and Opportunities[M]. Emerald Group Publishing, 2016:22—120.

③黄耀丹, 张嘉友. 网络营销中生产商与中间商的冲突与合作[J]. 商业经济研究, 2013(14):23—24.

比较棘手的事;消费者消费观念的滞后,网上支付的不完善,社会信誉体系的不健全等等,都在某种程度上制约了电子商务的发展与应用,导致网上商店的产品严重不足,且存在"看的多,买的少"的现象。省略中间渠道环节,看似减少了渠道成本,反而可能出现未能预料到的成本,或失去对渠道的控制。

(四).传统渠道与网络渠道的冲突

网络直销与传统的分销之间的冲突从本质上属于厂商间的冲突,在一定程度上也表现为商家之间的冲突。传统的零售商拥有消费者这一稀缺资源,掌握了强大的渠道控制权力,出于利益的考虑,制造商和中间商的利益矛盾始终难以调和[1]。为了能够获取期望利益,制造商发展了包括网络直销在内的多种新型销售渠道模式。对制造商而言,其更倾向于网络渠道的原因是可直接向消费者销售商品,使交易成本大幅度降低,实现从生产领域向消费领域的直接跨越,建立自己的商业领域。从而与传统的销售商进行利益的竞争,取代了功能弱化的经销商,并且也逾越了功能日益强大的零售终端,进而引起了日益激烈的渠道冲突。各销售渠道的利益难以均衡,引起中间商的不满,导致销售政策难以执行,导致市场和价格的混乱以及中间商的忠诚度下降[2]。虽然电子商务渠道与传统的分销渠道占据不同的细分市场,但不可避免地会出现对市场相同顾客的竞争情况,导致了市场的冲突和供应商内部的冲突以及消费者对其品牌忠诚度的下降。

## 第三节 营销组合的跨文化网络路径

互联网的发展为企业开展营销活动提供了一个新思路,新路径,更是为跨国企业开展跨国业务提供了一个契机与机遇。营销活动总是存在于一定的社会文化环境中,其目的是满足消费者的需求。互联网营销也是如此。网络销售渠道借助互联网平台,为处于不同文化背景的消费者之间,消费者与目标市场之间完成交易任务提供通道。因此,文化差异导致的沟通障碍必定会影响营销渠道的顺畅性[3]。如何在互联网环境下,对营销组合的跨文化路径研究成

---

①陈飚.传统渠道与网络渠道的冲突[J].成功营销,2006(11):60—61.

②叶全胜.浅论中小企业营销渠道管理[J].企业技术开发:学术版,2007(3):81—83.

③田广,汪一帆.网络营销中的跨文化因素[J].北方民族大学学报,2014(1):97—103.

为近年来人类学家关注的热门话题。

**一、传统营销中的跨文化营销研究**

相对于传统营销观念而言,互联网营销规则尚未清楚地阐明,正确的制度因素可以保证营销人员和消费者都满足在线交易的要求。虽然在互联网上开展商业活动不同于传统营销模式,但仍有一些规律可循。

市场营销学的基本原理强调 4P 组合,即产品、价格、促销和渠道。而 4P 组合同样可以应用于发展互联网营销的跨文化策略上。产品作为营销组合的首要因素,在网络平台上也是如此。按照特色产品、购物产品和便利产品对消费产品进行分类。特色产品的目标群是有特定的偏好和对商品有巨大的购买意愿的消费者。目前,互联网成为特色产品销售的大舞台,有利于消费者更快更高效地找到自己的目标产品①。互联网也是寻求一些稀缺商品的好地方,像绝版的书籍或一些无名歌手录制的唱片。例如,万维网就是一个相当大的网络市场,消费者能找到他们需要的可以询价的商品②。

2016 年 11 月 10 日,阿里研究院发布了《2016 年中国城市电子商务发展指数报告》,报告显示,2016 年"电商百佳城市"电商应用指数平均值为12.914、电商服务指数平均值为 6.671③。由此可见,网络营销渠道已初具规模。一般来说,在互联网上,消费者为了以最优价格购物,必须在更大的范围内搜索想买的商品。由于便利商品是经常购买的商品,买家只愿意付出最少的努力来获得商品。因此,便利商品在网上营销的机会很少,但不乏某些消费者在冲动的情况下购买便利商品④。

对于消费者而言,他们在网上浏览时,观察多种产品中的一类时意识到他们需要补充另一种类产品的可能性很小。对于营销人员还必须记住,一个特定的产品可能是根据一种文化而被分类成购物商品,但也有可能根据另一种文化而被分类为特色商品。例如,在中国,自行车被视为购物商品,但在美国

①Skarmeas D, Zeriti A, Baltas G. Relationship Value: Drivers and Outcomes in International Marketing Channels[J]. Journal of International Marketing, 2016(1): 22-40.

②Lamberton C, Stephen A T. A Thematic Exploration of Digital, Social Media, and Mobile Marketing: Research Evolution from 2000 to 2015 and an Agenda for Future Inquiry [J]. Journal of Marketing, 2016(6): 146-172.

③阿里研究.http://mt.sohu.com/20161111/n472954292.shtml

④张新锐, 张志乔. 快速消费品的营销渠道管理[J]. 企业经济, 2004(8):37—38.

则被视为特色商品。此外,在传统分类中不属于其他类别的产品可能属于敏感的或具有个人性质的货物。进行网上购物的顾客在没有提供个人联系方式时,如果在给这类客户提供高规格服务时,是允许消费者继续维护他们隐私的。这种产品(像性相关产品)或服务可能需要来自美国、加拿大和一些西欧国家的消费者,让他们透过互联网进行购物,但是这些类型的产品在一些东欧国家和在中东穆斯林文化主导的市场是禁止销售的。

价格是营销组合中最重要的元素之一,它提供了最明显的、可进行比较的基础。在互联网上购物的消费者可以轻松地根据价格评价许多可能的商品选择。但是,许多互联网供应商有双种运营,常规的实体店面和网络的虚拟商店。这些运营方式也许能、也许不能达到较低的成本,尤其是在大多数发展中国家。互联网购物者能享受到的另一个价格优势是目前购买的商品在跨越国界的快递中不需要缴纳销售税。当把运货成本加入到提货价格中时,这会给消费者的利益打折扣,这种在互联网上购买货物交付的价格会因运输费用而提高[1]。

## 二、互联网营销中的跨文化思路

从消费者的角度看,互联网购物的弱点之一是缺乏隐私和安全。网上购买的商品存在令人不满意的风险,有的商品可能是劣质的、虚假宣传的,或者它根本就是一个骗局。减少消费者担忧的两个可行的方法是,商家有明确阐明和公平的退货政策,同时由信用卡公司提供给消费者支付保障。如果货物是由于信用卡错误送出的,那么公司可以发出信用卡去减轻消费者的消费信贷债务。消费者最终关注的是交易安全,有时不正确访问信用卡信息会导致信用卡公司向消费者收取一大笔错误的费用。

发达国家的信用卡发行商可以通过改进电子传输安全和一些更广泛的保护政策来减少这些风险。但对于发展中国家而言,则要花费很长的时间去执行这些政策,因此网络营销的容量和机会在可预见的未来将是有限的。互联网原本是作为沟通的一种手段,它能够作为广告媒介向消费者提供更多的促销广告。从消费者的角度来看这个问题,就是去寻找适当卖家的网址[2]。这种

①Agnihotri R, Dingus R, Hu M Y, et al. Social media: Influencing customer satisfaction in B2B sales[J]. Industrial Marketing Management, 2016 (53): 72-180.

②田广, 汪一帆. 网络营销中的跨文化因素[J]. 北方民族大学学报, 2014(1):97—103.

情形就类似于在一个陌生的城市里寻找一家中国的餐厅。一种方法是围着这个城市走一圈,然后希望找到一家好吃的中国餐厅。这种没有方向性的战略其实与互联网冲浪者在网页与网页之间流连,去寻找一些有趣的东西是相似的。

对于通过核查某种形式的索引或目录来进行心仪目的地选择的购物者而言,一种更有成效的策略是通过使用地图导航找到所需的地方。网络购物者可以通过搜索引擎或分类目录来识别可能的供应商,这表示,想要在互联网营销中获得成功,其网站应该要运用合适的翻译尽可能地在许多搜索引擎中列出。此外,宣传人员在受欢迎的网站中链接一些相关的材料和醒目的广告,可以使得消费者更方便地访问该供应商的位置,以此建立潜在客户的交易。最后,传统媒体上的广告也可以用于指引人们访问互联网网站。

### 三、民族性广告——跨文化网络营销分析

耐克为了提高其产品在中国的市场份额,通过聘请中文的艺术总监和文案人员根据中国文化来制定商业计划,而不是把美国文化强加在中国人民的身上。这个案例告诉我们,对于营销人员而言,要记住至关重要的一点:一个人要想在目标市场获得成功,就必须对当地的文化价值观有一定的认识[①],并对当地的文化价值观保持一定的敏感度。对当地文化价值观保持敏感度最好的方法是明确谁将是预期的目标受众者。然而,在现实中营销人员不可避免的错误就是常常忽略当地的文化价值。用户几乎可以在互联网上浏览任何网站。

关于网站设计中的一个问题是创造力与利润之间的冲突。有创造力的人想要制作富有表现力的广告和有艺术价值的网站,而销售经理可能只是希望广告能帮助销售人员卖产品。使用广告和网站的目的在于使消费者的选择更方便,即容易找到、容易下载信息,网站更容易被理解和易于使用。这就有必要用多种语言来制作网站,同时,对网站作一些修改,满足跨文化的需要。互联网不仅仅是一个沟通的媒介,它还有简便交易的优势。消费者可以通过计算机来选择他们心中的替代供应商和替代产品,下订单,并安排付款,这些都可以靠计算机完成。

---

①田广,汪一帆. 网络营销中的跨文化因素[J]. 北方民族大学学报,2014(1):97—103.

易于使用可能是促进消费者使用互联网进行购物的最有力的因素。在不久的将来,随着技术水平的进步,这种方便使用的性能还会增加。一方面,互联网购物者可以很方便地在家里直接购物,另一方面,购物者通过电脑可以到达世界上的每一个角落,某个网站可以被不同文化背景的顾客快速连续的关顾,这就要求营销人员准备好回答与自己文化背景完全不同的客户所提出的问题①。

关于零售的传统智慧大多数能够帮助获得互联网上的客户满意度。客户对网上商店的第一印象通常是其外观,如果印象不好,客户不会购物,更不会再次访问。物质感强的网站设计风格,布局、气氛、外观或形象,无论是物质的,还是虚拟的,目的都是将网站转变成吸引来自不同文化背景的消费者的购物"场所"。虽然它可能会生成一些额外费用,但从长远的角度看,这种类型的额外成本必将创造更高附加价值的业务,最终会使较早采取措施的人成为跨文化互联网市场营销中的赢家。虽然,目前还缺乏解决网络购物安全问题的最终办法,世界人口的大多数还是无法访问互联网,互联网营销业存在诸多局限性。在不久的将来,尽管在线商业会大大增加,许多零售商可能还是会进行双重运营,一个实体店和一家网络店。这种两面经营是相辅相成的,他们存在于适合的市场中,进行跨职能和跨文化的运营。

## 第四节　民族文化产品的市场营销渠道建设

随着我国改革开放的逐步深化,民族地区居民对现代化社会与经济体系的不适应,制约了民族地区社会与经济发展的进程。在营销理念相对落后、营销渠道组织能力、现代电子商务营销渠道运营能力缺乏以及对渠道和客户的管理能力不足的制约下,民族文化产品营销渠道建设难以取得实质性突破。

因此,在经济全球化的大背景下,面对现存的市场格局,基于自身自然禀赋优势和历史人文传统来开拓民族文化产品,并着力推进民族文化资源向文化产品的有效转化,以特色化民族文化产品来取得竞争优势,将是民族地区居

---

①F. Warner. Nike tones town bad-boy image to boost sales in China's market[N]. The Wall Street Journal Inter-active Edition,1997-11-10.

民谋求基本生存和发展空间的必然手段①。健全民族文化产品的营销渠道管理,提升民族文化产品营销能力,不仅有利于帮助民族地区群众运用市场化力量来保护民族非物质文化遗产,而且有利于促进民族地区群众与全国同步建成小康社会。

**一、制约民族文化产品市场营销渠道建设的问题**

（一）组织能力匮乏

对中间商的选择,民族文化产品营销者缺乏多元化渠道运营布局的能力,依赖于单一营销中间商。这种营销渠道建设模式,在帮助提升开拓民族文化产品特定营销渠道能力的同时,严重阻滞了民族文化产品营销系统建设的速度②。由于缺乏对渠道成员企业的有效控制能力,渠道成员企业倾向于同时经营民族文化产品营销者的竞争对手的产品,使其失去原来的消费者,由此产生的渠道产品销售冲突,将严重损害民族文化产品营销者的商业利益。

而导致这一问题的根源在于民族文化产品营销者忽视中间商渠道建设,未能设计有效的渠道运营商激励机制,从而使渠道运营商更愿意放弃与本企业合作,而转向竞争对手。另外,部分民族文化产品营销者试图运用低价营销策略来迅速扩张市场,而渠道运营商则更倾向于销售市场实力强、单位利润高的产品,从而使上游供货商和下游渠道商之间产生利益冲突。

（二）电子商务平台建设滞缓

电子商务营销模式冲击民族文化产品营销理念。不同于传统文化产品营销环境,电子商务环境下的消费者行为特征具有较大的差异。传统营销理念下的营销者,更多的是以自我为中心。网络化营销平台的逐步兴起及由此带来的信息化时代浪潮,使其营销理念经由生产者中心理念、推销者中心理念逐步向社会利益中心理念方向转化。电子商务的产生和发展,破除了传统文化产品营销的时间限制和空间界限,切实降低了民族文化产品的营销渠道运营成本,压缩了产品谈判时间和交易后的产品流通时间③,从而令民族文化产品供给者和消费者可以展开即时化信息交互,有利于民族文化产品供给者更精

①宋春来. 构建具有民族特色的文化产业研究[J]. 中国市场, 2015(38):88—89.
②庄贵军,周筱莲. 电子网络环境下的营销渠道管理[J]. 管理学报, 2006(4):443—449.
③吕玉明,吕庆华. 电子商务对营销渠道管理的影响[J]. 商业研究, 2013(6):55—60.

准地把握消费者市场变动趋势。但是,受教育水平和知识技能的限制,民族文化产品生产者难以适应信息化时代电子商务营销渠道变革的要求,从而严重阻滞民族文化产品经由电子商务渠道实现产品顺畅销售的目标。

(三)电子支付模式安全性低

电子商务平台能够缩短时间和空间,不仅使民族文化产品营销活动的强度增大,也增加了企业的渠道财务系统风险。传统支付模式下的交易双方信息以实体形式保存,纸质化交易数据不易被篡改,而与电子商务交易活动捆绑的电子支付技术,增加了交易欺诈的发生率,严重威胁了民族文化产品的电商渠道运营。

(四)客户关系管理能力薄弱

民族文化产品客户关系管理系统设计者缺乏长期利益考量。传统的民族文化产品营销者通常更为重视推介本民族文化产品。民族文化产品消费群体具有消费决策时间短、对产品的认知水平低等特点。因此,部分民族文化产品营销者将其客户关系管理策略定位为向具有一次性消费特征的游客高价推介产品。从而使文化产品消费者放弃重复购买行为,并产生恶劣的晕轮效应,从而损害民族文化产品的良好市场形象和远期商业利益。

(五)缺乏现代渠道管理技术运用能力

民族文化产品的消费者多为具有一定异质性审美需求的中高收入群体。而由于民族文化产品营销者缺乏运用诸如 CRM 管理软件、大数据分析技术等现代客户关系分析技术的能力,使其难以从海量的消费者中有效甄别出这类高价值客户[①]。多数民族文化产品营销者仍停留于重视产品生产胜于实现产品价值的阶段,忽略客户价值。缺乏对客户价值的必要了解,使营销者无法把握客户类别、客户消费状态和客户满意度水平,使其丧失提升产品市场竞争力的营销新机会,削弱重构营销组织的信息流、资金流和物流的能力。

**二、民族文化产品的市场营销渠道优化策略**

(一)规范民族文化产品的市场营销渠道管理

民族文化产品是源自一个民族的历史记忆,是归属于民族全体成员的文明荣誉。民族文化产品营销渠道管理者应当深入洞悉民族文化的内涵,根据

---

①陈朝晖,廖鹏翔. 企业经营活动营运资金渠道管理研究[J]. 财会通讯,2015(5):9—11.

民族文化产品的特点来选择营销渠道。渠道管理者需对经营民族文化产品经销商进行民族文化认知度的资质考察,有助于增进经销商对民族文化产品内涵的了解,有利于弘扬民族文化,从而确保同步实现民族文化产品中蕴含的商业利益和文化价值。

（二）健全渠道冲突管理流程

民族文化产品营销者应当剔除部分不懂得民族文化传统和民族文化情感的营销商,留下一些更为关心弘扬民族文化传统的高素质民族文化产品渠道商,以民族文化的宏大文明魅力来吸引渠道商参与。再者,为克服民族文化产品营销渠道中的沟通障碍问题,民族文化产品营销者应当建立渠道的实时化沟通平台,将诸多因沟通不畅而诱发的渠道冲突消灭在萌芽状态。

（三）强化渠道冲突的应急管理能力

民族文化产品营销者应当意识到渠道冲突的根源,在于独立法人经营实体之间的利益冲突。因此,民族文化产品营销者应当建立快速识别渠道冲突机制和渠道冲突的快速治理机制,根据渠道运营实际情况及时消除突发性渠道冲突[1]。

（四）拓展民族文化产品的电子商务营销渠道

电子商务营销渠道的崛起,为民族文化产品的推广提供了新途径。民族文化产品营销者可以通过成立专业化艺术品网站来实施网络自营,亦可通过在诸如阿里巴巴、京东商城、国美在线等既有电子商务营销平台上建立营销网点[2]。民族文化产品具有销路较窄且受众少的特点,并且民族文化产品的消费人群拥有相对固定的消费行为习惯,较为专业化。因此,通过开辟微博、微信等面向特定消费者人群的微平台来打造个性化电子商务营销渠道[3],通过向受众群体传递关于民族文化产品的特色审美,来帮助此类消费者转变其消费行为习惯,从而促使民族文化产品营销公号的受众,形成排他性的消费需求,也使文化产品消费者和潜在消费者形成身临其境的文化产品消费情境。为了消除民族文化产品消费者对指定产品的消费疑虑,营销者可以及时、有针对性地给该消费者做详尽解读,从而省去传统交易方式中高企的谈判时间成本和交

①庄贵军,周筱莲.电子网络环境下的营销渠道管理[J].管理学报,2006(4):443—449.
②孙谦.电子商务营销渠道的新模式[J].环球市场信息导报,2016(13):11.
③刘迎春.谈电子商务对营销渠道管理的影响[J].商业经济研究,2015(28):68—69.

易费用。

**（五）加强电子交易渠道的支付管理系统建设**

电子商务平台的民族文化产品交易活动顺利实施的关键是,电子支付环节的安全有序运行①。民族文化产品营销者应当提升对电子商务交易渠道的安全管理意识,加强对客户企业信用信息的采集和管理;应当携手民族文化社会团体和地方政府,共同建设电子支付的信用信息保障制度体系,加强对电子支付渠道失信者的惩戒力度、普及网络交易实名制,以打造强健的网络信用体系,保障民族文化产品电子商务平台的有序运行。

**（六）强化民族文化产品的渠道客户关系建设**

以人性化营销策略来提升民族文化产品消费者的粘性②。由于市场化进程的有序推进,产品同质化问题日益成为阻滞民族文化产品营销渠道建设的障碍,因此,在民族文化产品营销渠道运营中,经营者应当重视运用人性化营销理念来指导民族文化产品的客户关系建设。民族文化产品营销者应当认识到,决定民族文化产品营销成败的关键,不在于产品而在于消费者。

营销者应从弘扬消费者人性化需求的角度出发,通过向营销渠道注入人性化关怀的情感因素来激励渠道运营商③,让渠道运营商通过精神力量来吸引消费者,从而令民族文化产品的消费者形成对企业产品的持续性依赖,即产品忠诚度。首先,渠道管理者应当对渠道成员企业进行人性化关怀式管理,让渠道成员形成人性化产品渠道管理理念,并将这份理念传递给渠道终端消费者。其次,渠道管理者应当对消费者提供可实现的承诺,来赢得客户的尊重,进而增加客户对民族文化产品的消费粘度④。

①刘薇. 电子商务对少数民族经济文化的影响网络调研——以朝鲜族电商经济为例[J]. 商场现代化, 2016(16):39—40.

②张云霞, 李信, 陈毅文. 在线客户粘性研究综述[J]. 人类工效学, 2015(4):77—82.

③崔瑜琴. 浅谈在分销渠道管理教学中培养应用型高素质人才[J]. 经营管理者, 2015(28):108.

④王海萍. 营销视角的在线粘性研究述评[J]. 生产力研究, 2013(6):190—191.

# 本章小结

作为市场营销领域必不可少的研究课题,营销渠道包含很多内容:渠道结构、渠道关系理论、渠道行为理论等。虽然学术界对营销渠道有诸多定义,但是究其本质,学者们一致认为其是连接消费者和目标市场的通道。根据渠道中间商的数量以及单一与否,可将渠道机构分为层级结构、宽度结构以及广度结构。渠道成员包括厂商、代理商、经销商、批发商以及用户,是渠道关系的主要组成部分。人类学家结合"差序格局"理论,通过研究渠道成员之间的信任、合作、冲突等人际关系动向,为渠道关系管理提供了一个新视角。

在互联网飞速发展的信息时代,网络营销渠道相对于传统营销渠道而言,拥有着拓展营销渠道范围、打破了信息不对称、实现价值最大化等优势,当然面对新型的营销渠道,也不免引起制造商与中间商的利益冲突等一系列问题。如何做好营销 4P 组合在互联网环境下的营销渠道建设,包括销售特色产品、制定合理的线上价格以及涉及民族性广告等,对企业、对社会都有着巨大的意义。

民族文化产品蕴含着我国丰富的历史文化底蕴,代表着我国的国家文化。做好民族文化产品的营销渠道建设,对弘扬我国的传统文化有着至关重要的作用。而我国现存的民族文化产品营销渠道存在着诸多问题,包括组织能力匮乏、电子商务平台建设滞缓、电子支付模式安全性低、客户关系管理能力薄弱等问题。因此,我们必须建立健全民族文化产品的市场营销渠道管理规范、渠道冲突管理流程、渠道冲突的应急管理能力等,将民族文化产品推向全球,来提升我国的文化软实力。

〔案例链接〕

微信平台与传统销售渠道比较分析——平安车险①

平安保险公司作为国内同行业的佼佼者,在各方面都不断创新,平安保险公司早在 2000 年就已开始在保险电子商务领域崭露头角,推出 PA18 网上交易平台,又在成功完成行业内最知名的电话销售和网络销售后,将目光投向保险微信营销,极力构建最先进的销售平台,拥有强大的竞争力,在保险市场中具有独特的优势。通过微信平台销售,客户不受时间、地点限制,只需拿出手机就可以随时掌握保险产品信息,并且可以在线投保。保险公司可以第一时间把相关信息发布到微信平台,遍布世界各地的潜在客户一上网就可以看到,进行选择。

平安保险的这种新做法,既可以便捷地宣传产品,也减少了推销的盲目性,扩大了客户的分布群,同时还能够避免保险代理人为获得高额佣金收益而虚报收益保障或欺骗客户购买等情况的发生。另外,保险公司获取微信平台上的交流信息之后,对客户每个步骤的操作情况和流失率进行全面分析和记录,提出具体的修改方案。也可以根据用户的喜好,利用数据分析工具发掘潜在商机,有助于完成优质的销售计划,改善营业水平,弥补传统推销方式的缺点。

一、微信平台对传统销售渠道的影响

(一)对传统销售价格的冲击

据保监会发布的数据显示,通过微信平台销售保险花费的费用比传统销售渠道要少 50%~70%,这些节省的费用主要体现在保险公司不用支付中介机构的佣金和宣传费用,只需支付较低的微信服务费,从而大大减少成本。尽管微信营销系统还在完善中,但是微信平台积累的信息数据对以后的精准营销有重大的意义。

在"云计算"和"大数据"背景下,平安对信息化建设高度重视,目前已建

---

①案例改编自:程杰. 微信平台与传统销售渠道比较分析——以平安车险为例[J]. 知识经济, 2015(18):62—63.

成强大的数据中心用来保存客户的所有信息。以往保险公司在采集数据方面只对结构化的数据着重分析,客户保留在保险公司的信息多数是通过姓名、电话号码、身份证、保费、保单号、保险金额等便于用数据库二维关系来表现的。而随着社交软件、电子设备的大量应用,客户的点击记录、访问足迹也不断被保存、分析,对客户喜好程度越了解,对保费的预测就越精确。

（二）对传统销售团队的冲击

随着微信营销的深入,保险销售人员数量将呈下降趋势。2016 年第一季度,保险公司预计利润总额 389.36 亿元,同比减少 481.51 亿元,下降55.29%。[①]保险营销未来的趋势将是:销售人员向客户讲解购买保险的保障和风险之后,客户不会立即在保险公司购买,而是通过手机登录微信平台购买,因为不用支付销售人员的提成而价格相对低廉。面对微信销售渠道的冲击,传统的销售团队将面临两个选项:一是大量客户关注到微信平台,传统方式的销量下降,保险公司不得不对销售团队裁员,销售人员则面对失业的问题。二是销售人员选择继续深造,成为同时掌握保险、销售、科技的复合型人才。

二、与传统保险销售渠道相比,微信营销存在的问题

（一）安全问题

对虚假信息、虚假案件的风险控制能力弱,保险行业的基本行为准则是最大诚信,这就要求信息的真实性和准确性,然而网络上内容混杂,微信提供的信息更是难以辨别真伪。平安车险微信自助理赔系统规定,对已明确责任、预测损失金额 5000 元以下的简易小额事故,可通过该微信平台进行赔偿。发生交通事故后,车主自行拍照事故现场、车辆损毁程度,并上传到微信平台,工作人员首先根据照片信息进行远程勘查,然后对车辆的损坏程度进行定性和定量分析、结案,最后将赔款打到车主账户。也就是说,在双方责任确定后,保险人仅仅根据投保人提供的照片进行损失认定,由于不了解事故发生的真正情况,投保人就对其提供信息占有优势。在这一过程中,投保人的诚信显得尤为重要。

由于微信销售保险这个新兴的渠道正处在不断完善中,还没有健全的监管机构,在很多方面也存在安全隐患,因此在使用微信平台进行咨询和交易

①资料来源:http://www.xuexila.com/zhichang/qiuzhi/1176430.html

时,可能将自身信息泄露出去,带来不必要的困扰。造成这种情况的原因有两方面:一方面,是系统安全性原因,这是由于复杂的系统无法阻止安全漏洞的存在,只要是安全参数设置不够,就有可能出现操作问题;另一方面,微信平台的后台操作人员职业道德方面的问题,有人为了一己私利将投保人信息卖给其他商家,导致一些商家为推销商品推送垃圾信息的情况时有发生,或以投保人的名义购买商品,甚至对其家人进行诈骗。

(二)微信平台服务问题

目前,微信公众账号使用不规范,已经实现微信销售保险的公司以平安、人保、太平洋为主。以平安车险为例,在用微信平台对"平安车险"搜索的过程中,同一保险公司会找到两个甚至更多的公众账号,例如"平安直通车险""平安车险小助手""中国平安车险"等许多相似的账号名称,让人难以选择。而且在这些平台中,有的即使开通了也只是提供电话或者微信的咨询服务,这对于保险公司来说无疑是造成客户流失的源头。

(三)微信平台推送信息质量差

保险公司利用微信平台为客户提供相关信息,由于微信推送的信息是实时的、一对一的交流方法,这种营销方式可以将保险公司的信息及时、快速的传递到客户手中,受到用户的欢迎。但相反的,如果信息推送质量差,将会被客户视为骚扰消息从而降低关注度,甚至造成不同层次的负面影响。

(四)部分客户的认可度问题

平安在微信平台销售车险的过程中发现,许多人对微信营销仍然不认可,其中以中年人居多。这种不信任态度主要体现在,客户在微信平台上了解到保险的一些信息后,还要到保险公司或是电话咨询后才会认可,这是妨碍平安车险在微信平台营销的一大问题。这种不认可现象形成的原因有三点:首先,客户保守的消费观念。对于保险这种无形产品,微信营销保险发展不过短短一年时间,而传统的交易方式先入为主,消费者的一些根深蒂固的观念就自然而然地形成了。其次,保险业自身原因,保险业与其他行业不同,短时间内难以将回访、核保、核赔、退保等一系列的需要人工操作的复杂程序改变,客户对屏幕上生硬的文字无法理解,这也是客户对微信平台不认可的原因。再次,消费者认为微信交易没有法律的保护。我国已经制定网络营销的条款,但在微信平台这一领域还需要多加关注来保护交易的安全性。

**学习思考题**

1. 营销渠道是什么？包括什么？有哪些理论概论？

2. 人类学家如何研究营销渠道？

3. "差序格局"是指什么？如何应用？

4. 如何在信息时代看待网络营销渠道？

5. 如何构建民族文化产品的营销渠道？

6. 通过对本章案例的学习，你有哪些收获？我们应当如何从人类学的角度来理解和分析本章案例？

# 第十章　人类学与产品促销

**本章摘要**　成功的市场营销活动,不仅要制定合适的价格,选择合适的分销渠道,还要采取适当的方式进行促销。产品促销作为企业重要的营销策略,在一定程度上关乎着企业的生存发展。正确制定并运用促销策略是企业在市场竞争中取得有利的条件,获取较大经济利益的必要保证。对人类学家而言,产品促销不仅是销售战略,更是一种人际关系战略和一种文化战略。本章阐述产品促销的相关理论,包括促销的内涵,目标市场的相关理论,强调在发达的电子时代,借助媒体平台和互联网平台,广告促销、互联网促销和公共关系促销作为现代最有效的促销策略,应该予以重视。从人类学的视角出发,对此进行分析,论述如何针对消费者的心理活动、行为习惯等进行营销组合,以达到最佳的促销效果。

## 学习目标

1. 学习和掌握人类学视角下的产品促销内涵及意义。
2. 学习和学会应用目标市场战略相关理论。
3. 学习和掌握人类学视角下的广告促销相关理论及应用。
4. 学习和掌握人类学视角下的网络促销相关理论及应用。
5. 学习和掌握人类学视角下的公共关系促销相关理论及应用。

# 引 言

随着我国改革开放的逐步深化,在市场经济迅猛发展的今天,各类产品层出不穷,同类产品之间的竞争与日俱增。在琳琅满目的商品面前,消费者面对的往往只是商品背后的一行行商品说明,对于产品的本质及特点并不了解。仅仅依靠价格战略,提高商品质量已不能满足商家提高销售量的要求。消费者购买不到所需产品,商家无法找到目标消费群体,使市场经济运行缓慢。因此,对产品的促销显得尤为重要。一般来说,产品促销就是企业通过将产品信息传递给消费者,引发购买性行为,在短期内提高销量所采取的一系列措施。进行产品促销战略的首要前提就是进行准确的市场定位,通过促销手段,让市场和消费者知道产品、了解产品、认可产品、购买产品、信赖产品、宣传产品。

促销作为市场营销的要素,其对象也是消费者。因此,如果企业能够掌握了解消费者对促销反应的行为特点,那么就能够利用同样的促销费用制定更加合理的促销策略,使促销费用效率更高。而人类学家善于通过研究观察人的行为来探讨隐藏在行为背后的本质及内涵。因此,在产品促销阶段聘用人类学家或者应用人类学的相关理论及方法,能够准确抓住消费者的心理及其对促销的反应,从而制定出行之有效的促销策略,增加销售额,提高经济效益。

## 第一节 产品促销理论框架

国际著名的营销理论大家菲利普·科特勒(Philip Kotler)教授指出,促销就是一种服务,即企业为了在短期内提高企业的销售量而采用不同的方式刺激消费者的购买欲望[1]。美国市场营销协会(American Marketing Association,简称 AMA)指出[2]:促销是通过人员或者是非人员进行产品的宣传,把相关信息传递给消费者,并说服购买者购买产品或者服务,甚至让消费者对该产品或者服务产生忠诚度。也有学者认为,促销是企业通过采用不同的方式及渠道

---

①Kotler P. Principles of marketing[M]. Delhi:Pearson Education India, 2008:33-120.

②Wubker G. American Marketing Association (AMA) Summer Marketing Educators' Conference[J]. Marketing Zeitschrift For schung and Praxis, 1996(4):299-300.

把产品或服务传递给消费者,通过双向的传递过程把信息传递给消费者,促使消费者制定购买决策①。

21世纪,市场经济形势越来越复杂,面对来自诸多竞争对手的压力,企业不得不寻求一种积极的营销方式,来使自己站稳脚跟。营销活动的成功,不仅要求企业发展适销对路的产品,制定有吸引力的价格,通过顺畅的销售渠道使产品到达目标顾客,还要求企业塑造良好的市场形象,设计并传播有关产品外观、特色、购买条件以及能给目标顾客带来的利益等方面的信息②。制定成功促销战略的前提就是对其所处的市场环境有清楚的认识以及准确的定位。目标市场战略相关理论主要包括以下几个方面。

## 一、目标市场营销战略(STP战略)

目标营销战略的主要研究内容就是针对目标市场进行细分,包括市场细分、市场选择以及市场定位。企业对市场进行细分和评估后,再对企业资源以及外部的环境等多种因素做整体的评估和分析,最终确定目标市场,也就是对目标市场进行选择③。

### (一)市场细分

市场细分就是要根据客户对产品的不同购买欲望以及不同的需求对客户进行不同的划分,对其有针对性地采用不同的促销方式。市场细分有助于企业对市场的整体把握,找到其潜在的市场,有利于企业抢占先机,在市场占有更多的份额。

### (二)目标市场选择

结合目前企业在市场上的情况,采用不同的营销策略满足不同的消费群体的需求,选择那些潜在的客户或者是对企业有重要影响的客户作为目标市场,从而有针对性地制订营销计划。

### (三)市场定位

市场定位是由美国市场营销学家艾·里斯和杰克·特劳特在1972年提出的,指企业根据竞争者现有产品在市场上所处的位置,针对顾客对该类产品

---

①刘体斌.合肥美菱股份有限公司2013年年度报告.合肥:合肥美菱股份有限公司,2014.
②王蓉晖.促销理论在高校招生宣传中的应用[J].黑龙江高教研究,2006(9):59—61.
③汪长江.市场营销战略研究:分析、规划、实施与控制[M].上海:上海交通大学出版社,2015:66—180.

某些特征或属性的重视程度,为本企业产品塑造与众不同的,给人印象鲜明的形象,并将这种形象生动地传递给顾客,从而使该产品在市场上确定适当的位置。简而言之:就是在目标客户心目中树立产品独特的形象。

也有学者指出,市场定位是企业及产品确定在目标市场上所处的位置,即企业根据产品的特点以及目标群体进行定位,根据客户的需求及产品的特点,定位好产品的受众群体。

**二、营销环境分析方法**

PEST 分析法①是战略管理理论中用于分析组织外部宏观环境的一个重要分析工具,从政治(Politics)、经济(Economy)、社会(Society)、技术(Technology)这四个外部宏观环境影响因素的角度出发来分析研究对象。一般而言,任何一个组织的宏观环境是指该组织所共同面对的政治、经济、社会、教育、文化、科技、法律等人文环境②。如图 10-1 所示:

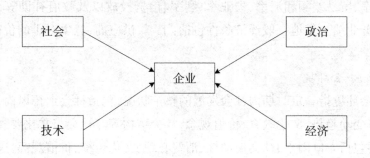

图 10-1　PEST 分析图示

(一)政治环境

政治会对企业监管、消费能力以及其他与企业有关的活动产生十分重大的影响力。一个国家或地区的政治制度、体制、方针政策、法律法规等常常制约、影响着企业的经营行为,尤其影响企业较长期的投资行为。

(二)经济环境

经济环境是指国民经济发展的总概况,包括国际和国内经济形式及经济

---

①陆和建,李杨.基于 SWOT—PEST 分析的基层公共文化服务社会化管理发展策略研究[J].图书情报知识,2016(4):119—129.

②毛娜,邓开.企业营销环境分析方法创新探析[J].经营管理者,2015(12):279—280.

发展趋势,企业所面临的产业环境和竞争环境等。市场营销人员需要从短期与长期两个方面来看待一个国家的经济与贸易,尤其是在进行国际营销时。企业的经济环境主要包括:社会经济结构、经济发展水平、经济体制、宏观经济政策、当前经济状况和其他一般经济条件①。

社会经济结构,是指国民经济中不同的经济成分、不同的产业部门及社会再生产各方面要素,在组成国民经济整体时相互的适应性、量的比例以及排列关联的状况。包括:产业结构、分配结构、交换结构、消费结构和技术结构。其中,最重要的是产业结构。经济发展水平,是指一个国家经济发展的规模、速度和所达到的水平。经济体制,是指国家经济组织的形式,规定了国家与企业、企业与企业、企业与各经济部门之间的关系。宏观经济政策,是指实现国家经济发展目标的战略与策略,包括综合性的全国发展战略和产业政策、国民收入分配政策、价格政策、物资流通政策等。当前经济状况包括税收水平、通货膨胀率、贸易差额和汇率、失业率、利率、信贷投放以及政府补助等,影响企业的财务业绩。其他一般经济条件包括:工资、供应商、竞争对手的价格变化、政府政策等②。

(三)社会环境

社会环境指一定时期内社会发展的整个状况,包括社会道德风尚,文化传统,人口变动趋势,文化教育,价值观念,社会结构等。社会与文化要素十分重要,主要包括人口因素、社会流动性、消费心理、文化传统、价值观等,这也是人类学家的研究重点,从侧面反映出了人类学与市场营销学的密切联系。

(四)技术环境

技术环境是指社会技术总水平及变化趋势,包括:技术变迁、技术突破对企业的影响,技术对政治、经济社会环境的影响等。在当今时代,科技不仅是全球化的驱动力,也是企业的竞争优势所在。因此,拥有一个好的技术环境,对企业至关重要。

**三、迈克尔·波特"五力"模型**

哈佛商学院教授迈克尔·波特(Michael E Porter)在分析企业面临的市场

①宋嘉琳. 宏观营销环境对企业营销的影响及对策研究——以经济环境为例[J]. 全国商情·理论研究, 2016(12):14—15.
②孔惠. 整合营销传播在企业应用的制约因素分析[J]. 科技视界, 2015(35):111.

竞争环境时,提出了著名的"五力分析模型"①,对企业制定战略产生了重大的影响。一个企化的产品是否具有竞争能力可通过五力竞争模型作具体的分析,五力分别是潜在竞争者的威胁、同行业既有竞争者的威胁、供应商的议价能力、替代品的威胁、购买方的议价能力。如图 10-2 所示。

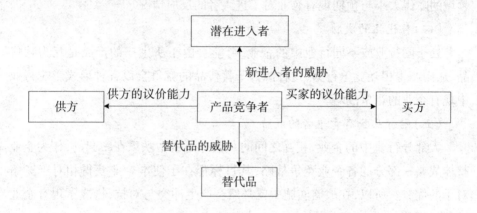

图 10-2　五力分析模型图示

（一）供方议价能力

供方主要通过提高投入要素价格与降低单位价值质量的能力,来影响行业中现有企业的盈利能力与产品竞争力。供方力量的强弱主要取决于提供给买主的要素种类以及性质,当供方所提供的投入要素价值占据买主产品总成本的较大比例、参与买主产品重要生产环节、严重影响买主产品的质量时,供方对于买主的讨价还价力量就大大增强。

（二）买方议价能力

购买者主要通过压价与要求提供较高的产品或服务质量的能力,来影响行业中现有企业的盈利能力。一般来说,当购买者的总数较少,而每个购买者的购买量较大或者卖方行业由大量相对来说规模较小的企业所组成时,购买者可能具有较强的讨价还价力量②。

①刘慧,庞利.波特五力模型视角下开放大学竞争态势分析[J].成人教育,2016(5):53—58.
②张春平.议价能力对企业绩效的影响研究[J].河北企业,2016(7):6—8.

（三）潜在竞争者的威胁

新进入者在给行业带来新生产能力、新资源的同时,也会与现有企业发生原材料与市场份额的竞争,最终导致行业中现有企业盈利水平降低,甚至危及现有企业的生存。竞争性进入威胁的严重程度取决于两方面的因素:进入新领域的障碍大小与预期现有企业对于进入者的反应情况。

（四）替代品的威胁

处于同行业或不同行业中的企业,可能会由于所生产的产品是互为替代品,从而产生相互竞争行为,这种源自于替代品的竞争会以各种形式影响行业中现有企业的竞争战略。

（五）同行业既有竞争者的威胁

大部分行业中的企业,相互之间的利益都是紧密联系在一起的,作为企业整体战略一部分的各企业竞争战略,其目标都在于使本企业获得相对于竞争对手的优势。所以,在战略实施中就必然会产生冲突与对抗,构成了现有企业之间的竞争。

四、SWOT 分析法

SWOT 分析是美国哈佛大学教授肯尼斯·安德鲁斯（Kenneth R. Andrews）于 20 世纪 70 年代提出的战略分析框架,也称为道斯矩阵,是企业战略管理理论中的一个重要分析工具。这里 S 指组织的优势（Strength）,W 指组织的劣势（Weakness）,O 指环境向组织提供的机会（Opportunity）,T 指环境对组织造成的威胁（Threat）。SWOT 分析方法应用十分广泛,如区域物流、技术创新、区域经济,等等[①]。

所谓 SWOT 分析,即基于内外部竞争环境和竞争条件下的态势分析,就是将与研究对象密切相关的各种主要内部优势、劣势和外部的机会和威胁等,通过调查列举出来,并依照矩阵形式排列,然后用系统分析的思想,把各种因素相互匹配起来加以分析,从中得出一系列带有一定决策性的结论[②]。如图 10-3 所示。

---

①张忞娴. 企业微博营销 SWOT 分析及营销策略探究[J]. 现代营销:学苑版,2011（10）:67—69.

②姜天,张洋. 基于 SWOT 分析的集团型企业市场营销管理模式研究[J]. 中国市场,2016（1）:35—37.

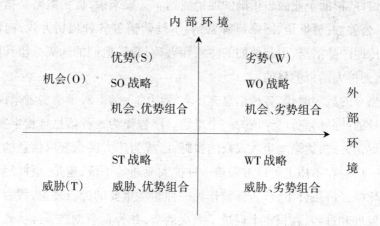

图 10-3　SWOT 分析图示

　　它是对企业整体环境的分析,有利于企业把握自身情况以及竞争对手的情况,让企业充分了解自己的优劣势、威胁和机会,从而找到适合自己的竞争战略。从整体上看,SWOT 可以分为两部分:第一部分为 SW,主要用来分析内部条件;第二部分为 OT,主要用来分析外部条件。利用 SWOT 分析法可以找出对自己有利的、值得发扬的因素以及对自己不利的、要避开的东西,发现存在的问题,找出解决办法,并明确以后的发展方向①。

　　根据 SWOT 分析,可以将问题按轻重缓急分类,明确哪些是急需解决的问题,哪些属于战略目标上的障碍,哪些属于战术上的问题,并将其列举出来,依照矩阵形式排列,有利于领导者和管理者做出较正确的决策和规划②。

# 第二节　广告促销

　　促销作为营销理论的重要概念,是提高销量的重要手段,是企业营销策略中的重要组成部分,对企业的健康发展至关重要。人类学家运用参与者式观察法,深入消费群体内部,与消费者进行有效的沟通,充分了解消费者的消费

---

①董熙. 自主品牌汽车营销策略的 SWOT 分析[J]. 品牌, 2015(3):8.
②庞艳茹,肖宏宇. 基于 SWOT 分析的微信营销研究[J]. 赤峰学院学报(自然版), 2015(11):124—125.

习惯和偏好,帮助企业做出正确的促销规划。一般来说,促销策略是指企业通过广告、公关、人员推销、网络口碑营销、事件营销等各种促销方式,向消费者或用户传递产品信息,引起他们的注意和兴趣,激发他们的购买欲望和购买行为,以达到扩大销售的目的。

在当今的数字时代,各种信息充斥着我们的生活。对于消费者来说,如何获取有效的产品信息,已经成为一个难题。广告作为一种信息含量丰富,生动形象的促销方式,逐渐地走入大众的视野,已成为广大民众获取信息的重要渠道之一。广告在本质上可以看做是一种扩大流通的手段,也是一种经济活动。在全球化的经济条件下,广告促销作为一种非常重要的经济现象,代表了社会经济的发展和进步,在根本上促进了大众消费,并为企业创造了经济效益和社会效益①。因此,如何进行有效的广告促销,在一定程度上决定了企业的成败。

今天,广告已经不是一种纯经济现象或纯商业行为,而是与人们的生活、思想、行为紧密相连的社会文化现象,隐含着不同的社会关系和控制②。无论是从广告的内容、广告的形式,还是从广告的传播来看,文化元素都是其设计的基本元素。在人类学家看来,广告是从以产品为中心到以人为中心,从有形产品到无形品牌的理念传播③,更多强调的不是产品或服务的物质属性,而是产品与人的联系,演绎的是人的情感、欲望和需求,表现的是人的意识和观念等,即附加在商品实体及其价值之上的文化附加值④。

在众多广告话语和文本之中,我们能找到许多由此而派生、延伸出来的意义群落,它们共同组成了广告的文化附加值,具体包括:对价值理念的传播、对人类情感的传递、对生活方式的重塑、对自我价值的追求等。广告不仅能使各种“特性”或“品质”成为商品的自然属性,而且还可以创造物品新的使用价值。

广告对商品中非物质属性的强调,也是在构建一种人与人、人与社会的关系。不仅如此,如果从“控制”的层面展开分析,广告通过将“言语”变为“语

①吴凯雷.广告促销在近代中国企业的运用[J].魅力中国,2016(1):72—73.
②孙信茹.经济人类学视域中的广告[J].思想战线,2010(2):135—136.
③贺雪飞.文化视角下的广告传播[M].北京:中国教育文化出版.2004:58.
④贺雪飞.文化符号及其象征意义——论广告文化附加值的表现形式[J].现代传播:中国传媒大学学报,2006(6):16—18.

言"实现其控制,这仅仅是广告作为一种控制手段中的"中层控制",即广告通过暗示某种社会共识,调动民族文化、情感等手段和元素,制造出更多的外力,实现对人身体的压迫和控制。更值得关注的是广告的深层控制,即观念控制。即基于"同意"和"共识"的基础,通过制造社会常识,促使人们主动选择。以核心主导价值或意识形态建构形成的观念控制[①]无疑是最深刻和最有效的社会控制。广告所具有的这种深层观念控制,赋予了现代广告极大的开放性和想象空间,进而使它成为现代文化产业中的一个重要领域。在人们自然性消费活动中,广告通过导入文化价值及意义来实现其控制手段。

许多实证研究表明,长期的价格促销在提高销售量的同时,会损害品牌资产。短期内,能够刺激消费者的购买行为甚至改变消费者的品牌忠诚,有益于品牌资产的增加。成功的促销可以为企业带来更多的经济收益,进一步提高品牌的知名度;而不具备创意的促销活动,则会影响品牌形象,不利于经济效益的提高,违背促销活动的初衷[②]。商家在促销中肆意打折,损害了自己的品牌形象。促销时销售额稍有提升,但以后销售额直线下降,甚至降到未促销前的水平。这种促销往往会"促死"自己,在降低品牌价值的同时,还将使产品的生命周期缩短,加速产品死亡。伴随着商家打折的加剧,消费者会产生持币待购的心理,经销商的利润空间也会不断被压缩。

而广告促销作为一种有效的营销手段,不仅能提高企业的经济效益,还有利于消费者的品牌关系建立。当一个潜在客户对品牌产生一定的意识和兴趣,但却不愿意由于寻找而承担某种不确定性风险时,运用广告促销可以帮助消费者完成与品牌的进一步接触,并有利于建立品牌关系。在促销广告的策划和执行过程中,不仅要利用多种刺激手段加速消费者的购买决策过程,从而实现销售业绩在短期时间内提升,更重要的是最终要实现品牌的传播目标。要保持品牌独特属性的传播在促销广告当中的实施与贯彻,企业决策者和执行者就要在促销决策中充分考虑到整个促销活动对于长期品牌传播的贡献。最终使之与企业品牌建设与培养策略形成良性互动。

品牌为消费者提供了"感观价值",而广告就是通过形象和团体的传播来

---

①陈庆德,马翀炜.文化经济学[M].北京:中国社会科学出版社, 2007:226.
②张刚刚. 促销广告提升品牌影响力的秘诀[J]. 现代营销, 2009(9):65.

提升这个"感观价值"的工具。有学者表示:品牌就是承载着意义和团体的某些象征,几乎所有的东西都可以作为一个品牌。

培养品牌忠诚是品牌促销的有效手段之一。企业首先应牢固地树立以消费者为中心的经营思想,充分了解消费者的现实和潜在的需要并加以有效的满足,这无疑是赢得顾客、建立品牌忠诚最为有效的方法;其次,还应维持并不断地提高产品质量,稳定的产品质量是留住顾客的基本前提;同时,企业应树立起良好的企业形象。在产品质量、设计、售后服务等逐渐呈现出趋同的趋势下,消费者对品牌的忠诚已不仅仅是出于对产品使用价值的需要,它同时也附带有强烈的感情色彩。

同时,重视民族性广告对品牌建设十分重要。为了提高其产品在中国的市场份额,耐克聘请中国的艺术总监和文案人员根据中国文化来制定商业计划,通过推广策略来呼吁中国人的民族自豪感,而不是使用"典型"的美国广告。耐克的这一做法不仅向中国的消费者展示了其对中国文化的尊重,同时也震惊了中国的政府官员①。

当广告所表现的情感超越个人情感而表现为社会情感时,也即与民族、地域的情感讯息相关时,其视听觉过程所采用的表现符号则大多与特定文化、地域的符号元素及情景相连。这类文化符号,在特定的文化背景下,经人们长期使用后逐渐成为某种情感、心理和行为的代表性意象。它们积淀在文化中,带有鲜明的民族与地域文化的特征。诸如长城、黄河、长江、黄土地、安塞腰鼓、威风锣鼓、长龙火把……已成为国货的符号象征;广告中的喜庆场面总与舞狮、耍花灯、擂大鼓、放鞭炮、阿福娃、大红喜字、红灯笼有关;而古典诗词、名人名言已成为酒类产品命名、包装及其广告的重要资源;我们的民族音乐作为一种符号资源也被创造性地运用于广告传播中;红色和黄色作为中国文化最富有象征意义的色彩语言,同样成了许多广告的主色调。中国传统的符号资源在港台乃至世界华文广告中也是不胜枚举的:仕女图、嫦娥、鹤发老翁等形象;孔子、诸葛亮、伯乐等历史人物;祥云、红鲤鱼、喜鹊、龙凤、狮子、书法、香茗、盖碗、瓜皮帽、算盘、竹椅等传统的符号元素;

---

①F. Warner."Nike tones town bad-boy image to boost sales in China's market"[J].The Wall Street Journal Interactive Edition,1997(10):10-11.

还有许多创意灵感来源于传统文化的传说寓言、文辞典章等。这一切,极大地丰富了广告的表现力,增强了对受众的亲和力,并使广告有了鲜明的人文地域色彩和深厚的文化底蕴。

## 第三节　促销、公共关系与人类学

市场营销与企业形象密不可分,良好的企业形象是企业营销成功的一个关键性因素。而形象的塑造离不开媒介的服务,也离不开公共关系。公共关系与营销虽然目的和方法手段不同,但却联系紧密。公共关系的服务目的不仅仅是营销,还有维护企业的形象和名誉,这对于提高企业的软竞争力具有重要的作用和意义[①]。公共关系营销的核心是关系,尤其是人的社会网络和人际关系,而对人的社会网络关系以及人际关系中的冲突与融合之研究,是人类学家的专长。在重视关系网络的中国,一定程度上,中国人的生活本身就是人与人之间的一种关系联络的表现。

人类学家的研究表明,中国传统文化从来都非常重视人际关系,尤其讲究面子和关系。在传统文化价值约束之下,中国人的一切行为及其行为结果,都与关系紧密相连,企业行为也是如此。由于社会组织从产生到发展就包含着关系的协调与沟通、形象的树立与组织内外部矛盾的解决等等,因此社会组织是公共关系的主体。它是按照不同的社会分工而建立起来的,不同的组织具有不同的特点,组织内部以及组织与组织之间需要公共关系为桥梁来进行沟通和协调。人类学家对社会组织、人际、社会关系等大背景的研究,对于公共关系视角下市场营销的发展以及社会整体的发展进步,都起到了至关重要的作用。因此,对市场营销学、公共关系学的发展及联系进行梳理与讨论,将有利于市场营销人类学的发展研究,为其发展创造必要的前提保障,也为企业在公共关系领域的促销活动提供有意义的借鉴。

### 一、公关关系学的形成与发展

公共关系学是随着商品经济的高速发展,在国外迅速兴起的一门发展中的综合性学科,是研究团体或个人为得到社会的理解和获得更多的利益应采

---

①张占涛.公共关系在市场营销中的重要性[J]. 中国商贸,2011(33);30—31.

取的政策、服务与活动,它属于市场营运学的范畴。公共关系,究其实质,不是狭隘的人际关系技巧,而是在企业理念、组织深刻影响下的一种具有战略意义的管理职能,同样也是一种有效的微观管理。在 21 世纪,公共关系学的发展有利于全方位的战略管理,同时也是一种组织的文化建设。

美国公共关系学会曾把公共关系的基本工作归纳为以几个内容①:撰写新闻稿件、对内和对外报告、季度和年度报告;资料性小册子、演讲稿、视听节目、产品与服务项目的介绍和说明、向新闻媒介以及有关团体和个人散发有关公司的资料和新闻稿件;执行开幕式、工厂参观、周年纪念、特别展览、有奖竞赛、文体活动、庆典、迎宾会等活动的计划;为树立公司声誉而非单纯为推销产品的宣传,即所谓"企业广告";演讲,包括公共关系人员亲自演讲和为上级的演讲作组织和准备工作;制作各种宣传材料、广告和样品、展品等实体物件;编制计划,包括各项行动的筹划和执行程序的编排。在实践中,公共关系活动可分为日常的和专门性的两种:前者主要指我们日常生活中待人接物的态度与方法,后者则指已渗透在企业与团体中的一套外交与宣传活动模式。负责公共关系工作的人员不仅充当本单位的对外发言人,而且还同社会各阶层人士保持密切的联系,力求使公众加深对本企业、团体的了解。

公共关系的概念范畴最早形成于美国②。美国学者将其划分为四个阶段:第一阶段为开端时期(1900—1914 年),第二阶段为发展阶段(1914—1919年),第三阶段为认识时期(1919—1929 年),第四阶段为个人利益与公共利益融合时期(1929 年至今)。公共关系(英语缩写为 PR,我们将其简称为公关)作为一个工作部门,最早由美国记者艾维·莱德拜特·李(Ivy Ledbetter Lee)开设的宣传公司所设置,作为一个学术概念,由爱德华·伯内斯(Edward Bernice)于 20 世纪 60 年代提出③。由于新闻及传播与公众接触最多、最广、最直接,并且在激烈的新闻竞争中迅速发展,因此新闻记者创办公关具有历史必然性。当今公关在西方早已不局限于新闻界和商界,而将领域扩展到政府机关、党派团体、军队警察、工厂企业、商店学校等。

①刘小凤,赵建平. 公共关系学——在对外开放中一门值得探讨的新学科[J]. 外国经济与管理,1985(8):18—20.
②朱继东.试论公共关系学的产生及发展[J]. 社会科学, 1986(8):65—67.
③〔美〕爱德华·L.伯内斯.舆论的结晶[M]. 北京:中国传媒大学出版社,2014:33—211.

有学者认为公关的产生和发展有其自身的规律。

首先,商品经济的高度发展促使公关的产生。从公关的主要服务内容及效益上说,高度发展的商品经济,无政府的社会化生产,必然导致激烈的市场、原料等竞争。竞争者为了在竞争中谋求一席之地,除了改善经营,提高生产率等手段之外,还与其他企业组成专业化的集团来增强他们之间的相互依存性。另一方面又由于科学技术的发展,生产力的提高,商品流通领域已开始从卖方市场向买方市场转移。企业的相互竞争使公众对商品、对企业有了很大的选择性。迫使企业除了树名牌之外还要树信誉,赢得受众、消费者。另外,企业要想发展,必须依靠公关来掌握信息,适应社会环境,在公众中树立良好的信誉。这就是公关在经济界首先出现的内在因素,也是我们从公关产生的效益和服务的内容上探索的根源。不能忽视的是,美国的政治大选也在一定程度上推动了公关的产生。由于美国的经济集团和政治集团的关系比较特殊,每届总统的竞选也是经济实力的竞争,在争取公众、拉选票、树形象的过程中公关充当了重要的角色①。

其次,新闻学的发展导致传播学的出现,从而进一步促成公关的产生。这是因为公关工作的形式、各种程序手段都是从新闻学和传播学派生出来的。它的基础新闻学自身也是一门新学科。近代新闻学具有独家优势、传播信息快、信息量大、渠道多等特点,具有较高的生命活力,成为国家发达和文明程度的标志。

在 20 世纪 40 年代末,随着科学技术的发展和新闻事业的演进,美国新闻界正式提出了传播理论。包括传播、大众传播和传学。该理论认为,现代社会是一个人们用符号、语言进行交流的信息社会,传学便是研究人们怎样用符号进行交流的一门科学。在某种程度上,传学的诞生是对新闻学的一个补充、发展。传学的创始人宣伟伯先生指出,传学的范围较广于新闻学,传学研究与新闻学研究之间没有任何不协调的地方,而且彼此相互帮忙,相互补充②。所以传学比新闻学更具竞争优势。当然,它们之间也有许多相似

---

①Palmatier R W, Dant R P, Grewal D, et al. Factors influencing the effectiveness of relationship marketing: a meta-analysis[J]. Journal of marketing, 2006(4): 136-153.

②〔美〕宣伟伯(Schramm), 余也鲁. 传媒信息与人[M]. 北京:中国展望出版社, 1985: 156—177.

之处：都要用传播媒介，如报刊、广播、电视；都要研究和掌握受众心理；都要求真实准确等。所以传学与新闻学有着紧密的血缘关系。这两者与公关的关系又是一个升华。

20世纪初，美国民众对工商的不满和抗议，首先是敏感的新闻工作者向工商界传播信息，因此协调了公众关系，这便是早时的公关。作家、新闻从业人员在公共关系领域，运用一些传播手段，促使公司能在公众面前表现出一种友善的印象。公关工作人员使用新闻调查采访、传播媒介等手段，同时新闻、传播的广告业务又与公关的广告业务紧密相关。公关必须掌握、沟通信息，尤其是反馈的信息处，来协调社会各集团、各阶层间的人事关系。此外，公关要建立自己的关系网络，树立好形象，通过"制造"新闻事件来吸引新闻单位，为自己服务。就连美国的总统选举也不例外，候选人的形象大都是公关通过新闻单位制造树立起来的。公关在美国的兴起，在西方世界的风靡，是社会发展的必然产物，是商品经济高度发展，市场竞争白热化，各新兴学科渗透多样化，新闻传播现代化及信息交流商品化的结果。

### 二、公共关系学在中国的发展

在我国，公共关系学科建设，如同工商人类学学科的建设一样，尚处于起步阶段，在理论体系设置和专业性研究方面都有许多问题需要解决，主要研究传播与组织形象塑造之间的互动关系。公共关系学是研究公关活动及其发展规律的一门学科，中国这样一个重视关系网络的发展中国家，具有良好的发展前景。在20世纪80年代，公共关系学传入我国，在短短的30年间，就取得了广泛的社会认可，而且在学科建设、人才培养和社会服务等方面，取得了可喜的成就。

然而由于专家学者具有不同的学科背景，对公共关系活动的看法却不尽相同，对公关理论的研究也存在不同的见解。因此，目前学术界对公共关系的定义有400种之多，但它作为一门独立的学科，其学术地位无可动摇，具有其独特的研究范畴、理论和方法，以及其他学科无可替代的作用。有中国特色的社会主义市场经济的建设成就，为中国公共关系学的发展奠定了良好的基础。不同的国家和地区都在寻求新的发展机遇，国家间及社会组织和公众间彼此的对抗、隔膜，正在逐步让位于广泛的交流与合作。与之相适应的，是当代公关必将出现许多新特点，其灵活务实的特性将有更大的施展舞台，这也符合21世纪的世界主流——和平与发展。根据有关学者的研究，中国的公关研究和公关活动前景广阔,将出现以下新趋势①。

走职业化的发展道路。走职业化的发展道路是各公关先进国家已走的道路,尤其对于中国来说,更需如此。走职业化的发展道路需要有组织和人才的保证。20 年来,以中国环球公关公司为代表的具有公关性质与职能的各类公司大批涌现,中国职业化的公关公司有了较大的发展,但由于人才的匮乏,机制的不健全,使其职业化的水平不高,专业公司的效益寥寥,不能适应国家政治、经济发展的形势。随着 21 世纪的到来,我国的市场经济更加完善,信息产业突飞猛进,企业公关和政府公关必将有一个大发展。这一切都要求中国公关界有远大的目光,豁达的胸怀,崭新的思想,时代的责任感与紧迫感,加速公关职业化的进程。而能否适应未来职业化的发展,关键在于人才,即要塑造一批公关专业人才,特别是受过人类学训练的高层次人才②。

目前中国在公共关系领域,有经验、有水平的专家、学者、顾问、设计家、策划家等数量很少,能量有限。近几年,公关专业人才建设已引起国家有关部门的重视,公关人员正式列入中国职业分类,公关人员的职责与思想行为规范也在逐步明确规范。社会职业公关教育发展势头良好,大学的公关专业人才教育,包括专科生、本科生、硕士生,已有良好的发展趋向,这就为面向 21 世纪的中国公共关系提供了最重要的人才保证。尽管目前中国的公共关系职业化的道路上,依然存在很多问题,但是前景依然是光明的。我们需要尽快缩小与发达国家公关的差距,制定具有中国特色的公关发展方针、政策、措施、办法,切切实实加大公关职业化的广度与力度,对从事公关关系研究的人类学家而言,这无疑是一项重大的历史使命。

工商人类学家特别关注对企业形象识别(Corporate Identity,CI)与顾客满意(Customer Satisfaction,CS)的科学组合③。企业形象识别从 20 世纪 90 年代初引进中国,其发展之快,作用之大是人们始料不及的。以企业为先锋的企业形象识别系统的设计,增强了企业的精神活力、行为规范、标志风格,成功地树

---

①徐小强.生产消费型社会下企业公共关系发展新趋势探析[J].中国市场,2014(20):19—21.

②张继焦. 企业人类学:作为一门世界性的前沿学科[J]. 杭州师范大学学报(社会科学版),2014(4):71—82.

③田广,周大鸣. 工商人类学通论[M]. 北京:中国财政经济出版社.2013:112—118.

立企业良好形象,扩大企业的社会影响。在市场品牌大战中发挥了重要作用①。20世纪90年代中期以后,企业形象识别被拓展到更广阔的领域,包括政府形象、城市形象、行业形象的塑造。以精神文明为核心的形象建设工作,受到党和国家各级领导的重视和广大社会公众的热烈欢迎。企业形象识别的思想原则和设计手段,已被企事业单位、政府部门广泛运用,产生了巨大的社会效果与经济效益。90年代后期,顾客满意也在逐渐兴起。许多企业在企业形象识别的基础上,又把目光投向顾客满意,以顾客满意为其整个经营的指导思想,投顾客之所求、所需、所好,以顾客的观念立场来营造顾客至上的理念,开拓新的市场与产品,寻求顾客满意的服务与设计,用尽一切手段留住顾客,获取长期的回报效应。

21世纪的市场以消费者为核心,因此顾客满意将可能成为21世纪市场的钥匙与通行证,并且极有可能推广到政府与事业单位的工作中去,深层次地揭示组织发展与公众关系处理的内涵与魅力。在市场营销学者看来,企业形象识别与顾客满意相辅相成,各以自己的优势服务社会,将会有更大的发展空间。企业形象识别立足企业或社会组织自身的形象、风格、理念、特征、行为,吸引服务公众,有效地扩大社会影响,提高知名度。顾客满意是以顾客和社会公众为立足点,千方百计寻求顾客满意的程度,塑造一种经营美学②,力求实现组织与公众在感情上、心理上、行为上的沟通与协调,两者都具有战略意义。

**三、公共关系在企业市场营销中的运用**

(一)市场作为主导并与不同市场环境相结合

在信息时代的背景下,企业在面临不同的经营环境与社会环境时,要想确保企业营销的正常开展,就一定要对市场的行情进行全面的考察与掌握。针对不同的消费群体,应用工商人类学、公共关系学的相关知识,与市场营销进行有效的配合,制定出与其相对应的营销策划方案,进而更好地处理目标群体间的关系。而在全新的市场环境中,要想更好地发展公共关系也必须要不断地转变其观念,并通过不同手段与客户展开沟通,进而为其提供具有科学性与

①陈曦. 导入企业形象识别战略塑造示范性高职院校形象的建议[J]. 现代营销旬刊, 2014 (9):10.

②叶皓.走向"国际传播"的公共外交新理念[R].中国社会科学报.2015—4—10.

可行性的建议与意见,最终有效地实现沟通与交流,在保护消费者利益的同时又能达到营销的目的。公共关系在企业的营销当中发挥着重要作用,所以,在实际运用的过程中一定要重视具体的方式与策略,并充分考虑市场的变化与客户的需求。

（二）公共关系对企业市场营销关系的处理

研究工商管理的人类学家认为,现代公共关系中的重点是建立并维护关系,同时也是全新的企业营销与公关理念,因此,企业更好地发展公共关系的前提是,切实履行这一公关理念①。而在实际的实践过程中,企业一定要同供应商和消费者进行相应的沟通以及与同行进行一定的竞争,进而更好地开展营销活动。在此过程中,公共关系工作人员所面对的就是不同利益主体,而工作的重点就是对不同关系进行处理,同时还应该注重同消费者关系的建立与培养,这样才能够充分利用营销资源来不断提升企业信誉,并得到消费者支持②。此外,做好市场调查工作,并深入地分析消费者的需求也是公共关系活动成功实施的前提保证。只有对上述内容进行全面了解与熟练掌握才能更好地发展公共关系,并使得公共关系具有针对性,与消费者间建立更长久的合作关系。

（三）确定市场营销任务,将关系融入营销

要想使得公共关系在市场营销中有效应用,就要使公共关系工作人员明确自身的营销任务,并积极开展与其他群体的沟通与联系③。并且,还需要将营销融入到不同群体之间的联系里,来更好地传播企业市场定位与市场发展状况。企业需要对公共关系定位与市场营销内涵进行熟练地掌握,进而制定出科学合理的市场发展规划,使其更好地发挥自身作用,并在实际的配合过程中,不断强化组织间的联系与沟通,对资源与信息及时分享,并完善相关的市场营销方案,保证企业营销活动的正常开展。

---

①张继焦.企业人类学的创新视角:老字号的研究现状、现实意义和学术价值[J].创新,2015(9):11—16.

②米合热古丽·阿布地热木.论公共关系在现代市场营销中的作用[J].现代商业,2013(32):137—138.

③徐天宇,孙松,胡警元,等.公共关系在市场营销活动过程中的应用研究[J].经济管理:文摘版,2016(2):142.

### (四)促进产品的销售

由于公共关系的对象是公众,且服务范围广泛,主要包括企业主体、社会公众、传播媒介以及公共关系本身的双向特性等特殊性,使得公共关系在产品的促销中起到了重要的作用。企业在利用公共关系宣传自己的同时得到公众的良好反馈,无形中将企业与公众紧密联系在一起,扩大了企业的知名度,使得企业与公众之间建立了深厚情感,为企业创造良好的营销环境。人类学家的研究表明,在企业进行产品营销时,能够加速产品的面世进程,并激励公众购买,削弱了公众对于新产品的抵触心理,从而起到了产品促销的作用①。

### (五)促使企业在公众心中树立良好形象

公共关系存在的前提就是让企业在公众心中树立起良好的企业形象。在实际的双向交流沟通的过程中,企业会对公众形成潜移默化的影响,将企业的文化理念、宗旨、目标等精神文化传递给了公众,让公众更加了解企业、认识企业、进而在情感联络中产生好感,帮助企业树立良好的公众形象。在这个方面,人类学家可以做出一定的贡献②。

### (六)应对突发事件,进行危机处理

良好的公共关系能够帮助企业快速应对突发事件,处理和解决企业公关危机。公共关系建立的前提是企业与公众间的相互理解和相互支持。因此,在突发事件产生之后,良好的公共关系有利于公众从合作伙伴的角度或者站在企业的立场看待突发事情,在企业表明态度和事件处理前保持客观的评价,有利于企业对突发事件进行分析和处理,从而避免因为社会的不利舆论而处于被动的地位。

公共关系的建立是企业为了提升自身经济效益而推广实施的活动,在实际推行过程中,紧紧围绕着企业经营目标和未来发展战略的主题,以信息交流沟通为手段加深公众对自身企业的了解,旨在通过这种双向的信息交流获得更多公众的见解和看法,了解公众的需求、对企业的认识、对未来产品的期望和建议等。公共关系在这个过程中的作用便是促进企业收集更多有利于产品研发、经营策略等相关信息,加速企业研发出更符合公众需求的新产品并快速

---

①田广, 刘瑜, 汪一帆. 质性研究与管理学科建设:基于工商人类学的思考[J]. 管理学报, 2015(1):1—10.

②田广, 周大鸣. 中国需要工商人类学[J]. 民族论坛, 2013(6):5—8.

占领市场,迅速获得经济效益。人类学家所擅长的工商民族志研究方法,可供公关领域的专业人士学习和应用,以获取对企业决策有价值的第一手资料[①]。

## 第四节　互联网促销

在互联网技术飞速发展的信息时代,网络购物成为人们日常生活中的一部分,尤其是在年轻人当中。2016 天猫双 11 全球狂欢节总交易额超 1207 亿元,无线交易额占比 81.87%,覆盖 235 个国家和地区[②]。由此可见,网络销售额与日俱增,已在市场销售额中占据了相当大的比例,网络商城表现出了相当大的潜力。在实体店的促销活动做得如火如荼时,抓住网络促销的契机,实现线上线下双促销,就能够迅速提高销量,赚取高额的利润。

### 一、网络促销内涵

网络促销[③],是指在一个全球性的信息传播网络上,用各式各样性质的诱因,刺激目标顾客对特定产品或服务产生立即或热烈购买反应的方法。相对于传统促销而言,虽然网络促销实施的环境和对象不同,但是目的、性质及采用的活动形式是相似的。也有学者指出,网络促销是通过计算机及网络技术向虚拟市场传递有关商品和劳务的信息,以引发消费者需求,唤起购买欲望和促成购买行为的各种活动。它与传统促销的区别在于没有空间限制,可随时进行网络交流并能够全方位地进行信息沟通。

人类学家眼中的网络促销实际上是一种人际关系的建立、消费者与企业的关系建立。商家通过网络将其产品信息及蕴含在产品中的企业文化传递给消费者,让消费者在对企业及产品的全面了解下,主动做出购买选择。通过网络,消费者与商家进行在线交流,运用网络用语拉近彼此的距离,分享双方想要得到的信息。包括商家想要得到的消费者对于促销的反应、对企业的整体印象及对企业的文化认同度;消费者想要得到的产品质量、性价比等信息。消费者与商家在线交流时所用的聊天工具更为双方建立一种长期关系提供可能。

---

①田广. 工商人类学与文化差异管理[J]. 青海民族研究, 2013(3):1—9.

②中国电子商务研究中心.http://b2b.toocle.com/detail—6369533.html.2016.

③门海艳, 王莲芬. 网络促销组合策略的优劣分析[J]. 企业改革与管理, 2006(7):34.

一般来说,网络消费者可能类似于创新者或产品扩散理论中的尝鲜者,往往是年轻群体,具有较高教育水平和更高的收入。乔伊·艾布拉姆森(Joe Abramson)和克雷格·霍林斯赫德(Craig Hollingshead)[1]把互联网用户归类为冲浪者或购物者。他们认为,冲浪者使用互联网是为了娱乐。他们就像探索者一样浏览网页,从一个网站到另一个网站,而且不会重复,除非那里有娱乐方面的诱因。购物者通常是为了直接的目的来使用互联网,去得到感兴趣话题的资料,去做一些购物决策或者去进行购物交易[2]。尽管在线购物在北美愈来愈受欢迎,但是我们还是需要对安全问题进行思考,尤其是在发展中国家中,互联网购物存在一些较不发达的信用体系。

尽管网络促销活动形式多样,但是消费者由于教育背景、家庭收入、性别、职业等不同,对网络促销活动的感知也不同,而这些感知是影响消费者作购买决策的重要依据。许多人类学家通过跟踪观察网络消费群体对网络促销的反应发现,在生活必需品的促销活动上,女性比男性对网站优惠政策表现出更大的兴趣;年龄大的消费者比年龄小的消费者对网站优惠政策的认知度高;薪资的差异不会影响消费者对网站优惠政策吸引力的认同;消费者上网习惯的差异对网站优惠政策的认知无显著影响。

也有学者以线上英语学习为例,探讨了潜在客户与旧客户对促销活动接受度的影响作用。结果发现,女性潜在客户认为折价券省钱的程度高于女性旧客户;而不同消费者对分期付款、搭售促销、赠品、团体购买的省钱利益感知无显著差异。将消费者分为外向性高、外向性低、谨慎性高、谨慎性低四类,发现不同的促销组合方式对不同消费者的购物意愿存在显著影响。

消费者对促销活动的不同反应表面上取决于消费者的个人特征,实际上是消费者本身的价值观念、对商品的感知价值及消费习惯所决定的。而这些内在特质往往需要人类学家去挖掘和发现。如果不能对消费者的内心活动进行准确捕捉,企业在促销活动中必然处于被动地位,影响促销活动的有效性。

**二、网络促销策略的发展趋势**

网络促销的作用不仅仅是刺激消费者的购买欲望,更重要的是通过网络

①②J. Abramson & C. Hollingshead. Marketing on the Internet:Providing customer satisfaction[J]. Journal of Interactive Marketing, 2001(1):25-33.

促销形成一个良好的口碑,通过网络传播塑造一个良好的品牌形象。任何负面的感受和评价,都有可能让商家苦心经营的品牌瞬间掉入地狱,所以,网络促销的重点不仅仅是低价,优质的质量以及服务更为重要。即网络促销利用创新的手段刺激消费者时,质量与服务决不能落后。为了进一步刺激消费者的购买欲望,网络促销会创新并发展更多诱人的促销手段,如博客促销、网络社区促销、电子邮件促销三大利器。促销手段有可能互异,但是目的都是打动消费者的购买欲望。

网络促销组合,是指具有沟通性质的各种促销方式的有机组合,是指企业根据网络促销的需要,以网络为媒介,对网络广告、销售促进、网站推广和公共关系等网络促销方式进行适当选择和综合编配,最终实现整体促销效果的企业营销活动[①]。

(一)网络促销组合策略形式

网络促销策略是网络促销的表现形式,是由网络促销的基本方式有机组合而成的组合策略。网络促销组合策略的运用比较复杂,企业可根据自身特点选择几个或多个组合方式进行网络促销活动。在选择网络促销组合策略时,企业要分析组合促销策略的可行性、有效性,包括对促销策略的可行性分析、促销实施方案、促销活动的监督和控制、促销反馈及改进方案等,对网络促销方式进行有效的、科学的组合。它可以分为单一型策略、二元型策略和多元型策略[②]。

单一型策略的特点是,网络促销主体只选择一种网络促销策略,也就是只进行网站推广,一般适用于刚刚接触网络营销的主体和特定的行业,比如小型企业、个人网站等。二元型策略的特点是,网络促销主体选择两个网络促销方式组成网络促销策略,包括网站推广与网络广告网站推广与销售促进、网站推广与公共关系等二元组合方式,一般适用于品种单一的小企业,或者有特殊促销目的的企业。比如,投放新产品所选用的"网站推广+网络广告"策略;为降低成本所选用的"网站推广+销售促进"策略;为宣传企业形象所选用的"网站推广+公共关系"策略[③]。多元型策略的特点是,网络促销主体至少选择三个

---

①吴敬.浅析网络营销组合策略[J].商场现代化,2006(8):98—99.
②于海涛.网络环境中营销组合战略的应用[J].东北财经大学学报,2005(3):56—57.
③牛继舜.网络促销的特点与实施[J].现代营销:学苑版,2005(6):42—43.

网络促销基本形式作为促销策略,主要包括网站推广+网络广告+销售促进、网站推广+网络广告+公共关系、网站推广+销售促进+公共关系、网站推广+网络广告+销售促进+公共关系等四种组合方式,这种策略的使用范围较宽,特别适合多品种、大规模的企业[①]。

(二)网络组合的普遍性优点

主要包括两方面内容,一是组合的需求是普遍的,二是组合的可能是普遍的。网络促销作为促销的主要形式之一,是市场营销中最直接也是最接近目标受众的营销手段之一,这一点已得到企业的认同,所以组合型促销策略应用非常普遍,也是企业普遍的需求[②]。

(三)网络组合的互补性优点

组合是互补的,扩大了组合的范围和时间,能够将局部优势变为整体优势,把分散优势变成综合优势,把稀缺资源变成丰富资源,把不完全信息变成完全信息。而且,网络经济也为组合互补提供了最好的技术支持。

(四)网络组合的增值性优点

组合的增值性是由组合的互补性决定的。组合将单一策略所无法实现的交易完成了,必然会产生增值效应。网络促销策略的组合并不是一种简单相加,而是多种促销策略互相作用、互相补充、相辅相成,达到互不分割的增值效应。

(五)网络组合的创造性优点

这一点与以上各点是相通的,它的创造性是单一型策略所不能达到的。企业促销需要创新,要给受众一种新奇感,要更多地、更快地吸引目标受众。只有组合型策略才能达到此目的。

(六)网络组合的灵活性优点

组合型促销策略的应用比较灵活,可以说缤纷多彩、灵活多样,它是单一型策略所无法比拟的,并且这种灵活性只有在网络经济下才能得到充分的体现。

(七)网络促销组合策略的缺点

主要有两点,其一,促销成本高,相比于单一性促销策略,组合型的促销策

---

①刘念. 顾客导向的网络促销策略研究[J]. 湖北经济学院学报(人文社会科学版),2014(2):64—65.

②门海艳、王莲芬. 网络促销组合策略的优劣分析[J]. 企业改革与管理,2006(7):34.

略比较复杂,需要较多的人力、物力和财力,从开始的可行性分析到内容制作,其费用都比单一型促销策略高得多。因此,组合策略的高成本及高收益性使其更适合于大型企业。当然,中小型企业也可根据实际情况,有选择地应用。其二,难于策划组合策略的成功实施需要强大的策划队伍,即策划队伍要有较高的策划技术、个人素质。所以,要达到更高的促销目标,就要有强大的策划团队和更科学的方法,这对于一个企业来说,具有相当大的难度。当然,对一些国外大型企业来说,雄厚的资金和强大的人力资源作其后盾,能够成功实施组和策略。对我国等发展中国家来说,企业可以利用本土化人才,减少组合型策略的策划成本。另外,我国企业还可以利用网络经济发展初期的诸多优惠政策,降低促销成本①。

不过,根据人类学的理论,大多数发展中国家的消费文化,与发达国家的消费文化是有差异的。在发展中国家,人们对于互联网营销优势的了解远不如发达国家了解得那么清楚。虽然互联网是一种新的营销渠道,但它仍然将适用大多数传统原则,这当然包括营销理念。可以预计,将有更多的消费者在未来使用互联网进行购物。

总之,在互联网技术飞速发展的信息时代,网络促销将成为营销界进行促销活动的一个重要内容。网络促销就是在信息传播网络上,用各式各样性质的诱因,刺激目标顾客对特定产品或服务产生立即购买或强烈购买反应的方法。而对人类学家而言,网络促销实际上是一种人际关系的建立、消费者与企业关系建立过程。人类学家通过跟踪观察网络消费群体对网络促销的反应,实际上是消费者本身的价值观念、对商品的感知价值及消费习惯的反应,来制定有效的促销策略。网络促销组合策略包括:单一型策略、二元型策略和多元型策略。组合策略在具有互补性、增值性、创造性的同时,也具有促销成本高、难于策划等缺点。

---

①赵保国,胡梓娴.网络促销方式对消费者购买意愿的影响机制研究[J].北京邮电大学学报(社会科学版),2016(2):31—38.

# 本章小结

尽管将人类学方法应用于市场营销中,对于商业世界而言绝不是全新的做法,但它们正变得更受欢迎,也被商界领袖和营销人员看作是更可靠的方法。如何将人类学方法应用于市场营销实践中,尤其是促销领域,将成为一个主题,看待这个主题应该超越人类学本身。在营销领域中使用人类学方法的潜力是无限的,需要人类学家和营销人员一起通过工作去挖掘。

在现代市场经济下,同行业竞争者日益增多,产品同质化问题日益严重。能否吸引消费者的注意力,通过适当的促销手段,传递商品信息,激发消费者的购买欲望,是引导消费需求,产生购买行为的重要手段。"酒香不怕巷子深"的观念已经不适应现代的市场营销理念,在某种程度上,现代的市场经济是一种注意力经济,眼球经济、质量上乘、服务周到已不能满足现代企业进一步扩大销量的要求,必须进行合理的促销。

本章主要介绍了几种市场战略:目标市场营销战略(STP 战略),包括市场细分、目标市场选择、市场定位;营销环境分析方法,包括 PEST 分析法、迈克尔·波特"五力"模型、SWOT 分析法。其中 PEST 分析法包括对政治环境、经济环境、社会环境和技术环境的分析。"五力"模型包括对供方议价能力、买方议价能力、潜在竞争者的威胁、替代品的威胁和同行业既有竞争者威胁的分析。SWOT 分析法就是对企业所处环境的优势、劣势、机遇和威胁的分析。

事实上,在市场营销领域应用人类学方法及相关理论已相当普遍并且十分有效。广告促销、网络促销、公共关系促销作为几种比较有效的促销方式,自然也是涉足营销领域的人类学家研究的重点。在他们看来,广告已经不是一种纯经济现象或纯商业行为,而是与人们的生活、思想、行为紧密相连的社会文化现象,隐含着不同的社会关系和控制,强调产品与人的联系,演绎人的情感、欲望和需求,表现人的意识和观念等。广告促销的成功,不仅可以为企业实现经济利润,还可以为企业建立与消费者的品牌关系甚至是品牌忠诚度。公共关系学中的相关理念也是人类学的研究重点,例如对人际关系的研究。公共关系促销作为促销的一种基本形式,加强了市场营销人类学、市场营销学与公共关系学之间联系。

〔案例链接〕

<h2 style="text-align:center">YH 公司"百佳利"小儿四维葡钙片促销策略①</h2>

百佳利是上市公司新华制药企业主打钙类产品的一个品牌,除了儿童钙外,还将陆续推出孕妇钙、老年钙等。百佳利一直采取店内销售促进的促销方式,主要的销售促进方式有如下几种:一是在内部进行优惠售卖,如内部员工享有一定的折扣,到店内进行购买。二是采取捆绑销售的优惠手段,即购买 YH 旗下其他品牌产品,一起捆绑购买可优惠。三是进店购买两盒产品可获得成长卡,持卡购买产品享受 88 折。但这些所有的销售促进手段均在店内进行,并未在店外进行传播扩散,只有走进百佳利销售终端,如药店、超市的目标顾客才能获取到销售促进的信息,由于目标顾客接受信息的局限性,从而影响销售。

YH 公司在营销百佳利产品时,利用代金券及专业的补钙知识咨询等服务营销。包括:顾客要拿着代金券在指定的超市或药店进行购买,并可享受优惠;百佳利在店口设有经过专业培训的导购,可对进店的目标顾客进行补钙知识的咨询、解答,同步发放补钙知识宣传手册、产品宣传单页等。YH 公司的促销策略就是通过节假日的销售促进来提升促销,例如国庆、元旦等节假日,采用的促销方式有:降低产品价格,明确制订促销策略和促销计划,并且具体告知,指定套餐优惠;利用传播媒介对节假日销售促进活动播放广告。百佳利的销售终端主要以药店为主,在销售促进时特别强调把店内服务作为重点,做好销售服务。

一、百佳利促销策略

(一)广告策略

据百佳利的市场定位,广告策略需要不断强化百佳利产品特点,准确地传播给潜在目标顾客,并且在顾客中留下美好形象,从而引导购买。

---

①案例改编自:顾冬玉. YH 公司"百佳利"小儿四维葡钙片促销策略研究[D]. 昆明:昆明理工大学, 2015.

### 1. 广告投放按季节和目标顾客触媒习惯进行

YH 公司"百佳利"产品进行有策略的广告投入,以"优质钙源、辅助料少、搭配四种维生素"为主要传播内容。广告有电视广告、平面广告、视频广告、户外广告、网络广告、销售点广告等,所有的广告画面和风格需要一致。秋冬天气较冷,儿童户外活动减少,且新鲜水果蔬菜较少,是儿童补钙产品的需求季,应加大投放力度;春夏天气较热,则减少投放频次。另外,目标人群多为 80 后爸爸妈妈,需选择母婴类垂直用户的网络广告、《妈咪宝贝》期刊类平面杂志进行精准投放。

### 2. 户外广告

对于户外广告的投入,各经销商申报所在区域黄金地段和目标顾客人流量集中的区域,由百佳利总部来进行广告计划制订、费用审批和传播内容,保证传播内容的精确和有效。

### 3. 对售点广告进行规范化管理

对售点广告进行规范化管理,通过售点的广告展示,使销售点布置生动化。售点的广告规范管理由 YH 公司市场部统一执行,市场经理对于售点最终所呈现出来的效果负责任。

对于 YH 公司"百佳利"产品的售点布置要求规范化。展示样品需摆放在售点的显著位置,广告海报张贴在显著位置。柜台上的礼品摆放也需显出一定的气势,售点的广告布置需要能够成功地引起顾客的注意。另外,需要注意的是,售点相关赠品的放置不能影响顾客通行的通道,同时还不能把空的纸箱及空的包装盒放在展示台上,属于高档及精美的礼品要拆开并且显示给顾客。YH 公司的导购及临时促销员需要在售点随身携带广告宣传单页、产品说明页及产品试用装。

对百佳利产品售卖点的相关广告物料做出规范化的规定。在售卖点进行宣传的广告物料应该由公司总部统一设计,保证传播内容和画面统一。然后再进行下一步的工作。YH 公司的经销商在进行各销售点广告物料设计时,不能够进行随意的设计,更不能自行对总部下发的画面及需要突出的元素进行修改,这样做会影响最终的展示效果。另外,各销售点发放的宣传广告单页和店内海报需要统一,对于销售点展架,还需要统一摆放产品资料、儿童补钙知识手册等,这样有利于顾客取阅,将更好的产品优势传播给目标顾客。

（二）销售促进

百佳利销售促进的方法主要有如下几种方法：节假日折扣销售、代金券、优惠卡（持成长卡88折）、吸引儿童的赠品（成长贴）等。需要注意的是，销售促销策略需要根据营销目标随时调整，如销售额未达到预期，则加大折扣和赠品力度。另外，销售促进在与市场上其他类似的产品进行竞争时，应该把销售促进的关键点集中在推广过程中出现的各种操作性问题上。销售促进的操作性问题主要总结如下。

**1. 规范终端的价格和折价促销**

在对产品进行大规模推广的时候要保持所有的售卖点具有稳定并且统一的价格系统，这是最为有力的保障形式。"百佳利"产品在市场上的竞争愈演愈烈，不同品牌的渠道价格混战不断地加大，并且YH公司还存在着其"百佳利"产品有部分型号在不同的营销公司中的终端售价不一的情况。YH公司必须对"百佳利"产品全面实行加强价格体系管理的方式，具体进行管控的措施如下：

根据不同的产品生命周期，对价格促销战略进行范化。

在导入期，"百佳利"的新品还仅仅只是处在上升的阶段，终端处的资源正逐渐倾斜于"百佳利"的新品，此时，低价策略非常有效，具体的做法表现为加大赠品数量或者是可适当地延长产品的售后服务日期。

当百佳利产品进入成长期时，其所要接受的是来自整个市场的全面性检验，处于这样状态的最大益处就是能够不断地拓宽整个销售渠道的广度及深度，此时，进行促销的策略与导入期是相同的。

当"百佳利"产品进入成熟期时，整个销量走势表现出来的状态是处于高峰期的。在到达高峰期之后就需放缓整个产品的生产节奏，这个时候有目的性地进行价格促销，如节假日或者是和相应竞品抗衡时多举行促销。

当"百佳利"产品进入衰退期或出现了替代产品，表现出盈利能力降低的状况时，就应将该产品进行停产处理，清理最后的库存。

**2. 规范相应策略定位的产品促销战略**

按照企业对于"百佳利"产品的战略定位，把其产品划分为：形象利润和常规及竞价这三个种类。

**二、百佳利事件营销**

"百佳利"的促销需要将内部公关当成一种基础，使得外部公关成为一种导向,以此建立健全公共关系体系,达到企业需要达到的战略意图,凭借它来赢得更加广泛的市场,争夺在市场中的有力条件并且塑造良好的企业形象。YH公司"百佳利"构建完善的公共关系体系主要由这几个方面来实施:

(一)媒体造势

YH公司的"百佳利"经过一系列的方式来造势,通过对外宣传,使新闻媒体对它进行产品、品牌、研发等多方面相关的报道,借此来扩散企业本身的信息,提高认知度,通过媒体将信息扩散到消费者、经销商、行业协会等有关部门。也可使用"名人效应"来进一步提高YH公司的品牌知名度以及美誉度。

(二)根据受众提供不同的服务

通过向YH公司"百佳利"的受众提供不同形式的服务及优惠服务,强化YH公司"百佳利"产品的信誉以及形象,以此来扩大整个受众的群体。

(三)不同形式的销售方式

YH公司"百佳利"通过举办各种不同形式的销售活动来塑造企业的形象,扩大企业在社会中的影响,进一步提高企业的声誉,获得更多的产品支持。这不仅是一种直接、短期的经济效益,更是一种长远的回报,企业还可以借此机会树立更加完美的形象。

(四)让人脉圈作为主要的促销策略

用人际关系作为最主要的促销策略,能够通过人与人之间的直接接触来获得感情上的联络,更好地为YH公司"百佳利"积累人脉,建立更加广泛的社会关系,便于YH公司"百佳利"拥有自己的发展人际关系的环境。

**学习思考题**

1. 人类学家眼中的产品促销是什么?有什么意义?

2. 目标市场战略的相关理论包括哪些?如何应用?

3. 如何从人类学的角度理解广告促销及其应用?

4. 如何从人类学的角度理解网络促销及其应用?

5. 如何从人类学的角度理解公共关系促销及其应用?

6. 通过对本章案例的学习,你有哪些收获?我们应当如何从人类学的角度来理解和分析本章案例?

# 第十一章  民族区域经济发展与市场营销

**本章摘要**  中国是一个多民族国家,民族区域是中国不可分割的一部分,其经济发展对我国经济的全面协调可持续发展,具有重大的影响。新中国成立后,尤其是改革开放以来,我国民族地区的经济呈现快速增长的势头,取得了可喜的成就,并且促进了民族经济学的学科建设及发展。但是,由于地域特色,相对于我国其他地区来说,民族区域经济发展仍然相当落后,不利于国家整体经济的建设。本章在人类学的视角下,探讨民族区域的经济发展模式以及如何在民族区域开展有效的市场营销活动,从而在一定程度上,为民族区域的经济建设提供理论上的参考依据。

### 学习目标

1. 学习和理解民族区域经济发展过程及理论探讨。
2. 学习和掌握民族经济学的学科建设及发展过程。
3. 学习和掌握民族区域的市场营销要点。
4. 学习和理解广告与民族文化产业发展的关系及理论基础。
5. 学习和掌握在民族区域开展跨文化跨民族营销的注意事项及路径。

## 引　言

民族区域是我国社会不可分割的一部分,其经济作为中国特色社会主义市场经济的重要组成部分,对我国社会主义市场经济的全面协调可持续发展起着重要的作用。目前,虽然我们国家许多民族区域的经济发展已经取得了巨大的进步,但是相对于其他地区来说,其经济水平、相关方面的技术水平比较欠缺,整体的发展质量仍然比较落后[1]。

事实上,在我国全面建成小康社会过程中,民族地区是重点和难点,因此民族地区是也我国脱贫攻坚主战场。如果地区发展差距拉大趋势长期得不到根本扭转,就会造成心理失衡乃至民族关系失衡。我们要牢牢把握确保民族地区同步实现小康这一坚定承诺,才能最终实现到 2020 年人均收入比 2010 年翻一番以及基本公共服务均等化的目标。近年来,民族地区利用后发优势、资源优势、特色文化优势、生态优势,步入了经济发展快车道。特别是"一带一路"战略的实施,更是把地处经济发展"神经末梢"的民族地区,推到了开放开发的前沿中枢。

民族文化是影响经济发展、人口行为和世界各地企业营销策略的一个关键因素[2]。我们需要认识到跨文化问题不仅会影响国际市场,也会影响国内市场。世界各民族之间已经发生了巨大的变化。为了在新时代市场中占据有利的位置,抢夺国内乃至国际市场份额,企业营销人员必须充分了解国家、本地区以及民族间的文化差异。

## 第一节　民族区域经济发展及理论探讨

民族区域[3]是指生活在我国边远山区的多民族聚居的地区,多在我国中西部。恶劣的自然地理环境、复杂的民族关系、落后封闭的保守思想,使民族区域的信息、交通、经济等发展缓慢,无论是科学文化水平还是商品经济观念上,都要远远落后于东部地区。同时,民族区域多位于我国边境处,政治理念和经济发展容易受到国内外政治变化的影响。

在构建和谐社会的经济发展建设中,少数民族的经济发展是社会关注的重点,也是促进区域经济协调发展的关键。少数民族经济,指的是不在我国国

---

①木丽红.刍议民族区域县域特色经济发展策略[J].农村经济与科技, 2016(4):87.

②许美峰, 全龙七.浅析民族文化差异对民族地区营销的影响及应对措施——以延边朝鲜族自治州为例[J]. 对外经贸, 2013(2):130—132.

③翟紫含, 付军.西部民族区域农村生活能源消费特征——基于四川凉山州住户调查数据的分析[J]. 资源科学, 2016(4):622—630.

民经济中占主体地位的社会生产活动和经济生活,或者说是非汉族人民的经济生活和社会生产活动。[①] 由于少数民族多地处山区、高原,交通不便,与外界形成贸易往来的难度比较大,因此,其经济发展多靠地域资源作支撑,经济层次分为原生和次生两种,呈现出了明显的地域特色。

**一、民族区域经济发展过程简述[②]**

新中国成立以前,中国民族区域经济发展的特点是社会经济形态、生产关系及生产资料占有形式多样,多种经济制度和社会经济形态并存;不同民族间生产力发展水平差距大,生产工具简单,生产方式落后,分工不均衡;经济结构单一,除农牧业和家庭手工业外,现代工商业主要集中在少数城镇,在经济中所占的比重偏低。自然环境的限制、自给自足的生产模式、以物易物的商品交换模式,使得商品市场经济不发达,民族或区域间经济联系少。中央政府及各级地方政府虽然对少数民族及民族地区实施不同形式的治理,但这些地区在经济制度、体制等方面仍保留着很大的独立性和特殊性,没有完全纳入统一的制度和体制框架内。

民主改革完成后,民族区域的改革步伐与国家其他地区几乎一致,并且在20世纪50年代中后期完成了社会主义改造。在此期间,中央对民族区域的改造任务是引导少数民族开展合作化运动,用社会主义集体所有制取代分散的个体劳动者私人所有制,同时对城镇个体手工业和私有经济进行社会主义改造,发展国营和公私合营经济。但在改革的后期,由于忽略了民族区域的特殊性,使其改造速度过快、过急,违背了最初的"慎重稳进"方针。民族区域一直面临着如何协调先进的制度与落后的生产力之间的关系以及生产力发展水平如何适应社会经济制度尤其是经济体制的变迁。

1966年,民族区域短期内实现了生产关系的两次重大变革,即由最初前资本主义的各种所有制过渡到个体所有制,在个体经济还没有充分发展和稳固的情况下,又快速过渡到社会主义公有制经济为主体的阶段。

20世纪80年代末到90年代初,中国经济社会进入转型期,并带动着社会转型。民族区域与东部地区和全国经济发展差距的扩大,一方面缘于国家改

---

①黄健英.论少数民族经济与民族区域经济[J]. 学术探索, 2009(1):38—43.

②黄健英.当代民族区域经济发展简要回顾及几点思考[J]. 中央民族大学学报(哲学社会科学版), 2016(2):17—23.

革开放政策的"梯度推移",另一方面缘于民族区域自身市场经济基础的薄弱,新的市场主体成长缓慢。改革开放加快了民族区域的经济社会发展,使其纵向对比,成就巨大;横行对比,差距扩大。20世纪50年代以来,计划和市场两种经济运行体制的并存,使以计划经济体制为基础的少数民族经济政策与市场经济体制之间,出现了矛盾和冲突,从而降低了民族经济政策的效应,使其对民族区域经济的扶持作用下降①。

20世纪80年代,中国共产党和国家领导人不断将国内"东西方对话"视为全球南北对话,提出将其国民经济战略重点转移到西北地区。1984年5月,内蒙古党委政策研究室郭凡生在新技术革命和社会发展研讨会上发表讲话:新技术革命为欠发达国家和地区提供了跨越式发展的机遇。中国欠发达地区可以利用其丰富的自然资源,引进国际资本、技术和人才,实现这一目标,不应被动地等待东部和中部地区的技术转移。1984年6月,《世界经济导报》(World Economic Herald)发表了一篇名为《经济落后地区可以实现跨越式发展》的文章,对公众产生了巨大的影响。在这种大背景下,国家体改委相关部门组织成立了西部和民族地区发展研究组(简称"西部组"),后来演变发展为中国西部发展研究中心(简称"西部中心"),本书主笔曾经担任该中心秘书长兼办公室主任,参与了中心早期的建设和发展工作。西部中心的研究工作,主要涉及11个省区,包括陕西、甘肃、宁夏、青海、云南、贵州、四川、广西、内蒙古、新疆和西藏。

同时,中央各部委的一些学者将研究重点转移到西部民族区域。1985年,西部相关部委和地方政府联合举办了西部经济发展研讨会,会上提出:区域和工业布局的选择必须能够推动民族区域的经济社会发展。此后,一些关注西部问题的年轻学者组成西部研究小组,做了大量的深入调查研究。1987年12月,中国东部和西部9个省的80多名代表参加了贵阳市"发展问题—东西中青年学者对话"。中国西部发展研究中心成立之后,于1988年初与新疆共产党政策研究室合作,设计了西部和一些民族区域改革开放综合研究的试验场,并达成中国必须向西部开放的共识,新疆是第一个试验场。西部中心和新疆维吾尔自治区政府组成一个联合代表团,观察和研究西亚6个国家,并撰写了

①马秀英.中国民族经济政策研究[D].北京:中央民族大学,2004.

"西部中国"的研究报告,指出中国必须发展西部地区,引起当时中国最高领导的关注。

在 1988 年夏、秋两个季度,许多学者针对民族发展问题进行了集中讨论,并将学术研究报告收录在《西部中国:发展,改革和开放的新决议》一书中。1989 年 3 月,西部中心组织了另一期"中国东西方学者对话"论坛,提出在新疆南部和云南德宏建立实验自由贸易区,实施以贸易为基础的产业联动,从而促进西部大开发战略的实施。1989 年 4 月,由西部中心主要成员组成的云南边疆地区经济社会考察团,针对是否在云南德宏州建立特别开放区的问题,进行了深入细致的讨论并提出一套完整的改革开放方案,制订了推进方案实施的路线图①。

从 1990 年至 2000 年,民族区域经济发展速度加快,取得了可喜的成就,但其与发达地区的差距仍在继续扩大。2000 年以来,在党和国家的关怀下,我国民族区域的经济社会发展更是突飞猛进,西部大开发取得了举世瞩目的光辉成就。西部大开发的十年(2000—2010 年),是中华人民共和国成立以来民族区域社会经济全面快速发展的十年,也是国家出台各项扶持民族区域经济发展政策最多的十年。西部开发总体部署到"兴边富民"行动、扶持人口较少民族发展、少数民族事业"十一五"规划,再到"对口支援"、安居工程建设等,由此看来,国家对民族区域的扶持是全方位的。经过 10 年的建设和发展,民族区域的基础设施和生态环境状况得到一定程度的改善。但是在经济结构优化、居民生活水平大幅度提高的同时,也出现了一些新的问题,如生态环境问题、资源开发利益分配问题以及社会经济转型过程中的民生问题等。

西部大开发的十年间,中国经济快速发展,对能源、原材料的需求也在快速增长,并维持较高的价格水平。因此,民族地区发挥资源优势,大力发展资源主导型产业,使民族区域的经济有了质的飞跃。但是由于国家、地方、企业、当地居民等不同的利益主体,在资源开发中的地位不同以及信息不对称,使得民族区域当地居民处于被动地位,不能共享资源开发的利益。并且因资源开发而使生产资料受损以及造成的环境风险更多由当地人承担②,所以,少数民

---

①Min K S, Ying W, Guang T. Making Economic Policy for the Development of Minority Regions: Localization and Contribution of Economic Anthropology in China [J]. Anthropologist, 2016(3): 323-334.

②朱洪明, 胡田贵. 民族区域资源开发与经济发展问题探讨[J]. 软科学, 1991(3):32—38.

族发展资源型经济的道路仍然十分艰辛①。

**二、对民族地区非经济因素的经济人类学思考**

我国应用人类学家周大鸣曾提出,对人类经济行为和经济发展过程的非经济因素的人文研究,造就了经济人类学这门跨领域的边缘交叉学科。经济人类学一是探讨不同社会中的生产、分配和消费过程的一门学问,秉承人类学这一学科固有的通过研究"他者"的世界,来反观自身社会的批判主义精神,试图对西方经济学的基本概念、命题以及推论做出整体的反思,以求还原人类生活中经济现象,比如关于交换、货币或市场等经济活动中的道德和社会交往的本来涵义。因此,经济社会发展中的非经济因素问题,一直以来是经济人类学领域的一个重要的研究话题②。

自 20 世纪 70 年代末以来的改革开放,使得我国的经济体制已经基本完成了从计划经济体制向社会主义市场经济体制的转轨过程,并且出现了一种值得高度关注的泛市场化现象③。在这个过程中,我国的民族区域的经济社会发展在中央政府宏观决策指导下,冲破传统的产品经济和自然经济的束缚,开始逐步摆脱自我封闭的经济体系,重新组合了发展格局,形成新的发展态势。与此同时,民族之间、区域之间、国际之间多渠道、多层次、多形式的经济、技术与文化交流更加频繁广泛。在新的格局和态势下,我国民族地区多种非经济因素,包括文化、宗教和传统观念等因素,对经济的影响日益突出,形成民族地区经济社会发展中难以忽视的重要构成,值得高度关注④。

经济人类学的研究表明,非经济因素对经济社会发展的影响是多方面的,而且与发达地区相比,对民族地区的作用和影响力度更为强烈。我国著名经济人类学家,吉首大学终身教授杨庭硕先生,曾经对贵州民族地区的经济社会发展进行过长期的系统研究,对民族地区经济社会发展中的非经济因素及其影响,有着独树一帜的见解,并将这种独特的见解融入其"相际经营原理"的理论模式之中。杨庭硕教授在其《相际经营原理》(以下简称杨著)的巨著中提

---

①黄健英.当代民族区域经济发展简要回顾及几点思考[J].中央民族大学学报(哲学社会科学版),2016(2):17—23.

②周大鸣.序言//田广,罗康隆.经济人类学[M].银川:宁夏人民出版社,2013 年版.

③田广,戴琴琴.泛市场化批判[M].北京:中国财政经济出版社,2012.

④赵永昌.重视非经济因素对民族经济发展的影响[N].文山日报,2010 年 9 月 3 日,B3 版.

出,面对国际和国内经济发展的新态势和新格局,就民族地区的经济社会全面发展而言,我们必须将发展的视野从经济领域扩展到非经济领域,从文化、宗教、传统意识、民族以及族际互动等多种角度加以研究,在策划民族地区整体发展方案时,将各种非经济因素提高到战略的层次①。以下,我们从不同的角度对杨教授的相际经营原理模式中有关非经济因素的理论阐述,进行初步的梳理和讨论。

**三、对非经济因素的经济思考**

经典经济学理论认为,经济活动的目的在于将产品提供给市场,从中获得利润,其最终目标是追求利润或者效益最大化。经济活动主要包括生产活动和消费活动,这两种活动并不是截然分开的,而是密切联系的。人类在经济活动过程中会因为追求效益最大化而进行必要的选择,无论是进行消费选择还是进行效用生产的选择,都会受到资源有限性的硬约束,同时也会受到法律、道德、文化、心理等非经济因素的软约束,这两种约束在很大程度上决定着人们在经济活动过程中干什么、怎么干和达到什么结果。而且,传统经济人类学理论认为,由于文化、心理、价值观等非经济因素直接影响人们的需要及其满足程度,从而影响着人们对经济活动的预期以及对经济利益的认识和追求,从而会使不同文化族群的经济运行机制有所不同。而且,在经济人类学家看来,非经济因素对经济的影响比经济学家所认识到的要更广泛、更直接、更活跃,不同因素的影响方式、影响程度也不同,有的甚至直接参与到经济活动中来。我们认为,在经济学理论体系中将上述文化等因素统统归结为非经济因素,是一种无奈的选择,而事实上这些因素都是经济因素,需要我们从经济的角度去理解和解释。

对此,杨庭硕教授做了非常明晰的论证,指出:对非经济制约因素内涵的理解,我们与经济学家之间存在着明显区别。经济学是针对市场经济充分发育的民族和社会发展起来的科学,如果将其理论和方法应用于市场经济发育不完全的民族和社会,经济学原理的价值就大打折扣了。这种不相适应因其难以用现有经济学理论解释,所以通常并非以彻底否定经济学原理的方式出现,而是在经济生活以外的社会现象中反映出来的。由此,经济学家将不同群

---

①杨庭硕.相际经营原理 [M].贵州:贵州民族出版社,1995.

体经济生活差异所造成的相际经营困惑,统统归入非经济制约因素的范畴。然而对于经济人类学家而言,这些由于差异而造成的相际经营困惑,恰好都是经济因素,是相际经营中不可回避的异民族间经济活动差异所造成的后果。

对经济学理论中的非经济因素进行经济的思考,是杨教授在经济人类学中国本土化过程中的又一个显著贡献,是对传统经济学理论的反思。在我国的经济体制改革过程中,就是有一些所谓的经济学家,他们依仗对经济理论和经济政策研究所具有的话语霸权,对西方经济学理论不加分析批判地全盘引进,已经给我国的经济生活秩序带来了难以估量的损失,的确需要对其进行批判性重新思考①。杨教授阐述了这样一个观点:相际经营模式中的非经济因素是错综复杂的,充满着变量和不确定性,相际之间既有兼容的同一性,又有各自独特的种种因素。对相际间非经济因素变革中的各种交叉要素,要注意区别对待,积极引导。同时,又要注意摒弃狭隘的、陈旧的地方观念和民族意识,培育和发扬在宏观层次上与国家和区域经济社会发展目标相一致的创新意识、创新文化和创新观念,如此才能实现我国西部民族地区经济社会的全面发展②。

## 四、经济社会发展中的文化因素

在经济学家的理论框架中,文化是非经济因素中最活跃也是最直接对经济产生影响的因素。经济学家的研究表明,在过去的 20 多年中,东亚取得了引人瞩目的发展"奇迹",而与此同时非洲和拉丁美洲的发展却停滞不前。虽然非洲、拉美和亚洲遵循的发展理念几乎完全相同,都来自于转轨经济改革和发展模式,大家都强调资本的形成、市场经济模式、对外国资本的利用和教育投入在经济发展中的重要性。然而在几乎差不多的基础上,采用几乎完全相同的市场经济发展模式,却出现了截然不同的发展结果。深究其内在的关键原因,经济学家认为就在于亚洲的成功主要基于其传统文化中不可缺少的促进因素,比如勤劳、善于储蓄等。这些非经济的文化观念因素,对于资本的形成、劳动力资源的形成等经济发展的必要前提而言,是至关重要的,而这些因

---

①田广,戴琴琴,綦晓光.关于国家经营的战略思考:基于对泛市场化思潮的批判[J].石家庄经济学院学报,2012(2):92—95.

②杨庭硕.相际经营原理[M].贵州:贵州民族出版社,1995:152—158.

素恰恰是非洲和拉丁美洲的文化传统中所缺乏的①。

同样,文化对于经济人类学家而言是最为重要的一个研究内容。人类学家认为人们的一切活动,经济活动自然也不例外,都受制于其所生存的文化价值系统。经济人类学家在其研究的各个方面几乎都要用到文化概念。经济人类学原理认为文化会带给群体和个体一些特定的偏好、观点、或者特定情境下认知探索事物的参照。文化之于经济,如同劳动、土地和资本要素一样,是必不可少的。当然,由于学派和知识积累的不同,经济人类学家对文化的认识和理解也有所不同,但这种认识和理解方面的差异并未影响他们就文化因素之于经济社会发展重要性的认同②。

基于经济人类学的传承,杨教授在对大量的田野调查资料进行分析论证之后,得出了这样一个结论:相际经营活动是由具体的个人或群体组织实施的,他们必须依据自己特定的文化固有特征来从事经济活动,且必须在相应的文化圈内完成。在相际经营过程中必然涉及文化的差异,因此相际经营的各方必须要面对并努力适应彼此之间的文化差异性。杨教授还深刻指出,不经过一定的文化互动,相际经营的活动就无法完成。因此,文化互动是相际经营活动的重要组成部分。杨著还进一步指出,相际经营活动无论牵涉到多少个民族,多少不同环境中的地区,都必须以一种民族文化作为经济活动的基础,以在这个基础上从事相际经营的活动者为主方,其他参与者为客方。这种关于文化互动以及主客方的界定,是杨著的一个重要理论贡献③。

正是由于文化对人们的经济活动和经济成果有着重大的决定性影响,杨教授用了大量的笔墨对文化进行了深刻的论述。在这部 50 多万字、560 多面的巨著中,有关文化的论述有近 200 面,约 18 万字。杨著的第三、第四和第五章集中探讨了文化因素对经济的各种影响形式和结果,涉及了文化的实质、文化与人类经济生活的异同、相际产品接轨中的文化障碍、文化型差与式差区分的经济意义、文化习俗诱发的干扰因素、信息传递与应用、社团与产权和生产组织的文化思考、科技推广中的文化路障与排除之策、民族教育与经济互动的

---

①张勇,古明明.社会和经济发展中的文化因素[J].经济问题探索,2008(1):22—26.

②Carrier, J.G.(Ed.) A Handbook of Economic Anthropology [M]. Northampton, MA: Edward Elgar, 2005.

③杨庭硕.相际经营原理 [M].贵州:贵州民族出版社,1995:44—45.

关系、潜在文化网络的无形特征、文化适应等重大的经济人类学论题。

杨庭硕教授认为,文化是具有特定社会功能的有系结构体,这一认识对相际经营模式的研究而言,其价值是不容忽视的。文化系统性结构和文化因子之间的相互依存和制约,必然导致文化对外来刺激的反应,且超出经济活动的范畴,这将导致相际经营的复杂化。如果忽视了这一复杂化的现实,各种意想不到的非经济制约力必定接踵而至①。因此,他明确指出许多经济问题的成因,并非存在于经济活动本身,而是存在于其植根的文化网络之深层结构当中,如果我们对文化网络本身缺乏必要的深邃的洞见和认识,那么对经济问题的来龙去脉我们就无法澄清②。

**五、文化自觉与文化自信的正能量**

中共十七届六中全会强调指出,我们必须努力培养高度的文化自觉和文化自信,进一步提高全民族的文明素质,增强国家文化软实力,从而弘扬中华文化,努力建设具有中国特色的社会主义文化强国。笔者认为,这里的文化自觉和文化自信,来自于一百年来中国人对民族复兴道路的探索,体现了当代中国共产党人在新时代所做出的伟大战略抉择③。文化对经济社会发展的重要性是毋庸置疑的,它既可以对经济社会发展产生积极的影响,也可能产生负面的影响,关键在于我们如何把握并利用它。因此,我们必须努力提高对文化自觉和文化自信的认识,并使其在经济社会发展中发挥出正能量。

杨庭硕教授指出,由于文化系统性功能网络结构牵涉面广,文化因子之间的关系错综复杂而又结构紧密,因而任何民族的文化其运作能量都十分巨大,任何一项经济活动所能动用的能量,都难以与之匹敌④。一个民族的经济社会全面发展,并非仅仅是提高物质生产水平的问题,而是一个文化重构的过程。文化重构是民族文化整体性的改组,必然涉及社会生活的各个方面,需要吸收消化人类一切具有正能量的文化素养,不能偏废⑤。具体到我国民族地区的经

①④杨庭硕.相际经营原理 [M].贵州:贵州民族出版社,1995:103.

②杨庭硕.相际经营原理 [M].贵州:贵州民族出版社,1995:141.

③王南湜,侯振武.文化自觉、文化自信、文化自强何以可能 [J].毛泽东邓小平理论研究,2011 (08):16—17—75.

⑤Michael Chibnik. Experimental Economics in Anthropology:A Critical Assessment[J]. American Ethnologist, 2005, 32 (2), 198-209.

济社会发展而言,由于受现成教育模式的影响,我们总是把汉文化的作用绝对化,自觉不自觉地认为只要推广汉文化一切问题都能解决,而对少数民族传统文化与现代化的接轨问题考虑不周。为此,杨庭硕教授呼吁社会各界在社会科学领域中换一个角度,从少数民族的角度出发,切实认真地探讨各民族传统文化与现代化的接轨问题,并且在众多的学科领域中进行综合分析研究①。从而唤起少数民族的文化自觉,提高少数民族的文化自信,进而加速民族地区的经济发展。

我们唤起少数民族的文化自觉,提高少数民族的文化自信的根本目的,就在于能够让少数民族的传统文化,在现代化的经济社会发展中发挥正能量作用。在利用传统文化促进经济社会发展方面,我国民族区域不乏成功的范例。如电影《刘三姐》使天下尽知桂林,并使其旅游业久盛不衰,从而获得"山水甲天下"的美称。《五朵金花》使世人知道大理"三月街",并对其美丽的风光和多姿多彩的民族风情产生无限神往。利用"文化搭台,经济唱戏"也是一个成功的典范。如云南的文山壮族苗族自治州各县轮流举办"民族节",不但提高了文山壮族苗族自治州各民族的知名度,让世人了解文山壮族苗族自治州少数民族风情,而且促进各地经济建设的快速发展。把民族歌舞、民俗风情和经贸结合起来,既能活跃城乡文化生活,同时又能促进市场经济发展,是民族文化在经济社会发展中能够释放出正能量的写照②。

以民族文化为依托,大力发展少数民族文化旅游经济,是少数民族传统文化释放正能量的另一有效形式。加强民族教育和科技发展等,同样也是让少数民族传统文化在经济社会发展过程中产生正能量的路径。杨庭硕指出,教育、科技、宗教信仰等都属于民族文化的精神生活范畴,它们的功能主要在于规约和协调民族成员的社会行为,并通过对人们社会行为的正面影响,而对民族的经济活动造成影响。由于这种影响具有隐含性和持续性,直接的行政和经济手段都无法简单地替代或抵消这种影响力,必须靠长时间的教育和引导才能收到实效③。

少数民族传统文化及其相关的经济因素,是我国民族地区长期以来形成

①杨庭硕.相际经营原理［M］.贵州:贵州民族出版社,1995:562。
②赵永昌.重视非经济因素对民族经济发展的影响[N].文山日报,2010年9月3日,B3版。
③杨庭硕.相际经营原理［M］.贵州:贵州民族出版社,1995:217。

的经济社会发展的软实力,只要我们开发利用得当,一定能释放出巨大的正能量。哈佛大学肯尼迪政治学院院长约瑟夫·奈(Joseph S. Nye Jr.)教授在20世纪90年代初率先从战略的高度提出软实力的概念。根据他的研究,一个国家的真正实力包括两个方面,即国家的硬实力与国家的软实力。所谓的硬实力是对一国经济、军事与资源要素的控制力和扩张力;而所谓的软实力则是一个国家之文化、制度与意识形态的吸引力与说服力,换言之就是通过吸引而获得所想之物的能力。简言之,控制力是硬实力,而影响力则是软实力。通常硬实力和软实力是相辅相成的,具体而言,硬实力是软实力的基础,而软实力则是硬实力的延伸和升华。一个国家若能够使其在他国眼里具有吸引力,或其制度能强化为其他国家借以寻求共存的方式而界定其利益的国际制度时,那么这个国家就无需依靠最大程度地扩充传统的经济或者军事实力的手段来输出自己的国家制度。软实力这个国际政治博弈新概念的提出,给世界各国在国际竞争中带来了新的战略思维,并成为新一轮国际竞争的关注焦点①。

　　我国学者和政治家比较普遍一致地认同和接受了约瑟夫·奈关于国家软实力的基本理论,赞同文化是国家软实力的重要来源和构成的理论观点,并对软实力在国家发展中的地位和作用,从不同方面给予充分肯定。我国部分学者认为,随着时代和国际局势的发展,各个国家的软实力来源也在不断拓展,比如大数据的信息时代,一个国家对信息的掌握与把控能力,便构成其软实力中极其重要的部分②。此外,我国部分学者还创造性地将软实力理论延伸扩展到区域经济发展战略、城市经济社会发展战略以及企业发展战略研究之中③。杨教授的研究成果写作于20世纪90年代初期,而在那个期间软实力这个概念在我国学术界尚未流行,但仔细阅读他关于文化的论述,我们不难发现其观点与软实力的概念高度一致。

　　总之,杨庭硕教授的相际经营理论模式,基于对国内外文化人类学、经济人类学、经济学等前沿理论娴熟的把握、消化和吸收基础之上提炼而成。该理论模式既超越了传统经济学"从理性人的假设出发,对人类经济实践活动进行

①Joseph S. Nye Jr.The Changing Nature of World Power [J]. Political Science Quarterly, 1990 (2):177-192.

②王沪宁.作为国家实力的文化:软权力[J].复旦学报(社会科学版),1993(3):91—96.

③陈志,杨拉克.城市软实力[M].广东人民出版社,2008.

抽象思考"的窠臼,又超越了传统人类学"从动机与文化影响决定论出发,对人类经济活动进行比较"的范式。在丰富学科理论的同时,更是将学科的发展推向了新一轮的高潮,为经济人类学学科的中国"本土化"发展,增添了新的理论色彩,也为民族地区经济社会发展提供了理论依据。

经济人类学对人类经济行为和经济发展过程的研究,与经济学对人类经济行为和经济发展过程的研究,具有明显的差异。经济人类学把对人类本质实现的关怀和对人类发展方式的反思,作为自己的研究重点。通过对人类不同群体的相异性进行研究,来理解自己生活的社会含义和时代特征。经济人类学特别强调文化之于经济社会发展的重要性,从经济的角度对经济学家视为非经济因素的文化等进行分析研究①。杨庭硕教授的相际经营原理学说,就非常好地体现了这种经济人类学的传统。

中国经济社会发展的现实格局,特别是中国西部民族区域的经济社会发展的现状,不仅特别需要包括经济人类学在内的理论研究和指导,而且也为我们发展具有中国特色的经济人类学创造了条件。因此,我们必须在学习和接受西方经济人类学理论和方法的过程中,不断创新和发展具有中国特色的经济人类学理论和方法,使之更好地为全面建成小康社会而做出新的更大贡献②。从这个角度看,在杨著正式发表之后近20年的今天,我们重新学习和理解其相际经营原理的理论阐述,更加感到该部理论巨著对我国全面建成小康社会的重大理论指导意义。该理论模式为我国西部各民族地区,乃至世界相似区域的经济社会发展,提供了一个非常有价值的可资参考的经济人类学理论典范。

### 六、少数民族经济发展的理论基础——民族经济学

基于中国多民族国家的特殊国情,20世纪70年代后期,为了给少数民族经济发展提供理论依据,中国的经济学家开始创立民族经济学学科,并编著教材来介绍民族经济学的相关理论及发展。1973年5月,在北京国民经济科学8年规划会议上,民族经济学被正式确定为经济学的第27个分支学科。同年9月在中央民族学院召开的庆祝建国30周年学术讨论会上,施正一先生进一

①Carrier, J.G.(Ed.) A Handbook of Economic Anthropology [M]. Northampton, MA: Edward Elgar, 2005.

②范小青.经济人类学在中国的研究[J].怀化学院学报,2009(12):21—24.

步认为,加强对各民族地区经济的科学研究工作,迫切需要建立和发展民族经济学这一新学科。建立民族经济学的目的是平衡各民族区域,加快民族地区经济发展。民族经济学作为民族学和经济学之间的中介,研究少数民族群体,考虑了种族因素和经济因素,是一种以新的视角对种族和经济问题的跨学科研究。

在民族经济学建立的初期,拥有不同学科背景的学者,从不同的角度对民族经济学进行深入研究,得出了不同的观点。第一类学者认为,民族经济学强调民族问题和经济问题之间的联系,关注民族和经济之间的相互作用。第二类学者认为,民族经济学是同时考虑民族问题和经济问题的交叉学科,关注少数民族经济发展对于人类社会的影响。第三类学者认为,民族经济学研究与经济学有关的特殊性和共同规则,多民族国家中单一民族的经济增长和经济发展。但是,一些学者认为,这种理解太过于狭隘。因为它包含一些与区域经济学重叠的部分。因为民族经济学主要关注种族和经济学之间的交叉研究,而区域经济学主要侧重于区域和经济学之间的关系[1]。

民族经济学自诞生以来,学术成果与日俱增,除学术论文外,代表性的著作有:《民族经济学和民族地区的四个现代化》(施正一,1987 年)、《西部民族地区经济振兴断想》(田广、韩国良等,1987 年)、《中国西部民族地区的对外开放与经济建设》(田广,1988 年)、《民族经济学》(陈庆德,1994 年)、《西藏经济的发展与对策》(李竹青,1990 年)、《民族发展经济学》(高言弘,1990 年)、《民族经济发展论纲》(杜发春,2000 年)等。此外,还有如《民族经济学教程》(施正一等,1997 年)等一批教科书。经过几个阶段的发展,目前的民族经济学发展[2]已较为完善。在启动阶段(1979—1985 年),理论家对民族区域的经济发展进行了广泛而深入的调查,并积累了一套全面的信息。

在早期发展阶段(1986—1990 年),理论家主要集中关注中国和民族区域经济发展的优先需要,大量的理论和前瞻性著作面世。在成熟的发展阶段(1991—1995 年),理论著作数量急剧增加。除了经验研究方法,学者还运用标准化的研究方法进行理论研究。在后成熟期(1996—2000 年)中,理论发展

---

①施正一. 民族经济学导论[M]. 北京:民族出版社, 1993:38—160.
②刘永佶. 民族经济学[M]. 北京:中国经济出版社, 2013:22—200.

取得了巨大成就。主要表现为理论研究从一般水平逐步过渡到一些具体领域,如缩小民族地区和东部沿海地区之间的经济发展差距,扶贫,边境开放以及海外华人的经济。研究人员提到,2001 年以后,民族经济学已经发展成为中国经济学的重要研究领域[①]。

民族经济学被教育部认可为人类学本科生的核心理论课程。在学科建设中,民族经济学学科非常重视专业教育,有效地培养各级民族经济人才。到目前为止,包括中国社会科学院研究生院,中央民族大学和兰州大学在内的 30 多所高等院校向本科生、研究生、博士和博士后开设民族经济学课程[②]。

## 第二节　民族区域市场营销特点

进入 21 世纪以来,国家之间的竞争异常激烈,随着改革开放和市场经济的发展,人们对民族经济有了全新的认识。不同于其他的国家,我国的民族数量多达 56 个,每个民族都有自己的特色和文化个性,传统的经济发展方式过于死板,不利于国家的现代化建设。民族地区与其他非民族地区的区别在"民族性",主要体现为民族文化。各民族在各具特色的生产力基础上呈现出各具个性的生产方式、生活方式、市场形式、经济运行状态,并决定着经济制度,体现民族文化的价值观、伦理道德、风俗习惯、意识形态等非正式制度影响着人们的行为。

只有民族经济与民族文化出现良性互动才能既有质又有量地促进民族地区的经济发展。多年来,对民族地区的发展,国家的重点放在了政策的倾斜和经济的扶持上,结果是民族差距仍旧较大。经济上的两极分化导致少数民族产生心理上的失衡,民族间的文化沟通,对民族知识、民族风俗习惯、民族生活方式、民族传统的了解仍然不足,导致民族文化往往得不到应有的尊重与理解。民族地区经济发展的重点是经济建设,但是决不能忽视与民族文化的互动,即要重点考虑民族文化对经济的影响。民族经济的本质是民族或民族群

---

①李忠斌. 民族经济发展新论[M]. 北京:民族出版社, 2004:33—261.

②Min K S, Ying W, Guang T. Making Economic Policy for the Development of Minority Regions: Localization and Contribution of Economic Anthropology in China[J]. Anthropologist, 2016(3): 323-334.

体的经济,必然会受到民族文化的影响①。

**一、民族区域的特色经济**

所谓特色经济,是指一国的劳动者在发展经济中根据相对优势原则,通过激烈的市场竞争手段,形成了具有鲜明地方特色、产业特色和产品特色的经济结构或部门。我国的少数民族多聚居在拥有独特自然资源的山区②,但由于气候、地理环境、交通运输等因素的限制,这些地区的经济发展十分缓慢③。我国少数民族人群多集中在西北、东北、西南各省及自治区内,具有大杂居、小聚居、分布不均匀的特点,因此其经济发展也具有明显的地域特色④。

(一)经济发展水平低

民族区域多分布在偏远的山区、低深河谷地区,自然环境恶劣,地质地貌复杂,水、电、路、通讯等基础设施的建设成本投资大,施工困难,导致该地区的建设速度缓慢,水利灌溉设施差、缺水等问题制约了当地农业的发展,难以形成产业规模,封闭的自然和社会环境制约了当地人力资源和自然资源的开发和利用,经济发展大多停留于自给自足状态。

(二)产业结构单一

民族区域的产业多以农林牧业为主,但基本上还是属于小农经济、小规模经营水平,经济效益较低。在畜牧业方面,由于缺乏科技养殖技术的指导,养殖科技含量低,管理较为粗放,抵御疫情灾害的能力较弱,制约了农牧产品质量和产量的提高⑤。由于信息相对比较封闭,交通不便,销售渠道单一,信息不对称,造成高产量的产品往往只能卖出低廉的价格。

经济发展多依赖当地资源、少数民族地处偏僻山区,开发力度小,保留了许多自然资源。民族区域可以借助这些资源,在政府政策的支持下发展低碳

---

①张冬梅. 基于民族文化的民族经济发展研究[J]. 中央民族大学学报哲学社会科学版, 2009(6):22—26.

②胡晓登, 杨婷. 资源型经济发展方式转变与加快西部民族区域发展[J]. 贵州民族研究, 2016(3):153—156.

③牟艳洪.民族区域如何发展特色经济——以云南为例[J].环球市场,2016(1):1—2.

④德吉央宗.分析少数民族经济的地域特色[J].商场现代化,2016(2):134—135.

⑤杨丽, 朱小燕. 四川省民族区域产业集群发展问题及制约因素分析[J]. 经营管理者, 2015(2Z):182—183.

绿色经济,如旅游业、专门的种植或养殖业等①。

(三)享有经济优惠政策

民族区域经济发展水平落后、各种基础设施比较差,政府为了减轻当地人民的税收负担,在加大发展经济帮扶力度的同时,也根据当地实际情况给予了经济优惠政策,以鼓励当地大力发展多元化产业②。

**二、正确理解民族文化与民族经济之间的关系③**

在推进民族区域经济发展的进程中,经济因素与文化因素相辅相成,两者缺一不可。经济是基础,文化是保证,经济能够带动文化,文化也可以反作用于经济④。任何一个民族的经济发展形态与产业结构体系,都能够彰显出地域文化的特征,文化也是经济脉络的表现形式,两者之间的关系十分紧密。

(一)民族经济以民族文化为基础

民族是一个群体概念,多表现出一定的地域特征。不同的文化特征能够产生不同的经济形态,文化在各个方面引导经济变动的同时,经济活动也蕴含着文化的特征,这些文化特性可以显现在其设计的经济商品中⑤。

(二)民族文化促进民族经济的发展

文化是民族的无形资源,不同的文化特征能够推动经济的发展,创造出经济效益。由于我国的传统经济发展方式过于落后,市场经济体制不够完善,经济的资本、技术基础都较为薄弱,更是在发展的初期无法深入服务行业,因此,难以保证第一和第二产业的龙头地位,无法为经济的发展提供足够的动力支撑。因此,必须重视民族文化与经济观念的融合,使其进一步带动经济的进步。

(三)民族经济的发展影响民族文化

民族经济的持续发展,影响文化的传承、弘扬与传播。一方面,经济的进

---

①王晶超,陈艳梅. 我国民族区域发展旅游业的优势[J]. 对外经贸, 2015(3):103—104.

②王晓毅. 反思的发展与民族区域反贫困——基于滇西北和贵州的案例研究[J]. 中国农业大学学报(社会科学版), 2015(4):5—14.

③刘虎. 探究基于民族文化的民族经济发展[J]. 商, 2016(15):295.

④Fuchs C. Culture and economy in the age of social media[M]. London:Routledge, 2015:56-90.

⑤袁少芬. 民族文化与经济互动[M]. 北京:民族出版社, 2004:33—120.

步会为文化创造出新活力,为文化建设注入新内涵。另一方面,民族经济的发展常常忽视对文化的传承,甚至牺牲文化的建设,不利于资源的节约和文化的保存。随着现代化进程的加快,各区域和各民族在经济上的联系日益紧密,在一定程度上促进了其文化的交流和共融。各民族之间相互了解,相互补充,取长补短,从其他地区和民族的文化中吸取养分,进而促进本地区、本民族经济与文化的繁荣与发展。

民族文化对民族区域经济的发展有着至关重要的作用。忽略民族文化的经济发展缺乏内生源动力,无法长久进行。而推动市场营销的成功实践是大力发展民族区域经济的必然手段,因此,在民族区域实施跨文化营销活动,民族文化是一个不可或缺的考量因素。

### 三、跨文化交际

拥有不同语言文化体系的成员之间进行的交际行为,我们称之为跨文化交际[1],也指本族语者与非本族语者之间的交际,或者是任何在语言和文化背景方面有差异的人们之间的交际[2]。行为是民族文化的具体表现形式,一个民族的文化特点必然会反映到其行为中,成为该民族特有的行为习惯。近年来,学者们开始注意到跨文化交际中民族"行为定型"的存在,并将不同民族的行为定型特点看作是造成跨文化交际误解与障碍的重要原因。

在民族区域,更为普遍的营销方式是面对面进行沟通。对于跨文化跨民族营销的专业人员来说,在民族区域顺利地进行营销活动的前提是掌握跨文化交际的标准。这就要求营销人员在了解特定情境下的民族行为定型特点的同时,还需要探究形成这些定型特点的深层因素,如民族心智、民族行为规则和规范等。

各个民族从古至今在价值观、道德规范、物质和精神文明发展程度等方面存在一定程度的差异,形成了不同的民族心理、文化传统和社会规约。而交际行为往往是建立在一定的原则和规范上进行的,因此,不同民族成员的交际行为往往受到上述因素的制约而具有不同的行为定型特点,这将成为导致跨文化交际失败的主要原因之一。作为民族文化的构成部分,交际行为由固化在

---

①孙艺风.翻译与跨文化交际策略[J].中国翻译,2012(1):16—23.
②王鲁妹.跨文化交际中的"行为定型"研究[D].北京:首都师范大学,2014.

民族交际标准和规范中的民族心智决定,并有形地表现在交际行为定型中。从事跨民族跨文化营销的专业人员,只有对特定情境下的跨文化交际行为定型有充分的认识,才能最大程度上避免营销失败。

语言交流是营销的首要环节,包括谈判和营销文案的策划等,都需要用适当的语言来体现。跨文化交际是不同的语言文化共同体之间的交际,更多地体现为不同语言意识的交流。它是处于不同语言文化共同体的民族的行为原则、处事规范和行为标准等民族意识的联系。在语言交流过程中出现的彼此无法理解的现象,主要不在于交际者的语言差异,而在于交际者的民族意识的差异。

了解各地语言特点和表达方式是实施跨文化交际的首要任务。不同民族文化语言产生的历史背景不同,了解一个民族的语言体系,不仅要了解它表面的意思,更要懂得它的表达形式和运用场合[1]。因此,在进行跨文化交际中,跟不同国家和不同民族的语言交流,不可只考虑自身的语言特点,还要因地制宜,根据场合注意使用合适的交际语言,才能把公司的产品和品牌以恰当的语言形式推广出去[2]。

### 四、跨文化商务沟通

所谓跨文化商务沟通[3]是指在跨文化商务环境中,不同文化背景的商事行为主体为了谋求商务合作和协同共赢而产生的一种交互活动。广义上,跨文化商务沟通既包括商业组织内部成员之间的沟通,又包括商业组织内部成员与外部成员之间的沟通,还包括商业组织之间的沟通。狭义上,跨文化商务沟通仅指商事行为自然人主体在跨文化商务环境中的交际行为[4]。

在不同民族之间进行跨文化营销,必须要具备跨文化商务沟通的能力。跨文化商务沟通主要依靠两种形式:语言符号和非语言符号。语言符号如电视、广播、报刊、广告等传播方式;非语言符号如一些画报、实物、影像或者演出

①杨汶.让民族文化融入世界市场——浅谈文化与营销[J].科技情报开发与经济,2007 (33):120—122.

②王来伟.跨文化交际中的跨国公司营销策略[J].中外企业家,2016(6):55—56.

③孙世权.文化身份:跨文化商务沟通研究新视角[J].社会科学家,2014(6):156—160.

④Kukreja M, Bhagat S. Successful mantra for management of cross cultural communication[J]. International Journal of Management Research and Reviews, 2015(2): 108.

等形式。在营销过程中,进行跨文化商务沟通要注意区分彼此的价值观,在沟通上注意把握谈判细节。但是在经济一体化的时代背景下,过多地关注文化差异,会使交际者的视野变得狭窄,从而在全球性工作地点应对交际复杂性时,不能游刃有余。在特定情形下,文化分析或许不利于指导交际者做出语境敏感性决策[①]。

**五、民族区域的传媒营销管理**

传媒营销管理是媒介组织通过科学设置其营销机构并运用自身优质的传媒资源,采用符合市场环境发展的营销体制、理念、方式等对其营销活动进行有效的计划、控制和组织,为客户提供满意的媒介产品和服务,从而实现传媒组织目标的动态整合过程[②]。新世纪以来,民族区域传媒文化产业有了一定程度的发展。但由于民族区域经济水平欠发达、观念和体制滞后,传媒营销管理落后,导致其整体运营能力不强[③]。

我国是一个多民族国家,民族问题事关国家前途命运、社会稳定和现代化发展。妥善应对和及时处理好民族地区出现的新情况、新问题,能够不断推动民族地区向前发展。民族区域地域辽阔,资源丰富,经济发展相对欠发达,影响经济社会发展的不稳定、不和谐因素依然存在,甚至在局部地区或特定时间内表现得比较突出,对当地乃至全国的社会和谐稳定造成威胁。大众传媒通过对我国的政治制度、民族宗教政策、民族文化、社会和谐观念进行积极的传播,发挥着协调社会、环境监控的重要功能[④]。同时它也是社会意识交流的桥梁与社会民众的教师,在维护民族区域社会稳定方面扮演着极其重要的角色。加强民族区域传媒营销管理,提升传媒整体实力,既能使传媒组织更好地履行维护民族区域社会稳定的角色职能,又可以促进民族区域更加开放,信息更加畅通,开阔少数民族受众的视野,提高少数民族受众的文化素质与媒介素养,

①LOVITT,C.R.Rethinking the role of ctdture in international professional comnunication[A],C.R.Lovitt& D.Goswami.Exploringthe rhetoric of international professional communication:An agenda for teachers and researchers[C].Amityville,NY:Bay—wood,1999:13.

②Agnihotri R, Dingus R, Hu M Y, et al. Social media: Influencing customer satisfaction in B2B sales[J]. Industrial Marketing Management, 2016(53):172-180.

③秦伟. 民族区域传媒营销管理现状与创新研究——以甘肃部分民族区域传媒为例[J].南京工程学院学报(社会科学版),2016(2):61-64.

④顾小芳,关玉娟. 我国民族区域新闻传播业发展现状及对策[J]. 媒体时代,2015(8):117.

从而使跨文化营销更加顺利地进行。

## 第三节　民族文化与广告营销

文化由价值观、思想和道德三个部分组成,其基本内容是经济意识和动机①。文化在经济中的作用是双重的,对经济的作用是潜移默化的。它既是经济发展的先导,也可能是经济发展的桎梏。经济与文化相互作用,对文化的正确认识和定位将有利于经济的发展,经济的发展也将为文化的转型提供条件。因此,民族区域的广告内容必须考虑到文化因素,尤其在跨国业务的开展上。

**一、广告与符号、象征体系**

一句好的广告语在国内获得广泛认可,但在国际市场上可能会碰触某国的文化禁忌和宗教信仰。我国文化含蓄、委婉,广告大多富含深层意思。而西方国家则希望能够把意思表达得直观直接,这就要求在跨文化营销时,广告语必须具备灵活性和高端性。各民族的文字、图案标志和颜色喜好等方面千差万别,所以为了在民族区域进行跨文化营销,必须要求公司的策划者或者设计师在广告设计时,不仅要考虑自身产品的特点,还要考虑各民族的消费模式、文化风俗、消费观念等。所以,必须重视广告用语中的各种细节,包括产品包装上的广告语图案等。

在现代社会经济转型的背景下,符号和象征体系的运用成为现代经济体系中必不可少的组成要素。人们对商品符号价值的重视,使得运用符号和象征体系展开运作的文化产业占据经济领域的重要地位,即文化要素的运用成为现代经济中不可或缺的部分②,这一点在民族文化产业的运用中表现得尤为突出。而广告作为文化产业中的典型类型,不仅其本身成为文化产品和文化产业中的重要组成部分,并且还嵌入到现代社会的一切文化产品生产过程之中,甚至可以说,"几乎其他所有文化产业也都担当了广告媒介的角色"③。

---

①Leisinger K M. Corporate Responsibility in a World of Cultural Diversity and Pluralism of Values [J]. Journal of International Business Ethics, 2015(2): 9.

②Um N H, Kim K O, Kwon E S, et al. Symbols or icons in gay-themed ads: How to target gay audience[J]. Journal of Marketing Communications, 2015(6): 393-407.

③〔美〕大卫·赫斯蒙德夫. 文化产业[M]. 张菲娜译. 北京:中国人民大学出版社. 2007:283.

从某种意义上讲:"象征符号不仅建构了世界,而且以顺理成章的评估标准切割和划分了世界,是人类社会生活的寄托体。"广告从根本上来说,就是文化要素和象征性符号运用的一种综合性表达。换言之,广告是凭借符号手段,在运用象征体系的基础上展开的经济和产业活动。广告和民族文化产业的关联性,正式体现在广告能够让民族文化资源在现代经济体系中得到运行,从而最终实现民族文化资本化的运作。在民族文化产业的范畴内,广告运用象征体系的基础就在于民族深厚的传统和文化底蕴。在这个意义层面上的广告必然烙印上鲜明的民族文化价值体系的特色,体现广告的民族性。因此,民族文化产业中广告的内在特性和最深的基础就是民族性。

广告的"民族性"①所揭示的是,广告在现代社会的民族文化产业发展中,可以成为一个被广泛动员的社会手段。广告中"民族性"的每一次挖掘和利用,都可能为民族文化产业资源博弈功能的发挥提供最基本的依据。

## 二、民族性广告和民族文化产业

广告和其他文化产品相互结合,实现不同类型文化产品商品化的策略。具有商品性质的文化产品,实质上销售的是某种理念和价值观,包括文化产品中的每一字、每一句、每一个画面所代表的意义。各种丰富和形态各异、甚至毫不相干的文本被相互借用、派生出各类联系,断章取义、拼贴、组合成为这些文化产品创作时的常见方式。文化产品中文化资源的运用和文化元素的彰显是其实现传播和沟通的关键。由此,我们不难理解:在香港尖沙咀的 LV 店门前,那些甘愿长久等待在商店门口,只为求得一个 LV 皮包而趋之若鹜的人们,他们实际上是在用大笔的金钱追求着那个商标带给自己的享受和差异性的感觉。原本作为游牧民族抵御寒冷冬天的生活必需品——地毯,逐渐成为西方社会奢华的装饰品,他们看中的是地毯所传达的,来自东方遥远的文化和异域风情。当然,在善于营销的哈根达斯品牌中,它给我们创造了一个充满想象的故事。另外,在国家政策的推动之下,旅游产业成为很多政府部门大力发展的项目,于是,少林寺、风花雪月、云南印象等一些著名的文化品牌随之出现。

再以云南为例②,"云南十八怪"长久以来都是云南著名的标签。云南特

---

① 梁雪梅.传承·嫁接·融合:论消费社会语境中广告的民族性[J].东南传播,2016(6):112—115.

② 孙信茹.人类学视野下的民族文化产业与广告运用分析[J].当代传播,2012(4):65—68.

有的文化对人们产生了强烈的文化冲击。当异文化与人们原有的文化产生明显的差异而无法迅速理解的时候,"怪"就是他们的主要感受。在过去的一段时间里,"云南十八怪"被看作是地区封闭和文化落后的表现。然而,随着社会交往的不断深入,尤其是民族旅游、文化旅游的逐步兴盛,一种具有丰富的多元文化内涵和人文景观的云南"特色"就顺应了时代的要求。原本不被看好的"十八怪"被当地居民重新利用起来,力图用"怪"来演绎云南新的形象,也试图通过"怪"来寻求自身发展的路径。于是,"云南十八怪"不仅形成了气候、自然旅游资源、饮食、民族文化等多重角度的完整体系,而且,不少商家利用"十八怪"开发具有创意资源的产品。在经济活动中,来源于生活中所谓"怪"的文化价值要素经过重新包装成文化产品,此时,"怪"代表着一种稀有资源,象征着身份与利润。

因此,对于广告和民族文化产业的发展来说,如何在广告中注入更多的文化要素和作为特殊性存在的"民族性"元素就成了企业的关注重点。现代社会中的经济、文化特点,使广告具有了承载多元文化进行对话和协商的功能。因此,广告对于民族文化产业的发展至关重要,民族文化产业借助于广告可以获得更广阔的生存发展空间[1]。具体来说,广告和民族文化产业发展相结合的关键在于将广告看作民族文化产业发展的重要类型,探讨在少数民族经济的发展过程中,文化要素何以被运用、如何运用、以什么方式来运用以及对民族文化产业的发展产生什么作用等问题。

从具体操作的层面上来看,民族性广告与民族文化产业相互促进,相互影响。民族观念、地域文化、国家意识等社会中的"共同体"即文化体系,为民族性广告的推广提供了一个基本的环境。虽然这些"共同体"在不同层面上存在着极大的差异和分化,包括小规模的社区或团体组织,更高层次的政治和社会组织等。但无论差异和分化如何之大,一些共同的特点,如同文同种、血脉相连、理念共通、身份认同等依然存在,并发挥着巨大的作用。然而,不同的学者对"共同体"有着不同的理解。在人类学的研究范畴中,人们更倾向于使用"种族""族群""民族"等概念来表达对某个共同体的理解。"种族"在英语词

①Moon S, Song R. The roles of cultural elements in international retailing of cultural products: An application to the motion picture industry[J]. Journal of Retailing, 2015(1): 154-170.

源上兼有动物种系和同宗人类群体的含义,"族群"兼有"种族""语言"和"文化"的含义,"民族"则与文化、语言、历史或宗教有关①。从种族的角度而言,人类学家并不关心其中的生物关系,事实上,在很多时候,种族和民族也往往是混淆使用的。两者的区别主要在于,种族可以用来指代国外民族,民族往往用来指代国内民族。

不可否认,现代意义上的种族和民族都是实用主义的产物,具有强烈的利益感和政治感②。族群在政治化后成为民族,而民族在特定的历史条件下要寻求"同文同种"的全面认同。民族、族群和种族表达的不同侧重点,使得人们指向的共同体也有所差别。基于族群认同,形成家族、族群共同体;基于民族认同,形成国家共同体;基于地理要素则构成了地缘共同体。而无论是来自族群共同体,还是地缘共同体或国家共同体,它们都在划定各自的边界和制订相应的规范,致力于建立利益共同体赖以生存的认同基础③。共同体最基本的意义和职能,就是对外执行资源产权的划分,对共同体外的其他类成员实施资源共享的排斥④。因此,要使个人认同和集体认同紧密地联系在一起,必须建立相互能够承认的理念和价值观。

广告开展的基础就是运用人们共同认可的符号和象征体系。共同体中被人们认同的共性和传统,都十分有利于彰显广告中的民族性⑤。因此,从这个层面来理解,所谓广告的民族性就是指广告符号的生产和消费都必须适应于社会的主导文化价值体系和特定的民族文化。

## 第四节　民族区域市场营销路径

在人类学家看来,民族区域封闭落后的民族中心主义等思想,是导致跨文

①纳日碧力戈. 现代背景下的族群建构[M].昆明:云南教育出版社.2000:98.

②〔英〕迈克·费瑟斯通. 消解文化——全球化、后现代主义与认同[M]. 杨渝东译. 北京:北京大学出版社,2009 年:193.

③何叔涛. 略论民族定义及民族共同体的性质[J]. 民族研究, 1993(1):19—23.

④陈庆德. 试析民族理念的建构[J]. 民族研究, 2006(2):10—20.

⑤Tanaka H, Suzuki H, Umetsu Y, et al. Advertising Creative Strategies in Asia: A Cross-National Comparison of TV Commercial Expressions Among Thailand, Singapore, United States, and Japan[C]. Proceedings of the 1998 Multicultural Marketing Conference. Springer International Publishing, 2015: 409-412.

化营销失败的主要原因。为了提高经济效益,使社会经济全面发展,如何在民族区域进行跨文化营销是管理人员关注的重点。

**一、培养跨文化营销人员的文化意识及敏感度**

随着市场营销活动的全球化和跨文化贸易的增加,营销人员需要重视的问题是如何应对本国的民族文化来促进民族区域的经济发展。一个民族或国家的文化对其市场营销活动的影响十分显著,跨文化营销要求营销人员意识到文化差异,并对文化差异有一定的敏感度,尊重各民族文化和市场中消费者的文化权利。为此,营销人员必须深刻理解消费者对其文化权利的保护和追求。如果营销者想要在跨文化跨民族营销中成为赢家,创建新型的市场营销组合,以满足不同民族的消费者价值标准,并认可和尊重其文化权利则是一条捷径。人类学家认为,所有的市场行为都将受到文化制约。消费者行为和商业实践者必须在一定的文化范围内互动。因此,为了匹配市场营销组合中的消费者喜好、购买行为、潜在的市场和产品使用模式,营销人员必须彻底了解这一市场的文化环境。换言之,他们应该根据跨民族跨文化的性质,因地、因时进行营销。

但是,仅仅关注文化差异,通过调整市场营销计划使其被各民族市场的消费者所接受[1],必定会失去某些潜在的消费者,使其市场范围缩小。因此,在理解文化差异的基础上,成功的营销人员还应寻找文化的相似之处,以便找到机会对标准化的营销组合实施修改。

**二、培养跨文化营销人员的能力**

跨文化营销知识是跨文化意识指导下的知识体系,具体包括跨文化知识和营销知识技能等。跨文化意识是全球意识和全球思维的综合。跨文化意识也可以认为是一种文化敏感能力。面对瞬息万变的市场环境,跨文化意识即意味着拥有包容的心态,接纳新生事物和思想的胸怀,其核心是要求人们能理解"文化地图"[2]。根据克拉克洪—斯托特柏克(Kluckhohn—Stndtbeck)构架理论,"文化地图"即特定社会的价值观、准则、规则和思想体系的综合。具备跨文化意识,就要求人们能够感知并理解这种"文化地图",不仅要感知和理解自

---

①曹永芬,靳俊喜.文化与审美:民族文化产品的市场营销价值分析[J].贵州民族研究,2015(2):154—157.

②杨盈,庄恩平.构建外语教学跨文化交际能力框架[J].外国语,2007(8):13—21.

身,本族或者本域的文化地图,还要能感知和理解异域和他族的文化地图,即在对本文化理解的基础上,宽容地对待异文化,摒弃民族主义,消除文化偏见,做到文化有差异,但无好坏。

对于营销知识和技能而言,市场营销作为一门单独的学科,其理论体系从最早的4PS到4CS,再到4RS,已发展得非常完善。商务活动中的跨文化市场营销如要取得成功,营销人员至少需要具备与目标市场相对应的价值观、营销行为和语言能力。其中价值观是文化思想体系,营销行为是操作行为体系,语言是工具,三者合一,有机结合,才是有效的跨文化营销①。

### 三、合理利用民族文化与市场营销的相互作用

文化与营销之间相互影响,并且营销人员可以作为促使文化改变的原动力。市场营销与文化之间的相互作用主要表现在三个方面。

文化为消费者和商业界定了可接受的购买和使用产品的行为。卡伦·布鲁诺(Karen Brunso)和克劳斯·格伦特(Klaus G. Grunert)分析丹麦、英国、法国和德国收集来的数据,发现跨文化跨民族因素的确对人们购买食物的行为有影响②。以商务礼品为例,在一些民族文化中,计划要送出的商务礼品没有送出,是对主人的一种侮辱。在一些国家或民族,如大和民族的日本,赠送礼品是一种义务,有利于实际交往。然而,在其他文化和民族中,提供商务礼品可能被误解,并因此得罪收受礼品者③。

其次,市场营销组合中的每个组成部分,都可能受到文化元素的影响。比如,宣传推广会受到语言的强烈影响、产品验收会受到文化态度变化的影响。长远来看,随着全球化和标准化市场的增多,营销组合以及文化变迁的速度也会随之增加。营销也会影响文化。在某个地区或国家尤其是民族区域进行营销推广活动,其所宣传的文化理念及价值观,势必会对当地的民族文化造成冲击。

①何伟俊.市场营销中的文化因素与跨文化营销理论体系建构[J].学术研究,2000(12):23—27.

②Brunso,K.& Grunet,K.Cross-cultural Similarities and Differences in Shopping for Food[J].Journal of Business Research,1998(2):145-150.

③Arunthanes W., Tansuhaj P.& Lemak,D. Cross-cultural Business Gift Giving:A New Conceptualization and Theoretical Framework[J].International Marketing Review,1994(4):44-55.

营销者在跨文化跨民族营销的过程中,需要不断地调整其行为和市场营销计划,以适应目标市场。然而,当市场营销人员进入其他民族市场时,常常会落入以自我为参照标准的"文化陷阱"中,这是一种根据自己的文化经验和价值观去适应另一市场文化的潜意识效应。另外,民族中心主义的维护者则更为极端,他们认为自己的民族文化是优于其他任何民族文化的。拥有丰富经验的理查德·格斯特兰(Richard R. Gesteland)发现,在多样化的文化背景下开展营销业务,需要特别注意四种配对的文化模型。分别是:交易集中与关系集中型文化;正式与非正式商业文化;刚性时间与多样性时间文化;张扬与内敛型文化。

举例来说,在以关系集中型民族文化为主导的亚洲、非洲、中东地区和拉丁美洲国家中,当地的公司不会与陌生人进行生意上的来往。因此,在这种文化模式中开展业务,与合适的人发展好的联系是前提和基础。这就要求营销人员在进行业务商讨前,需要花费一定的时间来培养个人关系。而在交易集中型文化中,生意是其强调的重点,关系亲近与否则不是主要的考虑因素。对这种民族文化而言,书面协议是非常重要的。在德国、英国、澳大利亚、新西兰和北美等国家开展业务,还会制定契约票据。从事业务的销售商们必须意识到,正式和非正式民族文化的差异性,可能会对自己的商务带来不利影响。正式的民族文化主要分布于欧洲的部分地区、大部分亚洲地区、中东地区和拉丁美洲,在其社会结构中等级森严是一个非常明显的特征,人们都有较高的的身份意识和礼仪道德。而非正式的民族文化则主要分布在美国、澳大利亚、加拿大、丹麦、挪威和新西兰这些国家,其社会更加平等、开放,个人能力的重要性超过了关系和身份地位。格斯特兰甚至还根据其对时间的看法,认为在单向性时间文化中,时间是很重要的,应该被最有效地使用。讨论应按照商定的议程,像流水线那样迅速地进行。这种民族文化多存在于北美、西欧和亚洲东北部。处于多样性时间文化背景的国家主要在非洲、东南亚、中东地区和拉丁美洲。他们往往按照他们自己的逻辑讨论业务,而不是固定在大纲里。在这些民族文化中,亲疏关系比最后期限更有价值,营销人员谈判达成协议的计划中必须要有宽松的时间跨度①。

---

①Gesteland, R. Cross – Cultural Business Behavior [M]. Handelsh Jskolens Forlag: Copenhagen Business School Press, 1996.

### 四、跨民族文化营销注意事项

#### (一) 文化抵制问题

大多数文化都有民族中心主义倾向,也就是说,人们对本民族的文化拥有一种强烈的认同感,并不自觉地贬低其他文化中陌生和未知的部分。民族中心主义会导致对本民族文化的优越感,对其他民族文化的劣等感。事实上,不同民族文化的地位是平等的,不应以经济发展的状况来判定其民族文化的地位高低。跨文化营销的目的是最大程度地满足不同顾客的需求以获取利益,而不是屈从于目标国家的民族文化或扩张本民族文化。因此,从事跨文化营销的人员,要从思想意识上巩固或培养平等的观念,承认、理解、尊重文化差异,克服狭隘主义思想,重视对其他民族语言、文化、经济、法律等方面的学习和了解,学会角色转换,既能站在需求者的角度提出要求,又能从营销者的角度有效地满足需求。

#### (二) 文化的渗透性

随着经济一体化的发展和对外交流的增加,外来文化与本国文化相互渗透,只是渗透的速度比较缓慢。就饮食文化而言,欧洲人不可能在一夜之间全改为用筷子吃饭,中国人也不会一下子只吃汉堡、炸鸡,不吃米饭、馒头。但是,在欧洲人逐渐接受了中餐的同时中国人也逐渐认同了西餐。对于少数民族来说,亦是如此。另外,在一件产品的设计过程中,不仅纳入了造物活动,而且融入了文化活动,该产品既具有实用价值,亦是一种文化系统中的信息载体。随着社会的发展和需求的变化,产品设计中的文化也在不断地僭越自己。因此,跨文化营销人员要正确认识文化的渗透性,积极主动地开拓市场。

# 本章小结

经济全球一体化发展是一种不可避免的经济发展态势,不同国家与民族之间的经济贸易往来也将逐渐增多。人类学家认为,在具有不同文化认同感的国家、地区,尤其是民族区域,忽视文化差异的营销活动必将失败。

由于历史、地理位置等原因,相对于其他地区,我国民族区域的经济发展缓慢,并形成自己的经济特色。民族经济学的理论为民族区域经济发展提供了理论依据。如何更加有效地从跨文化和跨民族的需要出发,在民族区域开展市场营销活动,对世界各国各民族的经营管理人员来说,都是一个极富挑战的使命。跨文化跨民族营销,同传统营销理念既有相同之处又有不同之处。人类学的理论认为,人们的一切行为都产生于其文化价值体系的刚性约束之中,因此,跨文化跨民族营销是当代人类经济社会行为的一个重要领域,从而也成为人类学研究的一个重要领域。重视广告在民族文化产业中的应用,将是民族区域经济发展的一个捷径。

人类学的理论和方法早已被广泛应用于市场营销中,其有关文化的相关概念,更是与跨文化跨民族营销活动紧密相关。如何将人类学方法应用于市场营销实践中,特别是如何在民族区域实施跨文化跨民族营销实践,将成为一个主题,如何看待这个主题则应该超越人类学本身。在市场营销过程中,特别是在跨文化跨民族的营销过程中,应用人类学的理论和方法之潜力是无限的,但这仍然需要人类学家和营销人员一起通过努力工作去挖掘。

〔案例链接〕

民族餐馆里的主客互动过程研究——丽江白沙村①

丽江的白沙村共有 10 家餐馆,其中 3 家由当地纳西族人经营。选取白沙村的餐馆 A 和餐馆 B 作为案例研究的主要场所。这两家餐馆的经营者都是本地纳西族居民,接待游客的历史均较长,且提供的都是本地具有纳西族特色的食物。

餐馆 A 位于白沙古街的中心地带,为一栋两层木质老屋,具备纳西族建筑坐西朝东的特征。该餐馆由当地一家三口经营。男主人杨 A 是白沙古街人,地道的纳西族居民。他在餐馆担当着主要的服务与接待工作。女主人和 A 也是地道的纳西族人,她是该餐馆的厨师。餐馆的第三位主人是他们的女儿,在餐馆协助其父母,当服务员。餐馆食物多为自家种植,也有一部分原料购于本村其他村民摆的摊点或丽江古城的菜市场。餐馆 B 位于白沙古街的东侧,餐

①案例改编自:张机,徐红罡.民族餐馆里的主客互动过程研究——以丽江白沙村为例[J].旅游学刊,2016(2):97—108.

馆 A 的斜对面。经营这家餐馆的是母女三人。母亲是厨师,两个女儿是服务员。该餐馆没有招牌,在门口立着一块电脑制作的绿底白字的大宣传牌,上面用中英文写着"纳西风味"4 个大字以及一些家常小炒与饮料的名字。由于餐馆 A 接待游客较多,因此将餐馆 A 作为主要的研究场所,餐馆 B 作为辅助研究的对象。

在白沙村进行了 34 天的田野调查,分别是 2011 年 8 月 24 日—9 月 5 日,2012 年 1 月 22 日—2 月 11 日。为了能获取最真实的信息,调研人员努力在游客、服务员和研究者 3 种角色之间进行转换,当然,尽可能采用主位研究的视角去了解当地民族文化以及主客互动的微观场景。

在民族餐馆,调研者有时会坐在一个角落里面,对主客互动过程进行长时间的非参与式观察,并认真做好观察记录;有时会以服务员的角色近距离出现在主客互动的现场,进行参与式观察。在实地调研中,共访谈 30 人次,其中有录音的共 24 人次。在录音访谈中,访谈游客 14 人次,当地居民 10 人次。每位受访游客的平均访谈时间在 40 分钟左右,当地居民的平均访谈时间在 2 个小时以上,其中对餐馆主人的访谈时间则更长,访谈次数也有多次。在观察提纲的指引下,在两家民族餐馆进行了系统的观察,撰写了大量的观察记录。在实物收集方面,共收集游客给主人的留言或信件 60 条(封),收集主客互动照片 150 张左右。为了行文的方便以及照顾受访者的隐私,在引用受访者原话时,采用"姓氏+大写字母"的形式指代受访者并将受访者原话用双引号进行了标注。

在餐馆 A 和餐馆 B 观察时发现,每当游客准备点菜时,不管他们有没有主动召唤主人,主人都会站到游客的餐桌边向游客介绍菜单里的食物并进行推荐。在游客的眼里,餐馆主人为什么会推荐他们所认为的"特色菜"? 游客凌 A 的看法很具有代表性。他说:"可能一个是觉得有特色,第二个可能是从利润角度来考虑的。"确实,餐馆主人在推荐食物的过程中有这两点考虑。但实际上,餐馆主人可能有另外的考虑,或者说,餐馆主人知道什么方式的推荐更会让游客接受。

餐馆 B 的女主人和 B 之所以喜欢向游客推荐杂锅菜,除了成本低之外,她说:"关键是好做"。看来,简单容易,不费时间,是她推荐的一个重要原因。但游客是不知道这个真正原因的。有时候餐馆生意好,她们 3 个人忙不过来,女主人就通过向游客推荐一些做法简单的食物来应付。她说："向他们推荐我们这的南瓜汤,搞一碗南瓜汤,哎呀,很简单,一下子就做出来了。或者是推荐丽江粑粑给他们吃。"可见,餐馆主人难以应付游客多的时候,喜欢推荐一些容易做的食物,比如杂锅菜、南瓜汤、丽江粑粑。这体现出餐馆主人对食物较强的控制。

由于与游客接触多了,餐馆主人知道游客的喜好。比如餐馆 A 的男主人杨 A 就知道从大城市来的游客对当地农家菜园里的蔬菜情有独钟。所以,他在推荐食物时会向游客这样解释道:"有些菜是自己种的,跟买起来的不一样。买起来的菜是化肥浇起来的没有原生态。我们自己种的是原生态的。"这个时候,游客"易受骗"①的特征就体现出来了。但在这样的环境里面,他们一般都会相信餐馆主人的话。

游客常 A 讲述了她在一家民族餐馆品尝到的一种特色菜:"它是砂锅,里面有西红柿、龙胆草、芹菜等底下的配菜,然后再自己去选。跟吃火锅一样,自己选菜,料汁倒是挺特别的,香菜、葱花,然后那调料调的有花椒的味道,有辣椒的味道,还有一种香料的味道,因为是秘方,所以不告诉我们,所以不知道是什么味。"可以看出,少数民族为了保护自己的民族文化,同时也为了凸显自己文化的独特性和神秘感,在宣传自己民族文化的同时也注重做一些适当的控制。

游客吴 A 说:"到了一家店基本上就是先问一下服务员或者问老板有什么特色的。"但到底什么是当地的特色食物? 什么样的食物又是正宗的? 这对于绝大多数游客而言,他们是不知道的。所以吴 A 接着说:"尽管他们都把东西摆出来,可以看着东西点菜,但有时候你都看不出来那个是什么,因为你没吃过。"来自北京的马 A 感慨道:"在这样的地方,我觉得我没有优越感,毕竟人家是主人,我们是客人。"可见,尽管游客来自北京这样的大城市,但却觉得自己在民族地区没有优越感。像同样来自北京的冯 A 就表示很多方面需要去向当地人请教。在聊到如何寻找食物时,他说:"我在北京会比较熟悉,各方面都会比较熟悉,我就可以直截了当地去。但是在这种地区,因为不熟悉,所以要

---

①Van den Berghe P Ł, Keyes C F. Introduction tourism and recreated ethnicity[J]. Annals of Tourism Research, 1984(3):343-352.

不停地去问,去了解,了解完了以后才敢去吃,这是最大的不同。"冯A认为,在北京吃饭与在民族地区吃饭"最大的不同"就是,在民族区域吃饭由于不熟悉情况,缺乏当地知识,所以他要不停地向餐馆主人请教,去了解他不知道的东西。尽管有游客会通过其他途径试图了解当地的知识,但最后会发现很多具体的知识只有亲身来到民族地区与餐馆主人互动,才能了解到。

其实,餐馆主人最开始自己也不知道到底什么食物是他们的特色食物。因为在他们一贯的传统饮食当中,是没有什么特色不特色的。餐馆B的女主人和B的一句话可谓是一针见血,她说:"其实我家是没有什么特色菜的,这些都是平平常常、普普通通的。"由此可以推断出,其实"特色菜"是相对来说的。比如杂锅菜。"杂锅菜"对于餐馆主人而言,是一道家常菜,菜的原料十分普通,并且也不需要什么特别的烹饪程序就可以做出来。餐馆主人之所以将其标定为"特色菜",是因为餐馆主人了解到外地游客一般都没有听过这个菜,更没有吃过,所以认为这道菜对于外地游客而言,是十分特别的。每次游客进入餐馆B,餐馆主人都乐于向他们推荐店里的特色食物——杂锅菜。游客一听到这个特别的菜名,立刻就对纳西族的这个特色食物产生了兴趣。尽管他们通过详细询问知道了这个食物的具体原料和做法,但仍然对这个特色食物有着浓厚的兴趣。

游客陆A是第一次来云南旅游。她来到丽江后发现很难找到正宗的食物,她说:"那些外地人也写着正宗的纳西菜,所以是鱼龙混杂,不知道孰真孰假。"对于民族特色食物正宗性的判断,游客王A直接表示:"食物是不是正宗,这个有点难。"游客石A也有类似的感受,他说:"一般的话,不是很好判断。主要是没有见过,然后仅仅听他说这个东西,也不知道是什么。"可见,游客无法判断食物的民族特色,因为"没有见过",缺乏相关知识和经验。在丽江的特色食物中,纳西粑粑(又叫丽江粑粑)绝对是名气最响亮的一种当地食物。但何种纳西粑粑是正宗的,游客无法知道。在餐馆A,北京的游客孙A说:"现在我们也搞不清楚,就连纳西粑粑都不一样了。这几天我们吃了3种纳西粑粑,都各有特色,但不知道哪个是真的。不过,今天听这老板说他家的纳西粑粑是正宗的,我们也确实觉得这家的味道有点特别。"对于老板所言的可信度,他这样说:"应该没错吧,他是地道的纳西族,之前在古城吃的可能都是外地人开的餐馆。"可见,游客对民族餐馆提供的正宗民族特色食物十分有信心。尽管有游客认为,"现在的餐饮业很难辨别它是不是最原始的味道了",但一旦他们进入当地的民族餐馆用餐时,就会对餐馆主人所说的正宗民族特色食物坚信不疑。

对待少数民族文化的态度,游客孙 A 说:"我非常敬重他们的文化,我觉得有自己的文化,有自己的信仰是件很幸福的事情……对他们,我很敬重,很敬仰。"游客的这种敬畏和尊重最突出的表现就是在对待当地的饮食风俗方面。在纳西族的传统饮食文化中,有不吃狗肉的风俗。餐馆 A 的主人也表示没有顾客点过狗肉。

当谈到纳西族的饮食风俗时,游客戴 A 说道:"我会尊重他们当地的民族风情,不会选择狗肉,会尊重他们的饮食风俗,就是说我们会入乡随俗吧。"游客王 A 也强调指出自己在民族地区的入乡随俗。他很严肃地说:"入乡随俗,这个一定是这样的。要尊重当地的风俗,不能因为自己喜欢吃某样东西而破坏了他们的禁忌。"游客冯 A 的话说得更加直接:"我不太注意自己的饮食习惯,我倒会注意这少数民族有什么禁忌,这是最主要的。自己的话,你已经选择了它,就代表你接受了,就不会在意自己的东西。比如伊斯兰教,他有很多禁忌,你一定要注意不能喝酒,不能抽烟,不能吃猪肉,这些你都不能说。"来自成都的一名大三的女生张 A 也表达了自己对当地饮食风俗的尊重:"如果是他们的禁忌,那我肯定不会吃。我肯定是入乡随俗那种,既然到了这个地方,肯定会让自己去适应这种生活。"

游客在餐馆内的入乡随俗表现在他们尽量去接受当地食物的味道。尽管有时候当地的食物不符合游客的胃口,但他们往往也会接受。游客王 A 对食物的要求不高,他认为:"即使不正宗,一般也会接受。在民族地区不会要求太高。入乡随俗,另外中国好多的菜啊,就是这样,没有一个标准来的。不像肯德基,到哪儿它都一个味。其实中国的菜,每个人的做法是不同的。"冯 A 也说:"出门在外,我一般都是坚持入乡随俗,凑合吃吧,不是不卫生和很难吃,一般我都会接受。"游客的这种"入乡随俗"体现的是游客的一种妥协策略。作为"顾客"是不会妥协的;但作为"客人",必须妥协,必须尊重主人,否则,可能会有不必要的麻烦。游客凌 A 说:"一般在这些民族地区,既然点了,那也就只能接受。因为在民族地区也不愿意过多地去计较这些,要求也没那么苛刻。因为这种冲突和纠纷没有必要。"可甚至有游客还放低了对民族餐馆的环境和服务质量的要求。比如马 A 就说:"我不可能以北京的标准、北京的服务理念去要求当地人。来到这样的地方,就是要入乡随俗。"此外,游客在民族餐馆用餐时,其入乡随俗的策略还表现在对餐馆主人的信任上。不管是在食物的特色方面还是正宗性方面,游客都表现出对餐馆主人较高的信任度。

**学习思考题**

1. 民族区域经济发展过程是什么? 有哪些相关理论?

2. 民族经济学的学科是如何发展起来的?

3. 民族区域的市场营销要点是什么?

4. 广告如何影响民族文化产业的发展? 其理论基础是什么?

5. 如何在民族区域开展跨文化跨民族市场营销实践?

6. 通过对本章案例的学习,你有哪些收获? 我们应当如何从人类学的角度来理解和分析本章案例?

# 第十二章　跨文化市场营销

**本章摘要**　20 世纪 90 年代末已经被证明是营销史上最令人兴奋和充满机遇的开始。正如我们所知的,千篇一律的营销方式已经不能适应时代发展的需要。尤其是进入 21 世纪以来,世界经济趋于一体化,各国之间的贸易往来与日俱增,随之而来的文化冲突问题也在不断增加,进而影响跨国企业营销活动的顺利开展。在人类学的视角下,跨国与跨文化营销中的关键点在于对文化的理解,因此,对于人类学家而言跨国就是跨文化。由于语言、宗教、饮食等文化差异的存在,跨文化营销过程中必定会出现文化冲突问题,从文化的角度理解跨文化营销的内涵、必要性及特点,有利于跨文化营销人员顺利开展跨国业务。本章通过对跨文化营销理论及其策略的阐释,强调了文化差异对跨文化营销的影响以及如何应对文化差异。将跨文化营销放在信息化时代的大背景下,讨论跨文化营销的机遇与挑战以及互联网对跨文化营销的作用。

## 学习目标

1. 学习和了解人类学视角下的跨文化营销的内涵与特点。
2. 学习和理解进行跨文化营销的必要性。
3. 学习和掌握跨文化营销的理论框架及策略方法。
4. 学习和理解文化差异与跨文化营销之间的关系。
5. 学习和了解新时代背景下的跨文化营销所面临的机遇与挑战。

# 引　言

市场营销是企业利润实现的关键环节,如何在不同文化背景下,成功地实施市场营销,实现企业的经济效益,推动社会经济快速发展,已成为全世界迫切需要解决的问题。第9届法语国家首脑会议的中心议题是"不同文明的对话",它要求文化独立于关贸总协定、世界贸易组织的有关货物贸易的规则。虽然这些主张不会影响这些国家的公共政策,但却会影响国际贸易规则。我们正处于21世纪经济全球化不断发展的时期,它可能会启动跨国营销中的文化贸易保护主义。从营销的角度来看,作为市场营销人员,对文化的认知十分重要,因为世界文化也逐渐全球化;21世纪是世界的市场,更是跨文化的市场。对文化差异保持一定的意识和敏感度,将成为在21世纪市场上取得成功的重要前提①。

与此同时,伴随着跨国公司越来越多的超越国界的营销活动,营销所产生的问题也得到学界和业界越来越多人士的关注和重视。无数的营销活动也证明,国际差异是存在的,而文化则是形成这些差异的主要因素之一。运用人类学知识研究消费文化以及消费行为特征,在西方市场经济发达的国家已经成为主流,研究成果在报刊、网站上公开发表供企业参考使用。例如,在美国就很容易查到3~6个月的白人小孩同3~6个月的墨西哥裔美国小孩的消费力区别,同样也很容易查到非洲裔妇女工资比白人妇女低多少、保健品消费却高多少倍,也很容易查到艾奥瓦州的华裔的储蓄服务消费与旧金山的华裔的储蓄服务消费有何不同②。

当然,在现存的研究成果中,关于全球市场营销问题的研究重点主要放在全球化本身及其全球化过程中的一些同类型的特征。某些学者认为,跨文化问题的文献资料已经很多,将其作为营销主题来进行研究的意义不大③,导致

①Tian, R. Cross-cultural Issues in the 21st Century Marketing[J]. The Journal of the Association of Marketing Educators, 2002(3):21-29.

②王朝辉,沙振权,程瑜. 到"实地"去:营销问题的人类学视角分析[J]. 营销科学学报,2011, 7(4):72—86.

③Harris, P. & Moran, R. Managing Cultural Differences[M]. Houston, TX: Gulf.1987:33-120.

目前学术界对全球营销中关于文化差异方面的研究跟不上实际的需要①。

在 21 世纪,我们需要的是无边界的市场,国家的界限已经不再成为市场营销、经济规划和商业决策应该考虑的元素。因此,了解文化边界对于产品和行业的发展显得尤为重要。民族文化已经成为影响经济发展、人口的行为和世界各地的一般商业策略的关键因素。当然,跨文化问题不仅会影响国际市场,也会影响国内市场。例如,在美国异国文化不是外国公民的专属。在这个新的多元文化时代,21 世纪的美国公民可能是越南、中国、日本、海地、俄罗斯、波斯尼亚、美洲原住民或印度民族的后裔②。针对我国来说,多民族共存的特殊国情,使得国内市场的跨文化营销主要是跨民族营销,对此在本书的第十一章已经有了较为详细的阐述。本章主要将跨文化营销的重点放在跨国的市场营销活动中,探讨如何针对不同国家的文化差异问题,进行跨国营销活动。因为对人类学家而言,跨国市场营销说到底就是跨文化的市场营销。

## 第一节　人类学视角下的跨文化营销

在全球化的经济环境背景下,根据文化差异对产品进行有效的配置,已成为成功的关键因素。文化对市场营销的影响是显而易见的,要探究这些影响,首先我们需要对文化本身进行探讨。学术界有许多关于文化的定义,对此我们在第四章中已经做过阐述,但在市场营销学领域被引用最多的则是菲利普·罗伯特·哈里斯(Philip Robert Harris)和罗伯特·莫兰(Robert T. Moran)提出的定义③,他们认为文化提供了一套学习、共享和相互关联的符号、代码及直接证明人类行为的价值。在一个时期,市场和消费者行为研究中较少引用文化概念,这也是营销人员忽略人类行为分析的关键原因④。

文化可以被看成是两个极端之间的一个连续体:基于传统与基于现代。

①Czinkota, M., Ronkainen, I, Tarrant J. The Global Marketing Imperative[M]. Lincolnwood, Illinois: NTC Business Books.1995:43-87

②Giovannini, M.J. & Rosansky, L. M. H[M]. Anthropology and Management Consulting: Forging a New Alliance. The American Anthropological Association.1990:54-98.

③Harris, P. & Moran, R.Managing Cultural Differences[M]. 2ⁿᵈ ed. Houston, TX: Gulf.1987:120-210.

④Douglas, S. & Craig, C. Global Marketing Strategy[M]. NY.: McGraw-Hill. 1995:240-190.

这种分类随着两个相互关联的维度被进一步定义:经济和文化"界"①。在经济上,基于现代的文化,以被市场驱动、竞争激烈的后产业化经济系统为特征。美国、加拿大和其他西方社会被视为基于现代的文化。与此相反,以中央集权、合作、土地、旧产业化系统为特征的非洲、亚洲和中东社会,通常被视为基于传统的文化。

从文化界限来说,基于传统的文化将大量的重点放在它们的历史、传统和既定公约上,但是基于现代的文化却不将它们的传统融入到社会中②。基于传统社会的文化界限可延伸到其市场体系中。赛义德·塞米(Saeed Samiee)表示发展中国家,可被视为一般的基于传统的社会,它拥有比基于现代文化更惊人的不同市场系统。他认为经济和社会因素都会影响营销机构的发展与适应③,这与基于现代和基于传统的文化取向相一致。

在工商世界中,对文化界限的准确把握,即放弃传统方法,并适应新方法的文化意愿,不仅能够提高国际市场营销的效率,而且还为国内民族区域的跨文化营销提供必要的条件。20世纪80年代末,对中国民族区域的研究表明,文化影响消费者行为会随着产品的分布不同而不同。例如:在供应商和大量小型零售商的支持下,族裔群体消费者的文化取向有助于建立和维持缺乏效率的、多层的分布网络,使得我国国有零售企业比外国的商业机构更有利可图④。同样,大卫·格里菲斯(David A. Griffith)和约翰·瑞安斯(John K. Ryans)表明,目标市场的文化特征将会顺应某些具有文化界限的通道结构,例如本地存储区或集市⑤。在某种程度上,对消费者偏好的重视和研究,使文化深层含义能够显现在营销活动中。

对受到基于现代文化熏陶的西方国家的营销人员来说,很难理解发展中

①⑤Griffith, D. & Ryans Jr. J. Strategically Employing Natural Channels in an Era of Global Marketing[J]. Journal of Marketing Practice: Applied Marketing Science, 1995(4):52-72.

②Bandyopadhyay, S. & Robicheaux, R.The Impact of the Cultural Environment on Inter firm Communications[J]. Journal of Marketing Channels.1993(2):59-82.

③Samiee S. Retailing and channel considerations in developing countries: A review and research propositions[J]. Journal of Business Research, 1993(2): 103-129.

④Tian, G.The Achievements and the Development of Commerce and Trading in West China Regions. Shi, Z. (ed.) The West China Minority Areas Economy Development Studies. Beijing, Minzu Press, 1987:33-130.

国家基于传统的市场体系。同样,当发展中国家的人们去看待现代文化社会时,也会有相同的感受。例如,大卫·格里菲斯(David Griffith)就注意到,很多美国市场营销者,对于法国政府严格限制零售商店规模的政策,感到难以理解,尤其是对于那些已经获得成功的高效超市。实际上这种限制表明,法国政府采取的行动很可能出于文化原因,来保护本地家庭式的零售商①。

也有部分学者认为,政府的干预(如法国的案例)可能是出于保护其社会文化,使其维持在现有的市场系统或结构中的考虑②。同样,在中国,当更高效的超市结构存在时,传统的农贸集市也还继续存在。进一步说,只有当两个系统成为相互依存和补充时,才有可以实现不同系统的和谐共同存在③。

## 一、跨文化营销的内涵

在对文化与营销进行大量的相关文献研究之后,人类学家将跨文化营销定义为:在围绕消费者所进行的营销战略过程中,营销者自身的文化至少有一个基本文化方面与消费者的文化存在差异,如语言、宗教、社会规范和价值观、教育和生活等。跨文化营销要求营销人员意识到并对文化差异有一定的敏感度,尊重各种文化背景和市场中消费者的文化权利。如果营销者想要在跨文化营销中成为赢家,就必须创建市场营销组合,满足消费者的价值标准,并认可他们的文化权利。

以中国的文化为例。西方营销人员想要取得成功,那么必须尊重中国政府在国情方面的主张,这里的国情是指"中国的特殊情况或特征"。西方的市场营销人员应了解中国和中国政府本身就应该得到的被尊重国情的权利④。从人类学的角度看,所有的市场行为都将受到文化制约,消费者行为和商业实践必须在其文化范围内执行⑤。因此,为了匹配市场营销组合中的消费者喜

---

①Griffith, D.Cultural Meaning of Retail Institutions: A Tradition-Based Culture Examination[J]. Journal of Global Marketing. 1998(1):47-59.

②Griffith, D. A. & Ryans Jr. J.K.Strategically Employing Natural Channels in an Era of Global Marketing[J]. Journal of Marketing Practice: Applied Marketing Science, 1995(4):52-72.

③Tian G. Contemporary Social, Economic, and Marketing Strategies for Anning[J]. Thinking Front, 1988(4): 35-41.

④Yan R. To Reach China's Consumers, Adapt to Guo Qing[J]. Harvard Business Review, 1994(9): 66-74.

⑤Hamilton D B. Institutional economics and consumption[J]. Journal of Economic Issues, 1987 (4): 1531-1554.

好、购买行为、潜在的市场和产品使用模式,营销人员必须对目标市场的文化环境进行深入的理解。换句话说,他们应该根据跨文化性质进行营销。

随着跨文化营销在市场营销中所占据的角色越来越重要,国内学者对其关注度也在逐渐加大。部分国内学者认为,跨文化营销是指经营者为获取利润在不同文化背景下的国家或地区进行的向目标市场提供服务和产品的活动,实质上就是经营者跨越文化屏障,到不同文化环境下销售商品和服务的行为[①]。不同的文化背景影响着人们的消费方式,对满足需求的渴望、工作的价值观等,决定了供应者、顾客、竞争者与跨国企业发生业务往来的方式和偏好,以及与跨国公司进行竞争的战略、策略和技巧,还对跨国公司的其他环境因素如政治、法律、经济等发生作用。

也有学者认为,跨文化营销就是在两种或两种以上文化背景下所进行的个人和集体通过创造提供出售,并同别人交换产品和价值,以获得所需所欲之物的一种社会和管理过程,即在不同文化背景条件下所进行的营销过程[②]。

**二、研究跨文化营销的必要性**

自从加入 WTO 以来,我国遭遇的贸易摩擦越来越多,在竞争激烈的国际市场中,跨国贸易所受到的阻力也越来越大。究其原因,就是市场营销人员对不同文化背景下的市场交易原则没有清楚的认识,即对文化差异没有深刻的理解研究。因此,为了使跨国贸易顺利进行,必须对跨文化营销展开深入透彻的研究。

有利于确定跨文化营销的学科地位。目前的研究资料显示,跨文化营销还没有真正成为市场营销学的一个分支,还未形成一套的完整体系,因此,跨文化营销还不能称之为一门学科。显然,对学术界来说,跨文化营销还存在很大的研究空间。

跨文化营销有利于促进社会的团结与稳定。经济全球化的大背景下,由文化差异导致的贸易冲突问题日益严重。通过对跨文化的研究和对文化差异的理解,对跨文化营销进行深入探讨,不仅有利于消除因文化冲突而引起的国际政治局势和经济形势的不稳定因素,还可以缓解当地的就业压力,提供就业

---

①张莉. 跨境电子商务背景下的跨文化营销品牌策略选择[J]. 商业经济研究, 2015(28): 58—60.

②黎永泰, 张毅. 跨文化营销运作模式的建构[J]. 四川行政学院学报, 2004(4):46—49.

机会。

跨文化营销有利于促进社会经济的发展。通过对跨文化营销的深入研究,解决跨国公司的许多跨文化营销问题,从而提高跨国公司的盈利能力,带动当地的经济发展,推动当地的社会进步。跨文化营销不仅能够提高当地消费者的物质生活水平,还能够获得先进的技术和管理经验,缩短新产品的研发周期,甚至可以直接吸纳国际最前沿的技术和新产品,为企业乃至社会经济的发展提供动力。

跨文化营销有利于增强跨国企业的国际竞争力。21世纪的市场环境是开放的、全球化的,要想在国际竞争中占据优势,就必须重视跨文化营销。实际上,营销的根本出发点是满足消费者的需求[1],而在国际市场上,不同的文化会熏陶出观念不同的消费者,因此,跨文化营销的关键点在于把握住不同文化的消费者的需求,让企业得到更多处于不同文化背景下的消费者的认可,提高企业自身的知名度,提升企业形象,从而提高企业的国际竞争力。

跨文化营销有利于中国企业走向国际市场。改革开放以后,中国的经济迅速发展,尤其在吸引外资方面表现出了巨大的潜力。因此,许多外商纷纷将中国当做进行跨国贸易的理想地。对此,中国企业面临着巨大的来自外企的挑战,与此同时,如何"走出去"也将是我国企业所必须解决的问题,即中国企业在跨入国际市场之前除必须考虑自身的技术、资金、人才等实力因素之外[2],还必须了解所要开拓的国际市场的环境因素,特别是社会文化因素,尤其是文化价值观。由此看来,研究跨文化营销对我国企业的国际化战略有着实质性的作用。

促进经济全球化、市场一体化的进展。在20世纪60年代,马歇尔·麦鲁翰(Marshall McLuhna)[3]发明了名词"地球村"来说明媒体技术所带来的世界性的变化,并指出经济全球化和市场一体化必然会导致不同文化的融合。不同的文化在平等的条件下接触,必将带来文化的碰撞和冲突。研究跨文化营

---

①孙菊剑. 服装企业:满足顾客需求的竞争战略[J]. 销售与市场:评论版, 2011(4):23—25.

②李玉梅, 刘雪娇, 杨立卓. 外商投资企业撤资:动因与影响机理——基于东部沿海10个城市问卷调查的实证分析[J]. 管理世界, 2016(4):37—51.

③McLuhan M. Understanding media: The extensions of man[M]. Massachusetts: MIT press, 1994:22-68.

销问题能够在理解文化差异的基础上,为不同文化背景的人谋取相同的利益,有利于全球化贸易的开展。

### 三、跨文化营销的特点

(一)消费者的差异性

市场营销的对象是消费者,跨文化营销也是如此。而在跨文化营销过程中,消费者往往都是具有不同文化背景的,这就造成了消费者的差异性,同时也给跨文化营销增加了难度。消费者的差异性不仅仅体现在其行为的差异,更深层次地体现在其价值观、思维方式、人际关系等方面的潜在差异。由于潜在差异的隐蔽性,企业在进行跨文化营销过程中,必须关注消费者在深层次文化方面的差异。

(二)营销环境的复杂性

一般说来,营销环境包括政治法律环境、经济与人口环境、社会文化环境、自然与技术环境[①]。

1. 政治法律环境。在跨文化营销过程中,各国的政策与法律制度各不相同,这就要求跨国公司不但要熟悉母国的政治法律制度,而且要熟知东道国的政策和法律制度。

2. 经济与人口环境。世界经济的贫富差距越来越大,各国的经济发展水平也十分不平衡,各国人口密度也相差很大,增加了跨文化营销的复杂性。

3. 社会文化环境。由于各国都处在不同的社会发展阶段,其生产力的发展水平各不相同,东道国与母国的文化差异也是客观存在的,这必然会增加跨文化营销的难度。

4. 自然与技术环境。正因为生产力的发展状况不一样,其技术发展水平也千差万别,再加上不同国家的地理环境对文化形成的影响,使得各国的自然与技术环境也必然大相径庭。

(三)营销策略的差异性

在不同的社会文化背景下,尽管许多全球化公司在不同文化背景的国家,实行相同的管理模式,相同的品牌标志,但其营销策略不完全一样[②]。

---

①潘斌. 企业应对市场营销环境变化的对策分析[J]. 中国商论,2016(20):15—16.
②陈欣,杨忠. 国际市场跨文化营销特征分析与策略选择[J]. 经济论坛,2005(9):57—59.

（四）高风险性

在跨文化环境下，由于各自遵循不同的文化，企业和顾客在沟通上容易出现障碍，包括语言的歧义、行为方式的差异、民族的排外性、不同的审美倾向等。当双方都习惯于按照自己特定的价值观和行为方式去评判对方，潜意识里都要求对方遵从"我"的文化要求，不太愿意接受对方的文化，势必会造成文化冲突，产生文化风险。与单一文化环境下的营销相比，跨文化营销的难度更大，失败率更高①。

**四、跨文化营销与文化冲突**

在跨文化营销的过程中，由于根深蒂固的文化背景的作用，跨文化经营者与目标市场消费者之间常常无法良好地沟通和理解而造成文化冲突。文化冲突一般都在心理、情感、思想观念等精神领域中进行，其结果是人们在不知不觉中发生变化，一般需要通过较长的时间才能表现出来。美国学者詹姆斯·A.李（James A. Lee）②提出"自我参照规则"（Self-Reference Criterion）用来表述"无意识地参照自己的文化价值观"的情形，即根据自身文化的个性和价值观去解释或判断其他一切群体的行为，因而产生了对异文化的偏见，导致文化冲突。

（一）营销行为规范的冲突

针对不同文化背景的消费者进行营销时，常见的问题就是套用自身所处社会的营销行为规范来判定对方行为的合理性，即以自己的标准去衡量别人行为的合理性。然而双方的营销行为规范存在差异，必然会导致冲突的发生，影响营销的有效性。

（二）营销思维方式的冲突

不同的思维方式是特定文化的产物，又反过来不断地影响形成特定文化的内涵和元素。西方文化的思维模式注重逻辑分析，而东方文化的思维模式则表现出直觉整体性。这种东方传统文化，使得中国人往往特别重视直觉，注重认识过程中的经验和感觉，在营销过程中显得太过于感性化，具有明显的笼统性和模糊性。从本质上说，中国文化中的思维定式往往忽视个体事物的差

---

①汪清囡. 跨文化营销的风险及对策［J］. 价格月刊, 2007(6)：72—74.

②Varner I I. Teaching intercultural management communication：Where are we? Where do we go? ［J］. Business Communication Quarterly, 2001(1)：99.

别,并伴有固定的信条。西方文化则更注重和强调理性思维,强调事物的客观性。这种思维方式的差异会直接影响跨文化营销,甚至会造成交际失误。

(三)营销价值取向的冲突

每一种文化都有自己特有的价值体系,依托具体的文化而存在,能够帮助人们区分美与丑、善良与邪恶,也即处世哲学、道德标准和行为规范。每一种文化的判断标准不同,但在自身的文化体系内都有其存在的合理性[1]。以中西文化为例,在中国文化中,集体主义占据主导地位,追求个人发展往往被视为个人主义而受到谴责,追求长期价值导向,不以眼前的利益为主[2]。而西方文化则非常崇尚个人主义,人本位的思想根植于他们心中,崇尚独立思考,独立判断,依靠自己的能力去实现个人利益,并且认为个人利益至高无上。追求短期价值取向,往往更注重当前利益的实现,不关注以后的事态走向。如果不对这些营销价值取向有更深入的了解,必然会导致跨文化营销的失败。

# 第二节　跨文化营销理论框架及策略

人类学对跨文化的比较研究,主要通过田野调查,对照检验不同文化中的资料,并进行必要的统计分析而开展的,是建立在抽样基础上的跨地区、跨文化的归纳。其特点是从在世界各地不同民族搜集到的资料中抽样,并把这些抽样的资料作统计分析,用来说明一种风俗、一种宗教信仰或一种社会关系的规律。当然,用来验证的样本必须或多或少是随机选取的,这样就可以使跨文化研究的结果,适用于大多数地区。当代中国的营销研究也越来越多地使用跨国市场统计和比较的方法,应当说这是我国营销研究方法上的一大进步。但是,由于缺少通过长期深入国际市场获得的第一手资料,这种统计分析的结果往往存在某些误差。同时,学者们的所谓国际营销比较,也只能将国与国之间的宏观或次宏观数据进行比较作为主要内容,建立在研究者亲身参与观察和调查基础上的跨国营销比较研究成果,在我国目前还比较欠缺。而基于中国文化与世界文化差异的比较以及中国文化的特殊性对我国消费者及营销者

---

①牛文东. 电力体制改革在推动电力营销中的价值取向分析[J]. 管理观察, 2015(30):63—64.
②李随成,禹文钢. 制造商对供应商长期导向的前因作用机理研究[J]. 管理科学, 2011(6):79—92.

行为的影响研究,是我国市场营销研究界未来所面临的第一需要,中国本土营销人类学的跨文化比较研究任重道远①。

实行跨文化营销的策略,是未来市场营销国际化战略可行性的保证。为了确定市场的文化差异性,市场营销人员应积极确定一些文化因素,来促进目标市场中营销计划的进行。成功的营销人员能够使用存在的因素,也应该具备创建其他不存在因素的能力。经典的人类学理论表明,虽然所有人类的行为,包括市场行为,都发生在一定的文化背景下,但是人类依然可以通过特定的行为去影响,甚至改变它们,使得文化环境适应他们的行为②。

尽管如此,文化却可能会改变得很慢,因此许多特定的产品会面临着旷日持久的阻力③。因此,在不同市场中找到相似的文化因素,并从战略上使其能够进入新的跨文化市场是市场营销人员的主要任务。跨文化营销是一个过程,在此期间,营销者需要不断地调整他们的行为和市场营销计划,以适应目标市场。然而,当市场营销人员进入国外市场时,他们会根据自己的文化经验和价值观去适应另一市场文化,从而落入以自我为参照标准的陷阱中。这也被称为自我参照标准,比自我参照标准更危险的是民族中心主义,他们认为自己的文化优于其他任何文化。

**一、跨文化营销理论**

跨文化营销的理论体系还不够完善,目前存在的跨文化营销理论可分为营销的文化环境理论、跨文化营销管理理论和营销组合要素的文化理论三部分④。

**二、跨文化营销的文化环境理论**

针对于市场营销中的跨文化问题,文化环境理论将关注点放在文化对消费者的购买行为和决策过程的影响上,以消费心理学、社会心理学和社会学为理论基础。文化环境理论认为,购买者的购买行为一般经历动机的产生、收集

---

①王朝辉,沙振权,程瑜. 到"实地"去:营销问题的人类学视角分析[J]. 营销科学学报,2011(4):72—86.

②Hall, E. T. Beyond Culture[M]. New York, N.Y.: Anchor Press-Doubleday.1976:22-128.

③Hamilton, D. Institutional Economics and Consumption[J].Journal of Economic Issues, 1987(4):15-41.

④张春辉. 国际市场营销中跨文化策略应用理论和实践研究——以德国克诺尔集团在华销售液压制动产品为例[D]. 石家庄:河北经贸大学, 2016.

和研究信息、评价和选择、购买决策和购后行为五个阶段。由于购买行为的非先天性,因此认为文化决定购买行为、消费创新和时尚形成。消费者对产品的采用,通常由个人对商品的认知程度以及其他影响消费者的因素,包括文化因素等共同决定的。因此,不同文化背景的消费者采用创新产品的速度是不同的。并且,从采用到是否能形成时尚也是文化因素起作用的结果。由于不同的文化观念,人们在消费时会表现出不同的消费偏好,产生了带有社会群体特征的消费文化。或者说消费文化及其所体现的消费观念,实际上是渗透到群体消费行为中的社会文化价值观念。通过对消费购买行为影响的分析,我们可以看到,对消费者购买决策起着关键性作用的是其文化信念和价值观念。消费者作为市场的基本单元,扮演着不同的角色,他们根据其自身特定的生活方式和社会对自身形象的认同,依照一定的文化作用力,选择不同的购买行为,作出不同的购买决策,进而形成千差万别的营销文化环境。在跨文化营销环境分析时,不能仅仅把文化作为外部不可控环境因素,必须将其作为可以改造、塑造乃至创造的对象和工具,体现其消费者本身的营销价值观。

### 三、跨文化营销的管理理论

由于跨文化营销管理的首要问题是营销战略的制定与决策对文化环境的适应或改变。因此,从这个角度来讲,其仍是营销文化环境研究的范畴,只是将企业等营销机构作为思考文化问题的出发点。跨文化营销管理突出的问题是如何处理好企业内部由不同文化背景的员工从事营销活动带来的跨文化冲突问题。与此同时,营销人员还要处理对外沟通中的跨文化问题。因此,就文化而言,市场营销人员应当具有两类知识才能应付不同文化所带来的问题。一类是关于某种文化的具体知识,另一类则是抽象知识,即一种充分理解和体会不同文化特征和形式之间微妙差别的能力。为解决跨文化营销管理中存在的问题,必须进行跨文化培训。通过对营销管理人员文化移情的培养,才能增加他们对文化差异的敏感性,促进对他文化的认识、了解、适应和融通,从而富有成效地开展跨文化营销工作。

### 四、跨文化营销之营销组合要素文化理论

目前关于营销的相关理论普遍表示,营销组合要素中的文化含量包括产品、促销、价格和渠道。

（一）产品

在各个营销组合要素中,产品最能直接地体现文化价值。在物质匮乏时,人们更多地关心产品"量"的问题。当物质文明进入高级阶段而不再担心商品的短缺时,消费者倾向于选择高文化含量的产品,此时,文化附加值就成为产品竞争中的关键。因此,与消费文化相对应的商品文化概念,包括商品的构思、漫画设计、造型、款式、装潢、包装、商标、广告等相继出现,它们凝结着一定的文化素养、文化个性和审美意识,展示着一定的文明水平。

（二）促销

促销在跨文化营销中的地位和作用[1]比在单一市场的营销活动中更为重要,其重要性仅次于产品。在跨文化营销过程中,促销体现了双重特性。一方面通过突出文化共性,强调产品特性,并且充分考虑当地文化的特点,避免与当地文化、宗教禁忌等相冲突,成为文化适应的工具;另一方面它又是文化改造的武器,即积极主动地使用文化策略。积极地发挥促销策略的作用,改变消费者群体中革新者与观点领袖的态度及价值观,使其成为主流文化的引导者,从而为企业营销开辟新的空间。

（三）价格和渠道

在国际市场营销中运用价格策略需要注意两点:一是在没有民族主义影响和不触犯东道国反倾销法规的情况下,以低廉价格销售产品会给消费者带来经济利益,也可以冲破由文化差异形成的市场进入壁垒;二是由于各国使用货币不同,国民收入不同,关税、运费不同,使得在全球营销中难以统一价格,使企业无法在国际市场上以同一价格出售产品。因此,定价总是需要考虑消费者心理、竞争对手的反应等因素,而这个过程也包含着复杂的文化因素。

分销渠道是进入一个市场必须打通的营销环节[2]。跨国公司想在进入一个国外市场的拓展阶段就建立自己的销售渠道是不现实的,或者说,只能借助当地市场的营销网络来销售。而统一的渠道策略虽然有助于使企业更快地打入国外市场,但不同国家和地区受传统观念的影响,其消费者的购买行为和对购买场所的选择及途径都形成固有的习惯,因此,对销售渠道的文化考量必须

---

[1]王涓. 试论广告与跨文化营销[J]. 时代经贸旬刊, 2007(5Z):18—19.

[2]石秀珠. 整合营销在中国市场的实现途径探讨——从营销终点到营销起点[J]. 商业经济研究, 2015(9):67—69.

纳入跨文化营销的策略之中。

## 五、跨文化营销策略

针对于营销组合中的产品、价格、渠道、广告四大文化因素,我们认为跨文化营销策略,包括产品策略、价格策略、渠道策略、促销四个方面的内容。

### (一) 产品策略

产品是一个企业得以生存的灵魂,也是企业经营的本钱[1],产品的策略会影响整个企业跨文化营销的效益。

1. 创新抢先策略。如果一个企业拥有先进的技术水平、丰富的资源、雄厚的资金及强大的研发团队,那么就可以通过自己的力量来创新产品,以达到先入为主的目的,抢先占据市场份额。另外,拥有优势的企业还可以积极与其他公司合作,利用双方的优势互补进行创新活动,占据市场主动权。并且,企业还能以合同形式委托企业外部的人员或公司开发新产品,抢先占领市场的制高点,在竞争中处于领先的地位。

2. 引进改良策略。在新产品开发之际,企业需要引进国外企业的先进技术,重点进行改制研究新产品,节约开发费用,缩短研制时间,降低投资风险。引进是手段,改良是目的。例如,日本松下公司特别强调"引进与研发相结合"的新产品战略,其核心是做技术的追随者,松下公司拥有设备先进的研究室,专门研究市场上出现的新产品,找出不足之处加以改进,使新产品成本更低、质量更高、性能更完善。

3. 购买获取策略。企业可以在新产品的创新和开发上,直接从外部购买专利、新技术、新工艺或直接并购拥有技术和产品的企业,以节省资金和开发时间,迅速加入新的市场,推动企业的增长。

### (二) 价格策略

1. 市场撇脂策略。为了塑造公司的新形象,提高其经济收益,市场撇脂战略被应用到跨文化营销进入阶段,以到达其所需要的规模效应。犹太人尤其擅长于这一战略的应用,他们鄙视"薄利多销"的定价策略,认为"厚利适销"才是王道。

2. 市场渗透策略。市场渗透策略以低廉的价格迎合消费者心理,扩大市场销售量及排斥竞争对手,能够很快地满足消费者的需要,赢得消费者的信

---

[1]张萍. 跨文化营销进入战略研究[J]. 时代金融, 2016(12):272—273.

赖。但是,低价行为很容易招致竞争对手的反击,如果整体市场没有较高的价格弹性,那么价格战导致的整体降价只能造成行业中的所有企业收入降低,同时商品形象也有可能受损,从而影响企业利益。降价是最低劣的手段,而选择产品的多样性及营造企业的文化,才能保持市场稳定性,达到双赢的局面。

3. 产品组合定价策略。产品组合定价策略试图把相关产品捆绑起来销售,来推广新产品,销售旧产品①。例如,肯德基的全家桶就是意在满足消费者的多种口味需求而制定的一种产品组合定价策略。

(三)渠道策略

1. 直接营销策略。在国际市场上,生产企业可通过自设营销机构现货销售,参加国内外博览会、展销会、交易会等直接与国外用户签约以及邮寄等途径,进行直接销售。直接营销一般是技术性较强、售后服务要求较高的工业用品营销的主要方式。因为这类产品的用户有限,购买需求量大,购买频率低,便于直接营销。直接营销渠道策略有利于企业节省费用,增强市场反应力与控制力,但无法满足企业对市场覆盖和渗透的要求。

2. 间接营销渠道策略。大多数消费品的技术含量不高,购买批量小而频繁,需求分散,生产企业不能或很难将产品直接销售给广大的消费者,所以最好选用中间商,实行间接销售,利用中间商的营销网络降低成本,分担风险。生产企业要综合考虑国际目标市场容量、进出口条件、中间商营销能力、产品特点、生产企业优劣势、消费者的购买需求以及市场环境来确定中间商。

3. 混合营销策略。在现实营销实践中,大多数营销者会选择采用混合营销策略②。通常有:设立国外分支机构但实际利用中间商营销的策略,分支机构本身仍承担监督指导和协调功能;自设分销机构但部分利用中间商的策略,厂商即可以从事销售工作,掌握市场动态,控制生产线费用,减少在全国各地租用仓库的成本。

(四)促销

文化差异导致人们对促销方式的不同偏爱,促销包括除了广告、人员推销、公共关系及以外的其他方式,每一种方法都有其适用性。促销是跨文化营

---

① 林文雄. 基于客户细分的电信产品组合定价研究[D]. 北京:北京交通大学, 2010.
② 王丽娟. 新经济时代混合营销策略分析[J]. 商业经济研究, 2013(2):29—30.

销的最直接也是最有效的促销方式。在应用促销策略时,应注意当地的民族化特征,还应充分学习和理解影响这一民族长久以来的世界观、伦理观、价值观以及信仰、习俗等诸多精神思想的传统文化①。

由于各国家、民族的传统文化作为一个民族生存与发展的方式,是根植于民族心灵深处的印迹、习俗、规范,包含着人类生存与发展的共性,不容易改变,在客观上必然为其他民族的生存和发展提供参照和借鉴。最有成效的促销,应该是通过对文化的分析,把握文化的发展趋势,在广告中把文化观念提炼和表现出来,让消费者发现自己处于潜意识层面的文化感,增强认同感,从而主动消费。如今,促销文化将传统文化和现代文化的内涵赋予了促销这一崭新的传播载体,使促销散发着文化的意味,给人带来隽永悠长的思考和不尽的回味,具有突破性和现实意义。

## 第三节　文化差异与跨文化营销

像其他许多社会科学家一样,人类学家也必定要跨越某一特定的文化边界进行人类学的比较研究。人类学研究中跨文化视角背后的指导思想,就是所谓的"文化普同论"和"文化相对论"。坚持这些观点的人类学家认为。世界各地的人都是生物学上的同一种属,而文化虽然无优劣之分,但却各有自己的独创性和独特的价值。换言之,就是说文化差异是无法用所谓的科学标准来确定孰优孰劣的。因此,处于不同文化之间的学者,应当互相尊重、互相理解,采取宽容的态度,才能保证研究的科学性和正确性。现代人类学研究对当代营销研究具学术意义的影响,就是它所能带来的在文化层面上进行研究的视角变革。从事营销研究的学者,必须认识到文化差异问题,如果将自身的文化价值,当作标尺来衡量所观察到的特定语境中消费者行为和生活方式,便很有可能会产生误解和误读。营销人类学的研究,要从主位市场文化量度以及客位市场文化量度两个方面,来观察和分析社会及人们的消费行为,要对持有"民族中心主义"或者"文化沙文主义"观念的消费者及其行为,进行必要的心理辅导和文化教育②。

---

①崔德群. 论跨文化广告营销[J]. 哈尔滨商业大学学报(社会科学版), 2006(6):29—31.
②王朝辉,沙振权,程瑜. 到"实地"去:营销问题的人类学视角分析[J]. 营销科学学报,2011(4):72—86.

随着世界经济的飞速发展以及全球一体化进程的加快,世界各国的经济贸易已经逐渐融合成了一个整体,产品营销范围已经超出国家内部销往海外。因此,如何将商品销往海外,实现跨国经营就成为了企业关注的焦点。但是,从国际角度来看,各国之间的文化差异对产品营销的影响十分巨大,人与人之间不同的习惯、教育背景、文化差异以及审美特征等要素,都会影响产品的销售。实践证明,文化差异在产品营销中的影响地位逐渐上升,国际性电子杂志《电子世界》就"影响产品营销因素"进行了调查,其中排在首位的原因就是文化。随着经济全球化进程的加快,很多国际性知名企业在竞争中纷纷落马,究其原因并不是由于技术落后和资本短缺,而是在于缺乏对经销的文化了解,忽略了文化差异的巨大影响力。

**一、文化差异**

在跨文化营销中,文化差异主要表现在几个方面:语言差异、宗教差异、饮食差异①、风俗习惯差异、教育水平差异、价值观念的差异。

(一)语言差异

语言是沟通和交流的主要工具,如果语言不通就很难确保产品的有效营销。语言差异是国际化角度下文化差异最重要的表现形式。了解当地的语言文化,不仅能够实现顺利沟通,还能给购买者带来一种亲和感。与此同时,经销商还要明确掌握当地市场的语义差别,注意一词多义现象,避免由于语言差异而导致的文化冲突。

(二)宗教差异

仅次于语言差异,宗教是人类文化中重要的一部分,具有普遍性和特殊性。不同宗教观体现着不同民族的文化精神。宗教差异对跨文化营销也产生了不小的影响。世界一共分为三大教派,每一教派的信仰者都具有自身的特点和清规戒律,在很大程度上制约着人们的消费行为②。因此,产品经销者要明确这些差别,善于利用当地的宗教特点进行产品销售。

(三)饮食差异

作为国际角度文化区别的主要内容之一,饮食差异对跨文化营销的影响已不容忽视。中国人讲究健康饮食,而欧美国家大多讲究速食主义,有些国家

①肖康鹏.从国际角度谈文化差异对产品营销的影响[J].统计与管理,2014(4):132—133.
②马飞麟.从中西宗教差异中透视中国文化精神[J].考试周刊,2016(68):22—24.

甚至认为饮食与人们的吉凶有关系。所以,产品经销商在销售商品时,注意关注不同文化的饮食差异,减少不必要的隐患。

(四)风俗习惯的差异

每个国家都有自己各具特色的风俗习惯,风俗习惯是指个人或集体的传统风尚、礼节、礼仪和生活习惯,是在特定的社会文化区域内,人们所共同遵守的行为习惯和生活模式。对于从事国际市场营销的企业来说,了解并尊重目标市场的生活习惯是非常重要的。例如伊斯兰教的禁吃猪肉,中国春节的饺子,重阳节的糕点,中秋节的月饼,都是具有中国特色的风俗习惯的体现。

(五)教育水平的差异

一般来说,社会的教育水平与它的经济发展水平是同步的,一个国家的教育水平越高,其接受新观念和高科技产品的能力越强。创新能力强,这个国家的技术水平也会越来越先进。反之,一个国家的教育水平越低,对高新产品的接受能力也会越低①。因此,从事国际市场营销的企业,在不同教育水平的国家,应采取不同的产品宣传方式。对教育水平高的国家,应使用说明书和发布会去介绍它的高端与创新。对于教育水平低的国家应该用传统的方式,比如报纸、广告去介绍它的好用和实惠。

(六)价值观念的差异

价值观念是一种信仰,指一个社会或一个群体对于客观事物的评价标准和崇尚风气②。是不同社会、不同群体甚至不同个人之间的根本区别所在,是文化的核心内容③。价值观是通过人们的行为取向以及对事物、现象的评价、态度反映出来的。每种文化都有一套影响该文化社会成员行为包括消费行为的价值观体系,并形成社会行为规范。社会文化的差异最终反映在价值观的差异上④,被社会成员所普遍接受的价值观一旦形成,就会对其生活方式和行为产生很大的影响。有学者认为,价值观的差异可以影响消费者对产品属性重要性的判断,从而影响消费者对产品的选择差异。因此,在跨文化营销中,

①安航.信息网络时代提升大学生创新思维教育水平的方法初探[J].科技创新导报,2015(29):241.

②杨春.论中西价值观念差异引起的跨文化交际障碍[J].边疆经济与文化,2016(7):46—47.

③陆贞.国际市场营销:关注文化差异[J].企业文化旬刊,2016(6):234.

④袁月.基于价值观差异的跨文化营销研究[J].中国商论,2015(10):6—7.

营销者必须了解消费者购买行为与价值观的关系。

**二、文化差异对跨文化营销的影响**

在跨文化市场营销中,文化差异会产生巨大的消极影响,主要表现在以下几个方面。

(一)文化差异加大了企业国际市场营销的调研难度

市场调研是营销中的基础环节,是企业客观地认识市场、准确获取市场信息的主要手段。市场调研是企业是否能把握市场机会,制定合适的营销战略的依据。在调研国际市场时,文化因素显得特别重要。文化差异使得不同的市场所运用的调研方法也不同。如在中国做市场调研,可以采取的调研方式有问卷、当面咨询等,人们对于收入、年龄、婚姻情况这些信息并不避讳,但是在西方国家,这些信息属于个人隐私。另外,市场调研的内容也会受文化差异的影响,在本土市场上,企业进行市场调研通常写明目标市场中消费者需求、竞争情况、销售渠道等,但是对于国际市场,市场调研还需要写明由文化体系所支配的一切消费行为及心理特征等。

(二)文化差异增加了国际市场营销的难度

虽然当今世界已趋于多元化,但是由不同文化产生的语言、生活方式、宗教、思维方式的差异形成的壁垒依然难以逾越。例如:佛教是禁止饮酒的,所以在以佛教为主的东南亚国家,葡萄酒、伏特加、啤酒等永远都没有市场。

(三)文化差异的不可视性为跨国营销加大难度

文化差异是无形的。消费者对产品的接受程度可能来自多方面的原因。深入了解当地市场是跨国营销的首要任务之一,要将产品所有的元素都设计为当地市场能够接受的,就必定会加大跨国营销的难度。

(四)文化差异对前期分析与定位的影响

在跨文化营销中,市场机会分析、市场选择与定位是后期营销工作的基础与前提。在市场营销中,由于社会文化的差异,缺少对文化差异的客观认识,即使掌握比较全面的营销理论也不能根据当地的实际情况作出科学的判断。文化差异是营销中客观存在的挑战,只有了解文化差异才能找到市场突破的关键点,才能满足当地人群显性或隐性的需求[1]。

---

①郭静.论文化差异对营销的影响[J].产业与科技论坛,2012(4):229.

### 三、应对文化差异,制定跨文化策略

在跨文化营销中,文化差异不可避免。在面对文化差异对跨国企业或者本土企业开展跨国业务时,我们应正确认识文化差异,并且制定措施来有针对性地应对。

(一)跨文化培训

语言培训是国际市场营销人员的必修课。通过语言培训,保证员工能用熟练的语言和顾客以及管理人员进行沟通,清楚地理解对方的思想,避免在合同上产生异议。其次,营销人员要利用好非语言的沟通,语气表达要正确无误,才能增大营销成功的几率。同时,也要增强国际市场营销人员的整体素质。另外,培训的内容还应该包括尊重所在国的宗教信仰,特别是不能触碰对方国家的禁忌。我们不仅要尊重他国的信仰,而且也要了解所在国家的教育水平和教育的质量,理解他国的价值观念,了解当地人对其他国家的文化态度,更好地进行产品定位及相关销售策略的制定,采取多样的措施来促销产品①。

(二)融入目标国文化,消除文化壁垒

融入目标国文化的前提是会说目标国的语言,学习目标国的语言,增进文化了解。在目标国生活一段时间,学习它的语言来加强对某种文化的感受,加强与目标国人们的交流能大大降低相互理解的壁垒。营销人员越接近某种文化,他就越了解当地人的行为模式、语言、风俗习惯等。所以,对于长期驻外的国际市场营销者来说,学会当地的语言,缩小文化差异,能够为制定营销策略、采取营销措施打下良好的基础。

(三)全球化和本土化相结合

本土化包括产品本土化、营销方式本土化、人力资源本土化和研究开发的本土化。其目标在于将公司融入当地文化使其成为目标市场的一员,强调企业以适应环境来获得更大的发展空间。跨国企业在进入目标市场时,通过全面的调查、了解本土的经济、文化、生活习俗等情况而进行一系列调整,以全球化思维和本土化相结合的原则来进行决策②。

---

①高菲.文化差异对国际市场营销的影响[J].安徽电子信息职业技术学院学报,2016(3):100—103.

②魏然.互联网语境下的国际广告前沿理论综述:解析网络媒体对国际广告全球化和本土化的双重影响[J].新闻大学,2016(2):69—75.

(四)文化规避策略

在日益频繁的跨文化营销过程中,不同目标市场文化背景差异很大。如果对目标市场文化缺乏足够认知,就会触犯文化禁忌,导致营销失败。跨国企业在东道国开展业务时,母国的文化与东道国的文化之间存在差异,虽然在整个公司的运作中,母国的文化占了主体,但是又无法忽略东道国文化对其产生的影响,此时,应特别注意在双方文化的重大不同之处进行规避,不要在这些"敏感区域"造成彼此文化的冲突①。特别在宗教势力强大的国家,更要特别注意尊重当地的信仰,它是文化差异中最为敏感的因素。宗教上的禁忌直接影响人们的消费行为。例如,天主教规定教徒星期五吃鱼;印度教视黄牛为圣牛,禁止教徒吃牛肉。所以,牛肉的出口就不该考虑印度市场。跨文化营销过程中要对文化禁忌有深入了解,以避免遭到东道国消费者的抵制,导致国际营销的失败。

## 第四节 跨文化营销的机遇与挑战

在瞬息万变的市场经济中,跨文化营销,已经不再是一个陌生的名词,其基本表现形式是在两种不同文化环境下进行营销。不可否认,任何类型的先进技术都会对经济产生一定的影响;它们给公司提供了很大潜在利益的同时也带来了一系列的问题。例如,在跨文化营销领域,通信高速公路或互联网,除了重塑商业环境外,还为营销人员提供了机遇和挑战。出口商、进口商、国际经纪商和其他人可以利用互联网,节约成本,进行有效销售②。事实上,互联网的出现是历史上最令人兴奋的市场营销创新,已成为营销组合中日益重要的因素,有利于企业开拓市场营销渠道和制定战略。因此在市场营销领域,互联网营销,在学术领域和在实践行业内已成为一个热门的话题③。在当今互联网十分发达的数字时代,已经有超过亿万网民,网络的存在是提高国际市场营

---

①秦晓蕾. 跨国公司的文化冲突与规避策略[J]. 企业改革与管理,2002(6):29—30.

②Bandiwadekar D. Internet marketing:International marketing using trading portals and search engines[J]. Marketing Educator,2002(2).

③Paajanen B,Allington C. Internet Marketing:Can you Resist a byte? [J]. Journal of Internet Marketing,1998(1).

销成就和整体商业成功的至关重要的因素①。

在世界经济一体化进程日益加快的今天,越来越多的企业冲出原有的活动范围,将业务范围延伸到国外领域。因此,营销活动不可避免地面临文化冲突和矛盾的挑战。著名的七七定律表明,在跨国并购中,70%的失败是由于无法实现预期收益,其中70%失败的原因是文化整合。由此可见,因文化背景差异,跨文化营销失败率极高②。

## 一、跨文化营销挑战

在企业管理中,跨文化营销存在着诸多挑战③。主要表现为以下几点。

### (一)沟通障碍

在民族区域或者说在经济发展十分落后的地区,面对面营销是其营销的主要方式,这就要求营销人员必须精通当地的语言。在高语境文化中,包括日语、汉语、意大利语等,信息的传达包括所说所写以及场合,离开了特定的背景环境,同一句话可能代表了不同的意思。而在德语、美式英语、瑞士语等低语境文化中,其语言表达意思准确,在理解具有这种特点的语言措辞时,只需理解其字面含义,而基本上不用考虑这句话所处的环境背景。

而企业与消费者之间的间接沟通则非常困难。如借助说明书、合同书、品牌、包装等媒介传递企业基本信息的活动,涉及如何翻译和能否被对方正确理解的问题。只要中间一个环节出错,必然会导致巨大的损失。

### (二)文化固定性障碍

文化对消费的影响贯穿在消费者决策程序的每个阶段,文化差异决定了不同文化背景的客户需求方向和消费行为的不同。文化的无形性以及营销职员的自我参照性,使其难以准确地突破文化障碍和掌握文化元素。一个特定区域的消费者往往会具有其独特的思维方式、习俗习惯和处理问题的方式方法,在营销活动中这种无形的排外会给跨文化营销公司造成营销障碍和沟通障碍。

### (三)体制障碍

不同地区的政治体制、经济体制、文化体制等会由于文化的不同而不同。

---

①Sinkovics R R, Yamin M, Hossinger M. Cultural adaptation in cross border e-commerce: a study of German companies[J]. Journal of Electronic Commerce Research, 2007(4):221.

②常溪,谷琳.浅析我国跨文化营销存在的问题及对策[J].才智,2016(16):243.

③王维. 跨文化营销的挑战与对策[J]. 市场周刊,2015(9):62—63.

在不同文化市场,企业会受到不同体制的约束,单一标准生产出的产品必然不畅销。世界跨国公司的生产经营活动遍及全球的各个领域、各个角落,推进了产品、资金、技术、劳务等要素在全球范围流动,推动了全球经济的快速发展。

从我国的跨国企业来看,我国部分实力强大的企业在积极主动开拓国际市场时,不断发展国际品牌,受到诸多阻碍①。主要包括外部问题和内部问题两个方面:从外部来看,在复杂国际政治关系的背景下,中国特殊的国情是中国企业在进行跨文化营销时必须面对的问题。其次,我国企业还要面对处于不同文化中的行业环境。各国政府都对本国支柱行业重点保护,我国企业要进行跨文化营销,就必须考虑目标国保护政策。最后,面对更复杂的市场形势,我国企业对本国政策的依赖,使得自身在国际竞争中竞争力降低,面对更多的威胁。

从企业内部问题来看,其自身的不足也会影响跨文化营销实践。第一,我国企业对本身产品和行业的认识不足,普遍缺乏科学的战略发展模式。第二,产品缺乏竞争力,产品文化特色不够显著,产品包装形式也过于单一。第三,我国企业的营销渠道不合理。企业应根据不同国家中间商的性质、经营范围、服务优劣等情况来确定分销渠道形式。而我国企业对渠道的管理方式较为薄弱,使得企业在跨文化营销中,只能使用单一渠道,无法打开市场。第四,企业的促销方式缺乏创新性。我国企业的促销活动通常只能考虑到当地风俗习惯、文化禁忌等,对广告促销、公共关系促销的利用缺乏创新性。最后,我国企业缺乏一支高水平的营销队伍。

## 二、跨文化营销机遇

在信息技术发展迅猛的今天,互联网为我国的经济发展等方面,做出了巨大的贡献。在市场营销领域,互联网营销也为企业开展跨国业务,提供了一条新的捷径。互联网营销作为跨文化营销的重要方式,与许多其他因素一起加速了全球化的进程,是跨文化营销的一次机遇。

今天的市场是全球化的市场,同时也是跨文化的市场。意识到文化的差异性,并对其保持一定的敏感度,是在全球市场上取得成功的重要前提。从营销的角度来看,在跨文化背景下,未能正确实施营销策略不利于现有品牌和商业关系的建立。基于网络平台的互联网营销,也要注意文化的影响。

---

①林伟,潘跃峰. 我国企业的跨文化营销[J].经营与管理,2010(2):47—48.

### 三、互联网跨文化营销载体——电子商务

电子商务是通过电子手段进行的金融交易,可以在商家与商家之间进行,也可以在商家与消费者之间进行,通常指在电子商务网站或在线商店进行购物。然而,从市场营销的角度来看,电子商务主要指的是在线市场营销或互联网营销。近几年来,全球市场中的国际贸易在急剧增加。在跨文化意义上,产品的有效配置已成为全球和国际上成功的一个关键因素,从而使文化问题成为影响互联网营销成功的关键因素。互联网营销的特点,植根于互联网的功能和特点:输送的信息是不受时间和空间约束的,但却受限于技术和语言。因此,电子商务要取得成功,其网站必须得便于浏览,即使是面对第一次使用的用户,网站上演示的内容必须避免任何可能的跨文化意义上的误解。组织必须对其用户了如指掌,必须认真考虑到跨文化问题[①]。

电子商务最显著的特点是,它在全球范围内都能发生。毫无例外的是,网络市场营销面对的必然是跨文化问题,即使它对市场营销人员而言,还是一个相对较新的概念。之前研究互联网营销问题主要侧重于技术和均质现象的特征,很少涉及对互联网营销中文化差异的研究[②]。许多学者已经意识到美国和中国之间的文化差异,他们在商讨使用互联网和群件技术来消除这些差异的时候,却无法回答如何克服由商业文化差异所带来的问题,更不用说处理网络上影响数国营销的文化问题[③]。

公共部门和私营部门两者的关注[④]。像传统营销一样,互联网营销不但被文化问题所影响,它也影响文化,在进出口业务中表现得尤为明显。文化影响

---

①N. Chapin. E-Commerce Concerns: Do We Need to Change Some Systems? [M]. Hinghan, MA: Kluwer Academic Publishers, 2003:77-180.

②M. Giovannini & L. Rosansky, Anthropology and Management Consulting: Forging a New Alliance[M]. NY:The American Anthropological Association, 1990:120-190.

③Qin C, Zhang C. A case study of expanding business from the US to China: Addressing cross-cultural management[C]Industrial Engineering and Manufacturing Technology: Proceedings of the 2014 International Conference on Industrial Engineering and Manufacturing Technology (ICIEMT 2014), July 10-11, 2014, Shanghai, China. CRC Press, 2015(4): 213.

④D. Bandiwadekar, "Internet marketing: International marketing using trading portals and search engines"[J]. Marketing Educator, 2002(2).

市场和消费者行为,尤其在跨文化营销领域①。

　　跨文化的互联网营销与传统营销一样,要求市场营销人员意识到文化差异,并对其保持一定的敏感度,尊重各种文化和市场中有关消费者文化的权利。从人类学的角度来看,所有的市场行为都是有文化边界的。在一定程度上,文化决定着消费者行为和商业实践②。因此,为了将互联网营销组合与消费者偏好、购买行为和潜在市场中产品的使用模式进行匹配,市场营销人员必须对目标市场文化环境有深刻的认识,进行跨文化意义上的营销。例如,保洁公司在加拿大进行的跨国业务营运③。

　　在网络领域,关于市场营销应该标准化还是适应性的争论才刚刚开始出现。虽然从业人员都兴奋地站在网络沟通和商业浪潮中,可是,通过观察来对在线网络标准化与适应性的研究依然很少,并且大部分只关注了美国的公司。欣科维奇·鲁道夫(Sinkovics, R.Rudolf),亚明·穆村(Yamin, Mo)和互辛格·马蒂亚斯(Hossinger, Matthias)探究了德国国内100家公司,还有美国、英国和拉丁美洲等网站,进行了文化价值分析,发现在相关的市场上,对有关文化价值描述的忽视,造成了一定程度上的文化疏远④。

　　**四、互联网对跨文化营销的作用**

　　跨国的或多国的营销方法传统上集中于地理市场,并乐于为每个市场集中开发独特的市场营销组合。但互联网营销已突破地域的限制,主要体现在两个方面:由于规模经济而增加效率、由于技术积累而提高效率。两方面的因素都可以在不止一个市场中使用相同的市场营销组合⑤。

　　由此可见,全球化的互联网营销关注的是产品市场(消费者群体共同需要的),无论他们生活在哪里,着重强调其相似之处。但是,它不应该忽略市场之间

　　①A. Goldman, "Adoption of Supermarket in a Developing Country: The Selective Adoption Phenomenon"[J]. European Journal of Marketing. 1992(1):17-26.

　　②D. Hamilton, "Institutional Economics and Consumption"[J]. Journal of Economic Issues, 1987 (4):1541.

　　③McDonough J, Egolf K. The advertising age encyclopedia of advertising[M]. London:Routledge, 2015:140.

　　④R. Sinkovics, M. Yamin, & M. Hossinger, "Cultural Adaptation in Cross Border E-Commerce: A Study of German Companies", Journal of Electronic Commerce Research, 2007(4):221-235.

　　⑤田广, 汪一帆. 网络营销中的跨文化因素[J]. 北方民族大学学报, 2014(1):97—103.

的差异,必须考虑在实施营销计划的范围之内。例如,企业的网站应该翻译成相应国家的语言,还应为不同分布结构的地区制订不同的分布战略。其中,信息的新颖性对于成功改变消费者态度,传递信息内容和吸引消费者有积极作用①。

因此,营销人员必须了解互联网对营销进程具有潜在的贡献,并识别互联网营销和传统营销的差异,研究运用互联网更恰当的方法,为全球的营销需要提供解决的办法。传统营销的第一项任务是定义目标市场,互联网营销发掘的目标顾客群包含相同的内容,即使其地理位置有所不同。营销人员将通过发电子邮件给潜在的客户,在互联网上找到他们,而不是等待客户来访经销商网站。找到潜在客户后,营销人员可以告知他们有关的站点或特定的链接,增加使用营销人员推销的特定产品的可能性②。

网络营销使生产力的首要因素劳动力对其信息能力,即获取、传递、处理和运用信息的能力的依赖空前增强,并促进新型劳动者,即信息劳动者的出现与快速增加。使得在生产力中起积极作用的劳动工具要素网络化、智能化,同时,使隐含在其内的信息与知识的分量急剧增大,信息网络本身也成为公用的或专用的重要劳动工具③。对于互联网营销的目标市场而言,其本质特征是包含了那些与跨文化营销有关联的人和位于不同国家的人。因此其存在一些局限性,如不确定在线营销者的公信力,缺乏有效的分销渠道。另外,企业或公司禁止或限制个人使用公司的电脑和网络,特别是关于购物和娱乐的,所以关注互联网营销的是那些在家里有计算机和网络的潜在客户。

一般来说,网络消费者人口特征可能类似于那些创新者或产品扩散理论中的尝鲜者。他们往往是年轻的、具有均等化的教育水平和较高收入的人群。艾布拉姆森·乔(Abramson Joe)和克雷格·霍林斯赫德(Craig Hollingshead.)把互联网用户归类为冲浪者和购物者,认为冲浪者使用互联网是为了娱乐,从一个网站到另一个网站,很少重复,除非那里有诱惑的因素④。购物者通常是为了直接目的来使用互联网,得到感兴趣的资料,去做一些购物决策或者去进行购物交易。尽管

①徐丹.从网络消费者行为看电商营销策略的转变[J].现代经济信息,2015(19):309.

②D.Bandiwadekar. Internet marketing:International marketing using trading portals and search engines[J].Marketing Educator,2002(2).

③④J.Abramson, C.Hollingshead. Marketing on the Internet:Providing Consumer Satisfaction[J]. Journal of Internet Marketing,2009(1).

在线购物在北美愈来愈受欢迎,但是我们还是需要对安全问题进行思考,目前在发展中国家的互联网购物存在一些较不发达的信用体系。为了能够熟练地运用全球市场内的异同,采用互联网营销是当今企业最重要的策略之一。

# 本章小结

从古至今,社会文化都深深地影响着人们的思维方式、行为习惯等。文化贯穿于人们生活的方方面面。对于处在经济全球化背景的跨国企业来说,如何规避文化冲突给其营销活动带来的问题,已经成为首要任务。人类学家认为,在至少存在两个文化的背景下进行营销活动,具有消费者的差异性、营销环境的复杂性、营销策略的差异性、高风险性等特点,有利于确定跨文化营销的学科地位、促进社会的团结与稳定、促进社会经济的发展、增强跨国企业的国际竞争力。

语言、饮食、风俗习惯等文化差异是跨文化营销中出现了严重的文化冲突,包括营销思维方式的冲突、营销价值取向的冲突等。通过梳理包括营销的文化环境理论、跨文化营销管理理论和营销组合要素文化理论的跨文化营销理论,为制定跨文化营销策略提供方向。在互联网技术飞速发展的信息时代,如何应对跨文化营销的机遇与挑战。已成为一个全球性话题。不同文化之间的体制障碍、沟通障碍等为跨文化营销带来挑战的同时,互联网也给跨文化营销的发展带来契机。它突破了传统营销的地域限制,其高效的传播速度、广大的传播范围等特点有利于挖掘更多的潜在顾客,从而推动跨文化营销实践活动。

〔案例链接〕

传音手机在非洲①

传音将市场选在非洲的原因,主要包括两点:非洲是仅次于中国、印度的全球人口第三多的市场,人口数达到 10 亿级。此外,当时非洲手机市场只有三星、诺基亚等少数品牌,竞争相对要小很多;中国民营企业征战非洲的优势,就是世界水准的制造产业链以及本土巨大红海市场的实战经验。

---

①案例改编自:解决黑人自拍难题,出口量远超华为! 这个国产手机在非洲"闷声发大财",我们竟然都不知道! 〔EB/OL〕.http://www.tuicool.com/articles/vY3ami7.2016.

黑人自拍时,脸部很难定位,传音手机创新地解决了这个难题,打败了国际国内的众多知名竞争对手,非洲市场份额占到40%,成为名副其实的"非洲之王"。

一、在非洲闷声发大财

2016年1月,深圳某官员在一次公开会议上说道:"我去年去非洲,才知道深圳有一家企业在非洲手机市场占有那么高的市场份额。"

这家公司就是深圳传音控股有限公司。其旗下的手机品牌有TECNO、itel、Infinix。它在非洲的份额达到40%!非洲有54个国家和地区,超过11亿人口,40%的占有率是非常惊人的数字。和国内的手机相比,华为2015年全球手机出货量是1.08亿部,小米超7000万部。传音虽然只有5000余万,但全部用于出口,出口量排到第一。2016年上半年,TECNO出口量为3286万部,为上半年国内手机出口榜首。同期华为+荣耀出口量为2537万部。中国手机品牌2016年上半年出口量基本情况,如图12-1所示:

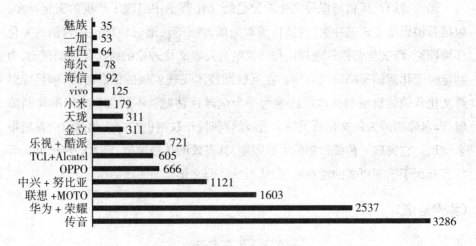

图 12-1　2016 年上半年中国手机品牌出口量排行榜

传音控股CEO刘俊杰说,传音成为"非洲之王"的秘诀,就是本地化、差异化、贴近消费者需求。

二、让非洲人民爱上自拍

全世界的人都爱自拍,非洲人民也不例外。不过,由于大部分手机拍摄都通过面部进行识别,肤色较深的人种很难做到准确识别。尤其是在光线不佳的情况下,拍出来就是一团漆黑。

为了贴近本地市场,传音动起脑筋。他们成立工作小组,大量搜集当地人的照片,进行脸部轮廓、曝光补偿、成像效果的分析。最终,传音想出了解决办法!与一般手机拍照时通过脸部识别不同,传音手机通过眼睛和牙齿来定位,在此基础上加强曝光,帮助非洲消费者拍出更加满意的照片。当多数品牌还在进行硬件规格的竞争时,传音早已把焦点放在消费者体验上。

刘俊杰说:"有些技术的难度并不是非常高,但是很多企业没有为用户考虑到细节问题,我们为用户想到了,也钻研了这个技术。"于是,当三星等品牌在非洲比硬件时,就已经输了——他们的产品是符合"国际标准"的产品,但传音满足了用户的内心需求。

传音做的远远不止这么多。非洲用户大多有两张以上的 SIM 卡,却受消费能力所限,大多只有一部手机。正是看准了这种刚需,传音率先在非洲推出双卡手机,不出意料,产品很受欢迎。后来甚至推出了四卡手机。

能歌善舞的非洲人民怎么能离得开音乐呢?今年 3 月,传音发布新款手机 Boom J8,主打音乐功能,居然随机赠送一个定制的头戴式耳机。结局也猜到了,手机大获成功,尤其是喜欢音乐的用户,简直离不开它!其实,早在 2011年,传音旗下的 TECNO 品牌就被誉为"非洲双卡手机第一品牌",当时距离传音正式进入非洲市场不过 3 年。除了硬件方面,传音同时还有全球唯一一个跨功能机、智能机的社交软件 Palm Chat,注册用户数超过 1 亿。

三、在非洲做生意是"长跑"

传音控股成立于 2006 年。初期,传音也短暂走过代工的路子,但为掌握主动权,2008 年,传音正式启动自主品牌战略。创始人竺兆江曾任波导公司国际业务部总经理,早年走访过 90 多个国家和地区,常常看到一些日韩品牌的广告,他希望有朝一日中国人自己的品牌也能在国际上受到关注。

当时的非洲市场,被巨头诺基亚牢牢控制,另有三星尾随其后,传音选择打出品牌差异化,主推性价比。TECNO 手机卖几十美元,是诺基亚和三星售价的 50%。

非洲的购物环境不好,尤其是供销模式。传音建立了客服中心,销售不止服务,给当地人一种不一样的感觉:逼格挺高啊!企业形象很快就上去了。为了进一步推广,传音在路牌、电视上大打广告,每年的营销费用都远超其他品牌。刘俊杰说:"关键是别人没在非洲这么做,诺基亚、三星都没有把非洲当成重点市场。"

非洲政治、宗教问题向来十分复杂,他们非常关注企业的社会责任问题,常常有记者问:你们能给我们带来什么?

刘俊杰说传音也是通过多年的服务细节获得了本地人的信任,如花钱培养本地技术工人、解决当地就业。传音还是第一个在本地建设售后服务中心的国外手机企业,并在多方面融于当地。

据介绍,传音不仅在深圳、上海、北京拥有研发中心,在法国巴黎也拥有合作的设计团队,而且在非洲第一人口大国尼日利亚的拉各斯、肯尼亚的首都内罗毕设立了研发中心,后两个研发中心主要是进行本地化的工作,致力于改善APP功能应用等,以提升用户体验。"传音在非洲的策略是长跑,做事业而非简单地做生意。"如今,传音在全球累计已售出超过2亿部双卡手机,在非洲积累了数以亿计的粉丝。

### 四、非洲人民最喜爱品牌

2016年,南非的商业杂志 African Business 发布了2015年度"非洲消费者最喜爱品牌100强",传音旗下的两个品牌均在其中——TECNO位列第16位,在三星、诺基亚、苹果之后,领先于索尼、GUCCI、微软等品牌;itel排名51位,领先于尼桑、LV、谷歌等。

TECNO和itel在非洲培育最久:前者价格较高,针对中高端消费者;后者价格较低,针对年轻消费者,主打活泼、个性的标签。2012年,传音又推出智能高端手机品牌Infinix。在非洲,TECNO、itel等品牌经常被误认为当地品牌或者德国品牌。

刘俊杰回忆说,2010年在喀麦隆出差时,曾与一位TECNO手机用户聊天,对方评价说:"这是德国制造,质量不错。"这样的评价让他感到欣慰,也有些心情复杂。接下来,传音将继续在非洲深耕,树立品牌形象。"保持长跑者的心态。"同时,作为公司全球战略的第二步,2016年传音宣布正式进军印度市场。

**学习思考题**

1. 如何理解人类学视角下的跨文化营销?

2. 开展跨文化营销的必要性是什么?

3. 跨文化营销理论包含哪些方面以及如何制定跨文化营销策略?

4. 文化差异如何影响跨文化营销实践?

5. 互联网时代,跨文化营销所面临的机遇和挑战是什么?

6. 通过对本章案例的学习,你有哪些收获? 我们应当如何从人类学的角度来理解和分析本章案例?

# 参考文献

1.〔美〕埃伦伯格.现代劳动经济学[M].北京:科学出版社,2016.

2.〔美〕爱德华·L.伯内斯.舆论的结晶[M].北京:中国传媒大学出版社,2014.

3. 安航.信息网络时代提升大学生创新思维教育水平的方法初探[J].科技创新导报,2015(29):241.

4. 奥莉娅.本土化 VS 标准化:全球化趋势下文化差异对跨国营销策略的影响[D].东北财经大学,2014.

5.〔法〕鲍德里亚:物体系[M].林志明译.上海:上海人民出版社.2006.

6.〔法〕鲍德里亚:物体系[M].夏莹译.南京:南京大学出版社.2009.

7.〔俄〕鲍里斯·卡戈尔里茨基,黄登学.后全球化时代的资本主义和马克思主义[J].国外理论动态,2016(1):24—31.

8. 鲍文.萨丕尔—沃尔夫假设研究[D].山东大学硕士学位论文,2007.

9.〔美〕彼得森(Petersen,L.B.),〔美〕泊森(Person)等.社群精准营销:极致客户体验创造无价口碑[M].北京:人民邮电出版社,2016.

10. 蔡建军.品牌形象塑造中的影视广告符号元素研究[J].美术大观,2016(3):141.

11. 蔡宁伟,于慧萍,张丽华.参与式观察与非参与式观察在案例研究中的应用[J].管理学刊,2015(4):66—69.

12. 曹莉.浅谈市场调研在市场营销中的重要性[J].福建质量管理,2016(5):79.

13. 曹永芬,靳俊喜.文化与审美:民族文化产品的市场营销价值分析[J].贵州民族研究,2015(2):154—157.

14. 曾凡跃. 现代市场营销的本质解析[J]. 现代营销,2015(6):56.

15. 曾梅. 竞争情报——企业核心竞争力的重要支撑因素[J]. 冶金信息导刊,2003(3):37—39.

16. 曾铁.吸纳优质异文化是文化繁荣和"五大发展"之用[J].胜利油田党校学报,2016(2):39—44.

17. 曾亚强. 市场营销学的理论经济学基础[J].上海轻工业高等专科学校学报,1999(3):27—29.

18. 曾越君.浅析营销渠道行为理论[J].科技与创新,2014(11):116—117.

19. 常溪,谷琳.浅析我国跨文化营销存在的问题及对策[J].才智,2016(16):243.

20. 陈朝晖,廖鹏翔. 企业经营活动营运资金渠道管理研究[J]. 财会通讯,2015(5):9—11.

21. 陈道平,刘伟. 由一个厂商和多个经销商构成的一级分销渠道[J]. 系统工程理论与实践,2008(12):36—41.

22. 陈岗. 杭州西湖文化景观的语言符号叙事——基于景区营销、文化传播与旅游体验文本的比较研究[J].杭州师范大学学报(社会科学版),2015(2):121—127.

23. 陈华.社交网格结构对消费者的行为影响分析[J].统计与决策,2016(10):94—97.

24. 陈钦兰,苏朝晖,胡劲. 市场营销学[M]. 北京:清华大学出版社,2012.

25. 陈庆德,马翀炜.文化经济学[M].北京:中国社会科学出版社,2007.

26. 陈庆德. 经济人类学对商品分析的文化视野[J].广西民族学院学报(哲学社会科学版),2000(1):17—32.

27. 陈庆德. 试析民族理念的建构[J]. 民族研究,2006(2):10—20.

28. 陈庆德. 文化产品的分类分析[J]. 江海学刊,2007(3):99—105.

29. 陈飔.传统渠道与网络渠道的冲突[J]. 成功营销,2006(11):60—61.

30. 陈曦. 导入企业形象识别战略塑造示范性高职院校形象的建议[J]. 现代营销旬刊,2014(9):10.

31. 陈晓磬,章海宏. 社交媒体的旅游应用研究现状及评述[J].旅游学刊,2015(8):35—43.

32. 陈欣,杨忠.国际市场跨文化营销特征分析与策略选择[J].经济论坛,2005(9):57—59.

33. 陈志,杨拉克.城市软实力[M].广东人民出版社,2008.

34. 程杰.微信平台与传统销售渠道比较分析——以平安车险为例[J].知识经济,2015(18):62—63.

35. 程倩.网络消费文化中的城市女性消费[J].德州学院学报,2016(1):23—26.

36. 程瑶,张慎成."微信"传播驱动下的广告营销理念新模式[J].遵义师范学院学报,2016(2):59—62.

37. 崔德群.论跨文化广告营销[J].哈尔滨商业大学学报(社会科学版),2006(6):29—31.

38. 崔瑜琴.浅谈在分销渠道管理教学中培养应用型高素质人才[J].经营管理者,2015(28):108.

39. 崔玉斌.我国边境贸易研究热点述评[J].国际贸易问题,2007(5):123—126.

40. 〔美〕大卫·赫斯蒙德夫.文化产业[M].张菲娜译.北京:中国人民大学出版社.2007.

41. 德吉央宗.分析少数民族经济的地域特色[J].商场现代化,2016(2):134—135.

42. 邓雯琴.市场营销管理研究方法综述[J].商场现代化,2016(21):62—63.

43. 丁川,王开弘,冉戎.基于公平偏好的营销渠道合作机制研究[J].管理科学学报,2013(8):80—94.

44. 丁艳.跨文化交际中汉语社会通称称谓语的选择与制约因素[J].内蒙古师范大学学报(教育科学版),2016(1):103—106.

45. 董熙.自主品牌汽车营销策略的SWOT分析[J].品牌,2015(3):8.

46. 樊耘,邵芳,李纪花.企业家对组织文化和组织变革影响的实证研究——基于组织文化四层次模型[J].2008(9):104—113.

47. 范小青.经济人类学在中国的研究[J].怀化学院学报,2009(12):21—24.

48. 范玉刚. "互联网+"对文化消费的弥散效应[J]. 中原文化研究,2016(2):47—54.

49. 费孝通. 论小城镇及其他[M]. 天津:天津人民出版社,1985.

50. 费孝通. 乡土中国·生育制度[M]. 北京:北京大学出版社.1998.

51. 冯子标,王建功. 文化产品、文化产业与经济发展的关系[J]. 山西师大学报(社会科学版),2008(2):91—94.

52. 高菲. 文化差异对国际市场营销的影响[J]. 安徽电子信息职业技术学院学报,2016(3):100—103.

53. 高辉,沈佳. 基于购物过程体验的享乐性购物研究述评[J]. 外国经济与管理,2016(4):63—72.

54. 格勒. 茶马古道的历史作用和现实意义初探[J]. 中国藏学,2002(3):59—64.

55. 顾冬玉. YH 公司"百佳利"小儿四维葡钙片促销策略研究[D]. 昆明:昆明理工大学,2015.

56. 顾小芳,关玉娟. 我国少数民族地区新闻传播业发展现状及对策[J]. 媒体时代,2015(8):117.

57. 郭国庆. 市场营销学通论(第 4 版)[M]. 北京:中国人民大学出版社,2009.

58. 郭静. 论文化差异对营销的影响[J]. 产业与科技论坛,2012(4):229.

59. 郭义祥. 面向企业市场营销战略的竞争情报[J]. 中外企业家,2014(25):124.

60. 韩俊华,干胜道. 成本加成定价法评介[J]. 财会月刊,2012(22):74—75.

61. 郝哲. 基于共现网络国际竞争情报研究的知识图谱分析[J]. 现代竞争情报,2016(4):165—169.

62. 何灿群,李娇,唐晓敏等. 基于文化特征的无锡个性化旅游产品设计研究[J]. 包装工程,2016(10):118—121.

63. 何叔涛. 略论民族定义及民族共同体的性质[J]. 民族研究,1993(1):19—23.

64. 何伟俊. 市场营销中的文化因素与跨文化营销理论体系建构[J]. 学术

研究,2000(12):23—27.

65. 贺竞.LG电子(中国)公司文化营销策略案例研究[D].大连:大连理工大学,2014.

66. 贺雪飞.文化符号及其象征意义——论广告文化附加值的表现形式[J].现代传播,2006(5):16—18.

67. 贺雪飞.文化视角下的广告传播[M].北京:中国教育文化出版,2004.

68. 侯春江,周游.市场营销组合理论述评[J].哈尔滨商业大学学报(社会科学版),2004(6):45—48.

69. 胡晓登,杨婷.资源型经济发展方式转变与加快西部少数民族地区发展[J].贵州民族研究,2016(3):153—156.

70. 黄健英.当代少数民族地区经济发展简要回顾及几点思考[J].中央民族大学学报(哲学社会科学版),2016(2):17—23.

71. 黄健英.论少数民族经济与少数民族地区经济[J].学术探索,2009(1):38—43.

72. 黄秀满.大数据环境下的图书馆竞争情报服务发展对策研究[J].图书与情报,2016(1):80—84.

73. 黄耀丹,张嘉友.网络营销中生产商与中间商的冲突与合作[J].商业经济研究,2013(14):23—24.

74. 姬广绪.社交网络与群格补偿——一个藏族村落的信息消费民族志研究[J].青海民族研究,2016(2):155—159.

75. 〔荷兰〕吉尔特·霍夫斯泰德,〔荷兰〕格特扬霍夫斯泰德.文化与组织:心理软件的力量(第二版)[M].李原,孙健敏译.北京:中国人民大学出版社,2010.

76. 贾旭东,衡量.基于经典扎根理论的虚拟企业实体化动因研究[J].科技进步与对策,2016(3):89—95.

77. 姜天,张洋.基于SWOT分析的集团型企业市场营销管理模式研究[J].中国市场,2016(1):35—37.

78. 蒋颖荣.民族伦理学研究的人类学视野:以哈尼族为中心的道德民族志[M].北京:人民出版社,2015.

79. 解大琴,陈星莺.综合成本定价法述评[C].中国高等学校电力系统及其自动化专业学术年会. 2006.

80. 品牌观察报公众号.解决黑人自拍难题,出口量远超华为! 这个国产手机在非洲"闷声发大财",我们竟然都不知道! 〔EB/OL〕http://www.tuicool.com/articles/vY3ami7.2016.

81. 金爽.浅谈符号互动论的教育和社会意义[J].佳木斯职业学院学报,2016(4):469.

82. 金镇,尹文燕.市场营销与竞争情报[J].高校信息学刊,1996(4):16—19.

83. 景奉杰,等.市场营销调研(第2版)[M].北京:高等教育出版社,2010.

84. 孔惠.整合营销传播在企业应用的制约因素分析[J].科技视界,2015(35):111.

85. 孔庆民,梁修庆,张正.社交商务对消费者行为意向影响机理研究:城乡差异的调节效用[J].消费经济,2016(3):62—69.

86. 〔英〕莱斯利·斯克莱尔.资本主义全球化及其替代方案[M].梁光严,等译.北京:社会科学文献出版社,2012.

87. 蓝雪华,田广.论民族志研究方法及其在商务实践中的运用[J].学术评论,2011(4):65—66.

88. 蓝雪华,田广.论饮食民族志——基于浙江丽水某回族餐厅的个案研究[J].回族研究,2015(2):88—96.

89. 雷定权,谢江鸣.市场经济中的企业定价方法[J].价格月刊,2004(8):47.

90. 黎永泰,张毅.跨文化营销运作模式的建构[J].四川行政学院学报,2004(4):46—49.

91. 李爱梅,刘楠,孙海龙,等."内隐人格理论"与消费者决策研究述评[J].外国经济与管理,2016(9):38—50.

92. 李彬.文化企业并购高溢价之谜:结构解析、绩效反应与消化机制[J].广东社会科学,2015(4):37—43.

93. 李陈华.市场营销学的成长及其困惑的经济学分析[D].湘潭:湘潭大学,2002.

94. 李茨婷,郑咏滟.民族志研究等同于质性研究吗? ——语言教育学的视角[J].外语电化教学,2015(3):17—24.

95. 李德武.完善农产品价格形成机制的思考[J].农业经济,2015(9):131—133.

96. 李冈,聂磊,吴云河,等.反价格垄断执法思考及建议[J].中国价格监管与反垄断,2016(S1):108—109.

97. 李佳.中国文化产品贸易现状及定价分析[J].财讯,2016(3):5—8.

98. 李健.论大众文化视觉形象类型的深层结构系统[J].天津社会科学,2016(3):114—121.

99. 李林.基于顾客价值的湖北省旅游产品策略研究[J].中国市场,2009(3):40—41.

100. 李寐竹.东南亚苗族山地文化研究的民族志典范——李穆安《老挝高地的一个青苗村庄》述评[J].贵州师范学院学报,2016(3):7—11.

101. 李牧南.基于关联规则挖掘竞争情报研究前沿分析[J].情报杂志,2016(3):54—60.

102. 李庆文,许利华.对深化我国流通体制改革的一些思考[J].中国经贸导刊,2010(17):82.

103. 李荣喜.基于损失避免的消费者需求与产品定价模型[J].统计与决策,2007(4):52—54.

104. 李随成,禹文钢.制造商对供应商长期导向的前因作用机理研究[J].管理科学,2011(6):79—92.

105. 李涛.高低语境文化成因及其交际差异对比研究[J].沈阳工业大学学报(社会科学版),2016(2):189—192.

106. 李先国,王小洋.渠道关系理论研究综述及发展趋势[J].经济学动态,2011(5):94—97.

107. 李翔,褚蓓.基于价格歧视的文化产品定价策略[J].财讯,2016(3):64—66.

108. 李晓辉.基于用户行为分析的数据挖掘系统研究与设计[D].北京:北京邮电大学,2011.

109. 李玉梅,刘雪娇,杨立卓.外商投资企业撤资:动因与影响机理——基于东部沿海10个城市问卷调查的实证分析[J].管理世界,2016(4):37—51.

110. 李忠斌.民族经济发展新论[M].北京:民族出版社,2004.

111. 李佐礼,葛姣菊,靳国钱.基于消费者偏好的移动游戏线下广告营销策略研究[J].商场现代化,2016(17):75—78.

112. 梁雪梅.传承·嫁接·融合:论消费社会语境中广告的民族性[J].东南传播,2016(6):112—115.

113. 林贵梅.浅谈市场田野计划——以人类学的视角看市场调研[J].知识经济,2010(13):100.

114. 林卡,李钦海,邹明霞.企业竞争情报搜集与分析方法[J].商,2016(16):21.

115. 林全生.基于消费者行为的市场营销策略探讨[J].现代企业文化,2016(14):143—144.

116. 林伟,潘跃峰.我国企业的跨文化营销[J].经营与管理,2010(2):47—48.

117. 林文雄.基于客户细分的电信产品组合定价研究[D].北京:北京交通大学,2010.

118. 刘国炳,李小青.现代营销渠道结构演变与企业渠道调整策略[J].市场论坛,2015(10):23—24.

119. 刘虎.探究基于民族文化的民族经济发展[J].商,2016(15):295.

120. 刘慧,庞利.波特五力模型视角下开放大学竞争态势分析[J].成人教育,2016(5):53—58.

121. 刘金旺.市场营销渠道管理[M].北京:北京交通大学出版社,2006.

122. 刘晶,石塁.解析《芈月传》的"互联网+"营销案例[J].中国电视,2016(5):67—71.

123. 刘念.顾客导向的网络促销策略研究[J].湖北经济学院学报(人文社会科学版),2014(2):64—65.

124. 刘鹏凌,李乾.农产品目标价格定价方法分析及思考[J].中国物价,2015(1):44—45.

125. 刘谦,张银锋.人类学视野下的商品生产与消费——从西方工商人类学的发展谈起[J].中国人民大学学报,2016(1):138—146.

126. 刘茜.农产品营销中的价格影响因素及定价策略[J].价格月刊,2016

（7）:38—41.

127. 刘生琰,李元元. 单一与多元——"市场"理念及其人类学拓展[J]. 兰州大学学报(社会科学版),2012(5):40—45.

128. 刘帅. 大规模定制产品定价方法研究[J]. 经营管理者,2016(27):32—33.

129. 刘体斌.合肥美菱股份有限公司 2013 年年度报告.合肥:合肥美菱股份有限公司,2014.PH.

130. 刘薇.电子商务对少数民族经济文化的影响网络调研——以朝鲜族电商经济为例[J]. 商场现代化,2016(16):39—40.

131. 刘小凤,赵建平. 公共关系学——在对外开放中一门值得探讨的新学科[J]. 外国经济与管理,1985(8):18—20.

132. 刘阳,刘珍,过仕明. 行为经济学视角下的旅游文化消费行为研究[J]. 商场现代化,2016(2):258.

133. 刘洋.浅析西南少数民族地区传统习俗对社会资本构建的作用——以三江侗族百家宴为例[J].中国经贸,2016(1):68—69.

134. 刘迎春. 谈电子商务对营销渠道管理的影响[J]. 商业经济研究,2015(28):68—69.

135. 刘永佶. 民族经济学[M]. 北京:中国经济出版社,2013:22—200.

136. 刘志新.基于顾客感知价值的快递服务定价研究[D].大连:大连理工大学,2015.

137. 陆和建,李杨.基于 SWOT—PEST 分析的基层公共文化服务社会化管理发展策略研究[J].图书情报知识,2016(4):119—129.

138. 陆榕.浅谈定性调研在消费者行为研究中的应用[J].科协论坛,2012(8):130—131.

139. 陆贞.国际市场营销:关注文化差异[J].企业文化旬刊,2016(6):234.

140. 〔美〕罗伯特·墨菲.文化与社会人类学引论[M].王卓君译. 北京:商务印书馆,1991.

141. 罗康隆. 人类学在社会营销和文化差异管理中的应用[J].管理学家:实践版,2012(12):56—60.

142. 罗兴飞. 论现代市场营销本质[J]. 才智,2016(9):261.

143. 罗苑晴.奢侈品牌全球化与消费主义文化——以英国奢侈品牌博柏利(Burberry)为例[J].青年与社会:上,2015(8):71—72.

144. 吕宏晶.跨境电子商务中产品定价的方法与技巧[J].对外经贸实务,2016(2):69—71.

145. 吕莲.面向市场营销战略的竞争情报研究[J].中国商贸,2011(8):49—50.

146. 吕玉明,吕庆华.电子商务对营销渠道管理的影响[J].商业研究,2013,55(6):55—60.

147. 吕著红.面向企业市场营销战略的竞争情报[J].科技信息,2011(33):472—473.

148. 马飞麟.从中西宗教差异中透视中国文化精神[J].考试周刊,2016(68):22—24.

149. 马莉,付同青.产品定价方法及其运用[J].价格月刊,2004(7):41—42.

150. 马秀英.中国民族经济政策研究[D].北京:中央民族大学,2004.

151. 〔荷兰〕迈克·费瑟斯通.消解文化——全球化、后现代主义与认同[M].杨渝东译.北京:北京大学出版社,2009.

152. 毛加兴.新媒介语境中的亚文化研究及其范式转向[J].安徽工程大学学报,2016(3):44—48.

153. 毛娜,邓开.企业营销环境分析方法创新探析[J].经营管理者,2015(12):279—280.

154. 〔美〕菲利普·科特勒(Philip Kotler). Marketing Management(营销管理)(第10版),2000,1997,1994,1991, 1988 by Prentice Hall Inc.清华大学出版社,2001:15—16

155. 门海艳,王莲芬.网络促销组合策略的优劣分析[J].企业改革与管理,2006(7):34.

156. 孟繁怡,傅慧芬.中国品牌利用文化元素改善外国消费者品牌态度的路径研究[J].外国经济与管理,2016(4):49—62.

157. 糜海波.西方消费主义文化的伦理审视[J].党政论坛,2016(2):38—41.

158. 米合热古丽·阿布地热木. 论公共关系在现代市场营销中的作用[J]. 现代商业,2013(32):137—138.

159. 牟艳洪. 少数民族地区如何发展特色经济——以云南为例[J]. 环球市场,2016(1):1—2.

160. 木丽红. 刍议少数民族地区县域特色经济发展策略[J]. 农村经济与科技,2016(4):87.

161. 纳日碧力戈. 现代背景下的族群建构[M]. 昆明:云南教育出版社,2000.

162. 倪建雯,贾珊珊,摆陆拾. 教育研究中访谈法应用技巧浅析[J]. 教育教学论坛,2016(8):76—77.

163. 倪娜. 市场营销学产品分类研究综述[J]. 外国经济与管理,2006(9):31—37.

164. 牛继舜. 网络促销的特点与实施[J]. 现代营销:学苑版,2005(6):42—43.

165. 牛文东. 电力体制改革在推动电力营销中的价值取向分析[J]. 管理观察,2015(30):63—64.

166. [美]诺曼.K.邓津. 经验资料收集与分析的方法[M]. 重庆:重庆大学出版社,2012:234.

167. 潘斌. 企业应对市场营销环境变化的对策分析[J]. 中国商论,2016(20):15—16.

168. 庞艳茹,肖宏宇. 基于SWOT分析的微信营销研究[J]. 赤峰学院学报(自然版),2015(11):124—125.

169. 彭靖里,可星,李建平. 企业技术竞争情报中的市场信号分析及实证研究[J]. 情报理论与实践,2016(1):82—87.

170. 彭靖里,谭海霞,杨斯迈. 国内竞争情报专业教育中存在问题与差距剖析[J]. 现代情报,2016(4):3—7.

171. 彭立勋. 后现代性与中国当代审美文化[J]. 学术研究,2007(9):146—151.

172. 彭兆荣,葛荣玲. 遗事物语:民族志对物的研究范式[J]. 厦门大学学报(哲学社会科学版),2009(2):58—65.

173. 彭兆荣.民族志视野中"真实性"的多种样态[J].中国社会科学,2006(2):125—138.

174. 〔美〕皮尔士.皮尔士:论符号:附李斯卡:皮尔士符号学导论[M].赵星植译.成都:四川大学出版社,2014.

175. 品牌观察报公众号.解决黑人自拍难题,出口量远超华为! 这个国产手机在非洲"闷声发大财",我们竟然都不知道![EB/OL]http://www.tuicool.com/articles/vY3ami7.2016.

176. 钱乃余.商业文化与消费文化耦合关系探微[J].商业时代,2009(14):124—126.

177. 乔东.市场营销学基础[M].上海:上海交通大学出版社,2015.

178. 秦伟.少数民族地区传媒营销管理现状与创新研究——以甘肃部分少数民族地区传媒为例[J].南京工程学院学报(社会科学版),2016(2):61—64.

179. 秦晓蕾.跨国公司的文化冲突与规避策略[J].企业改革与管理,2002(6):29—30.

180. 邱仁宗,李念."跨人文""后人文"是对人文主义的丰富吗? ——访邱仁宗院士[J].哲学分析,2016(2):152—161.

181. 邱颖俐.作为一种意识形态的消费主义——从马克思的意识形态批判理论看消费主义[D].长沙:湖南师范大学,2012.

182. 瞿明安.论象征的基本特征[J].民族研究,2007(5):56—65.

183. 曲如晓,杨修,刘杨.文化差异、贸易成本与中国文化产品出口[J].世界经济,2015(9):130—143.

184. 曲哲.我国对外贸易冲突中的竞争情报缺失——基于案例的分析[J].农业图书情报学刊,2011(1):118—121.

185. 任禹丞.试论现代市场营销观念[J].赤峰学院学报(自然版),2016(1):128—129.

186. 荣鑫,郗戈.消费文化与社会秩序的变迁[J].山东社会科学,2016(7):123—127.

187. 施正一.民族经济学导论[M].北京:民族出版社,1993.

188. 石琳.传统汉语言文化的当代语境与现代传承——兼议语言文化类

节目的文化价值[J].社会科学家,2016(6):156—160.

189. 石璐.品牌营销就是文化营销[J].企业文化,2016(4):51.

190. 石秀珠.整合营销在中国市场的实现途径探讨——从营销终点到营销起点[J].商业经济研究,2015(9):67—69.

191. 时奇,唐丁祥.大数据营销、价格歧视与技术创新[J].统计与决策,2016(14):55—58.

192. 宋春来.构建具有民族特色的文化产业研究[J].中国市场,2015(38):88—89.

193. 宋嘉琳.宏观营销环境对企业营销的影响及对策研究——以经济环境为例[J].全国商情·理论研究,2016(12):14—15.

194. 宋新平,杨阳,李保珍.市场营销员工参与市场营销竞争情报现状调查——Web 2.0下全员情报模式视角[J].情报理论与实践,2016(3):36—41.

195. 宋新平,杨阳,申彦.企业竞争情报应用现状调查与分析[J].情报理论与实践,2016(2):28—33.

196. 苏国栋.试论竞争情报与企业竞争战略[J].经营管理者,2015(2):130.

197. 苏欣,王浥渲.多种产品竞争环境中的最优定价模型[J].北京石油化工学院学报,2012(1):58—61.

198. 孙建荣.对"分类指导分类评估"提法的思考:评估目的性与评估方法论[J].现代教育管理,2008(11):33—36.

199. 孙菊剑.服装企业:满足顾客需求的竞争战略[J].销售与市场:评论版,2011(4):23—25.

200. 孙肖.人类学视野下的朝鲜族消费文化变迁[J].大连大学学报,2008(5):99—102.

201. 孙谦.电子商务营销渠道的新模式[J].环球市场信息导报,2016(13):11.

202. 孙谦.网络环境下营销渠道冲突及应对策略研究[J].商情,2016(29):152.

203. 孙世权.文化身份:跨文化商务沟通研究新视角[J].社会科学家,2014(6):156—160.

204. 孙信茹.经济人类学视域中的广告[J].思想战线,2010(2):135—136.

205. 孙信茹.人类学视野下的民族文化产业与广告运用分析[J].当代月刊,2012(4):65—68.

206. 孙阳,李毓彩.国际投标定价策略及其应用[J].价格理论与实践,1988(4):25—28.

207. 孙艺风.翻译与跨文化交际策略[J].中国翻译,2012(1):16—23.

208. 汤彦俊.http://mt.sohu.com/20160123/n435621792.shtml,2016—1—4.

209. 〔美〕特纳,潘大渭.象征互动论的"理论"结构问题[J].国外社会科学文摘,1987(8):34—37.

210. 田广,〔美〕丹·特罗特,邵欢.人类学在商务研究中的适应性——以南方某大学餐饮服务为例[J].民族论坛,2014(3):35—43.

211. 田广,刘拉雅,刘瑜.汕头老字号餐饮品牌发展轨迹与问题——基于一项工商民族志的调查研究[J].民族论坛,2015(9):36—45.

212. 田广,刘瑜,汪一帆.质性研究与管理学科建设:基于工商人类学的思考[J].管理学报,2015(1):1—10.

213. 田广,汪一帆.网络营销中的跨文化因素[J].北方民族大学学报,2014(1):97—103.

214. 田广,肖增婷,陈艳芳,等.对社会营销组合策略的人类学思考[J].经济研究导刊,2012(16):176—178.

215. 田广,周大鸣.工商人类学通论[M].北京:中国财政经济出版社,2013.

216. 田广,周大鸣.中国需要工商人类学[J].民族论坛,2013(6):5—8.

217. 田广,戴琴琴,綦晓光.关于国家经营的战略思考:基于对泛市场化思潮的批判[J].石家庄经济学院学报,2012(2):92—95.

218. 田广,戴琴琴.泛市场化批判[M].北京:中国财政经济出版社,2012.

219. 田广,刘瑜,汪一帆.质性研究与管理学科建设:基于工商人类的思考[J].管理学报,2015(12):1—10.

220. 田广,邵欢.产品设计与企业人类学[J].杭州师范大学学报:社会科学版,2014(4):83—89.

221. 田广,邵欢.跨文化与跨民族市场营销的人类学思考[J].河北经贸大学学报:综合版,2014(2):5—10.

222. 田广,朱腾腾.产品设计的工商人类学路径[J].青海民族研究,2014(1):7—11.

223. 田广.工商人类学与文化差异管理[J].青海民族研究,2013(3):1—9.

224. 田广.工商人类学的兴起及应用[J].管理学家:实践版,2012(12):39—48.

225. 田广.企业家研究的人类学模式与路径[J].北方民族大学学报:哲学社会科学版,2015(3):88—97.

226. 田广.人类学视角下的市场与市场营销[J].青海民族研究,2016(3):39—42.

227. 田甲丙.民族志书写的自反性与真实性[J].西北民族大学学报:哲学社会科学版,2010(4):79—86.

228. 童泽林,黄静,张欣瑞,等.企业家公德和私德行为的消费者反应:差序格局的文化影响[J].管理世界,2015(4):103—111.

229. 〔美〕瓦尔纳,孙汇琪.象征互动论简介[J].国外社会科学文摘,1985(7):45—55.

230. 汪清囡.跨文化营销的风险及对策[J].价格月刊,2007(6):72—74.

231. 汪媛.现代仪式性消费行为研究——从传播的仪式观视角[J].法制与经济,2015(11):103—105.

232. 汪长江.市场营销战略研究:分析、规划、实施与控制[M].上海:上海交通大学出版社,2015.

233. 王朝辉,沙振权,程瑜.到"实地"去:营销问题的人类学视角分析[J].营销科学学报,2011(4):72—86.

234. 王凡.透过《菊与刀》看露丝·本尼迪克特的文化模式理论[J].长治学院学报,2015(4):30—33.

235. 王海萍.营销视角的在线粘性研究述评[J].生产力研究,2013(6):190—191.

236. 王沪宁.作为国家实力的文化:软权力[J].复旦学报(社会科学版),

1993(3):91—96.

237. 王基道.销售管理三驾马车[M].北京:经济管理出版社,2016.

238. 王晶超,陈艳梅.我国少数民族地区发展旅游业的优势[J].对外经贸,2015(3):103—104.

239. 王涓.试论广告与跨文化营销[J].时代经贸旬刊,2007(5Z):18—19.

240. 王来伟.跨文化交际中的跨国公司营销策略[J].中外企业家,2016(6):55—56.

241. 王丽娟.新经济时代混合营销策略分析[J].商业经济研究,2013(2):29—30.

242. 王丽萍.试论滇藏茶马古道文化遗产廊道的构建[J].贵州民族研究,2009(4):61—65.

243. 王玲.定性研究方法之焦点小组简析[J].戏剧之家,2016(13):258—259.

244. 王鲁妹.跨文化交际中的"行为定型"研究[D].北京:首都师范大学,2014.

245. 王璐.浅谈现代市场营销的本质[J].吕梁教育学院学报,2015(2):28—29.

246. 王南湜,侯振武.文化自觉、文化自信、文化自强何以可能 [J].毛泽东邓小平理论研究,2011(08):16—17—75.

247. 王朋.习惯性或忠诚性购买行为下的新产品扩散[J].科研管理,2004(5):12—17.

248. 王平.两类基层社会服务NGO的组织社会资本研究——基于组织民族志的发现[J].社会学,2011(2):12—22.

249. 王蓉晖.促销理论在高校招生宣传中的应用[J].黑龙江高教研究,2006(9):59—61.

250. 王淑芹.市场营销价值观探析[J].中国工业经济,2000(4):70—73.

251. 王素玲.如何有效降低企业产品成本[J].当代经济,2016(9):68—69.

252. 王彤.电商平台针对消费者需求的营销策略分析研究[J].经济管理(文摘版),2016(8):170.

253. 王维. 跨文化营销的挑战与对策[J]. 市场周刊,2015(9):62—63.

254. 王玮婧. 市场营销与项目管理融合对策分析[J]. 时代报告, 2016(16):229.

255. 王晓毅. 反思的发展与少数民族地区反贫困——基于滇西北和贵州的案例研究[J]. 中国农业大学学报社会科学版, 2015(4):5—14.

256. 王兴周. 人类学方法在市场研究中的应用[J]. 广西民族大学学报哲学社会科学版, 2006(5):44—49.

257. 王燕妮. 城市化进程中民俗文化变迁研究[D]. 武汉:华中师范大学, 2013.

258. 王洋平,王艳. 消费者行为因素与广告传播关系思考[J]. 商,2016(15):215.

259. 王月辉,杨子卿. 我国市场的品牌竞争态势与民族品牌竞争对策研究[J]. 北京理工大学学报(社会科学版),2001(3):30—33.

260. 王长征. 从消费文化的变迁看后现代营销的整合[J]. 外国经济与管理, 2006, 28(1):46—53.

261. 王宗水,赵红,秦绪中. 我国家用汽车顾客感知价值及提升策略研究[J]. 中国管理科学,2016(2):125—133.

262. 韦韬. 基于跨语言信息检索技术的商业情报分析平台[J]. 电子科学技术,2016(1):86—91.

263. 魏然. 互联网语境下的国际广告前沿理论综述:解析网络媒体对国际广告全球化和本土化的双重影响[J]. 新闻大学, 2016(2):69—75.

264. 温娜. 多屏时代及其消费者行为分析[J]. 宜春学院学报,2016(4):49—53

265. 吴敬. 浅析网络营销组合策略[J]. 商场现代化, 2006(8):98—99.

266. 吴俊辉. 媒介技术的变迁及对消费文化的影响[D]. 哈尔滨:哈尔滨师范大学.2016.

267. 吴凯雷. 广告促销在近代中国企业的运用[J]. 魅力中国,2016(1):72—73.

268. 吴倩. 旅游产品销售渠道结构选择与协调研究[D]. 郑州:河南农业大学, 2015.

269. 吴婷婷.田野调查方法在少数民族艺术史研究中的实践[J].中国民族博览,2016(2):5—6.

270. 吴毅,吴刚,马颂歌.扎根理论的起源、流派与应用方法述评——基于工作场所学习的案例分析[J].远程教育杂志,2016(3):32—41.

271. 夏维力,姜继娇.项目管理在组织市场调研中的应用初探[J].西北工业大学学报:社会科学版,2002(2):21—24.

272. 肖康鹏.从国际角度谈文化差异对产品营销的影响[J].统计与管理,2014(4):132—133.

273. 徐丹.从网络消费者行为看电商营销策略的转变[J].现代经济信息,2015(19):309.

274. 徐凤增,孙秀华,李生柱.酒店民族品牌命名中的传统文化元素分析[J].民俗研究,2016(4):143—160.

275. 徐天宇,孙松,胡警元,等.公共关系在市场营销活动过程中的应用研究[J].经济管理(文摘版),2016(2):142.

276. 徐小强.生产消费型社会下企业公共关系发展新趋势探析[J].中国市场,2014(20):19—21.

277. 许昌达.网络用户行为的多维度分析方法[D].北京:北京理工大学,2015.

278. 许美峰,全龙七.浅析民族文化差异对民族地区营销的影响及应对措施——以延边朝鲜族自治州为例[J].对外经贸,2013(2):130—132.

279. 许文虎,宋富宽,许自翔,等.大数据背景下金融业增加值核算方法的应用与研究[J].华北金融,2016(4):33—36.

280. 〔美〕宣伟伯(Schramm),余也鲁.传媒信息与人[M].北京:中国展望出版社,1985.

281. 阎明."差序格局"探源[J].社会学研究,2016(5):189—214.

282. 杨春.论中西价值观念差异引起的跨文化交际障碍[J].边疆经济与文化,2016(7):46—47.

283. 杨鼎新,石葆龄.跨文化市场营销研究的几个基本问题[J].开发研究,2003(5):63—66.

284. 杨丽,朱小燕.四川省少数民族地区产业集群发展问题及制约因素分析[J].经营管理者,2015(2Z):182—183.

285. 杨姗.浅析符号消费对消费者身份的建构作用[J].商,2016(20):135—136.

286. 杨庭硕.相际经营原理[M].贵州:贵州民族出版社,1995.

287. 杨崴.如何提升我国民族品牌核心价值[J].商业研究,2007(5):148—150.

288. 杨汶.让民族文化融入世界市场——浅谈文化与营销[J].科技情报开发与经济,2007(33):120—122.

289. 杨雪.消费文化与市场营销的后现代解析[J].江苏商论,2007(1):36—38.

290. 杨衍江.顾客感知价值与旅游景区商品价格策略的抉择[J].价格月刊,2016(7):63—66.

291. 杨盈,庄恩平.构建外语教学跨文化交际能力框架[J].外国语,2007(8):13—21.

292. 姚金戈.彩民群体消费行为的人类学探析[D].长春:吉林大学,2014.

293. 叶皓.走向"国际传播"的公共外交新理念[R].中国社会科学报.2015—4—10.

294. 叶全胜.浅论中小企业营销渠道管理[J].企业技术开发:学术版,2007(3):81—83.

295. 游涛.文化产品隐性价值评价研究[D].北京:燕山大学,2012.

296. 有林.马克思的劳动价值理论[M].北京:经济科学出版社,1988.

297. 于海涛.网络环境中营销组合战略的应用[J].东北财经大学学报,2005(3):56—57.

298. 于露.浅谈市场调研技术在我国营销行业的缺失[J].才智,2016(21):231.

299. 余佳.文化产品价值探讨[J].商场现代化,2011(3):138—139.

300. 袁少芬.民族文化与经济互动[M].北京:民族出版社,2004.

301. 袁月.基于价值观差异的跨文化营销研究[J].中国商论,2015(10):6—7.

302. 翟紫含,付军.西部少数民族地区农村生活能源消费特征——基于四川凉山州住户调查数据的分析[J].资源科学,2016(4):622—630.

303. 张闯,张涛,庄贵军.渠道权力应用、冲突与合作:营销渠道网络结构嵌入的影响[J].商业经济与管理,2015(2):57—67.

304. 张春辉.国际市场营销中跨文化策略应用理论和实践研究——以德国克诺尔集团在华销售液压制动产品为例[D].石家庄:河北经贸大学,2016.

305. 张春平.议价能力对企业绩效的影响研究[J].河北企业,2016(7):6—8.

306. 张冬梅.基于民族文化的民族经济发展研究[J].中央民族大学学报哲学社会科学版,2009(6):22—26.

307. 张刚刚.促销广告提升品牌影响力的秘诀[J].现代营销,2009(9):65.

308. 张机,徐红罡.民族餐馆里的主客互动过程研究——以丽江白沙村为例[J].旅游学刊,2016(2):97—108.

309. 张继焦.构建有效的分销渠道[J].北京工商,2001(7):27.

310. 张继焦.企业人类学:作为一门世界性的前沿学科[J].杭州师范大学学报社会科学版,2014(4):71—82.

311. 张继焦.企业人类学的创新视角:老字号的研究现状、现实意义和学术价值[J].创新,2015(9):11—16.

312. 张建.后现代消费社会身体的走向[J].长春工业大学学报(社会科学版),2009(2):16—18.

313. 张孟才,刘亚娟.网络营销渠道的竞争优势及瓶颈[J].当代经济,2008(22):58.

314. 张萍.跨文化营销进入战略研究[J].时代金融,2016(12):272—273.

315. 张庆元.社会学视角下——健身俱乐部消费者行为分析[J].教育科学(引文版),2016(10):23.

316. 张态娴.企业微博营销SWOT分析及营销策略探究[J].现代营销:学苑版,2011(10):67—69.

317. 张晓桦.我国竞争情报学术生态系统的特征分析与热点透视[J].现代情报,2016(1):148—152.

318. 张晓佳.文化建构下的民族志权威[J].湖北民族学院学报哲学社会科学版,2014(6):30—33.

319. 张新锐,张志乔.快速消费品的营销渠道管理[J].企业经济,2004(8):37—38.

320. 张雪."社会调查研究方法"课程参与式研究型教学模式[J].才智,2015(17):175.

321. 张雪艳.民族志视野与转型期汉族作家跨族文学研究[J].西南民族大学学报(人文社科版),2016(5):189—195.

322. 张燚,刘进平,张锐,等.中国人国货意识淡漠的影响因素模型及其引导策略——基于扎根理论的探索性研究[J].兰州学刊,2016(5):181—195.

323. 张银普,骆南峰,石伟.经验取样法——一种收集"真实"数据的新方法[J].心理科学进展,2016(2):305—316.

324. 张勇,古明明.社会和经济发展中的文化因素[J].经济问题探索,2008,(1):22—26.

325. 张云霞,李信,陈毅文.在线客户粘性研究综述[J].人类工效学,2015(4):77—82.

326. 张占涛.公共关系在市场营销中的重要性[J].中国商贸,2011(33):30—31.

327. 赵保国,胡梓娴.网络促销方式对消费者购买意愿的影响机制研究[J].北京邮电大学学报(社会科学版),2016(2):31—38.

328. 赵津晶.论我国商业广告中消费主义文化的生成——消费主义观念的商业广告符号象征意义的开发[J].现代传播:中国传媒大学学报,2013(11):104—107.

329. 赵永昌.重视非经济因素对民族经济发展的影响[N].文山日报,2010年9月3日,B3版.

330. 赵正龙.基于复杂社会网络的创新扩散模型研究[D].上海:上海交通大学,2008.

331. 赵忠义.需求导向的航空货运定价策略[J].科教导刊:电子版,2016(8):135—136.

332. 郑少华.探究式教学法在消费者行为学教学中的应用[J].管理观察,

2016(6):140—142.

333. 中国电子商务研究中心.http://b2b.toocle.com/detail——6369533.html.2016.

334. 中国物流发展报告(2013—2014)[R].中国物流与采购联合会,中国物流学会,2014,PH.

335. 中商情报网.http://www.askci.com/news/chanye/2016/02/29/1525505vmc.shtml.2016-2-29.

336. 钟敏.渠道关系理论前沿与文献述评[J].中国乡镇企业会计,2015(12):13—14.

337. 周大鸣.现代都市人类学[M].广州:中山大学出版社,1997.

338. 周大鸣.序言//田广,罗康隆.经济人类学[M].银川:宁夏人民出版社,2013.

339. 周麟欣,马英杰.论文化产品的溢价控制[J].黑河学刊,2015(9):30—32.

340. 周相卿,史伟灿.洛香村侗族习惯法田野调查民族志[J].甘肃政法学院学报,2016(2):38—46.

341. 周艳红,刘仓.从费孝通的"文化自觉"到习近平的"文化自信"[J].广西社会科学,2016(9):193—197.

342. 朱洪明,胡田贵.少数民族地区资源开发与经济发展问题探讨[J].软科学,1991(3):32—38.

343. 朱欢.分销渠道管理——分销渠道的现状[J].销售与市场:商学院,2014(9):42—45.

344. 朱继东.试论公共关系学的产生及发展[J].社会科学,1986(8):65—67.

345. 朱思文,占学兵.试论认知价值定价法在产品定价中的运用[J].湖南财政经济学院学报,2011(3):155—157.

346. 朱文豪.现代市场营销中的语言运用策略探讨[J].中国商论,2016(5):16—18.

347. 庄贵军,周筱莲.电子网络环境下的营销渠道管理[J].管理学报,2006(4):443—449.

348. 庄贵军,周筱莲.权力、冲突与合作:中国工商企业之间渠道行为的实证研究[J].管理世界, 2002(3):117—124.

349. 庄贵军. 权力、冲突与合作:西方的渠道行为理论[J].北京工商大学学报(社会科学版), 2000(1):8—11.

350. Aaker, J.L, Maheswaran, D. The effect of cultural orientation on persuasion[J]. Journal of consumer research,1997(3): 315-328.

351. Abramson, J. and Hollingshead C. Marketing on the Internet:Providing Consumer Satisfaction[J]. Journal of Internet Marketing, 2009 (1):25-33.

352. Agnihotri R, Dingus R, Hu M Y, et al. Social media: Influencing customer satisfaction in B2B sales[J]. Industrial Marketing Management, 2016 (53): 72-180.

353. Alan S.M. "How Agencies Can Use Anthropology in Advertising," [J]. Advertising Agency,1956(3):87-91.

354. Alden, D.L, Steenkamp, J.B.E.M, Batra, R. Brand positioning through advertising in Asia, North America and Europe: The role of global consumer culture[J].The Journal of Marketing,1999(63): 75-87.

355. Allaire, Y. & Firsirotu, M. E. Theories of organizational culture. Organizational Studies, 1984(5):193-226.

356. Anderson P M, He X. Consumer behavior in East/West cultures: Implications for marketing a consumer durable [ C ]. Proceedings of the 1996 Multicultural Marketing Conference. NY:Springer International Publishing, 2015.

357. Anderson R, Guerreiro M, Smith J. Are All Biases Bad? Collaborative Grounded Theory in Developmental Evaluation of Education Policy[J]. Journal of MultiDisciplinary Evaluation, 2016(27): 44-57.

358. Andretreasen, A.R. Challenges for the Science and Practice of Social Marketing. in M.Goldberg, M.Fishbein&S.Middlestadt(Eds), Social Marketing: Theoretical and Practical Perspectives[M].Mahwah,NJ:Lawrence Erlbaum Associates,1997.

359. Anker T B, Sparks L, Moutinho L, et al. Consumer dominant value creation: a theoretical response to the recent call for a consumer dominant logic for

marketing[J]. European Journal of Marketing, 2015(3/4): 532-560.

360. Arensberg C M. Trade and Market in the Early Empires: Economies in History and Theory, Edited by Karl Polanyi, Conrad M. Arensberg and Harry W. Pearson[M]. NY:Free Press, 1957.

361. Armitage S, Swallow V, Kolehmainen N. Ingredients and change processes in occupational therapy for children: a grounded theory study[J]. Scandinavian Journal of Occupational Therapy, 2016(3): 1-6.

362. Arnould E and Thompson C. Consumer culture theory (CCT): Twenty years of research[J].Journal of Consumer Research,2005(4):868-882.

363. Arnould, E. and Rrice, L. Market-oriented ethnography revisited[J]. Journal of Advertising Research, 2006(3):251-62.

364. Arnould, E. and Wallendorf, M. Market-oriented ethnography: interpretation building and marketing strategy formulation[J]. Journal of Marketing Research,1994(4):484-504.

365. Arunthanes W., Tansuhaj P.& Lemak,D. Cross -cultural Business Gift Giving:A New Conceptualization and Theoretical Framework[J].International Marketing Review,1994(4):44-55.

366. Attaway, Morris, C Sr. A review of issues related to gathering and assessing competitive intelligence [J]. American Business Review, 1998(1): 25.

367. Awoniyi M A. The Emergence of Common Market in West Africa: An Examination of Cross Culture and Ethnographic Marketing System of Alaba International Market, Lagos-Nigeria[J]. American Journal of Industrial and Business Management, 2016(2): 136.

368. Bakan J. Social marketing: thoughts from an empathetic outsider[J]. Journal of Marketing Management, 2016(3):1183-1189.

369. Baker T S, Freeman D. Margaret Mead and Samoa: The Making and Unmaking of an Anthropological Myth[J]. Human Biology,1984(57):402-404.

370. Bandiwadekar D. Internet marketing: International marketing using trading portals and search engines[J]. Marketing Educator, 2002(2).

371. Bandyopadhyay, S. & Robicheaux, R.The Impact of the Cultural Envi-

ronment on Inter firm Communications[J]. Journal of Marketing Channels. 1993 (2):59-82.

372. Barberis N, Greenwood R, Jin L, et al. X-CAPM: An extrapolative capital asset pricing model[J]. Journal of Financial Economics, 2015(1): 1-24.

373. Barrios A, Piacentini M.G and Salciuviene L.Your life when you've got everything is different: Forced transformations and consumption practices [A]. Russell W. Belk,Askegaard S and Scott L(Eds.).Research in consumer behavior [C].Bradford UK:Emerald, 2012(14):129-149.

374. Barsalou L.W. On staying grounded and avoiding quixotic dead ends[J]. Psychonomic bulletin & review, 2016(4):1122-1142.

375. Baudrillard J. For a Critique of the political Economy of the Sign[M]. New York: Telos Press,1981.

376. Beals, R.L. & Hoijer, H. An introduction to Anthropology[M].New York: Macmillan.1953.

377. Belk, Russell W. Wallendorf M, Sherry J F. The sacred and the profane in consumer behavior: Theodicy on the odyssey[J]. Journal of consumer research, 1989(1): 1-38.

378. Belk, Russell W. Situational variables and consumer behavior[J]. Journal of Consumer research, 1975(3): 157-164.

379. Belk, Russell W. The role of the Odyssey in consumer behavior and in consumer research[J]. NA-Advances in Consumer Research, 1987(4):357-361.

380. Belk, Russell W. Possessions and extended self[J]. Journal of Consumer Research, 1988(2):139-67.

381. Bell D. The cultural contradictions of capitalism[J].Journal of Aesthetic Educction, 1972(6):11-38.

382. Bennett, P.D. Dictionary of Marketing Terms [M].Chicago, IL: American Marketing Association,1995.

383. Berghe P.L.Van den, Keyes C.F. Introduction tourism and recreated ethnicity[J]. Annals of Tourism Research, 1984(3):343-352.

384. Berk M, Spacková O, Straub D. Design flood estimation in ungauged ba-

sins: probabilistic extension of the design-storm concept[C]. EGU General Assembly Conference Abstracts. 2016(18): 1520.

385. Blenkhorn D L. Competitive Inteeligence and Global Business[M]. New York:Greenwood Publishing Group, 2005.

386. Blenkhorn, D and Fleisher, C. Teaching CI to Three Diverse Groups: Undergraduates, MBAs and Executives [J]. Competitive Intelligence Magazine, 2003(4): 17-20.

387. Bradford T.W, Grier S. A and Henderson G. R.Gifts and gifting in online communities[A]. Russell W. Belk.Askegaard S and Scott L(Eds.).Research in consumer behavior[C].Bradford UK:Emerald, 2012(14):29-46.

388. Bristow D.N, Mowen J.C, Krieger R.H. The quality lens model: A marketing tool for improving channel relationships[C]. Proceedings of the 1994 Academy of Marketing Science (AMS) Annual Conference. NY:Springer International Publishing, 2015.

389. Brown C. Social Marketing and Applied Anthropology: A Practitioner's View of the Similarities and Differences Between Two Research-Driven Disciplines [J]. Practicing Anthropology in the South, 1997(30): 54.

390. Brunso, K.& Grunet, K.Cross -cultural Similarities and Differences in Shopping for Food[J]. Journal of Business Research,1998(2):145-150.

391. Bryman, A. and Bell, E. Business Rese4arch Methods[M]. Oxford: Oxford University Press, 2007.

392. Burgoon J K, Guerrero L K, Floyd K. Nonverbal communication[M]. London:Routledge, 2016.

393. Calof, J.L. So you want to go international? What information do you need and where will you get it? [J]. Competitive Intelligence Review, 1997(4): 19-29.

394. Cannon H M, Morgan F W. A strategic pricing framework[J]. Journal of Services Marketing, 1990(2): 19-30.

395. Cardinale B J, Matulich K L, Hooper D U, et al. The functional role of producer diversity in ecosystems[J]. American journal of botany, 2011(3): 572-592.

396. Carrier, J. G. (Ed.) A Handbook of Economic Anthropology [M]. Northampton, MA: Edward Elgar, 2005.

397. Chapin N. E-Commerce Concerns: Do We Need to Change Some Systems? [M].Hinghan, MA: Kluwer Academic Publishers, 2003.

398. Charles W. "Status, Shoe, and the Life Cycle"[J]. Boot and Shoe Recorder, 1959(15):100-202.

399. Charles W. Anthropology's Contributions to Marketing[J]. Journal of Marketing, 1961(2):53-60.

400. Charles W. Taste and the Censor In Television [M]. New York: Fund For the Republic, 1959.

401. Chattaraman V, Lennon, S.J.Ethnic identity, consumption of cultural apparel and self-perceptions of ethnic consumers[J]. Journal of Fashion Marketing and Management,2008(4): 518-531.

402. Chen Y, Zheng X, Tong X. The Export of Hangzhou's Cultural and Creative Products (Services) and Its Development Overseas [M] Transactions on Edutainment XI. Springer Berlin Heidelberg, 2015.

403. Choi Y, Huang Y, Sternquist B. The effects of the salesperson's characteristics on buyer-seller relationships[J]. Journal of Business & Industrial Marketing, 2015(5): 616-625.

404. Chon K S. Traveler destination image modification process and its marketing implications [C] Proceedings of the 1990 Academy of Marketing Science (AMS) Annual Conference. NY: Springer International Publishing, 2015.

405. Clarke D. Theorising the role of cultural products in cultural diplomacy from a cultural studies perspective [J]. International journal of cultural policy, 2016(2): 147-163.

406. Cleveland M, Laroche M, Papadopoulos N. Global Consumer Culture and Local Identity as Drivers of Materialism: An International Study of Convergence and Divergence[M]. Switzerland: Springer International Publishing, 2016.

407. Coase, R. The Firm, the Market, and the Law[M]. Chicago: University of Chicago Press, 1988.

408. Comparison of TV Commercial Expressions Among Thailand, Singapore, United States, and Japan[C]Proceedings of the 1998 Multicultural Marketing Conference. Springer International Publishing, 2015.

409. Czinkota, M., Ronkainen, I, Tarrant J. The Global Marketing Imperative[M]. Lincolnwood, Illinois: NTC Business Books, 1995.

410. Deshpande, R, Stayman, D. A tale of two cities: distinctiveness theory and advertising effectiveness [J]. Journal of Marketing Research, 1994 (31):57-64.

411. Douglas, M, Baron, I. The World of Goods: towards an anthropology of consumption[M].New York: Basic Books, 1979.

412. Douglas, S. & Craig, C. Global Marketing Strategy[M]. NY: McGraw-Hill, 1995.

413. Durgee, J.F. How consumer sub-cultures code reality: a look at some code types[J]. NA-Advances in Consumer Research,1986(13):332-337.

414. El-Ansary A I. Towards a definition of social and socital marketing [J]. Journal of the Academy of Marketing Science, 1974(2): 316-321.

415. Eliot D. Chapple. "The Interaction Chronograph" [J].Personnel , 1949 (3):295-307.

416. Erikson,Paul A. and Liam D. Murphy. A History of Anthropological Theory[M]. Ontario: Broadview Press,2003.

417. Firat A.F and Venkatesh A. Liberatory postmodernism and the reenchantment of consumption[J]. Journal of Consumer Research, 1995(22): 239- 267.

418. Fazier G.L, Antia,K.D. Exchange Relationship and Interfirm Power in Channels of Distribution[J]. Journal of the Academy of Marketillg Science,1995 (4):321—326.

419. Fehringer, D. and Hohhof, B (Eds).Competitive intelligence ethics: Navigating the gray zone[M]. Alexandria:Competitive Intelligence Foundation, 2006.

420. Feiler, G. Middle East CI sources: problems and solutions[J]. Competitive intelligence review, 1999(2): 46-51.

421. Fennis B.M, Stroebe W. The psychology of advertising[M]. Denmark:

Psychology Press, 2015.

422. Ferraro, Gary P. The Cultural Dimension of International Business[M]. Upper Saddle River, NJ: Pearson Prentice Hall, 2006.

423. Fikentscher W. Market anthropology and global trade [J]. The Gruter Institute Working Papers on Law, Economics, and Evolutionary Biology, 2001(1): 4.

424. Fine, G. A. Ten lies of ethnography[J]. Journal of Contemporary Ethnography, 1993(3): 267-294.

425. Fleisher, C.S. and David, B. Controversies in Competitive Intelligence: The Enduring Issues[M]. New York: Praeger, 2003.

426. Fleisher, C. S. Competitive intelligence education: competencies, sources, and trends[J]. Information Management, 2004(2): 56.

427. Forcefulness in Advertising: A Comparison of Hong Kong Chinese Bilinguals and Anglo Canadians[C] Proceedings of the 1998 Multicultural Marketing Conference. NY:Springer International Publishing, 2015.

428. Fuchs C. Culture and economy in the age of social media[M]. London: Routledge, 2015.

429. Fuld L M. Competitor intelligence: how to get it, how to use it [M]. Hoboken: John Wiley & Sons Inc, 1985.

430. Galvin, R.H. Competitive Intelligence at Motorola [J]. Competitive Intelligence Review, 1997(1):3-6.

431. Gannon, M. J. Understanding Global Cultures: Metaphorical Journeys through 17 Countries[M]. Thousand Oaks, CA: Sage, 1993.

432. Geertz, C. The interpretation of cultures: Selected essays [M]. NY: Basic books, 1973.

433. Gell, A. The Market Wheel: Symbolic Aspects of an Indian Tribal market[J]. Man, 1982(17): 470-491.

434. Gesteland, R. Cross -Cultural Business Behavior[M].Handelsh Jskolens Forlag:Copenhagen Business School Press, 1996.

435. Gilad, B, Herring, J. CI Certification - Do We Need It? [J]. Competitive Intelligence Magazine, 2001(2): 28-31.

436. Gilad, B. The Future of Competitive Intelligence: Contest for the Profession's Soul[J].Competitive Intelligence Magazine, 2008(5):22.

437. Gillard, Bucchia D. When online recycling enable givers escape the tensions of the gift economy[A].Russell W. Belk Askegaard S and Scott L(Eds.).Research in consumer behavior[C].Bradford UK:Emerald, 2012(14):47-65.

438. Giovannini, M. & Rosansky, L. Anthropology and Management Consulting: Forging a New Alliance[M]. Hoboken, NJ: Wiley-Blackwell, The American Anthropological Association, 1991.

439. Goffman E. Asylums: Essays on the social situation of mental patients and other inmates[M]. NY:AldineTransaction, 1968.

440. Goffman E. Interaction ritual: Essays in face to face behavior [M]. Piscataway:Aldine Transaction, 2005.

441. Goldman A. Adoption of supermarket shopping in a developing country: The selective adoption phenomenon [J]. European Journal of Marketing, 1982 (1): 17-26.

442. Gordon, I. Beat the competition: How to use competitive intelligence to develop winning business strategies [M]. Oxford: B. Blackwell, 1989.

443. Griffith, D. & Ryans Jr. J. Strategically Employing Natural Channels in an Era of Global Marketing[J]. Journal of Marketing Practice: Applied Marketing Science, 1995(4):52-72.

444. Griffith, D. Cultural Meaning of Retail Institutions: A Tradition-Based Culture Examination [J]. Journal of Global Marketing, 1998(1): 47-59.

445. Groeger, L, Moroko, L, Hollebeek, L.D. Capturing value from non-paying consumers' engagement behaviours: Field evidence and development of a theoretical model [J].Journal of Strategic Marketing,2016(3): 190-209.

446. Gronroos C. A service quality model and its marketing implications [J]. European Journal of marketing, 1984(4): 36-44.

447. Gudeman, S. The Anthropology of Economy [M]. Malden, MA: Blackwell Publishing, 2001.

448. Gulbro, R.D, Herbig, P. Cultural differences encountered by firms when ne-

gotiating internationally[J].Industrial Management & Data Systems, 1999(2): 47-53.

449. Gwynne, M. Applied Anthropology: A Career-Oriented Approach [M]. Boston, MA: Pearson Education, Inc, 2003.

450. Hall E T. Beyond culture [M]. NY:Anchor, 1989.

451. Hall, E. T. Beyond Culture [M]. NY: Anchor Press-Doubleday, 1976.

452. Hamada, T. & Jordan A. Cross-Cultural Management and Organizational Culture [M]. Williamsburg, VA: College of William and Mary, 1990.

453. Hamilton, D. Institutional Economics and Consumption [J]. Journal of Economic Issues, 1987(4):1541.

454. Han, S.P, Shavitt, S. Persuasion and culture: Advertising appeals in individualistic and collectivistic societies [J]. Journal of experimental social psychology, 1994(4): 326-350.

455. Harris, P. & Moran, R. Managing Cultural Differences [M]. Houston, TX: Gulf, 1987.

456. Hense C, McFerran K.S. Toward a Critical Grounded Theory[J]. Qualitative Research Journal, 2016(4):1-27.

457. Hofstede, G. Culture's Consequences: International Differences in Work -Related Values [M]. Newbury Park, CA: Sage, 1980.

458. Hofstede, G. Cultures Consequences: International Differences in Work-related values [M]. London: Beverly Hills,1984.

459. Hofstede, G. Cultural Consequences[M].Newbury Park, CA: Sage Publications, 1980.

460. Hollensen S. Marketing management: A relationship approach[M]. NY: Pearson Education, 2015.

461. Holt, D. Does Cultural Capital Structure American Consumption[J]. Journal of Consumer Research, 1998(2): 1-25.

462. Hooton E A. A survey in seating[M]. NY:Harvard University, Department of Anthropolgy, Statistical Laboratories, 1945.

463. Horace Miner, St. Denis, Everett C. Hughes, French Canada In Transition [M]. Chicago:University of Chicago Press,1943.

464. Hottois G. Ethique et technoscience: entre humanisme et évolutionnisme [M]. Paris:Librarie Philosophique J. Vrin,1987.

465. Hu N, Pavlou P.A, Zhang J. On Self-Selection Biases in Online Product Reviews[J]. Management Information Systems Quarterly, 2016. ;from [EB/OL].http://misq. org/skin/frontend/default/misq/pdf/Abstracts/13197_RA_HuAbstract. pdf,accessed in April.2017.

466. Hudson S, Huang L, Roth M.S, et al. The influence of social media interactions on consumer – brand relationships: A three-country study of brand perceptions and marketing behaviors [J]. International Journal of Research in Marketing, 2016(1): 27-41.

467. Hunt S.D, Vitell S. A general theory of marketing ethics [J]. Journal of macromarketing, 1986(1): 5-16.

468. Hutton J.G. The Critical Link Between Corporate Culture and Marketing: a Humanistic Perspective [C] Proceedings of the 1996 Academy of Marketing Science (AMS) Annual Conference. Springer International Publishing, 2015.

469. Ingenbleek P, Frambach R T, Verhallen T M M. Best practices for new product pricing: Impact on market performance and price level under different conditions [J]. Journal of Product Innovation Management, 2013(3): 560-573.

470. Richardson J and Alfred L. Kroeber, Three Centuries of Women's Dress Fashions [M]. Berkeley:University of California Press, 1940.

471. Jap S.D, Ganesan S. Control mechanisms and the relationship life cycle: Implications for safeguarding specific investments and developing commitment [J]. Journal of marketing research, 2000(2): 227-245.

472. Gillin J, "The Application of Anthropological Knowledge to Modern Mass Society [J]. Human Organization, 1957(4):24-30.

473. Jordan A. Business Anthropology [M]. Prospect Heights, IL: Waveland Press, 2003.

474. Joseph S. Nye Jr.The Changing Nature of World Power [J]. Political Science Quarterly,1990(2):177-192.

475. Kahaner, L. Competitive Intelligence [M]. New York: Simon & Schus-

ter, 1997.

476. Kaidonis M, Moerman L, Rudkin K. Research in accounting and finance: Paradigm, paralysis, paradox[C]Accounting Forum. Elsevier, 2009(4): 263-267.

477. Keesing, R. Theories of culture[J]. Annual Review of Anthropology, 1974(3):73-97.

478. Keh H T, Sun J. The complexities of perceived risk in cross-cultural services marketing [J]. Journal of International Marketing, 2008 (1): 120-146.

479. Klatzky, Roberta L, Susan J Lederman, and Dana E Matula. Imagined hepatic exploration in judgments of object properties[J].Journal of Experimental Psychology: Learning, Memory and Cognition,1991(3): 314 -322.

480. Kliatchko, J.Revisiting the IMC construct: a revised definition and four pillars [J]. International Journal of Advertising, 2008(1): 60-133.

481. Kotler P, Armstrong G. Principles of marketing [M]. NY: Pearson Education, 2010.

482. Kotler P. Principles of marketing [M]. Delhi:Pearson Education India, 2008.

483. Kozinets R.V. Utopian enterprise: articulating the meanings of Star Treks culture of consumption[J].Journal of Consumer Research,2001(1):67-88.

484. Kozlenkova I.V, Hult G T M, Lund D J, et al. The role of marketing channels in supply chain management [J]. Journal of Retailing, 2015(4): 586-609.

485. Krafft M, Goetz O, Mantrala M, et al. The evolution of marketing channel research domains and methodologies: an integrative review and future directions [J]. Journal of Retailing, 2015(4): 569-585.

486. Kroeber, A. L. Culture: A Critical Review of Concepts and Definitions [M]. New York, NY: Vintage Books, 1952.

487. Kukreja M, Bhagat S. Successful mantra for management of cross cultural communication [J]. International Journal of Management Research and Reviews, 2015(2): 108.

488. Lamberton C, Stephen A.T. A Thematic Exploration of Digital, Social Media, and Mobile Marketing: Research Evolution from 2000 to 2015 and an A-

genda for Future Inquiry [J]. Journal of Marketing, 2016(6): 146-172.

489. Leibold M, Seibert K. Developing a Strategic Model for Branding South Africa as an International Tourism Destination, with Special Consideration of Multicultural Factors [C] Proceedings of the 1998 Multicultural Marketing Conference. NY: Springer International Publishing, 2015.

490. Leisinger K.M. Corporate Responsibility in a World of Cultural Diversity and Pluralism of Values [J]. Journal of International Business Ethics, 2015(2): 9.

491. Lemon K.N. The Art of Creating Attractive Consumer Experiences at the Right Time: Skills Marketers Will Need to Survive and Thrive [J]. GfK Marketing Intelligence Review, 2016(2): 44-49.

492. Leonidou L.C, Aykol B, Fotiadis T.A, et al. Betrayal in international buyer-seller relationships: Its drivers and performance implications [J]. Journal of World Business, 2017(1): 28-44.

493. Li, Hairong, Terry D and Frank B. Characteristics of virtual experience in electronic commerce: a protocol analysis [J]. Journal of interactive marketing, 2001(3):13-30.

494. Linkewich E, Cheung D, Willems J, et al. Improving Stroke Rehabilitation Intensity Data Collection: Collaborative Implementation of a Quality Assurance Framework [J]. Stroke, 2016(47):417.

495. Linton, R. One Hundred Percent American [M]. TP: The American Century, 1937.

496. Liu C R, Liu H K, Lin W R. Constructing Customer-based Museums Brand Equity Model: The Mediating Role of Brand Value [J]. International Journal of Tourism Research, 2015(3): 229-238.

497. Liu C, Keeling D and Hogg M. The unspoken truth: A phenomenological study of changes in women's sense of self and the intimate relationship with cosmetics consumption [A]. Russell W. Belk, Askegaard S and Scott L (Eds.). Research in consumer behavior [C].Bradford UK:Emerald,2012.

498. Liu Y, Huang Z, Li W, et al. Channel cooperation for anti-occlusion visible light communication systems [C]. International Symposium on Optoelectronic

Technology and Application 2016. International Society for Optics and Photonics, 2016.

499. Lofland, J and Lofland, L.A Guide to Qualitative Observation and Analysis[M]. 2nd ed. Belmont, California: Wadsworth Publishing Company, 1984.

500. Lovitt, C.R. Rethinking the role of culture in international professional communication [A], C.R.Lovitt & D. Goswami. Exploring the rhetoric of international professional communication: An agenda for teachers and researchers[C]. Amityville, NY: Bay—wood, 1999.

501. Macinnis, D, Folkes, V. The Field of Consumer Behavior: Criticisms, Conceptualizations and Conundrums [ R ]. California: University of Southern California, 2008.

502. Madura, J. Introduction to Business[M]. Mason, OH: Thompson Higher Education, 2007.

503. Malinowski, B. and Fuente, J. Malinowski in Mexico [M]. London: Routledge & Kegan Paul, 1982.

504. Marcel M, The Gift [M]. London: Cohen & West. Ltd., 1954.

505. Mariampolski, Hy. Ethnography for Marketers: A guide to consumer immersion [M]. Newbury Park, CA: Sage Publications, 2006.

506. Martin, J. Franchising in the Middle East [J]. Management Review, 1999(6): 38.

507. Matsumoto D, Juang L. Culture and psychology [M]. Toronto: Nelson Education, 2016.

508. McCarthy, C. Internet as a Source for Competitive Intelligence: A new field of activity for Special Libraries and Information Centers [M]. Bahrain: The Sixth Annual Conference of the Special Libraries Association, 1998.

509. McCracken G. Culture and consumption: A theoretical account of the structure and movement of the cultural meaning of consumer goods [J]. Journal of consumer research, 1986(1): 71−84.

510. McCracken, G. Culture and Consumption: New Approaches to the Symbolic Character of Consumer Goods and Activities [M].Bloomington, IN: Indiana

University Press, 1988.

511. McCracken, G. Who is the celebrity endorser? Cultural foundations of the endorsement process [J].Journal of Consumer Research, 1989(16):310-321.

512. McDaniel, L. MKTG [M], Mason, OH: Cengage Learning, 2008.

513. McDonough J, Egolf K. The advertising age encyclopedia of advertising [M]. London: Routledge, 2015.

514. McFarland, J. The Consumer Anthropologist [J]. Harvard Business School Working Knowledge Journal, 2001.

515. McGonagle, J. J, Misner - Elias, M. The changing landscape of competitive intelligence: Two critical issues investigated [J]. Salus Journal, 2016 (1): 13.

516. McGonagle, J.J, Vella, C.M. Outsmarting the competition: practical approaches to finding and using competitive information [M]. London: McGraw - Hill, 1993.

517. McGonagle, J.J, Bibliography-education in CI[J]. Competitive Intelligence Magazine, 2003(4): 50-56.

518. McIntyre C, Melewar T.C, Dennis C. Multi-Channel Marketing, Branding and Retail Design: New Challenges and Opportunities [M]. Emerald Group Publishing, 2016.

519. McLuhan M. Understanding media: The extensions of man[M]. Massachusetts: MIT press, 1994.

520. Mead M, Boas F. Coming of age in Samoa [M]. NY: Penguin, 1973.

521. Mehta, R, Russell W. Belk. Artifacts, identity, and transition: favorite possessions of Indians and Indian immigrants to the United States [J].Journal of Consumer Research, 1991(17):398-411.

522. Mendez, C. Anthropology and ethnography: contributions to integrated marketing communications [J]. Marketing Intelligence and Planning, 2009(5): 633-648.

523. Mert G, Fleitmann D, Badertscher S, et al. Late Holocene Winter Temperatures in the Eastern Mediterranean and Their Relation to Cultural Changes: The Kocain

Cave Record[C]EGU General Assembly Conference Abstracts. 2015(17): 794.

524. Meza X.V, Park H.W. Globalization of cultural products: a webometric analysis of Kpop in Spanish-speaking countries [J]. Quality & Quantity, 2015 (4): 1345-1360.

525. Michael C. Experimental Economics in Anthropology: A Critical Assessment [J]. American Ethnologist, 2005 (2):198-209.

526. Mikhailovsky, G. The Global Mind[J]. PARIPEX-Indian Journal of Research, 2016(4):23-25.

527. Min K.S, Wang, Y. &Tian G. Making Economic Policy for the Development of Minority Regions: Localization and Contribution of Economic Anthropology in China[J]. Anthropologist, 2016(3): 323-334.

528. Mitra S. Merchandizing the Sacred: Commodifying Hindu Religion, Gods/Goddesses, and Festivals in the United States [J]. Journal of Media and Religion, 2016(2): 113-121.

529. Mooij, M. de .Consumer Behavior and Culture [M], London, UK: Sage Publications, 2004.

530. Moon S, Song R. The roles of cultural elements in international retailing of cultural products: An application to the motion picture industry [J]. Journal of Retailing, 2015(1): 154-170.

531. Moreland R.L, Myaskovsky L. Exploring the Performance Benefits of Group Training: Transactive Memory or Improved Communication [J]. Organizational Behavior and Human Decision Processes, 2000 (1):117-133.

532. Moreno-Luzon, M.D, Gil-Marques, M, Valls-Pasola, J. TQM innovation and the role of cultural change[J].Industrial Management & Data Systems, 2013(8): 1149-1168.

533. Murdoch G.P. Anthropology as a comparative science [J]. Behavioral Science, 1957(4): 249-254.

534. Murdock G.P. Ethnographic atlas: a summary[J]. Ethnology, 1967(2): 109-236.

535. Naroll R. Data quality control [J]. African Studies Review, 1965(2):

19-23.

536. Newport E.L. Statistical language learning: computational, maturational, and linguistic constraints [J]. Language and Cognition, 2016(3): 447-461.

537. O'Shaughnessy, J. Explaining Buyer Behavior: Central Concepts and Philosophy of Science Issues [M]. London:Oxford University Press,1992.

538. Paajanen B, Allington C. Internet Marketing: Can you Resist a byte? [J]. Journal of Internet Marketing, 1998(1).

539. Palmatier R.W, Dant R.P, Grewal D,et al. Factors influencing the effectiveness of relationship marketing: a meta-analysis[J]. Journal of marketing, 2006 (4): 136-153.

540. Percy L, Rosenbaum-Elliott R. Strategic advertising management [M]. London:Oxford University Press, 2016.

541. Perner L. Consumer behavior[J].Psychology& Marketing, 2010(3):2.

542. Peters, T. J and R. H Waterman. In Search of Excellence: lessons from America's best run companies[M]. New York, NY: Harper and Row Publishers, 1982.

543. Pettigrew, A. On studying organizational cultures [M]. In J. Ban Maanen (ed.).Qualitative Methodology. Beverly Hills, Calif Sage, 1979.

544. Polanyi, K. The Economy as Instituted Process, in LeClair Eand Schneider H. (eds.)Economic Anthropology [M]. New York:Holt,Rinehart and Winston,1968.

545. Porter M.E. Towards a dynamic theory of strategy [J]. Strategic management journal, 1991(S2): 95-117.

546. Pourabedin Z, Foon Y.S, Chatterjee R.S, et al. Customers' Online Channel Switching Behavior: The Moderating Role of Switching Cost [J].Information, 2016(7B): 2961.

547. Prendergast G, Chuen L.Hing, Phau I. Understanding consumer demand for non-deceptive pirated brands[J]. Marketing intelligence & planning, 2002 (7): 405-416.

548. Prescott, J. Debunking the Academic Abstinence Myth of Competitive Intelligence[J]. Competitive Intelligence Magazine, 1999(4):1-7.

549. Prescott, J.E, Gibbons, P.T (Eds). Global Perspectives on Competitive Intelligence [M]. Alexandria, VA: Society of Competitive Intelligence Professionals, 1993.

550. Qin C, Zhang C. A case study of expanding business from the US to China: Addressing cross-cultural management [C] Industrial Engineering and Manufacturing Technology: Proceedings of the 2014 International Conference on Industrial Engineering and Manufacturing Technology (ICIEMT 2014), July 10-11, 2014, Shanghai, China. CRC Press, 2015(4): 213.

551. Barthes R. Mythologies [M]. London: Cape, 1972.

552. Sinkovics R. Yamin, M. & Hossinger, M. Cultural Adaptation in Cross Border E-Commerce: A Study of German Companies [J]. Journal of Electronic Commerce Research, 2007(4):221-235.

553. Reinartz W, Krafft M, Hoyer W.D. The customer relationship management process: Its measurement and impact on performance [J]. Journal of marketing research, 2004(3) 293-305.

554. Richard C. Sheldon,. " How The Anthropologist Can Help The Marketing Practitioner" in Robbins, W. David (ed.), Successful Marketing at Home And Abroad [M]. Chicago: American Marketing Association, 1958:209-304.

555. Robertson, M.F. Seven Steps to Global CI [J]. Competitive Intelligence Magazine, 1998(2): 29-33.

556. Rossiter, J. and Chan, A. Ethnicity in Business and Consumer Behavior [J]. Journal of Business Research, 1998(42): 127-134.

557. Rosson P.J, Ford I.D. Stake, Conflict and Performance in Export Marketing Channels [C] Proceedings of the 1979 Academy of Marketing Science (AMS) Annual Conference. Springer International Publishing, 2016.

558. Rothenberg, W. From Market-Places to a Market Economy [M]. Chicago, IL: University of Chicago Press, 1992.

559. Roul,J, Joongha,W, Jongsu,A. et.Media channels and consumer purchasing decisions [J]. Industrial Management & Data Systems, 2016 (8):1510-1528.

560. Rudkin, K and Hemant D. Ethnographic Methodology and Its Implications for Banking Studies[J]. The Business Review: Cambridge, 2006(2): 20-25.

561. Samiee S, Chabowski B.R, Hult G.T.M. International Relationship Marketing: Intellectual Foundations and Avenues for Further Research [J]. Journal of International Marketing, 2015(4): 1-21.

562. Samiee S. Retailing and channel considerations in developing countries: A review and research propositions[J]. Journal of Business Research, 1993(2): 103-129.

563. Schemmann, B, Herrmann, A.M, Chappin, M.M.H, et al. Crowdsourcing ideas: Involving ordinary users in the ideation phase of new product development [J]. Research Policy, 2016(6): 1145-1154.

564. Schroger E, Wolff C. Behavioral and electrophysiological effects of task-irrelevant sound change: A new distraction paradigm [J]. Cognitive Brain Research, 1998(1): 71-87.

565. Schultz D.E, Tannenbaum S.I, Lauterborn R.F. The new marketing paradigm: Integrated marketing communications [M]. NY:McGraw Hill Professional, 1994.

566. Schutte, H, Ciarlante, D. Consumer Behavior in Asia[M]. London: Macmillan Press Limited, 1998.

567. Scott D M. The new rules of marketing and PR: How to use social media, online video, mobile applications, blogs, news releases, and viral marketing to reach buyers directly [M]. NY:John Wiley & Sons, 2015.

568. Clive S, Giamprietro G, Jaber F. Gubrium, and Silverman D. Qualitative Research Practice[M]. Thousand Oaks, California: Sage Publications, Inc, 2004.

569. Shaw, J. Freeman,D. Who Challenged Margaret Mead on Samoa, Dies at 84[N]. The New York Times, 2001-08-05.

570. Sheinin, C.E. Assessing global competition [J]. Competitive Intelligence Review, 1996,(3): 86-88.

571. Sherry, J. Contemporary Marketing and Consumer Behavior: An Anthropological Sourcebook [M]. Thousand Oaks, CA: Sage Publications, Inc, 1995.

572. Sheth J.N, Newman B.I, Gross B.L. Why we buy what we buy: A theory of consumption values[J]. Journal of business research, 1991(2): 159-170.

573. Sidani, Y.M.Gaps in female labor participation and pay equity: the impact of cultural variables[J].Gender in Management,2013(7):424 - 440.

574. Simon, N and David, G. Business anthropology: clues to culture [J].Society of Competitive Intelligence Professionals, 2001(4):7-8.

575. Sinkovics R.R, Yamin M, Hossinger M. Cultural adaptation in cross border e-commerce: a study of German companies [J]. Journal of Electronic Commerce Research, 2007(4): 221.

576. Skarmeas D, Zeriti A, Baltas G. Relationship Value: Drivers and Outcomes in International Marketing Channels [J]. Journal of International Marketing, 2016(1): 22-40.

577. Solomon R.C. Emotions and anthropology: The logic of emotional world views [J]. Inquiry, 1978(4): 181-199.

578. Spradley J.P. Culture and cognition: Rules, maps, and plans[M]. California: Waveland Pr Inc, 1972.

579. Squires, S. Doing the Work: Consumer Research in the Product Development and Design Industry[C]Creating Breakthrough Ideas: The Collaboration of Anthropologists and Designers in the Product Development Industry. Westport, CT: Bergin and Garvey, 2002.

580. Stephen, H. Management Information Systems for the Information Age [M]. New York: McGraw-Hill Ryerson,2006.

581. Stewart, M. Gypsies at the Horse-Fair [M]. In Dilley, R. (ed.) Contesting Markets, Edinburgh: Edinburgh University Press, 1992.

582. Stiglitz, J. Whither Socialism [M]. Cambridge: MIT Press, 1994.

583. Stolzoff N.C. Wake the town and tell the people: Dancehall culture in Jamaica[J]. Journal of Popular Music Studies, 2002(2): 166-167.

584. Sunderland, P, Denny, R.Doing Anthropology in Consumer Research [M].Walnut Creek, CA: Left Coast Press,2007

585. Tanaka H, Suzuki H, Umetsu Y, et al. Advertising Creative Strategies in A-

sia: A Cross-National Comparison of TV Commercial Expressions Among Thailand, Singapore, United States, and Japan [C] Proceedings of the 1998 Multicultural Marketing Conference. Springer International Publishing, 2015.

586. Thackeray, R. &Brown, K. M. Creating Successful Price and Placement Strategies for Social Marketing[J].Health Promotion Practice, 2010(2):166-168.

587. Thomas G.M. The synchronization of national policies: ethnography of the global tribe of moderns [J]. European Journal of Cultural & Political Sociology, 2016(3):375-380.

588. Thompson, C. and Hirschman E. Understanding the Socialized Body: A Poststructuralist Analysis of Consumers' Self-Conceptions of Body Images and Self Care Practices[J]. Journal of Consumer Research, 1995(22):139-153.

589. Tian G. Contemporary Social, Economic, and Marketing Strategies for Anning [J]. Thinking Front, 1988(4): 35-41.

590. Tian G and Lu J. Struggling for Legal Status: Mainland Chinese Mobilization in Canada[J]. Refuge, 1996(1): 26-32.

591. Tian, G. The Achievements and the Development of Commerce and Trading in West China Regions. In Shi, Z. (ed.) The West China Minority Areas Economy Development Studies[M]. Beijing: Minzu Press, 1987.

592. Tian, R,Tobar, B. Competitive intelligence[C]. New York: Conference Board, 1988.

593. Tian, R. A Critique of Pan-Market [M]. Fort Worth, TX: Fellows Press, 2008.

594. Tian, R. Cross-cultural Issues in the 21st Century Marketing[J]. The Journal of the Association of Marketing Educators, 2002(3):21-29.

595. Tian, R. Cultural Awareness of the Consumers at a Chinese Restaurant: An Anthropological Descriptive Analysis [J]. Journal of Food Products Marketing, 2001(7): 111-130.

596. Tian, R. From theory to practice: Anthropology in business education [J].High Plains Applied Anthropologist,2005(1):13-22.

597. Tian, R.G, Emery, C. Cross-cultural issues in Internet marketing[J].

Journal of American Academy of Business, 2002(2): 217-224.

598. Tian, R.G. Anthropological Approaches to Marketing: The New Practices in the 21st Century[J]. Practicing Anthropology, 2002(1): 39-40.

599. Tian, R.G. The implications of rights to culture in trans-national marketing: An anthropological perspective[J]. High Plains Applied Anthropologist, 2000 (2): 135-145.

600. Tian, Robert G. & Alf Walle. Anthropology and business education: Practitioner applications for a qualitative method[J]. International Journal of Management Education, 2009(2): 59-67.

601. Toffoli R, Laroche M. Cultural and Language Effects on the Perception of Source Honesty and Forcefulness in Advertising: A Comparison of Hong Kong Chinese Bilinguals and Anglo Canadians[C]Proceedings of the 1998 Multicultural Marketing Conference. Springer International Publishing, 2015.

602. Truong V.D, Hall C M. Corporate social marketing in tourism: to sleep or not to sleep with the enemy? [J]. Journal of Sustainable Tourism, 2016 (10): 1-19.

603. Um N.H, Kim K.O, Kwon E.S, et al. Symbols or icons in gay-themed ads: How to target gay audience [J]. Journal of Marketing Communications, 2015 (6): 393-407.

604. Upshaw L. Truth: The New Rules for Marketing in a Skeptical World [M]. New York, NY: American Management Association.2007.

605. Varner I.I. Teaching intercultural management communication: Where are we? Where do we go? [J]. Business Communication Quarterly, 2001(1): 99.

606. Vella,C.M, McGonagle, J.J. Competitive intelligence in the computer age[M]. New York:Greenwood Publishing Group , 1987.

607. Ventura J, Bichard J.A. Design anthropology or anthropological design? Towards 'Social Design'[J]. International Journal of Design Creativity and Innovation, 2016(4): 1-13.

608. Verma V, Sharma D, Sheth J. Does relationship marketing matter in online retailing? A meta-analytic approach[J]. Journal of the Academy of Marketing

Science, 2016(2): 206-217.

609. Viio P, Gronroos C. How buyer – seller relationship orientation affects adaptation of sales processes to the buying process[J]. Industrial Marketing Management, 2016(52): 37-46.

610. Vinson, D. E, Scott, J. E, Lamont, L. M. The role of personal values in marketing and consumer behavior[J]. The Journal of Marketing, 1977(41):44-50.

611. Walle, A.H. Qualitative research in intelligence and marketing: The new strategic convergence [M]. Westport: Greenwood Publishing Group, 2001.

612. Wang M, Bian Y, Deng J, et al. Impact of marketing channel caused by relationship marketing of online social network[J]. International Journal of Services Technology and Management, 2016(6): 348-364.

613. Ward J, Peppard J. The Strategic Management of Information Systems: Building a Digital Strategy [M]. NY:John Wiley & Sons, 2016.

614. Warner F. "Nike tones town bad-boy image to boost sales in China's market"[J]. The Wall Street Journal Interactive Edition, 1997(10):10-11.

615. Watson G.F, Worm S, Palmatier R.W, et al. The Evolution of Marketing Channels: Trends and Research Directions [J]. Journal of Retailing, 2015(4): 546-568.

616. Wearing S.L, McDonald M, Wearing M. Consumer culture, the mobilization of the narcissistic self and adolescent deviant leisure[J]. Leisure Studies, 2013(4): 367-381.

617. Weiss R. Humanism in England during the fifteenth century [M]. London:Blackwell,1957.

618. Weller, S. and Romney A.K. Systematic Data Collection[M]. Newbury Park, CA: Sage Publications, 1988.

619. Werther, G. Doing business in the new world disorder: the problem with precision[J]. Competitive Intelligence Magazine, 1998(2): 24-26.

620. Westjion S.A, Singh N and Magnusson P. Responsiveness to global and local consumer culture positioning: A personality and collective identity perspective [J]. Journal of International Marketing, 2012(1):58-73.

621. Whilte L. A, The Concept of Culture [J]. American Anthropologist, 1959(1):227-251.

622. Whittler,T.E.Viewers'processing of actors'race and message claims in advertising stimuli[J].Psychology and Marketing,1989(4):287-309.

623. Winick, C. Anthropology's Contributions to Marketing[J]. Journal of Marketing, 1961(5): 52-60.

624. Wubker G. American Marketing Association (AMA) Summer Marketing Educators' Conference [J]. Marketing: Zeitschrift fur forschung and Praxis, 1996 (4):299-300.

625. Yan R. To Reach China's Consumers, Adapt to Guo Qing[J]. Harvard Business Review, 1994(9):66-74.

626. Yoon S.H, Hong H. The development of cultural products and textile designs with the patterns of Jeju Choga [J]. The Research Journal of the Costume Culture, 2015(1): 45-62.

627. Zhan L, He Y. Understanding luxury consumption in China: Consumer perceptions of best-known brands [J]. Journal of Business Research, 2012(10): 1452-1460.

629. Zhang T, Xu J. Pricing and Logistics Service Level Decisions in Retailer's Dual-Channel Cooperation [J]. Open Cybernetics & Systemics Journal, 2015(9): 851-856.

629. Zhang Y, Gelb, B.D. Matching advertising appeals to culture: The influence of products' use conditions [J]. Journal of advertising, 1996 (3): 29-46.

630. Zhao X, Russell W. Belk. Politicizing consumer culture: Advertising's appropriation of political ideology in China's social transition [J]. Journal of Consumer Research, 2008(2): 231-244.

631. Zheng Q, Yao T, Fan X. Improving customer well-being through two-way online social support [J]. Journal of Service Theory and Practice, 2016 (2): 179-202.

632. Zukin, S. Point of Purchase: How shopping changed American culture [M]. New York: Routledge. 2005.

# 后　记

本书从最初的构思到最终完稿,耗时近两年。期间,我们几位编著者除必须完成自己的本职工作和学习任务外,几乎将全部的时间和精力都投放在书稿的编写方面,节假日也无例外。我们有一个共识,即当前中国的市场经济发展以及市场营销领域出现的新问题和新现象,迫切需要这样一部从人类学的角度审视市场营销学的教科书。我们深知,在缺乏系统的权威性理论指导且可供分析参考的案例也非常欠缺的情况下,要完成这样一部学术著作绝非一项简单的任务。

本书是集体智慧和劳动的结晶。田广博士具有多年的工商人类学和市场营销学研究和教学经验;冯蛟博士现为宁夏大学经济管理学院副院长,长期从事工商管理学方面的教学与研究,对市场营销有一定的独特见解;而作为汕头大学商学院研究生的王颖女士,在其导师的带领下,涉猎了大量的工商人类学、市场营销学等相关方面的内容和资料。编著者彼此之间知识和经验的分享以及相互之间的鼓励和帮助,为本书的顺利完成提供了非常强大的动力。同时,必须强调指出的是,中外学者有关这个主题的研究成果,为本书的顺利完成奠定了非常好的基础;而来自同事们的鼓励和帮助,则成为本书得以顺利完成的推动助力。

如同任何一部学术著作的作者一样,当我们即将交付书稿给出版社出版时,我们心里多少有些忐忑不安,生怕错误和遗漏过多而误人子弟。我们深知此书一定有许多不尽如人意的地方需要改进,比如我们未能就人类学在市场细分、目标市场选定、市场定位,即市场营销学中 STP 模式方面的应用进行讨论;再比如我们未能就市场营销组织结构、组织文化及其运行等方面,进行符合人类学规范的分析研究。对于这些不足和缺失,我们自然会在未来的研究中加以关注,同时,我们也希望市场营销学界和人类学界的同仁们,能够就这些问题展开广泛的讨论和研究,推进市场营销学在我国的发展。

田广　冯蛟　王颖

2016 年 12 月 28 日